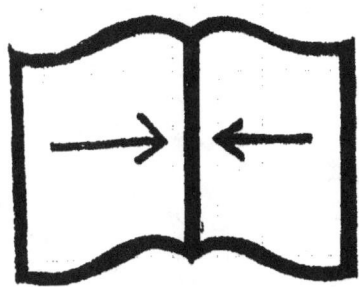

RELIURE SERREE
Absence de marges
intérieures

LES COUV. SUP. ET INF. SONT RELIEES
A LA FIN DU VOLUME

DU N° 145
AU N° 165

VALABLE POUR TOUT OU PARTIE
DU DOCUMENT REPRODUIT

8Y2
19932

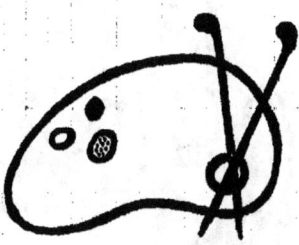

Original en couleur
NF Z 43-120-8

*LES DRAMES DE LA VIE*

## ŒUVRES
## d'Émile Richebourg

# L'Enfant du Faubourg

PARIS
Jules ROUFF et Cⁱᵉ, Éditeurs
CLOITRE SAINT-HONORÉ

Tous droits réservés.

LES DRAMES DE LA VIE

# L'Enfant du Faubourg

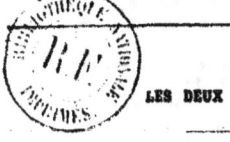

LES DEUX MARQUISES

## I

### DANS UN PAYSAGE

Depuis que nous avons les chemins de fer qui nous transportent, comme au vol, de Paris dans les coins les plus reculés de la France, j'ignore s'il y a encore des pays inconnus où le pied du touriste ne s'est pas posé; mais, ce que je sais, c'est qu'il existe partout des paysages ravissants, que l'on admirera toujours, car la nature restera toujours belle.

Si l'artiste qui parcourt la Suisse s'arrête émerveillé devant ces monts géants au front desquels se suspendent des neiges éternelles, il ne dédaignera jamais aucun site charmant, qu'il le rencontre en Italie, dans les Pyrénées, au bord de l'Océan, ou au milieu d'une province française.

Celui qui aime les grandes et belles choses les découvre partout; parce que partout l'œuvre de Dieu se montre dans tout l'éclat de sa magnificence.

Le peintre paysagiste Albert Ancelin pensait ainsi, et il était venu dans la Nièvre, à deux lieues de La Charité, chercher l'inspiration et quelques-uns de ces délicieux paysages des bords de la Loire, afin de les reproduire sur des toiles, que son marchand de tableaux vendait très cher aux amateurs de tous les pays.

Le hasard l'avait conduit dans une petite vallée pleine de verdure et inondée de lumière.

Une rivière l'arrose, et sur cette rivière, ou plutôt sur ce ruisseau, qui se jette dans la Loire du côté de Pouilly, il y a un joli moulin, caché comme un nid dans la verdure, mais qu'on devine à son joyeux tic-tac.

De tous côtés dans les pâtures, on voit de belles vaches blanches et des veaux qui bondissent gaiement autour d'elles.

A droite, sur les flancs du coteau s'élève un château avec des tourelles, qui regarde la vallée. Plus loin, derrière un rideau de peupliers, la flèche d'un clocher s'élance hardiment vers le ciel bleu.

Quand, de la hauteur où il s'était arrêté, Albert Ancelin eut vu tout cela, il s'écria avec enthousiasme :

— Je retrouve un coin du paradis!

Au moulin, on put mettre une chambre à sa disposition et, moyennant une somme d'argent qu'il fixa lui-même, il fut convenu qu'il aurait sa place à la table de la famille.

Le lendemain, le meunier était allé lui-même chercher les malles de son pensionnaire.

Or, depuis quelques jours, Albert Ancelin était installé au moulin de la Galloire.

Il n'avait pas perdu de temps, comme le témoignaient une demi-douzaine de croquis, habilement dessinés, lesquels avaient fait pousser de grandes exclamations de surprise à Mme la meunière.

Après le crayon, le peintre avait préparé ses couleurs et pris ses pinceaux.

Il achevait de peindre un de ces paysages ravissants qui étonnent, tant ils représentent fidèlement la nature.

Debout devant sa toile, il s'assurait qu'aucun détail ne lui avait échappé.

— Oui, se disait-il, c'est assez réussi..., ces tons chauds sont d'un joli effet; pourtant il faudra à cet endroit une touche légère... J'aurais pu étendre ma perspective, un espace de plus détacherait mieux ce bouquet d'arbres, c'est en cela que Corot excelle... Il y a de l'air dans ce feuillage, on devine la brise qui passe dans les feuilles; ces jeux de lumière dans le tableau de la nature, les voilà dans mon paysage; ma verdure a de la fraîcheur, je l'ai prise ce matin encore humide de rosée. J'ai bien rendu l'opposition des ombres. Et sous bois ce rayon de soleil... L'eau de ma rivière coule avec des miroitements de cristal. La passerelle est bien posée. C'est égal, là est le défaut de mon œuvre, il y manque quelque chose.

Il porta la main à son front comme pour provoquer l'éclosion d'une idée.

— Oui, il manque quelque chose là, reprit-il en se rapprochant de la fenêtre.

D'un coup d'œil il embrassa le paysage.

Aussitôt il poussa un cri de surprise et de joie.

Une femme venait de s'asseoir sur la passerelle. Elle laissait pendre ses jambes, et ses pieds nus baignaient dans l'eau. De longs cheveux blonds, abandonnés à eux-mêmes, tombaient épars sur ses épaules et descendaient jusqu'aux hanches. Elle était vêtue d'un costume bizarre, composé d'une infinité de pièces d'étoffes de couleurs voyantes, cousues les unes aux autres comme dans un habit d'arlequin. Une large bande de laine écarlate serrait sa taille à la ceinture.

Splendidement éclairée par le soleil qui mettait en relief les couleurs éclatantes de son vêtement multicolore, elle produisit sur le peintre l'effet d'une apparition fantastique. Et pour compléter l'illusion, les reflets d'or de ses cheveux semblaient entourer sa tête d'une auréole lumineuse.

Autant que la distance lui permettait de juger, cette femme devait avoir de quarante à quarante-cinq ans. Malgré la pâleur et la maigreur de son visage, elle était encore belle. On sentait qu'elle avait longtemps souffert, qu'elle souffrait encore. Ses grands yeux éteints n'avaient plus de regards, le sourire s'était pour toujours envolé de ses lèvres.

Sa tête s'était penchée sur son épaule, et elle restait là, sur la passerelle, indifférente à tout ce qui se passait autour d'elle, immobile, bariolée de couleurs, comme une statue de pagode indienne.

La meunière était curieuse et passablement bavarde, deux défauts que peu de femmes ont le droit de reprocher aux autres. Autant que ses occupations de ménagère le lui permettaient, elle venait tenir compagnie au peintre et s'extasier devant ces arbres et cette verdure, qui naissaient comme par enchantement sous son pinceau.

Au moment où le jeune homme poussait son exclamation joyeuse, elle entrait dans la chambre.

En le voyant attentif, regarder au dehors, elle eut, par discrétion, l'intention de se retirer, mais la curiosité l'emporta. Elle voulut savoir quel objet pouvait ainsi attirer l'attention de son hôte et le distraire de son travail.

Elle marcha vers la fenêtre sur la pointe des pieds, et avança la tête par-dessus l'épaule du peintre.

— Tiens, fit-elle, c'est la marquise!

Albert se retourna vivement.

— De qui parlez-vous ? demanda-t-il.

— De la folle qui est là, sur la passerelle.

— Ah! fit-il avec compassion, c'est une pauvre folle? Je m'en doutais.

— Une folle peu dangereuse, reprit la meunière, la volonté d'un enfant suffit pour la faire obéir.

— Quel est son nom ?

— Je vous l'ai déjà dit: la marquise.

— On l'appelle ainsi par dérision, sans doute?

— Non, monsieur Albert, c'est le nom qu'elle s'est donné elle-même; et comme au village elle a su gagner l'affection de tout le monde, c'est très sérieusement que nous l'appelons Mme la marquise.

— C'est étrange, murmura le jeune homme.

Il reprit sa palette et ses pinceaux. Au bout de quelques minutes, la marquise était assise sur la passerelle du tableau.

— Oh ! c'est elle, c'est bien elle! exclama la meunière.

— Assez pour aujourd'hui, dit le peintre en jetant les pinceaux dans une boîte et la palette sur la table.

Comme si elle eût deviné que sa pose sur la passerelle n'était plus nécessaire, la folle se leva et s'éloigna d'un pas grave en suivant un étroit sentier qui traversait la prairie.

Le peintre la suivit des yeux un instant, puis s'adressant à la meunière :

— Cette malheureuse est-elle de ce pays? demanda-t-il.

— Non, mais il y a environ vingt ans qu'elle est ici. Un matin, on la trouva étendue sur la route, ne donnant plus signe de vie. On la crut morte. On la releva pour la transporter au village. Dans le trajet, elle rouvrit les yeux; on avait pris pour un signe de mort l'engourdissement causé par le froid. On était en octobre, et, à cette époque, dans nos contrées, les nuits sont déjà très froides. Et puis, au dire du médecin qui fut appelé pour la soigner, elle n'avait pris aucune nourriture depuis au moins deux jours. Je ne vous étonnerai pas en vous disant qu'elle était d'une grande beauté; dame! je parle de longtemps, et la raison absente n'empêche pas la vieillesse de venir.

Je me rappelle tout cela comme si c'était d'hier; j'avais déjà quinze ans alors, et puis il y a des événements dans la vie qu'on n'oublie jamais. Cette femme si jeune et si belle, trouvée mourante sur une route, était un grand événement.

Notre petite commune de Robay était sens dessus dessous. Tout le monde courait pour voir la malheureuse, je fis comme tout le monde. On ignorait encore qu'elle fût folle; mais à son immobilité, à son silence, à l'effarement de son regard craintif, on pouvait deviner la pensée éteinte dans cette tête gracieuse. On l'avait déshabillée pour la mettre dans un lit; sa robe de soie noire, déchirée en plusieurs endroits et souillée de boue, était jetée sur une chaise; on montrait ses bottines éculées, trouées et tachées de sang. Ce sang était celui de ses pieds meurtris par les cailloux du chemin. Elle venait de loin, sans doute. D'où? On ne le sut jamais. On fit une enquête, des recherches, qui n'eurent aucun résultat.

Les gens du pays se lancèrent dans les suppositions... je ne vous dirai pas tout ce qui fut dit, je n'en finirais pas; du reste c'était absurde. Au bout de quelques jours, quand elle eut repris un peu de force, elle se leva. Alors on commença à l'interroger. On ne comprit rien à ses réponses, tellement elles étaient bizarres et incohérentes, et on acquit la certitude que l'on avait recueilli une pauvre insensée.

Quand on lui demanda son nom, elle répondit :

— Je suis la marquise!

Il paraîtrait, d'après les on-dit, qu'à ce titre de marquise elle ajouta un nom ; mais comme elle se renferma aussitôt dans un mutisme absolu, elle ne prononça plus ce nom, et il n'est pas resté dans la mémoire de ceux qui l'ont entendu, peut-être l'a-t-elle oublié elle-même.

— C'est fâcheux, dit le peintre, qui avait écouté avec le plus vif intérêt le récit de la meunière, ce nom eût été un indice précieux ; grâce à lui, on aurait pu faire tomber le voile qui couvre le passé de cette femme. Il y a évidemment un mystère dans cette existence.

Après un instant de silence, il reprit :

— Ainsi, depuis une vingtaine d'années, cette malheureuse est à Rebay?

— Oui.

— Y est-elle bien traitée ?

— Oh! pour ça, oui ; elle est si bonne, si affectueuse, que tout le monde l'aime, les enfants surtout ; elle joue avec eux comme si elle n'avait que cinq ans. Le premier enfant qu'elle vit à Rebay était un petit garçon à peine âgé de dix mois. Elle le prit doucement dans les bras de sa mère et se mit à le couvrir de baisers. En l'embrassant, elle pleurait à chaudes larmes.

— Cette sensibilité devait naître d'un souvenir, pensa le peintre.

## II

### LA FOLLE

La meunière descendit pour donner un coup d'œil à sa basse-cour et à ses casseroles, mais elle ne tarda pas à revenir.

Elle trouva le peintre la tête dans ses mains et comme absorbé dans ses pensées.

— A quoi pensez-vous? lui dit-elle.

— A la marquise, répondit-il en souriant.

— Oh! n'allez pas en devenir amoureux! fit-elle en riant.
— Je ne redoute pas ce danger.
— Écoutez donc, cela est bien arrivé à d'autres!
— Par exemple!
— Mon Dieu, oui; il y a vingt ans, elle était jeune... et jolie... plus d'un s'y est laissé prendre. C'était malheureux et peut-être mal, une folle!... Elle ne se douta jamais de cela. Quand la raison n'y est pas, le cœur ne comprend plus rien aux choses de l'amour. De désespoir, un gars du pays s'est noyé dans la Galloire. La pitié et le respect qu'elle inspire ont toujours tenu à distance les plus audacieux. D'ailleurs, elle avait des amis, et il eût été malvenu, celui qui aurait osé lui faire une insulte.
— Travaille-t-elle?
— Certainement, et je vous assure qu'elle gagne bien la nourriture qu'on lui donne.
— A quoi l'occupe-t-on?
— Elle n'est pas faite pour les rudes travaux de la campagne; les gros ouvrages ne vont pas à une marquise, et puis ses mains sont mignonnes, fines et blanches, cela les briserait. Elle mène les vaches au pâturage et elle soigne le linge de la ferme. On ne peut pas dire qu'elle a beaucoup de goût, l'idée n'y est pas; mais elle se sert de l'aiguille avec une adresse merveilleuse. Je vous ai dit qu'elle adorait les enfants, on peut les lui confier sans crainte, elle en prend soin, et a pour eux la sollicitude d'une mère.
— Elle n'a jamais cherché à quitter Robay?
— Je ne pense pas. Où serait-elle allée? Elle est aussi heureuse à la ferme des Sorbiers qu'une femme dans sa position peut l'être; elle vit à sa fantaisie et fait à peu près ce qu'elle veut. De la part des manœuvres qu'on emploie à la ferme, elle est parfois l'objet de quelques moqueries, — on trouve partout des gens grossiers, — mais aucun ne se permettrait de la rudoyer, car immédiatement la fermière lui réglerait ses journées et l'enverrait chercher du travail ailleurs.

Je dois vous dire encore qu'elle a ici une... comment dirai-je?... amitié; ça ne dit pas bien ce que je voudrais... enfin un attachement extraordinaire pour quelqu'un.
— Ah! un homme?

— Les hommes, elle ne les regarde seulement pas.

— A la bonne heure, je me rassure, fit le peintre avec un demi-sourire.

— Il s'agit d'une jeune fille, une très jolie brune qui n'a pas encore dix-neuf ans.

— Une demoiselle de Rebay?

— Non, de Paris, c'est encore une histoire. Vous devez savoir mieux que moi ce que c'est que l'Assistance publique?

— Vous voulez parler sans doute de cette belle institution humanitaire, créée dans le but de venir en aide aux malheureux?

— Oui, c'est cela.

— Cette administration, dont les revenus sont très considérables, a fondé plusieurs hospices; elle recueille les vieillards, les malades, les infirmes, et soulage, autant qu'elle le peut, toutes les misères. C'est particulièrement sur les pauvres petits orphelins ou abandonnés qu'elle étend sa protection. Que deviendrait-il le petit être qui vient de naître, et que sa mère, pour cacher une faute ou poussée par la misère, dépose dans la rue, au coin d'une borne, par une nuit froide et sombre, que deviendrait-il sans l'Assistance publique? Et cet enfant du pauvre, à qui la mort a enlevé brusquement son père et sa mère, qui reste seul au monde, que deviendrait-il si la charité ne venait pas à lui en lui ouvrant les bras?

— Eh bien, monsieur Albert, reprit la fermière, le bureau de l'Assistance publique envoie souvent quelques-uns de ces pauvres petits enfants dans notre département de la Nièvre. Ils sont confiés à de pauvres mais honnêtes gens, qui se chargent de les élever moyennant une modeste indemnité en argent. En général, ils sont bien traités; d'ailleurs, l'administration a des surveillants, des inspecteurs, qui viennent voir de temps à autre ce qui se passe. Quand ces enfants sont grands, ils deviennent libres, paraît-il. Alors, ils s'en vont à Paris ou ailleurs, quelques-uns restent où ils ont été élevés; j'en connais qui se sont mariés, qui ont acquis du bien et sont aujourd'hui dans une position aisée. Partir de si bas et arriver à la fortune, c'est beau.

Pour en revenir à la jolie brune, qui se nomme Claire, elle a été envoyée à Rebay par le bureau de l'Assistance publique.

Elle n'avait pas plus de quatre à cinq mois, et comme il y a de cela près de dix-huit ans, vous savez son âge. Il y avait environ un an que la marquise avait été trouvée mourante sur la route, comme je vous l'ai raconté.

Il arriva qu'un jour la marquise vit l'enfant chez sa nourrice, et de suite elle se mit à aimer la petite Claire, mais à l'aimer si fort qu'une mère ne pourrait être à ce point idolâtre de son enfant. Cela étonna beaucoup les médecins et les fortes têtes du pays, qui ne pouvaient comprendre qu'une folle pût posséder un sentiment aussi développé.

Et l'affection de la marquise pour Claire allait en augmentant à mesure que la petite grandissait. On peut le dire, c'est elle qui a réellement élevé l'enfant, et si Claire est aujourd'hui grande, forte, belle, je dirai même distinguée, c'est à la marquise qu'elle doit tout cela. Ce qui est encore plus extraordinaire, plus incompréhensible, — vous ne le croirez peut-être pas, — la marquise lui a appris à lire, à écrire et à coudre, car Claire est devenue une excellente couturière, qui gagne de bonnes journées.

Il va sans dire que Claire n'est pas ingrate et qu'elle aime la marquise comme si elle était sa véritable mère.

La jeune fille ne songe pas à quitter Rebay, où son travail lui assure l'avenir et l'indépendance ; elle s'y mariera certainement, car elle est déjà recherchée par plusieurs gars qui ne sont, ma foi, pas à dédaigner.

D'après ce que je viens de vous dire, monsieur Albert, vous devez comprendre que la marquise ira où ira Claire. L'une ne saurait vivre loin de l'autre.

— C'est juste, c'est juste, fit le peintre, qui depuis un instant paraissait réfléchir profondément.

Tout à coup, il se leva et se mit à marcher à grands pas dans la chambre.

— Qu'est-ce qui vous prend donc ? demanda la meunière, moitié inquiète, moitié surprise.

Le jeune homme s'arrêta.

— Ma chère hôtesse, dit-il, je vous remercie infiniment de ce que vous avez bien voulu me raconter.

— C'est déjà quelque chose, fit-elle en riant. Mais pourquoi vous promenez-vous ainsi comme un prisonnier qui cherche une porte pour se sauver ?

— C'est la suite d'une idée qui m'est venue.

— Une idée ! laquelle ?

— Je veux faire le portrait de la marquise.

— Ah ! dit-elle d'un ton comique, moi qui voulais vous demander de faire le mien !

— Je le ferai certainement... l'année prochaine ; ce pays me plaît et vous m'y avez trop bien accueilli pour que je n'aie pas le désir d'y revenir. En attendant, pour mon projet, votre concours m'est nécessaire. Où et comment pourrai-je rencontrer la marquise ? Voudra-t-elle poser ?

— Vous la verrez à la ferme ; pour le reste, je ne sais pas. Il faut que la chose lui plaise.

— Vous connaissez son caractère, il y a peut-être un moyen de la prendre. Est-ce qu'elle ne vient jamais au moulin ?

— Si, quelquefois.

— Demain, vous pourriez aller la chercher.

— Si ça lui dit, elle viendra ; autrement non.

— C'est ennuyeux, dit le peintre, et pourtant je veux faire son portrait !

— Attendez, je crois avoir trouvé un bon moyen, reprit la meunière.

— Ah ! voyons.

— Combien vous faut-il de jours pour faire un portrait ?

— Cela dépend. Pour celui de la marquise, quatre séances suffiront, je m'occuperai de la tête seulement, le reste, je le terminerai de mémoire. Ainsi quatre séances, à deux par jour, si c'était possible ; en deux jours, ce serait fait.

— Alors, mon idée est bonne.

— Puis-je la connaître ?

— Oh ! rien de plus simple. A mon dernier voyage à Nevers, j'ai acheté une robe, qui est encore en coupon dans l'armoire. Je vais aller trouver Claire pour qu'elle vienne me la faire demain ; cela demandera au moins deux jours.

— J'ai compris, Claire étant ici, la marquise viendra.

— Je lui dirai même de quoi il s'agit, et je suis sûre que, pour m'être agréable, elle entrera avec plaisir dans le complot.

— Où Mlle Claire travaillera-t-elle ?

— Mais dans cette chambre, si vous le voulez.

— C'est parfait. La jeune fille occupera cette place, la marquise sera ici, en pleine lumière, et moi là, devant mon chevalet. Maintenant, ma chère hôtesse, allez vite trouver votre jolie couturière ; moi, je vais apprêter pour demain ma toile et mes couleurs.

Le lendemain, dès huit heures du matin, Albert Ancelin commençait le portrait de la marquise.

Jamais peut-être il n'avait éprouvé autant de plaisir à se mettre au travail. Il appela à son aide toute la force de son talent, toute la chaleur de son âme. Ainsi disposé, un chef-d'œuvre devait naître sous le pinceau de l'artiste.

Il ne s'attacha pas seulement à rendre la ressemblance parfaite, mais il saisit avec un bonheur rare l'expression et les mouvements divers de cette physionomie tourmentée.

La meunière n'avait pas exagéré en disant que Mlle Claire était une très jolie personne. Jamais d'aussi beaux cheveux noirs, luisants comme l'aile d'un corbeau, n'avaient encadré un visage plus gracieux et plus fraîchement épanoui. En souriant, ses lèvres roses s'entr'ouvraient délicieusement pour montrer les plus jolies dents qu'on puisse voir. Il y avait du feu dans ses yeux, et l'on devait être enivré d'une caresse de son regard.

A un moment, elle imita la meunière qui se penchait à la fenêtre pour voir passer deux cavaliers sur la route.

A en juger par leur air et les chevaux de race qu'ils montaient, ces cavaliers étaient du meilleur monde. Le plus âgé pouvait avoir vingt-deux ans.

En passant, ils saluèrent la meunière et la jeune fille.

Sous le regard du plus jeune, Claire baissa les yeux, se retira de la fenêtre et, pour cacher ce qu'elle éprouvait, reprit vivement son ouvrage.

En s'éloignant, le plus jeune des cavaliers dit à son compagnon :

— Si je reste encore un mois à Beauvoir, cette belle fille sera ma maîtresse.

## III

### UNE VRAIE MARQUISE

Albert Ancelin était si complètement à son travail qu'il n'avait point vu les deux femmes à la fenêtre, et moins encore remarqué le mouvement brusque de la jeune fille.

Disons tout de suite que c'était la troisième fois que Claire voyait le jeune étranger, et chaque fois, le regard audacieux et effronté du jeune homme l'avait forcée à baisser les yeux.

Passionné pour son art, Albert n'avait été, jusqu'à ce jour, amoureux que de la peinture. Son cœur, apte, pourtant, à recevoir toutes les émotions, était resté insensible aux sollicitations de l'amour. Non qu'il dédaignât la femme, au contraire, il l'admirait comme l'objet le plus parfait parmi les choses créées, et nul mieux que lui ne pouvait indiquer les signes particuliers qui caractérisent sa beauté.

Dans une autre circonstance, Claire l'eût sans aucun doute charmé, émerveillé; mais c'est à peine s'il lui accorda un regard indifférent. Il ne voyait que la marquise, sa toile et ses couleurs. Comme tout peintre vraiment inspiré, il s'éprenait, pour un instant, de son modèle.

Immobile et muette, la marquise restait dans l'attitude que le peintre lui avait fait prendre. Du moment que Claire était là, près d'elle, on pouvait compter sur sa docilité.

— Ce sont les messieurs du château qui font une promenade à cheval, dit la meunière, après avoir vu les cavaliers disparaître derrière les arbres. Deux beaux garçons, n'est-ce pas, Claire? et pas fiers... ils nous ont dit bonjour. L'un est le fils du comte de Fourmies, le nouveau propriétaire de Beauvoir; je l'ai déjà vu plusieurs fois, mais je ne connais pas l'autre. C'est un ami, une des personnes qui sont arrivées de Paris il y a huit jours, pour passer quelque temps au château.

Le château de Beauvoir, monsieur Albert, ses jardins et son parc immense sont sur la commune de Montigny...

— Oui, je sais.

— Mais le bois de la Veûvre et la ferme des Sorbiers, sur le territoire de Robay, appartiennent aussi au domaine de Beauvoir.

Le château allait tomber en ruines lorsque M. le comte de Fourmies l'a acheté pour un morceau de pain, comme on dit; aussitôt il y a mis les ouvriers, et depuis quatre mois les travaux sont terminés. A l'intérieur, c'est superbe ! Cette restauration a coûté gros, mais quand on est riche, c'est bien de savoir employer son argent en faisant travailler les pauvres gens qui ont besoin de gagner leur pain et celui de leur famille.

On recevra beaucoup au château tous les étés, le pays ne s'en plaindra pas: les riches dépensent beaucoup, et c'est le trop-plein de leur bourse qui fait vivre ceux qui n'ont rien.

Ce jour-là, il y eut deux séances et deux autres le lendemain. Le portrait de la marquise se trouva suffisamment avancé pour que le peintre pût achever son œuvre sans la présence du modèle.

Avant de lui rendre la liberté, il prit la marquise par la main et l'amena devant le tableau. Elle le regarda longuement, et Albert crut voir un sourire imperceptible effleurer ses lèvres.

Elle alla se regarder dans une glace, puis elle revint au portrait. Elle croisa ses bras sur sa poitrine et l'examina encore.

Une lueur fugitive passa dans ses yeux.

— Léontine ! Léontine ! murmura-t-elle.

Sa voix se faisait entendre pour la première fois depuis deux jours.

Le peintre fut surpris de sa suavité et de son timbre mélodieux.

— Elle a dit Léontine ! fit tout bas la meunière.

D'un signe, Albert lui imposa silence.

— On dirait qu'elle se souvient, pensait le jeune homme, les yeux fixés sur la marquise. Qui sait? confiée aux soins d'un savant aliéniste, elle retrouverait peut-être la raison !

— C'est Léontine ! fit-elle en inclinant la tête comme si elle saluait l'image.

Puis elle reprit en se redressant par un brusque mouvement :

— Moi, je suis la marquise !

— Quelle marquise ? lui demanda le peintre.

— Chut! fit-elle, en appuyant le bout de ses doigts sur ses lèvres.

Et elle s'éloigna en se drapant dans les plis de son costume bizarre.

La malheureuse était retombée dans les ténèbres de sa nuit éternelle.

Quelques jours plus tard, le portrait était à peu près terminé; le peintre avait tenu à donner à la tête le dernier coup de pinceau dans cette chambre où il croyait avoir encore la folle sous les yeux.

Le temps de son séjour au moulin était écoulé. Malgré les instances de la meunière et de son mari pour le retenir quelques jours de plus, il procéda à l'emballage de ses toiles, de ses dessins, et annonça son départ pour le lendemain.

Avant de quitter Robay, voulant voir une fois encore la marquise, il sortit pour se rendre à la ferme.

A la même heure, une calèche, attelée de deux alezans magnifiques, quittait la route pour s'engager dans l'avenue bordée de sorbiers qui conduit à la ferme.

Le cocher avait cédé la moitié de son siège à un valet de pied.

Deux dames et une jeune fille de seize ans environ, délicieusement jolie, étaient assises sur les coussins de la voiture. Leur mise était simple, mais élégante, gracieuse et pleine de goût; rien de ces toilettes tapageuses, qui ne sont qu'un étalage de soie, de gaze, de rubans et de dentelles.

Bien qu'il fût quatre heures du soir, la chaleur était encore grande, et leurs ombrelles ouvertes s'interposaient entre elles et les caresses trop vives du soleil.

Un garçon de ferme vit venir de loin la calèche et courut aussitôt prévenir sa maîtresse.

— C'est Mme la comtesse de Fourmies! s'écria la fermière; elle vient à la ferme pour la première fois. Si seulement j'avais été prévenue ce matin!...

La brave femme était dans tous ses états.

— Toi, Pierre, reprit-elle, vite un coup de balai dans la cour jusqu'à la grande entrée! Clarisse, un coup de torchon aux meubles et que tout soit en place! Vite, mes enfants, dépêchons-nous!

La folle était assise dans un coin au fond de la salle.

— Vous, la marquise, lui dit la fermière, vous pouvez monter dans votre chambre, si cela vous fait plaisir.

La folle n'eut pas l'air d'avoir entendu, car elle ne bougea pas.

Mais la fermière avait autre chose à faire qu'à s'occuper de la marquise. Elle enleva le madras qui lui servait de coiffure, détacha son tablier de cuisine et entra dans une pièce voisine. Elle reparut bientôt avec un bonnet blanc surchargé de broderies et un tablier d'indienne à petits carreaux, bordé d'une ruche à plis serrés.

La fermière était sous les armes.

La calèche s'arrêta, le valet de pied s'empressa d'ouvrir la portière, et les dames sautèrent lestement à terre.

La fermière accourut à leur rencontre.

— Ma chère madame Desreaux, nous venons vous faire une visite, lui dit gracieusement la comtesse.

— C'est un grand honneur que Mme la comtesse ainsi que ces dames font à leur humble servante, répondit la fermière, faisant une révérence parfaite.

— Cette paysanne n'est ni sotte, ni gauche, dit l'autre dame à l'oreille de la comtesse.

Elles entrèrent dans la ferme.

— Maintenant, mesdames, dit la fermière après leur avoir donné des sièges, que puis-je vous offrir? Vous savez ce qu'on peut trouver dans une ferme? Tout cela est à vous, veuillez me dire ce que vous désirez. J'ai de la jeune crème, des œufs pondus de ce matin et on va cueillir les plus beaux fruits du jardin.

— Ma bonne, ne dérangez personne pour nous, répondit la comtesse, laissez encore vos fruits mûrir, et pour accepter quelque chose de votre main, nous boirons un peu de lait d'une de ces belles vaches que nous venons de voir dans le pré en passant.

La servante jeta une nappe d'une blancheur éblouissante sur une petite table ronde; la fermière apporta trois bols de porcelaine, des cuillers de métal argenté, des assiettes de faïence, devenue si rare, et une michotte de pain bis cuit à la ferme.

Clarisse courut à la laiterie et revint avec un pot de lait encore tiède et un compotier rempli d'une belle crème très appétissante.

— Allons ! dit gaiement la comtesse, faisons honneur au goûter champêtre que nous offre la bonne madame Desreaux.

La folle, qui était restée assise dans son coin, se leva et s'approcha doucement pour mieux voir les visiteuses. Elle s'arrêta derrière la comtesse les yeux fixés sur la plus âgée de ses compagnes.

— Quelle est cette femme ? demanda celle-ci, étonnée de la persistance que la folle mettait à la regarder.

— C'est une malheureuse privée de raison, que nous avons recueillie à la ferme depuis longtemps, répondit la fermière.

— Oh ! c'est bien triste !

— Ma chère, reprit la fermière en s'adressant à la pauvre insensée, éloignez-vous, vous fatiguez ces dames.

Et elle voulut l'emmener.

La folle la repoussa et se rapprocha encore de la table, sans quitter des yeux l'amie de la comtesse, qui commençait à se sentir mal à son aise sous la pesanteur du regard de l'insensée.

La comtesse crut devoir intervenir.

— Pourquoi n'écoutez-vous pas votre maîtresse ? dit-elle ; ne voyez-vous pas que vous gênez Mme la marquise ?

Le regard de la folle eut un éclat soudain.

— La marquise, c'est moi ! fit-elle.

Les dames échangèrent un regard de surprise.

— Ne faites pas attention à ses paroles, dit vivement la fermière, c'est sa folie ; elle se croit marquise, et, pour flatter sa manie, c'est le nom qu'on lui donne dans le pays.

— Quel singulier costume ! murmura celle que la comtesse appelait Mme la marquise. Mais que regarde-t-elle donc ainsi ? reprit-elle tout haut.

— Votre médaillon, ma chère, ou plutôt les brillants qui l'entourent.

Ce médaillon, qui servait de broche, contenait, dans un cercle de diamants, un portrait d'homme en miniature.

— Cela devient inconvenant, fit la fermière en saisissant le bras de la folle pour l'entraîner.

— Oh! la pauvre femme! dit la marquise, ne la violentez pas, laissez-la!

— Mme la marquise de Presle est la bonté même, dit la comtesse.

La folle tressaillit et se redressa en s'écriant :

— De Presle! Oui, je suis la marquise de Presle!

## IV

### LE MÉDAILLON

La vraie marquise sourit, mais le cri de la folle l'avait vivement émue.

— Voilà une bien étrange folie! dit la comtesse.

— Étrange, en vérité, fit la marquise.

La physionomie de la folle s'était animée, des gouttes de sueur perlaient sur son front, et au mouvement de ses narines et à la contraction de ses traits on pouvait deviner qu'elle faisait des efforts inouïs pour réveiller dans sa mémoire des souvenirs endormis depuis des années.

Tout à coup, elle poussa un cri rauque.

Puis, d'une voix saccadée :

— Je suis marquise de Presle, dit-elle, la femme du marquis Gontran de Presle.

Cette fois, la marquise pâlit affreusement et se dressa sur ses jambes comme poussée par un ressort invisible.

Et voyant sa fille pâle aussi, elle poussa un soupir douloureux.

Au même instant, la folle se plaça devant elle.

— Cela m'appartient! fit-elle en jetant sa main sur le médaillon avec l'intention évidente de s'en emparer.

Mais la marquise, effrayée, se rejeta vivement en arrière. Des sons inarticulés s'échappèrent de sa gorge serrée, elle chancela et tomba évanouie dans les bras d'un jeune homme qui venait d'entrer dans la ferme, et dont la présence n'avait pas encore été remarquée.

C'était Albert Ancelin.

La folle s'avançait de nouveau, prête à porter une seconde fois la main sur le médaillon, objet de sa convoitise.

Un regard sévère du peintre la fit reculer.

Deux grosses larmes roulèrent dans ses yeux. Elle regarda autour d'elle, ne vit que des visages consternés; puis s'élançant vers une porte, elle l'ouvrit et disparut.

Albert avait placé la marquise dans un fauteuil, et pendant que la comtesse affolée cherchait dans toutes ses poches son flacon d'odeurs, il lui donnait les premiers soins.

La jeune fille s'était agenouillée près de sa mère et lui couvrait les mains de baisers en pleurant à chaudes larmes.

A défaut de sels, sur la demande du jeune homme, la fermière lui donna du vinaigre.

La pauvre femme était désespérée.

— Oh! madame, oh! mademoiselle, disait-elle en joignant les mains, quel malheur, et cela par ma faute, pardonnez-moi!

— Elle revient à la vie, dit Albert.

— En effet, la marquise poussa un soupir, et au bout de quelques secondes rouvrit les yeux.

Elle porta vivement la main à sa poitrine, sur son médaillon, puis, regardant à droite et à gauche:

— Cette femme, la... folle, où est-elle?

— Grâce à monsieur, qu'elle paraît craindre, elle s'en est allée, répondit la jeune fille.

— Tant mieux, j'en suis contente.

— Je me retire aussi, mesdames, dit le peintre en prenant son chapeau. J'ai mal pris mon moment pour faire une visite à la ferme, où j'ignorais votre présence; veuillez m'excuser.

— Nous n'avons pas à vous excuser, monsieur, répliqua la comtesse, mais à vous remercier, au contraire, des soins intelligents que vous avez donnés à Mme la marquise.

— Oh! oui, monsieur, appuya la jeune fille.

— J'ai été trop heureux de vous servir, dit Albert.

— Êtes-vous de ce pays, monsieur? demanda la marquise.

— Non, madame, je m'y trouve accidentellement.

— Est-il indiscret de vous demander de qui la marquise de Presle est l'obligée ?

— Je suis artiste peintre, madame la marquise, je me nomme Albert Ancelin.

— Oh ! votre nom est connu, monsieur, dit la marquise en se levant ; plusieurs de vos tableaux ont été très remarqués aux dernières expositions.

Le jeune homme s'inclina.

— Chère marquise, vous sentez-vous assez forte pour aller jusqu'à la voiture ? demanda la comtesse.

— Certainement.

— Si Mme la marquise veut s'appuyer sur mon bras, dit Albert en s'avançant.

— Merci, monsieur, ma fille m'offrira le sien.

Puis se ravisant :

— Je compte peut-être trop sur mes jambes, dit-elle ; monsieur Ancelin, j'accepte votre bras.

Elle adressa une parole affectueuse à la fermière, et ils sortirent de la maison.

Dans la cour elle dit à la comtesse :

— Si vous le voulez bien, chère amie, nous ferons à pied la moitié de l'avenue ; la soirée est magnifique et je me sens très courageuse au bras de mon cavalier.

— Assurément, répondit la comtesse en s'emparant du bras de Mlle de Presle.

La marquise resta un peu en arrière avec intention. Puis, après avoir paru réfléchir un instant :

— Monsieur Ancelin, dit-elle, j'ai désiré causer un moment avec vous.

— Je suis à vos ordres, madame.

— Vous avez été témoin de la scène de tout à l'heure ?

— Oui, madame.

— Vous avez vu, vous avez entendu ; quelle est votre pensée à ce sujet ?

— Il serait puéril d'accorder la moindre attention aux hallucinations qui peuvent naître dans une tête sans raison.

— Monsieur Ancelin, ce n'est point là votre pensée, pourquoi n'êtes-vous pas sincère ?

Le jeune homme garda le silence.

— Vous craignez de me froisser ou de me faire de la peine, c'est d'un cœur généreux, et je vous dis : Merci. Écoutez : je cherche à paraître calme et je ne le suis point. Les paroles de cette pauvre créature ont bouleversé tout mon être ; je suis vivement impressionnée. Et ma fille était là, elle aussi a entendu ces paroles si étranges qu'elles en sont épouvantables !

Quand elle a voulu m'arracher ce médaillon dans lequel se trouve le portrait de mon mari, je ne sais ce qui se passa devant mes yeux ; j'eus, moi aussi, un instant d'hallucination : il me sembla que je voyais de longues griffes sanglantes labourer ma poitrine, et j'eus peur, oui, j'eus peur !...

Quelle est cette femme? D'où vient-elle? Quel est son passé? Je ne sais rien et ne veux rien supposer ; mais je saurai, je fouillerai dans la nuit, et si impénétrable que soit ce mystère, j'y porterai la lumière !

Pauvre malheureuse femme, est-elle assez à plaindre ! Oh ! je ne lui en veux pas, non, je ne lui en veux pas !... Je ne suis point une méchante femme, je crois être bonne et surtout moins frivole que la plupart des femmes du monde. J'ai deux enfants, que j'aime de toute mon âme, cela est bien naturel, n'est-ce pas, monsieur Ancelin? Le marquis s'est chargé de l'éducation de son fils, mais ma fille est à moi, et je l'élève pour qu'elle devienne une femme vraiment digne de ce nom. Et j'admettrais qu'il pût y avoir une tache à l'honneur de mes enfants ! Jamais ! Si cela était, je n'aurais pas assez de toutes mes larmes et de tout mon sang pour la laver !

Je vais trop loin, reprit-elle d'un ton plus calme, je me laisse entraîner, c'est un peu le défaut de ma nature. Monsieur Ancelin, voulez-vous me faire une promesse?

— Laquelle, madame?

— Promettez-moi de ne parler à qui que ce soit de ce que vous avez entendu et vu ce soir.

— Je l'oublierai, madame.

— Je ne vous demande pas de l'oublier, mais de le garder pour vous seul.

— Je vous le promets.

Elle prit la main de l'artiste et la serra en disant :

— Merci.

— Nous nous reverrons à Paris, reprit-elle; nous sommes déjà amis, puisqu'il y a un secret entre nous. Maintenant, parlons encore de la marquise, puisque c'est le nom qu'on lui donne à la ferme. Vous vous intéressez à elle?

— Le nier serait mentir.

— Je puis donc vous faire connaître mes intentions. Croyez-vous qu'on puisse lui rendre la raison?

— Je ne puis répondre ni oui ni non. Mais on pourrait toujours tenter de la guérir.

— C'est ce que je me dis.

— Ce soir, je l'avoue, j'ai cru à un moment de lucidité.

— Nous tenterons la guérison, monsieur Anerlin. Dès mon retour à Paris, je verrai un de nos plus illustres médecins aliénistes, et je la placerai dans une maison de santé. Voilà mon projet. Je vous tiendrai au courant des résultats obtenus.

— Vous ferez une bonne œuvre, madame. Rendre la raison à un fou, c'est lui donner de nouveau la vie.

— Oui, c'est ressusciter un mort. D'ailleurs, quelque chose me dit que je remplis un devoir.

Et elle ajouta, se parlant à elle-même:

— C'est peut-être un commencement de réparation due à cette grande infortune.

Ils rejoignaient Mme de Fourmies et Mlle de Presle. La voiture était à quelques pas. Elle avait devancé les promeneurs et s'était arrêtée sur un signe de la comtesse.

— Monsieur, dit cette dernière en s'adressant au jeune homme s'il vous est agréable de venir un de ces jours à Beauvoir, vous y serez accueilli comme un ami.

— Je vous remercie de votre gracieuse invitation, madame la comtesse, répondit Albert; mais malheureusement, il ne me sera pas possible d'en profiter: je pars demain matin.

— Je le regrette, monsieur, mais si vous revenez dans ce pays, veuillez vous souvenir de mes paroles.

— Je me souviendrai, madame, dit-il en s'inclinant.

Elles prirent place dans la calèche. La marquise échangea un dernier regard avec le peintre, et la voiture s'éloigna rapidement. Elle eut bientôt disparu dans un nuage de poussière.

En rentrant au moulin, Albert Ancelin était rêveur.

Certes, après la scène imprévue dont il venait d'être le témoin, après sa conversation avec la marquise de Presle, une multitude de pensées devaient se heurter dans son cerveau. Il y avait, en effet, de quoi surexciter une imagination ardente comme la sienne.

La marquise de Presle et la folle de Rohay étaient-elles réellement le sujet de sa grande préoccupation?

Debout, au milieu de sa chambre, regardant du côté de Beauvoir, il s'écria tout à coup :

— Comme elle est belle!

Albert Ancelin pensait à Mlle de Presle.

## V

### LE MARQUIS DE PRESLE

De retour au château, la marquise et la comtesse s'enfermèrent dans une chambre et causèrent longuement.

Il est permis de supposer que la folle de la ferme fut le sujet de leur entretien.

Elles se connaissaient depuis longtemps, ayant été élevées dans le même pensionnat, et leur amitié remontait à cette époque heureuse des rêves radieux, des douces espérances et des illusions ensoleillées. Elles étaient du même âge et s'aimaient sincèrement comme deux sœurs. Dans toutes les circonstances de la vie, elles pouvaient compter l'une sur l'autre. La marquise n'avait donc pas à redouter une indiscrétion de son amie. Mais il est probable qu'elle éprouvait le besoin de lui confier les secrètes agitations de son âme.

Avait-elle jamais, plus qu'en ce moment, senti la nécessité de s'appuyer en toute confiance sur le dévouement d'une véritable amie?

Nous pouvons supposer encore que la comtesse fut chargée de recueillir tous les renseignements possibles touchant le passé de la malheureuse femme, que le hasard avait placée, pour ainsi dire, sous la protection directe des propriétaires du domaine de Beauvoir.

Après le souper, la marquise annonça qu'elle partirait le lendemain pour Paris.

— Comment! ma mère, déjà? fit son fils, le comte Gustave de Presle.

— Mme de Presle m'a fait connaître son intention, dit la comtesse, et je n'ai pas cru devoir insister pour la garder plus longtemps.

Ces paroles coupaient court à d'autres questions.

Le jeune comte ne put dissimuler sa contrariété.

— D'ailleurs, reprit la marquise, si Gustave veut rester quelques jours encore avec son ami Edmond, je ne m'y oppose point.

— Chère mère, vous me faites bien plaisir, répondit Gustave, le séjour de Beauvoir me plaît infiniment, et, en partant demain, j'aurais eu le regret de le quitter si tôt.

Le lendemain soir, Mme de Presle et sa fille arrivaient à Paris par le même train qu'Albert Ancelin.

Ils se rencontrèrent à la gare, se saluèrent, et ce fut tout, sauf un regard dont le peintre enveloppa la jeune fille.

— M. Albert Ancelin a une singulière figure aujourd'hui, dit cette dernière à sa mère.

— Ah! fit la marquise, je n'ai pas remarqué.

— Il a l'air soucieux.

Mlle de Presle ne se trompait pas. Le jeune homme était contrarié et fort mécontent de lui-même.

Il avait passé une nuit très agitée, lui qui dormait si bien d'ordinaire. Il avait vu passer sous ses yeux toutes les vierges de Raphaël, et ces admirables peintures avaient toutes la figure et le regard de Mlle de Presle.

En se levant, il se mit à la fenêtre et crut voir un faune railleur, grimaçant, au milieu d'un buisson d'églantiers.

— Mais qu'est-ce qu'il y a donc là? s'écria-t-il en se frappant le front. Est-ce que je vais devenir fou? Moi amoureux de la fille de la marquise de Presle!... Oh! la bonne folie !... Je pourrais me dispenser de retourner à mon atelier; en arrivant à Paris, je n'aurais qu'à dire au cocher de fiacre : Menez-moi chez le docteur Blanche!

Et c'est dans cette situation d'esprit qu'il s'était mis en route.

Le marquis de Presle laissait à sa femme une grande liberté d'action; il est vrai que, de son côté, il ne se gênait guère pour briser les anneaux de la chaîne conjugale.

Esclave du devoir, et ne s'en croyant nullement affranchie par l'indifférence de son mari, la marquise avait dû beaucoup souffrir, dans les premiers temps, des blessures faites à sa dignité de femme, d'épouse et de mère. Puis, peu à peu, sa fierté avait pris le dessus, et son cœur froissé s'était retiré de l'homme qui l'avait dédaignée.

Aux yeux du monde, ces deux êtres, qui vivaient, pour ainsi dire, étrangers l'un à l'autre, semblaient parfaitement unis.

Que de ménages semblables dans Paris! C'est une de nos grandes plaies sociales.

Depuis qu'elle pouvait voyager avec ses enfants, le marquis n'avait plus accompagné sa femme, ni dans les villes d'eaux, ni sur les plages de la mer.

Ceci explique comment il se trouvait à Paris pendant que la marquise et ses enfants étaient au château de Beauvoir.

Le marquis de Presle avait quarante-six ans; il était grand, bien fait et toujours vêtu selon le caprice de la mode. Ses cheveux blanchissaient; son visage pâle, flétri comme celui d'un vieillard, et deux rides profondes, creusées sur son front entre ses sourcils, attestaient que, dans sa jeunesse, il avait usé de tous les plaisirs avec excès.

Mais comme il ne voulait pas vieillir, pour réparer les avaries de sa personne, il appelait à son secours les produits chimiques perfectionnés qui sortent de l'officine des parfumeurs.

Il se refaisait ainsi une jeunesse factice.

Toutefois, la flamme de son regard ne s'était pas éteinte, et dans ce regard on devinait les passions non apaisées, qui se cachaient sous son large front. Sa seconde jeunesse, jalouse de la première, ne voulait lui rien céder.

A l'âge de seize ans, par suite de la mort prématurée de son père, il s'était trouvé le maître d'une immense fortune. Et il avait fait comme la plupart des fils de famille d'aujourd'hui, il s'était amusé. A l'époque des lions, il avait été lion, puis gandin et dandy. Son fils devait continuer la tradition; il lui laissait le soin de mériter les appellations de petit-crevé et de gommeux.

Par malheur, la mère du marquis n'avait jamais voulu voir chez son fils autre chose que des qualités de premier ordre ; il avait profité de cet aveuglement pour se jeter sans frein ni mesure et à corps perdu dans le tourbillon malsain de la vie parisienne. Pris de vertige, il s'enivra de débauche en buvant à gorge pleine dans la coupe de tous les vices.

Dès le lendemain de son retour à Paris, après avoir fait sa toilette du matin, la marquise fit prévenir son mari qu'elle désirait causer avec lui.

Un instant après il entrait chez sa femme.

— Je vous remercie de votre empressement, monsieur, lui dit-elle, en lui indiquant un siège.

— Je ne m'attendais pas à un retour si prompt, dit le marquis; est-ce que vous vous ennuyez à Beauvoir?

— Nullement. Je vous dirai tout à l'heure ce qui me ramène à Paris. Avez-vous embrassé votre fille?

— En rentrant hier soir, on m'apprit votre arrivée; Edméa dormait, je n'ai pas voulu troubler son sommeil; mais je ne sortirai pas avant d'avoir mis un baiser sur son front. Gustave est resté à Beauvoir, paraît-il?

— Il m'a témoigné le désir d'y rester encore quelque temps.

— Vous avez bien fait de ne pas le contrarier; la jeunesse a besoin de distractions.

Maintenant, marquise, dites-moi le motif de votre retour à Paris.

La jeune femme passa la main sur son front, puis brusquement, elle lança ces paroles à son mari:

— Savez-vous, monsieur, qu'il y a aux environs de Beauvoir une autre marquise de Presle?

Le marquis tressaillit, mais il ne se troubla point, et c'est en souriant qu'il répondit:

— Je ne vous comprends pas.

— Mes paroles sont pourtant bien claires : je vous répète qu'il existe, près de Beauvoir, une femme qui prétend être marquise de Presle.

— Il ne peut y avoir d'autre marquise de Presles que vous, répliqua-t-il avec calme, puisque ma mère n'est plus et que je suis le seul marquis de ce nom.

— Soit, monsieur, mais comment m'expliquerez-vous qu'une femme puisse avoir l'audace de prendre un nom qui ne lui appartient pas?

— Chaque jour des aventuriers, des misérables se parent d'un titre et d'un nom pour exploiter la confiance publique; je n'ai pas à vous l'apprendre. Je ne suis pas plus satisfait que vous, croyez-le, qu'on se serve de notre nom dans un but quelconque, j'en déférerai aux tribunaux.

— Oh! la personne dont il s'agit ne craint pas la justice!

— Que voulez-vous dire?

— Elle est folle!

— Ah! ah! ah! fit le marquis en riant aux éclats, elle est folle! Vous avez entendu ou on vous a rapporté les paroles d'une insensée, et c'est pour me les répéter que vous accourez à Paris!... Ah! ah! ah! c'est trop de complaisance, en vérité, beaucoup trop.

— Ne riez pas, monsieur, reprit froidement la marquise; votre rire me fait mal et il est trop bruyant pour être sincère. Oui, monsieur, continua-t-elle, oui, c'est seulement pour vous parler de cette malheureuse femme que je suis revenue à Paris. Pour qu'elle n'ait pas oublié votre titre, votre nom et même votre prénom de Gontran, il faut qu'elle vous ait connu autrefois.

— Il n'y a rien d'extraordinaire à cela, balbutia le marquis.

— Il ne vous faudrait peut-être pas un grand effort de mémoire pour vous rappeler dans quelle circonstance vous vous êtes rencontrés.

Le marquis s'agita sur son siège avec impatience.

— Avez-vous la prétention de me faire subir un interrogatoire, dit-il sèchement; suis-je devant un juge d'instruction? Je n'ai pas à vous rendre compte de mon passé. Que vous fouilliez dans ma vie depuis notre mariage, passe encore; mais remonter au delà est un droit qui n'appartient à aucune femme.

— Monsieur, répliqua-t-elle d'un ton grave, l'existence de son mari appartient tout entière à la femme jalouse de son honneur et de celui de ses enfants.

## VI

### UN LION SANS GRIFFES

Le marquis haussa dédaigneusement les épaules.

— A vous entendre, dit-il, on croirait que je suis un grand criminel !

— Le crime est la chose que la loi atteint et flétrit, répondit la marquise ; mais il y a des actions coupables et fâches qui, bien qu'elles lui échappent, n'en laissent pas moins après elles le stigmate de la honte et de l'ignominie.

— Allons ! fit-il railleur, envoyez-moi tout de suite au bagne !... Mais, reprit-il, je crois vraiment que j'ai l'air de me défendre et de repousser une accusation... Tout cela est trop drôle, pour ne pas dire bouffon. Si vous aviez besoin de me chercher querelle aujourd'hui, madame, n'auriez-vous pu choisir un motif moins ridicule ? Il y a, dites-vous, quelque part dans le monde une femme qui me connaît. Mais j'ai la prétention de croire qu'il y en a bien d'autres ; je ne me suis pas tenu caché dans une île déserte ou au couvent des chartreux. Celle dont vous me faites l'honneur de m'entretenir est folle... c'est un accident assez commun dans la vie. Eh bien, que voulez-vous que j'y fasse ? Est-ce ma faute, à moi ?

— Peut-être, monsieur.

— Marquise, vos réticences deviennent blessantes ; je ne vous cacherai pas non plus que cet entretien commence à me fatiguer ; dites donc vite toute votre pensée.

— Eh bien, monsieur, je suis convaincue que cette malheureuse femme a été victime de quelque infamie à laquelle vous n'êtes pas étranger.

Les lèvres du marquis pâlirent et son regard eut un éclair de colère. Il fut pourtant assez maître de lui pour se contenir.

— Voilà l'accusation dont je parlais tout à l'heure nettement formulée, répliqua-t-il; mais pour me parler ainsi, madame, il faut que vous soyez folle vous-même. Vous faites des suppositions au moins étranges; encore devriez-vous les baser sur quelque chose. Avez-vous des preuves de ce que vous ne craignez pas d'avancer?

— Oui, des preuves morales.

— Superbe! s'écria le marquis en riant.

— Ce n'est pas en raillant que vous détruirez ma conviction, reprit-elle; le cœur ne se laisse pas tromper comme les yeux par les apparences, et c'est sous l'impression d'un sentiment de compassion et de justice que je vous parle en ce moment. Croyez-vous que je tienne à trouver coupable d'une action indigne l'homme dont je porte le nom, le père de mes enfants? Mais alors, je serais une créature méprisable! Vous avez eu une jeunesse agitée, monsieur, je ne vous en fais pas un reproche, vous étiez libre et vous avez agi comme vous l'avez voulu. Mais si un jour dans votre vie vous avez fait mal, si vous avez causé un dommage à autrui, pour vous, pour vos enfants et pour moi, vous devez une réparation.

En parlant, la marquise était vivement émue; deux larmes échappées de ses yeux glissaient lentement sur ses joues.

Elle reprit:

— Je l'ai vue cette pauvre femme, maintenant corps sans âme, qui a dû avoir, comme toutes les autres, ses illusions et ses rêves de bonheur et de joie... Autrefois, comme elle devait être jolie! En la voyant ainsi dégradée et flétrie, mon cœur s'est gonflé de douleur, et malgré moi, j'ai pensé aux causes de cette mort anticipée.

— Si bien, fit le marquis impassible, que votre sensibilité aidant votre imagination, vous n'avez rien trouvé de mieux que de me faire jouer un rôle plus ou moins fatal dans l'existence de cette femme?

— Oui, monsieur.

— Au point de vue de l'imagination, c'est hardi, mais votre sensibilité manque de générosité à mon égard.

— Il y a des hommes qu'on ne saurait effleurer, même d'un soupçon, dit-elle.

Rien ne pourrait rendre l'accent d'amertume qu'elle mit à ces paroles.

— J'ai compris, répliqua-t-il froidement, je ne suis pas un saint, c'est convenu.

— Écoutez ce que je vais vous dire, monsieur le marquis, et quand vous m'aurez entendue, peut-être comprendrez-vous mieux ce qui se passe en moi.

Et elle lui raconta, dans ses moindres détails, sa rencontre avec la folle à la ferme de Rebay. Elle omit seulement, avec intention, de parler d'Albert Ancelin.

Le marquis écouta sans que rien sur sa physionomie pût trahir ce qu'il éprouvait. Cependant, quand il fut question du médaillon, un battement de ses paupières voila un instant son regard, et les plis de son front parurent se creuser davantage.

La marquise ayant cessé de parler, ses yeux fixés sur son mari semblaient l'interroger.

— Eh bien, fit-il, je suis de votre avis, tout cela est fort étrange et me paraît de nature à surexciter la curiosité d'une femme aussi impressionnable que vous l'êtes. Cette folle a évidemment dû me connaître. A quelle époque de ma vie? je l'ignore. Mais que je la connaisse, moi, c'est autre chose. Rien dans mes souvenirs ne me rappelle cette femme. En supposant que je l'aie rencontrée, je ne l'ai pas remarquée, et il est plus que probable que, la voyant, je ne la reconnaîtrais point. Si, comme vous tenez à le vouloir, elle a été mêlée à une des légèretés de ma jeunesse, c'est à mon insu. Enfin, ce qui devrait vous rassurer complètement, c'est que, d'après ce qu'on vous a dit, il y a vingt ans que cette femme est à la ferme de Rebay.

— Le mal n'en serait que plus grand s'il existe. Mais je veux bien vous croire, monsieur. En ce moment, votre conscience d'honnête homme doit vous parler plus haut que mes paroles.

— Vous voulez bien me croire, dit-il vivement, mais vous doutez encore.

Elle garda le silence.

— Vous ne me répondez pas? reprit-il.

— Eh! que vous dirai-je? Quand mon esprit se calme, en pensant que vous dites la vérité, vais-je vous crier que vous mentez? Je préfère m'arrêter, indécise, et ne pas pénétrer plus avant dans ce mystère.

Quoi qu'il en soit, cette malheureuse ne peut rester à la ferme des Sorbiers.

— Je le pense comme vous.

— Avez-vous une idée?

— Je vous laisse l'initiative.

— Nous devons chercher à améliorer sa position, la faire soigner et la guérir, si c'est possible. Je désire la placer dans une maison de santé. Avez-vous quelque objection à faire?

— Je n'ai pas l'habitude de contrarier vos volontés et je vous ai toujours laissée libre de choisir vos œuvres de bienfaisance.

— Ainsi, dans cette circonstance, je puis agir comme je l'entendrai?

— Absolument.

— C'est bien.

Puis se levant :

— Monsieur, dit-elle, je ne vous retiens plus.

Le marquis salua sa femme.

— Toujours mauvaise tête et bon cœur! fit-il en souriant.

Et il sortit.

La marquise fit semblant de n'avoir pas entendu son compliment mélangé de rancune.

Le marquis avait fait de grands efforts pour se contraindre et rester calme devant sa femme, pendant cette longue conversation, qui avait été une torture infligée à sa dissimulation. Mais, une fois de plus, il venait de se prouver à lui-même qu'il possédait une grande puissance de volonté.

A chaque instant il avait été sur le point d'éclater, et, malgré la colère sourde qui grondait en lui, il s'était imposé le silence ou bien il avait répondu avec tranquillité, sans paraître le moins du monde embarrassé. C'était, en effet, une belle victoire remportée sur lui-même. Et malgré toute sa perspicacité féminine, la marquise était loin de se douter de l'effet terrible que ses paroles avaient produit sur son mari.

Pour ne pas se trahir, le vieux lion avait retiré ses griffes.

Mais dès qu'il fut rentré dans sa chambre, il se laissa

emporter par la violence de son irritation. Il ne fallut pas moins de quelques chaises renversées et de trois ou quatre porcelaines de Sèvres brisées pour le calmer un peu.

— Quoi! s'écria-t-il en marchant à grands pas et en se heurtant aux meubles renversés, mais c'est donc un spectre sorti de l'enfer! Je l'avais oubliée, je n'y pensais plus, je la croyais perdue, morte, enterrée!... Et voilà qu'au bout de vingt ans, elle reparaît et se dresse devant moi!...

Quand elle s'est enfuie, quand elle a disparu, c'est à Rebay, à la ferme des Sorbiers qu'elle s'est réfugiée... Ah! comme on l'a bien cherchée! Pourquoi suis-je ainsi agité, troublé? Oh! souvenir maudit!... Mais elle est folle, elle est folle!... et la folie, c'est l'ombre, c'est l'ombre, c'est la nuit et le silence! Mais n'importe, il faut qu'elle disparaisse et qu'elle soit si bien cachée que ma femme ne puisse la retrouver.

J'ai une famille, des enfants, je ne veux pas de scandale... Un souvenir a jailli de son cerveau malade... qui sait? on lui rendrait peut-être la raison. Non, non, il ne le faut pas... C'est assez de sa vie brisée. J'ai, maintenant, des devoirs impérieux à remplir; je dois veiller sur le bonheur des miens.

Je n'ai pas de temps à perdre, je connais la marquise, elle va agir promptement, il faut donc la devancer.

Le marquis s'habilla rapidement sans le secours de son valet de chambre.

— M. Blaireau fait payer cher ses services, se dit-il en ouvrant le tiroir de son secrétaire.

Il mit dans ses poches une liasse de billets de banque et quelques rouleaux d'or, puis il sortit de l'hôtel.

A la première station, il se jeta dans un fiacre en disant au cocher :

— Rue du Roi-de-Sicile!

## VII

### DEUX COMPLICES

C'est rue du Roi-de-Sicile que demeurait M. Blaireau.
Qui était-il, ce Blaireau?

Un personnage dont l'existence pouvait passer pour très équivoque. Avec les uns il se disait homme d'affaires, avec les autres il était banquier, usurier, prêteur à la petite semaine et, pour lui seul, avare et grippe-sous. Receleur et marchand, à l'occasion, il trafiquait un peu dans tous les genres, et, pourvu qu'il y trouvât son compte, il mettait volontiers les mains dans toutes sortes d'opérations malpropres.

Mais, en sa qualité d'homme d'affaires, il connaissait les articles du code pénal comme un jurisconsulte, et était assez adroit pour marcher au travers sans s'y laisser prendre. Il se livrait encore dans l'ombre, clandestinement, à une foule de métiers inconnus, qui lui avaient acquis une certaine célébrité dans le monde interlope. Comme il avait dû rendre ainsi des services à beaucoup de gens, quelques-uns s'étaient montrés reconnaissants, et il avait des relations un peu partout et des protecteurs parmi des hommes très haut placés. Souple, insinuant et rusé, il savait profiter de tout et ne se gênait pas pour exploiter, sans en avoir l'air, la reconnaissance des uns et le bon vouloir des autres. On disait aussi que, de temps à autre, il rendait d'importants services à la police.

M. Blaireau pouvait avoir cinquante ans. Il était petit et trapu. Sa grosse tête semblait collée sur ses larges épaules. De rares cheveux grisonnants couraient les uns après les autres sur son crâne jaunâtre, aplati au sommet.

Ses mains velues, aux doigts crochus, ressemblaient à des griffes. Ses lèvres lippues, sensuelles, cachaient les restes de cinq ou six dents noires et ébréchées. Ses yeux ronds et jaunes, renfoncés sous l'orbite, avaient un regard d'oiseau de proie, et pour augmenter la ressemblance et le rapprocher davantage du hibou, l'extrémité de son nez s'avançait sur sa bouche, recourbé comme un bec-de-corbin.

Ajoutez à ce que nous venons de dire un vêtement graisseux, sordide, quand il était dans son cabinet, et vous aurez, au moral et au physique, le portrait d'après nature de M. Blaireau.

Assis devant un large bureau de chêne, couvert d'objets divers comme l'étalage d'un bric-à-brac et aussi d'une épaisse couche de poussière, il achevait de compter un sac dont les rouleaux étaient symétriquement alignés devant lui, lorsque le bruit d'une sonnette vint le troubler tout à coup dans son agréable occupation.

Il s'empressa de fourrer les rouleaux dans le sac et de jeter celui-ci dans un coffre de fer, adapté à une large ouverture pratiquée dans le mur. Il poussa la lourde porte du coffre, puis, ayant fait jouer un ressort invisible, un panneau de la boiserie descendit le long de la muraille et vint de lui-même cacher la porte du coffre-fort de l'avare.

Bien sûr qu'il n'avait plus rien à redouter d'yeux indiscrets, il courut à la porte de son logement et regarda par un judas afin de juger s'il devait ouvrir ou non au visiteur.

Il reconnut le marquis de Presle, et bien vite il ouvrit sa porte.

— Mon cher monsieur Blaireau, dit le marquis en entrant, il me semble que vous faites un peu croquer le marmot aux gens qui viennent vous visiter.

— Monsieur le marquis m'excusera, répondit-il en se courbant obséquieusement, j'ai bien entendu son premier coup de sonnette, mais ma domestique est sortie et je l'avais oublié.

— Je vous dis cela pour que vous ne fassiez pas attendre des personnes moins patientes que moi.

Ils entrèrent dans le cabinet dont M. Blaireau eut, selon son habitude, la précaution de fermer hermétiquement toutes les portes.

Cela fait, il s'assit en face du marquis, et le regarda en clignant des yeux, sa façon d'inviter ses clients à parler.

— Cher monsieur Blaireau, dit le marquis, j'ai une fois encore besoin de vos services.

Le petit homme se mit à rire.

— Monsieur le marquis aura donc toujours vingt-cinq ans? fit-il. A un froncement de sourcils de son client il ajouta vivement:
— Je voulais dire que M. le marquis a le bonheur de rester toujours jeune, en dépit des années.
— Je vous ai bien compris, monsieur Blaireau; mais il s'agit aujourd'hui d'une affaire autrement sérieuse qu'une amourette.
— J'écoute, monsieur le marquis.
— Avant tout, êtes-vous disposé à me servir?
— Assurément, si la chose n'est pas impossible ou au-dessus de mes faibles moyens.
— Si je ne la croyais pas possible pour vous, je ne serais pas venu vous trouver.
— C'est juste, dit l'autre en s'inclinant.
— Blaireau, vous souvenez-vous de Léontine?
— Un des jolis péchés de jeunesse de M. le marquis. Une amourette, comme vous dites, qui est devenue, bel et bien, une grande passion.
Un nuage passa sur le front du marquis.
— Je n'ai pas oublié non plus, continua Blaireau, que c'est à cette époque que j'ai eu l'honneur de connaître M. le marquis de Presle, le plus beau et le plus brillant gentilhomme des temps modernes, et que c'est à lui que je dois de n'être pas resté ignoré et perdu dans la foule, à lui enfin que je dois le commencement de ma petite fortune.
— On dit, en effet, que vous êtes fort riche, monsieur Blaireau.
— Oh! monsieur le marquis, des économies pour mes vieux jours, voilà tout.
— Du reste, cela ne me regarde en rien.
Sachez donc, Blaireau, que Léontine n'est pas morte, comme vous l'aviez trop facilement supposé.
— Je ne vous avais pas donné une certitude, monsieur le marquis.
— C'est vrai. Enfin, Léontine, dont vous n'avez pu découvrir la trace, malgré vos recherches les plus actives, se retrouve au bout de vingt ans, de la façon la plus imprévue, dans un petit village de la Nièvre entre Cosne et La Charité.
— En vérité, monsieur le marquis! mais c'est admirable!...
M. de Presle haussa les épaules.

— Telle elle était le jour où elle s'est sauvée de Bois-le-Roi, continua-t-il, telle elle est encore aujourd'hui.

— Folle ! acheva Blaireau.

Et aussitôt, comme s'il eût évoqué une effroyable vision, il ferma les yeux en frissonnant.

— Ce n'est pas tout, reprit le marquis, par suite d'un souvenir qui lui est resté, le seul sans doute, elle se croit la marquise de Presle, et le hasard, ou plutôt la fatalité, a conduit ma femme, la marquise de Presle, à la ferme des Sorbiers, près de la folle que tout le monde, dans le pays, appelle la marquise.

— Oh ! fâcheuse rencontre, bien fâcheuse, murmura Blaireau.

— Qui peut avoir des conséquences déplorables.

— Évitons toujours les conséquences, monsieur le marquis, c'est mon principe.

— La marquise de Presle veut la placer dans une maison de santé, la faire soigner.

— Mme la marquise est charitable et bonne.

— On guérit souvent la folie...

— C'est vrai.

— Alors...

— Je comprends : il y a des choses passées qu'on n'aime pas à voir revivre.

— Blaireau, la marquise de Presle et... l'autre ne doivent plus se trouver en présence.

— Excellente idée !

— Dans trois jours au plus tard, elle ne doit plus être à la ferme de Rebay.

— Où doit-elle être ?

— Qu'importe ! pourvu que ses paroles insensées n'aient plus d'écho !

— Alors ?

— Blaireau, votre esprit de combinaison est inépuisable, je compte sur vous.

— Je ne vois qu'un moyen : l'enlèvement.

Le marquis secoua la tête.

— Les gens de la ferme s'y opposeront, dit-il, et je ne veux pas de bruit. Mais en supposant que vous réussissiez, une enquête aurait lieu sur l'événement, et on ne sait jamais où s'arrêtent ces choses-là.

— Diable! l'affaire devient difficile, monsieur le marquis.

— Ne pourrait-on pas agir au nom de sa famille?

— Alors, une famille à improviser.

— Elle a une sœur.

— Oui, je me rappelle. Savez-vous ce qu'elle est devenue?

— Je l'ignore absolument.

— Pour la trouver, il faudrait probablement la chercher dans quelque bas-fond de la fourmilière parisienne; cela nous demanderait beaucoup de temps. D'ailleurs, pourrait-elle servir utilement notre projet?

Blaireau se frappa le front.

— Oui, reprit-il, improviser une famille ou lui en créer une imaginaire et la réclamer en son nom... Il y a des difficultés à écarter, mais c'est audacieux et l'audace réussit presque toujours.

— N'oubliez pas, Blaireau, que mon nom ne doit être mêlé en rien dans cette affaire.

— Ne jamais compromettre ses clients est dans mes principes, répondit-il.

— C'est une simple observation que je vous fais.

L'homme d'affaires n'écoutait plus. Enfoncé dans son fauteuil, les jambes allongées, il réfléchissait profondément. Les prunelles de ses yeux ronds, grands ouverts, étincelaient comme des yeux de chat dans la nuit. Tout en dressant son plan dans sa tête, il en suivait pas à pas la rapide exécution.

L'esprit de cet homme, si peu favorisé physiquement par la nature, était merveilleux pour le mal et les choses ténébreuses. On peut croire que, dirigé vers le bien, il eût rendu d'immenses services à son pays et accompli de grandes et belles choses.

Au bout de quelques minutes, il se redressa d'un mouvement brusque.

— Dans cette circonstance, dit-il d'une voix lente, avoir pour soi l'administration serait, dans l'intérêt même du but à atteindre, une des plus admirables combinaisons. Oui, c'est cela, j'ai trouvé! Monsieur le marquis, nous nous servirons de la police!

## VIII

### COMMENT M. BLAIREAU TRAITE UNE AFFAIRE

Le marquis resta muet de surprise. Il regardait avec stupeur cet homme, énigme vivante, qui parlait de la police, cette puissance si redoutable et si bien organisée, comme d'une chose lui appartenant.

— Mon cher monsieur Blaireau, hasarda-t-il, ne voyez-vous pas un danger?...

— Monsieur le marquis, le danger existe partout; il faut donc être prudent pour l'éviter.

— Avez-vous prévu toutes les difficultés?

— Je laisse toujours quelque chose à l'imprévu.

— Je n'ai plus rien à dire.

— Vous pouvez vous en rapporter à moi; demain soir, je serai prêt.

— Et après-demain?

— Elle ne sera plus aux Sorbiers.

— Où la conduirez-vous?

— Je ne le sais pas encore. Mais ce que je puis vous assurer, c'est qu'elle sera bien gardée et qu'elle ne pourra communiquer avec personne. Du reste, l'affaire terminée, je m'empresserai de vous en rendre compte.

— D'ici là, aurai-je besoin de vous revoir?

— Je ne le pense pas.

— Monsieur Blaireau, il nous reste à parler de la question d'argent.

— Oui. Pour faire la guerre, a dit un grand homme dont je ne sais plus le nom, il faut trois choses : de l'argent, de l'argent et encore de l'argent. Ce personnage historique n'était pas un imbécile. L'argent est le nerf de tout, monsieur le marquis; il ouvre les portes les mieux fermées et brise tous les obstacles; sans lui, l'homme n'est rien. Père de l'ambition, il fait naître ces hommes étonnants, inventeurs, conquérants, artistes et poètes, qui sont la gloire et l'orgueil des peuples. Rien ne lui résiste; en même temps qu'il élève des monuments, perce des montagnes et construit des viaducs, il enchaîne les consciences et fait fléchir les plus robustes vertus.

Je comprends les Israélites adorant le veau d'or. Il y a de cela des milliers d'années. Qu'est-ce que cela prouve? Que la chose humaine est immuable. Aujourd'hui comme autrefois, comme toujours, l'or est la grande puissance, le levier universel.. L'or est un dieu!

Après cette tirade, M. Blaireau eut l'air fatigué; il prit son mouchoir et s'essuya le visage. Cela fait, il dit au marquis, en se grattant l'oreille:

— Cela va coûter cher, très cher.

— Fixez la somme.

L'homme d'affaires parut dresser un compte dans sa tête.

— Oui, fit-il, nous n'irons pas loin de vingt mille francs.

Le marquis eut un haut-le-corps.

— C'est cher, en effet, dit-il.

Blaireau se rapprocha du marquis, et, baissant la voix:

— Les petits cadeaux qu'on est obligé de faire, fit-il, doivent être proportionnés à la qualité et à l'importance des personnes que l'on emploie. Du bas en haut, du petit au grand, monsieur le marquis, corruption partout!.. Vous êtes-vous demandé, parfois, comment certaines fortunes de nos jours, et des plus belles, ont été édifiées ?... J'en pourrais citer plus d'une qui se sont composées de pots-de-vin et d'épingles à madame. Tout se vend, donc tout s'achète; les prix varient selon la catégorie de la marchandise.

Pour revenir à notre affaire, monsieur le marquis, je vois tout d'abord une dépense nette de quinze mille francs; en mettant cinq mille francs pour l'imprévu, voilà nos vingt mille francs. Monsieur le marquis sait que je compte bien et que je n'ai pas l'habitude de jeter l'argent dans l'eau.

— Et moi, répliqua le marquis, je n'ai pas l'habitude de marchander les services qu'on me rend.

Il tira de sa poche une poignée de billets de banque et compta vingt mille francs sur le bureau de l'homme d'affaires qui, tout en se frottant les mains, saluait chaque morceau de papier Garat d'un mouvement de tête et d'un aimable sourire.

Le marquis était prêt à sortir lorsque, revenant vers Blaireau, il lui dit :

— Et l'enfant, dont vous m'avez également annoncé la mort, ne va-t-il pas ressusciter un de ces matins et me tomber dans les jambes?

Blaireau fut pris d'un éternuement subit.

— C'est la poussière de ces paperasses qui vient de m'entrer dans le nez! fit-il.

Puis, relevant la tête :

— L'enfant est bien mort, répondit-il.

— Vous ne m'avez jamais donné d'explications.

— M. le marquis ne m'a rien demandé.

— Puisque l'occasion se présente aujourd'hui, voulez-vous me donner quelques détails?...

— Volontiers. J'ai, d'ailleurs, peu de chose à vous dire. Grâce à la somme que vous savez et qui devait servir à l'élever l'enfant fut adopté par de braves gens que je connaissais et qui m'étaient entièrement dévoués. Voulant augmenter leur petit capital, ils eurent l'idée d'aller s'établir en Amérique. Depuis, je n'ai reçu d'eux qu'une seule lettre, laquelle m'informait de la mort de l'enfant. J'ignore ce qu'ils sont devenus, s'ils ont fait fortune comme ils l'espéraient; mais j'ai tout lieu de croire qu'ils se sont définitivement fixés dans le nouveau-monde.

Dans tout cela, il n'y avait pas un mot de vrai. Pris à l'improviste, le fourbe avait immédiatement imaginé ce conte pour répondre à la question du marquis.

Ce dernier parut satisfait des détails fournis, et se retira convaincu que l'enfant dont il vient d'être parlé n'existait plus.

La marquise de Presle n'avait pas perdu de temps. Après plusieurs conférences avec deux de nos médecins renommés, qui lui donnèrent un léger espoir, elle avait fait choix d'une maison de santé et arrêté les conditions d'entrée.

Toutes ces dispositions prises, elle comptait partir le lendemain pour Beauvoir, lorsqu'elle reçut une lettre de la comtesse.

« Chère amie, lui écrivait Mme de Fourmies, tu vas partager ma surprise de ce matin, lorsque Mme Desreaux est venue m'annoncer que la folle des Sorbiers, à laquelle nous nous intéressons si vivement, n'était plus à la ferme. Depuis longtemps, paraît-il, sa famille la faisait chercher partout. Enfin, elle a appris que la pauvre femme se trouvait à Rebay, et elle l'a réclamée.

« Mme Desreaux, prétendant qu'il pouvait y avoir erreur de personne, ne voulait pas laisser emmener sa protégée, mais le maire était présent et il avait de plus des ordres précis expédiés de Paris. La fermière dut se rendre à l'évidence, et elle remit la folle aux mains de ceux qui venaient la chercher.

« Ces gens n'ont pu ou n'ont pas voulu dire où ils la conduisaient. Ils étaient quatre : un commissaire de police de l'arrondissement et deux agents, venus de Paris, qui accompagnaient la personne se disant le mandataire de la famille.

« Tous ces personnages restèrent muets aux questions qui leur furent adressées, de sorte que le passé de la malheureuse reste toujours aussi mystérieux pour nous.

« Les renseignements que j'ai pu recueillir sont presque sans importance, parce qu'ils ne remontent pas au-delà de son arrivée à Rebay. Je les ai, toutefois, collectionnés avec soin et je t'en ferai le récit dans une prochaine lettre.

« Quoi qu'il en soit, chère amie, tu dois être satisfaite puisque la pauvre folle des Sorbiers a retrouvé sa famille. On ne t'enlève que le moyen de prouver une fois de plus l'excellence de ton cœur et ton admirable charité.

« Ton Gustave se porte bien. Lui et Edmond sont toujours par monts et par vaux; carnassières et fusils sont déjà prêts pour l'ouverture de la chasse. »

Comment rendre le désappointement et la stupéfaction de la marquise à la lecture de cette lettre? Elle la relut plusieurs fois de suite, comme si elle eût eu de la peine à en comprendre le sens. Une agitation violente s'était emparée d'elle. Elle ne lisait plus, mais ses yeux restaient fixés sur l'écriture de son amie.

Elle n'en pouvait douter, l'enlèvement de la folle était l'œuvre de son mari. Quelle honte avait-il donc intérêt à refouler dans l'ombre?

— Oh! s'écria-t-elle d'une voix sourde, je n'aurais pu croire à tant de fausseté!

Et un sourire amer crispa ses lèvres.

— Et bien! reprit-elle au bout d'un instant, je ne dirai rien, j'aurai la force de me contraindre et de faire taire mon indignation; je serai patiente, j'attendrai; mais sans relâche, toujours, je chercherai... J'ai aussi des amis; ils seront avec moi. Oh! je la retrouverai, monsieur le marquis, je la retrouverai!... Au-dessus de l'homme, il y a la justice, et au-dessus de tout, Dieu! Il me guidera, m'inspirera, et un rayon de sa lumière me conduira à la vérité!

Elle laissa tomber sa tête dans ses mains et quelques larmes, glissant à travers ses doigts, tombèrent sur la lettre de son amie.

Dans la journée, elle se trouva un instant seule avec le marquis.

— N'avez-vous pas reçu, ce matin, une lettre de Beauvoir? lui demanda-t-il.

— Si, vraiment, j'oubliais de vous en parler, répondit-elle avec beaucoup de calme; Gustave va bien. Nouveau Nemrod, ajouta-t-elle en souriant, il se dispose à faire une immense boucherie de tout le gibier des alentours.

— Ah! ah! fit le marquis gaîment, j'espère bien qu'il épargnera quelques couples indispensables à la reproduction.

— La comtesse m'annonce aussi que cette pauvre folle, dont je vous ai entretenu ces jours derniers, a été réclamée par sa famille. Elle n'est plus à la ferme de Rebay.

— En vérité! s'écria le marquis jouant la surprise, rien de plus heureux ne pouvait lui arriver.

— En effet, dit négligemment la marquise.

— Blaireau est décidément un homme très précieux! pensait le marquis.

## IX

### LES PREMIÈRES ARMES DE M. GUSTAVE

Une heure après le départ de la folle qui, ayant voulu résister d'abord, s'était enfin décidée à monter dans la voiture amenée par le prétendu mandataire de sa famille, Claire accourut à la ferme des Sorbiers. On venait de lui apprendre l'événement. Elle était tout en larmes.

Mme Desreaux, encore sous le coup de son émotion, lui raconta en quelques mots ce qui s'était passé.

— La pauvre marquise, ajouta-t-elle, elle ne voulait pas s'en aller, elle nous aimait tant! Elle regardait les bêtes dans le pré et elle leur tendait les bras comme pour leur dire : Je ne veux pas vous quitter! Elle est partie tout de même, il le fallait Sera-t-elle plus heureuse là-bas qu'elle l'était à la ferme ?

— Ainsi, dit la jeune fille en sanglotant, elle est partie sans m'avoir vue, sans que je l'aie embrassée une dernière fois, et nous ne nous reverrons plus!...

Elle a retrouvé sa famille; j'en suis bien contente; mais vous savez tout ce qu'elle a été pour moi : elle était ma mère, toute ma famille. Et je n'ai plus rien! Me revoilà seule, abandonnée, comme le jour où, toute petite, je fus ramassée, je ne sais dans quel endroit, par la charité publique!

Je l'aimais, et ce nom de mère, si doux à prononcer, elle me l'avait appris et je le lui donnais. Qui donc m'aimera, maintenant?

— Ma bonne Claire, répondit la fermière de sa plus douce voix, je comprends votre peine et je la partage, mais il faut vous consoler. Vous ne manquez pas d'amis à Rebay; et ici, à la ferme, est-ce que nous ne vous aimons pas?

Les jeunes filles de votre âge, mon enfant, vos compagnes, vous témoigneront l'affection que vous méritez, elles seront vos sœurs...

— Ah! elles sont toutes bien heureuses! s'écria Claire d'un ton douloureux, elles ont une mère!

Ce cri de la jeune fille était la révélation de ses pensées secrètes, des déchirements de son âme.

En sortant de la ferme, elle courut chez le maire.

Celui-ci ne savait rien de plus que Mme Desreaux, il lui confirma seulement les paroles de la fermière.

— M. le commissaire de police de Cosne est peut-être mieux instruit que moi, lui dit-il. Dans ce cas, il ne refuserait certainement pas de vous donner les renseignements que vous désirez obtenir.

Claire rentra chez elle avec un vague espoir, mais toujours désolée.

Elle compta l'argent de sa petite bourse; il y avait cent soixante francs.

— Oh! je suis riche, se dit-elle.

Avec deux robes et un peu de linge, c'était toute sa fortune.

Le lendemain, de bonne heure, après s'être habillée avec ce qu'elle avait de mieux, elle se mit en route. Elle était charmante et tout à fait gracieuse dans son costume de paysanne nivernaise.

Elle alla à pied jusqu'à Pouilly, la gare la plus proche de Rebay. Là, elle prit un billet pour Cosne. Arrivée dans cette ville, elle se fit indiquer la demeure du commissaire de police et s'y rendit aussitôt.

Ce magistrat la reçut avec beaucoup de bienveillance.

Elle lui exposa brièvement et d'une voix émue l'objet de sa visite.

— Ma chère enfant, lui répondit-il, le sentiment auquel vous obéissez est des plus louables, et je comprends votre inquiétude sur le sort de cette pauvre femme qui fut, comme vous le dites, presque votre mère. Malheureusement, je ne sais rien, et j'en suis vivement contrarié à cause de vous, croyez-le. Pour des motifs dont je n'ai pas à apprécier la valeur, la famille de cette infortunée n'a pas cru devoir faire connaître son nom ni dire ce qu'elle se réservait de faire dans l'intérêt de celle qui nous occupe; mais elle n'a certainement qu'à gagner à son changement de position. Cela doit vous tranquilliser. La seule chose que je sache, je puis vous le dire, c'est qu'en quittant la ferme de Rebay, elle a été conduite à Paris.

La jeune fille remercia le commissaire et se retira.

— Paris... elle est à Paris... se disait-elle; mais Paris est grand !

Pour la première fois, sa pensée s'élança vers la ville immense, et elle l'entrevit comme au milieu d'un éblouissement.

Elle prit le premier train se dirigeant sur Nevers et revint à Pouilly. Il était déjà tard; bien qu'elle connût plusieurs personnes dans cette petite ville, calculant qu'elle avait encore une heure de jour et un peu moins de deux lieues à faire pour se rendre à Rebay, elle n'hésita pas à se mettre en route, disposée à faire une partie de chemin dans la nuit.

Elle marchait depuis un quart d'heure à peu près, lorsqu'un individu qui semblait aussi venir de Pouilly la rejoignit.

— Bonsoir, mademoiselle Claire, lui dit-il; je vous ai reconnue de loin, et j'ai hâté le pas pour que nous puissions marcher de compagnie.

Celui qui parlait ainsi était le jeune comte Gustave de Presle.

Évidemment, le hasard ne l'avait point amené à Pouilly, pour qu'il se trouvât tout à coup sur les talons de la belle jeune fille.

A peine âgé de dix-neuf ans, il tenait à s'appliquer à lui-même ces hémistiches de Corneille :

Je suis jeune, il est vrai, mais aux âmes bien nées
La valeur n'attend pas le nombre des années.

Et comme bon chien chasse de race, il voulait être, comme M. le marquis son père, un petit-fils de don Juan. M. Gustave était déjà un sceptique. Nous devons croire qu'il avait pour sa mère et sa sœur un profond respect; mais ainsi que la plupart des jolis petits messieurs d'aujourd'hui, il ne croyait pas plus à la vertu des femmes, qu'aux bottes merveilleuses de l'ogre du Petit-Poucet.

Claire ne fut nullement charmée de la rencontre; mais comme les routes sont faites pour tout le monde, elle ne put dire au jeune homme, ainsi qu'elle l'aurait voulu :

— De quel droit vous trouvez-vous ici?

— Vous paraissez bien triste, mademoiselle Claire, dit-il, pour entamer la conversation. Vous n'êtes donc pas satisfaite de votre voyage?

— Je l'ai fait inutilement, répondit-elle.

— A Rebay, ce matin, j'ai appris l'événement d'hier, et combien cela vous a affectée. J'en ai éprouvé beaucoup de peine, car je m'intéresse vivement à vous, mademoiselle Claire.

— Vous êtes trop bon, monsieur.

— Je ferais tout au monde pour vous être agréable, continua-t-il, et si vous voulez accepter mes services et mon amitié, vous verrez que je suis tout dévoué à ceux que j'aime.

— Je vous remercie, monsieur, vous ne pouvez rien pour moi.

— Vous vous trompez, mademoiselle Claire, et je vais vous le prouver. Vous aimez beaucoup cette pauvre femme de la ferme des Sorbiers?

— Comme une mère, répondit-elle.

— Et ce qui vous chagrine le plus, c'est d'ignorer absolument où elle est et ce qu'elle va devenir?

— Elle a été emmenée à Paris, je l'ai appris à Cosne.

— Et c'est tout ce que vous avez pu savoir?

— Hélas! oui, fit-elle avec un profond soupir.

— Eh bien, mademoiselle Claire, reprit Gustave, il faut quitter Rebay, où rien ne vous attache, où vous vivez ensevelie au milieu de paysans grossiers, et aller à Paris, puisque c'est là que vous retrouverez celle que vous aimez comme une mère.

Sans qu'il s'en doutât, ses paroles étaient l'écho d'une idée fixe de la jeune fille.

— Paris... Paris... murmura-t-elle, je n'y connais personne.

— J'y serai, moi, dit-il vivement, pour vous aider et vous guider dans vos recherches. Ma famille a des amis nombreux et puissants; ma mère est très bonne, je lui parlerai de vous, elle s'intéressera à votre situation et, je vous le promets, nous retrouverons votre mère.

— C'est un rêve! fit la jeune fille en secouant tristement la tête.

— Vous n'avez qu'à vouloir, reprit-il en se rapprochant, et ce rêve deviendra immédiatement la réalité.

Il lui prit la main. Elle la retira aussitôt.

— Non, non, dit-elle, Paris m'épouvante!

— Parce que vous ne le connaissez pas, répliqua-t-il. Ce qu'on raconte de Paris dans vos campagnes est absurde. C'est dans cette ville seulement que les femmes sont heureuses; c'est à Paris qu'on vit et qu'on aime.

Le regard clair de la jeune fille se fixa sur Gustave.

Il est bon de dire que, toute à ses pensées, elle ne comprenait pas bien la portée que le lovelace en herbe voulait donner à ses paroles.

— Monsieur, lui dit-elle, marchons un peu plus vite, il commence à faire nuit, et nous sommes encore loin de Rebay.

— Mais voyager à deux, par une belle nuit, est charmant, répondit-il en souriant.

Elle n'était pas de son avis, car elle prit une marche plus rapide, et pour la suivre, il fut forcé de régler son pas sur le sien.

— Tenez, ma charmante Claire, reprit-il au bout d'un instant, il me semble que je vous vois déjà installée à Paris. Vous avez un joli petit appartement avec de grandes fenêtres donnant sur une belle rue; une domestique, parce que vos mains mignonnes ne sont pas faites pour toucher aux ustensiles de cuisine. Vous avez un salon avec portières en tapisserie, un canapé et des fauteuils moelleux. Votre chambre est délicieuse : les meubles sont en bois de rose; de grandes glaces de Venise reproduisent votre gracieuse image ; les rideaux du lit, brodés par la main des fées, sont garnis de dentelles qui tombent sur le tapis couvrant le parquet; elle est tendue de soie rose comme les fraîches couleurs de vos joues. Et de ce petit nid élégant et coquet, à peine digne de votre beauté, vous êtes la maîtresse et la souveraine.

— Vous ne m'avez pas dit, monsieur, comment, pour posséder cela, j'ai fait fortune?

— Je vous aime, Claire, je vous aime! Comprenez-vous?

Il l'entoura de ses bras, et ses lèvres effleurèrent celles de la jeune fille.

— Oh! je ne vous croyais pas si lâche! s'écria-t-elle en se dégageant par un brusque mouvement en arrière.

Et elle s'élança sur la route en courant à toutes jambes.

On était en vue de Rebay. Gustave n'osa point la poursuivre.

— J'ai effarouché la colombe, murmura-t-il, mais elle s'apprivoisera !

Claire arriva chez elle haletante, toute en nage.

— C'est donc là le monde! s'écria-t-elle.

Puis, se laissant tomber sur ses genoux, elle joignit les mains et se mit à pleurer.

## X

### LES ORPHELINES

En 1837, au mois d'octobre, un officier français d'un régiment de ligne tomba dans une rue de Constantine, frappé en pleine poitrine par une balle arabe.

Le jeune lieutenant était depuis deux mois seulement en Algérie. Il se nommait Landais.

Au moment de mourir, entre les bras d'un de ses compagnons d'armes, il arracha la croix d'honneur attachée sur sa poitrine et la tendit à son ami en lui disant:

— Si, plus heureux que moi, tu revois un jour la France, tu iras trouver ma femme, ma pauvre Julie, et tu lui remettras de ma part cette croix, que j'étais si fier d'avoir méritée pour elle, et ce bout de ruban taché de mon sang.

Tu lui diras que je suis mort de la mort des braves, que mes dernières pensées ont été pour elle, pour ma petite fille chérie qui n'a que huit ans, et pour notre autre enfant qui n'est pas né encore!

Oui, tu lui diras tout cela, et tu l'embrasseras pour moi, et comme alors il y aura deux enfants, tu les embrasseras tous les deux.

Et puis tu ajouteras : « C'est dans mes bras que Landais a rendu le dernier soupir ; j'ai recueilli les derniers mots qu'ont murmuré ses lèvres : Julie... Léontine !... »

La tête du blessé se renversa en arrière. Il était mort!

Un mois plus tard, la veuve du lieutenant Landais, qui demeurait à Paris, rue de Savoie, devint mère une seconde fois et mit au monde une deuxième petite fille à qui on donna le prénom d'Angèle.

Avec deux jeunes enfants, Mme Landais allait se trouver dans une position bien difficile. Du côté de son mari comme du sien, elle n'avait plus que des parents éloignés et qu'elle connaissait à peine. Elle était donc absolument seule et ne devait compter que sur elle-même.

Il est vrai que sa dot, produit d'un petit bien qu'elle possédait en Anjou, et qu'elle avait vendu au moment de son mariage, était à peu près intacte ; mais avait-elle le droit d'y toucher? Ne devait-elle pas, au contraire, conserver ce petit capital avec le plus grand soin, pour aider plus tard à l'établissement de ses filles?

Heureusement, d'anciens camarades de son mari s'intéressèrent à elle.

Le sentiment de fraternité a toujours été en honneur parmi les officiers français.

Sur la recommandation du maréchal Vallée, gouverneur de l'Algérie, la veuve du lieutenant Landais obtint un petit bureau de tabac, et, quelque temps après, sa fille aînée était admise dans la maison d'éducation de Saint-Denis.

Dès lors elle fut rassurée sur son sort et celui de ses enfants. Avec le produit du bureau de tabac et la rente de son argent, placé par les soins d'un notaire, elle pouvait vivre.

Malheureusement, elle ne devait pas jouir longtemps de cette aisance relative. Quelques années s'écoulèrent. Depuis longtemps elle allait en s'affaiblissant chaque jour. Un matin, elle fut forcée de garder le lit. Elle comprit que sa fin était prochaine. Léontine accourut de Saint-Denis au chevet de sa mère. Le lendemain, la veuve était dans un état désespéré.

A un moment, elle entoura de ses bras ses deux enfants, qui pleuraient très fort, et elle leur dit :

— L'heure de notre séparation approche ; mon cœur se brise à cette pensée que je vous laisse si jeunes dans la vie. Oui, Dieu me rappelle trop tôt à lui ; mais j'ai confiance en sa bonté, il veillera sur vos têtes si chères. Mes enfants, mes filles adorées, aimez-vous toujours, ne vous quittez jamais !

Léontine, tu vas devenir la protectrice, le soutien, la mère de ta jeune sœur ; c'est une tâche bien lourde que je confie à ta jeunesse ; mais promets-moi de la remplir.

— Oh ! ma mère, je vous le jure, s'écria la jeune fille en sanglotant.

— Toi, Angèle, reprit la mourante en serrant l'enfant sur son sein, tu aimeras ta sœur et tu lui obéiras en tout ; souviens-toi que je lui cède aujourd'hui toute mon autorité sur toi.

La petite fille ne répondit pas ; mais cette scène l'impressionnait vivement.

Elle se pencha sur les mains unies de sa mère et de sa sœur, et les couvrit de baisers et de larmes.

Ensuite, la veuve pria sa fille aînée de lui donner la croix d'honneur, qui lui avait été pieusement rapportée d'Afrique un an après la mort de son mari.

Elle regarda un instant cet emblème de bravoure et de loyauté, ce dernier souvenir, puis elle le porta à ses lèvres. Elle le plaça ensuite sur sa poitrine, à la place de son cœur, et le tint serré contre elle.

Ses derniers mots furent ceux-ci :

— Mes chères filles, n'oubliez jamais mes paroles. Joie, chagrin, fortune ou pauvreté, partagez toujours.

Elle mourut.

Léontine avait seize ans, sa sœur pas encore huit. Comme l'avait dit la mère mourante, la tâche confiée à sa fille aînée était lourde.

Elle pouvait rester encore à Saint-Denis ; mais elle préféra en sortir immédiatement afin de céder sa place à sa sœur. Elle parvint, en effet, à la faire admettre au nombre des pensionnaires de la Légion d'honneur, mais la concession du bureau de tabac lui fut retirée.

On voit rarement les plus méritants favorisés des grâces souveraines. Les intrigants se substituent aux droits du mérite, et la médiocrité occupe la place du talent. Il y a longtemps que cela est ainsi, et nous ne voyons pas que les choses doivent changer bientôt.

Paris est la ville des grandes ressources; mais il n'est pas toujours facile à une jeune fille de seize ans de s'y créer des moyens d'existence honorables. Dès les premiers jours, Léontine se trouva en présence de grandes difficultés matérielles. Toutefois, elle examina la situation avec calme et ne se sentit pas effrayée. Ce sont les circonstances qui font naître les grandes forces et les grands courages.

Elle résolut d'utiliser ce qu'elle avait appris à Saint-Denis.

Elle était musicienne, déjà forte sur le piano; elle avait une voix souple, sympathique, et chantait avec goût et un sentiment exquis. Elle savait coudre, broder, et elle excellait dans la confection de certains ouvrages de tricot ou faits au crochet.

Elle se dit :

— Je donnerai des leçons de musique et de français; mais comme je n'aurai pas tout de suite un nombre d'élèves suffisant, les aiguilles et les crochets de l'ouvrière viendront en aide à l'institutrice.

Les dames de Saint-Denis la recommandèrent à plusieurs personnes. Elle eut d'abord une élève, puis deux, puis trois. Un magasin lui donna du travail. Institutrice et ouvrière, elle gagna sa vie. Elle trouva encore le moyen d'économiser quelque chose pour faire de temps à autre un cadeau à sa sœur.

Léontine était divinement jolie; elle avait une tête de madone, la bouche petite aux lèvres roses et souriante, les dents superbes, d'un émail très pur; ses magnifiques cheveux d'un blond tendre, se posaient sur son beau front comme un diadème de reine. Et tout cela était animé, éclairé par de grands yeux bleus, souvent rêveurs, dont le regard, à demi voilé par de longs cils, avait une expression indéfinissable.

Elle était de plus très distinguée de manières et de language.

Enfin sa personne semblait réunir toutes les grâces.

Une aussi charmante jeune fille ne pouvait guère sortir sans être remarquée et sans provoquer sur son passage des murmures approbateurs.

La beauté, ce don précieux, n'est pas toujours un avantage. Dans les grandes villes, sur les pas de la jeune fille pauvre, de l'ouvrière, elle sème d'innombrables dangers.

Que des femmes impures l'étalent au grand jour effrontément pour un trafic honteux, cela ne nous regarde pas; mais la femme honnête, qui craint certains regards, en est parfois fort embarrassée. Que de jeunes filles sages ont été victimes de leur beauté!

Léontine s'aperçut que chaque fois qu'elle sortait, elle était suivie par un jeune homme, toujours le même. En vain, elle changea son itinéraire, en passant par des rues écartées, elle le rencontrait toujours sur son chemin. Une telle persistance finit par la préoccuper beaucoup.

Il était beau, bien fait, élégamment vêtu et paraissait très distingué; elle le mêla à ses illusions et lui fit tenir une place dans sa vie. Qui devinera jamais ce qui se passe dans le cœur d'une jeune fille qui ne sait rien de l'existence, qui s'ignore elle-même! Où vont ses pensées et ses rêves? A quel travail son imagination ne se livre-t-elle pas?

Il lui écrivit. Elle ne répondit pas; mais elle relut la lettre plusieurs fois, et s'aperçut que, chaque fois, son cœur battait plus fort.

C'était une épître passionnée où il était parlé longuement d'un cœur embrasé et d'un amour ardent qui ne devait finir qu'avec la vie : toutes les banalités du langage des amoureux.

La lettre était signée Gontran.

— Le joli nom! se dit-elle.

Léontine n'avait pas su garder son cœur; elle aimait!

## XI

### LE LOUP ET LA BREBIS

Quelques jours après, un commissionnaire lui apporta un magnifique bouquet.

Les fleurs sont encore rares au mois d'avril, il avait dû

coûter très cher. Elle n'eut pas besoin de demander d'où lui venait ce présent, son cœur avait déjà nommé Gontran.

Mais pourquoi lui envoyait-il un bouquet?

Après avoir réfléchi un instant, elle remarqua que le lendemain était le 19 du mois, fête de saint Léon. Deux larmes roulèrent dans ses yeux. Elle renvoya le commissionnaire et garda le bouquet. Pour le conserver plus longtemps, elle lui mit le pied dans l'eau. En s'extasiant sur la beauté des fleurs, elle découvrit un billet roulé dans la corolle d'un camélia. Elle l'ouvrit d'une main tremblante.

Dans des termes respectueux, Gontran se plaignait doucement de ne pas avoir reçu de réponse à sa première lettre ; il lui parlait encore de son amour, lui renouvelait l'assurance de son dévouement, et il ajoutait que le bouquet était la preuve qu'il pensait sans cesse à Léontine.

Elle se demanda ce qu'elle devait faire. Elle hésita longtemps. Enfin elle écrivit à Gontran pour le remercier de son envoi. Elle copia l'adresse écrite au bas de la lettre et du billet. Pourtant, elle fit cette remarque que Gontran n'était qu'un nom de baptême. Néanmoins, la lettre partit.

Elle n'avait personne pour la conseiller, elle obéissait à un sentiment de son cœur, incapable, d'ailleurs, de l'avertir d'un danger, elle croyait bien faire.

Le lendemain, Gontran se présenta chez elle. Il vit la rougeur des joues, devina son émotion et s'en réjouit. Il était spirituel, il causait bien. Sa parole facile et entraînante la captiva. Elle lui permit de revenir, il profita de l'autorisation et revint tous les jours.

Léontine agrandissait le domaine de ses illusions.

Un dimanche, elle accepta l'offre de son bras pour faire une promenade à pied, au milieu de la verdure et des fleurs, aux environs de Paris. Mais on rentra de bonne heure, le soir, et Gontran dut la quitter dans la rue, à la porte de sa maison.

Il se mordit les lèvres de dépit et de colère. Il avait compté sur un triomphe facile, et il trouvait une résistance qu'il rencontrait pour la première fois. Le roué, le débauché, l'homme qui ne croyait à rien, était moins fort que l'innocence d'une enfant. Il en était réduit, depuis deux mois, à lui faire a complaisement, comme un faiseur d'élégies. Son amour-propre en était violemment irrité.

Mais il s'était dit : « Je la veux ! » Et à tout prix elle devait être à lui.

Dans une de leurs causeries, Léontine lui avait témoigné le désir de connaître son nom et sa position.

Il lui dit le premier nom venu, puis il se fit passer pour un employé d'un ministère ayant déjà quatre mille francs d'appointements. Elle le crut.

Une autre fois qu'il se répandait en protestations de dévouement et d'un amour sincère, elle répondit :

— Monsieur Gontran, je sens que je vous aime ; je vous crois bon, honnête et loyal ; je consens à porter votre nom, je serai votre femme quand vous le voudrez.

Si ignorante qu'elle fût, elle savait que la femme ne peut se donner, honnêtement, à l'homme qu'elle aime, en dehors de cette institution devenue une loi civile, qu'on nomme le mariage.

Un après-midi, par un temps superbe, Léontine, venant de donner une leçon, descendait lentement l'avenue des Champs-Élysées.

Tout à coup, dans une calèche armoriée, attelée de deux chevaux superbes, elle reconnut Gontran. Il était assis à côté d'une femme âgée et d'un grand air.

C'est à travers un nuage qui passa devant ses yeux qu'elle entrevit l'écusson de la voiture et les chapeaux galonnés du cocher et des deux laquais.

Son cœur se serra douloureusement, et elle resta un instant immobile sans pouvoir faire un pas.

La calèche filait vers l'arc de l'Étoile.

— Qu'est-ce que cela signifie ? se demanda la jeune fille, m'aurait-il donc trompée ?... Oh ! il faut que je sache ! s'écria-t-elle.

Elle avait heureusement un peu d'argent dans sa poche. Elle aperçut un coupé de remise qui descendait tranquillement l'avenue. Le cocher cherchait une pratique. Elle lui fit signe d'arrêter et elle se jeta éperdue dans la voiture.

— Où allons-nous ? demanda le cocher.

— Nous allons attendre ici.
— Longtemps?
— Je ne sais pas.
— Drôle de petite dame, murmura le cocher, mais jolie à croquer tout de même!

Il descendit de son siège, prit un sac dans le coffre de sa voiture et offrit à son cheval le plaisir de broyer quelques poignées d'avoine.

Cachée dans un coin du coupé, la jeune fille guettait la descente des équipages.

Elle attendit une heure. Le cocher était remonté sur son siège, le cheval restauré piaffait d'impatience et son maître maugréait, envoyant au diable sa singulière pratique.

Enfin la voix de la jeune fille se fit entendre. Elle disait au cocher:

— Suivez cette voiture de maître qui a deux laquais derrière.
— Compris! fit le cocher.

Puis tout bas:
— Hé! hé! une aventure... Très drôle!

La voiture partit.

Rue Saint-Dominique-Saint-Germain, Léontine vit la voiture de maître entrer dans la cour d'un hôtel. Se trouvant suffisamment renseignée pour le moment, elle donna l'ordre au cocher de la conduire chez elle.

Le lendemain, seule et à pied, elle revint rue Saint-Dominique. Elle n'eut pas de peine à découvrir que l'hôtel qu'elle désigna était celui de Mme la marquise de Presle, qui y demeurait avec son fils unique, le marquis Gontran de Presle.

Elle revint chez elle honteuse, désolée, se roidissant contre sa douleur pour ne pas pleurer dans la rue. Il lui semblait qu'elle n'avait plus de courage, que toutes ses forces étaient brisées et qu'elle s'ensevelissait dans un immense écroulement.

En rentrant, elle tomba sur un siège inerte, comme une masse, et elle pleura.

Le soir, Gontran vint, souriant, paraissant heureux comme toujours.

Elle ne lui dit rien ; il s'assit un peu étonné, puis il la regarda. Elle était pâle, elle avait les yeux rouges ; il fut inquiet.

— Léontine, qu'avez-vous ? lui demanda-t-il.

— Monsieur, répondit-elle, j'allais vous écrire ce soir pour vous prier de ne plus revenir ici, mais puisque vous voilà, ma lettre vous devient inutile. Vous m'avez indignement trompée, reprit-elle d'une voix accablée. Dans quel but, je l'ignore, je ne veux pas le savoir. Vous savez qui je suis, je vous ai raconté ma vie tout entière, et cela ne vous a rien dit... Que vous ai-je fait pour me vouloir du mal ? Oh ! votre conduite a été bien cruelle, monsieur, bien cruelle.

— Mais que vous ai-je fait ? Que voulez-vous dire ?

— Que votre présence ici est un mensonge ! Que vous n'êtes pas un employé de bureau, mais le marquis de Presle !

Le jeune homme bondit sur son siège.

— Comment savez-vous ?... balbutia-t-il.

— Qu'importe, puisque je sais... Je n'ai plus rien à vous dire, monsieur, vous pouvez vous retirer.

Il feignit être en proie à une vive douleur, des larmes même lui vinrent aux yeux.

— Mais vous savez bien que je vous aime ! s'écria-t-il. Oui, c'est vrai, je ne vous ai pas dit la vérité, je vous ai caché mon nom... mais c'est là encore une preuve de mon amour. J'ai voulu être à vos yeux un employé pour ne pas vous effrayer par mon titre et, je vous le jure, dans la seule crainte d'être repoussé.

— Oh ! vous n'auriez jamais franchi le seuil de ma porte si je vous eusse connu !

— Eh bien, vous le voyez, vous me donnez raison. Et maintenant que vous savez tout...

— Nous nous voyons pour la dernière fois, l'interrompit-elle.

— Ah ! à votre tour vous êtes cruelle.

— Ma conscience est honnête, monsieur le marquis, répliqua-t-elle avec dignité, et l'honnêteté me garde ! Entre la pauvre fille, qui ne possède que son éducation et le souvenir des vertus de sa mère, et vous, monsieur le marquis de Presle, il y a un abîme que ni vous ni moi ne pouvons franchir. Je ne saurais m'élever jusqu'à vous, vous ne pouvez descendre jusqu'à moi.

— Pourquoi? Léontine, m'aimez-vous toujours?

— Ne me demandez pas cela, monsieur, je n'en sais plus rien!

— Ah! tenez, je suis bien coupable; vous valez mille fois mieux que moi, et je vous demande pardon, pardon à genoux!...

Joignant l'action à la parole, il s'agenouilla devant elle, lui saisit les mains et les baisa avec transport.

— Mais que pensez-vous donc de moi? s'écria-t-elle éperdue. Oseriez-vous supposer que je puisse devenir votre maîtresse?

— Non! répondit-il d'un ton pénétré, non, mais ma femme.

Elle poussa un cri, qui n'était peut-être que de la stupeur.

— Votre femme! répéta-t-elle. Vous n'êtes plus l'employé de ministère, je ne veux plus vous voir.

— Cela sera, pourtant; j'aurai une lutte à soutenir, de nombreux préjugés à combattre, à vaincre... mais pour vous posséder je ne reculerai devant rien, je briserai tous les obstacles.

Il s'élança vers la porte et lui cria en sortant :

— A bientôt!

La jeune fille leva les yeux vers le ciel en disant :

— Ma mère, ma mère, protégez-moi!

## XII

### UN FAUX NOTAIRE

Le marquis de Presle, qui ne se piquait pas d'être bien sévère sur le choix de ses fréquentations, et qu'on rencontrait plus souvent dans les coulisses de l'Opéra et les boudoirs des femmes galantes que dans le salon de madame sa mère, avait entendu parler plusieurs fois d'un individu nommé Blaireau comme d'un homme très adroit et très rusé, se mêlant à toutes sortes de tripotages, et peu scrupuleux sur les moyens de gagner de l'argent.

Il se fit donner son adresse et se décida à lui faire une visite. La conférence fut longue. Au bout de deux heures, lorsque le marquis quitta l'homme d'affaires, il avait le teint très animé, et, dans le regard, des lueurs étranges.

Trois jours après, le matin, le susdit Blaireau se présenta chez Léontine.

Pour la circonstance il avait endossé l'habit noir des grands jours et, dans le petit espace qui séparait sa tête de ses épaules, il avait enroulé une cravate blanche. Une serviette d'officier ministériel sous son bras complétait sa tenue.

Ayant salué la jeune fille avec les marques d'un profond respect :

— Est-ce à mademoiselle Léontine Landais que j'ai l'honneur de parler? demanda-t-il.

— Oui, monsieur.

Blaireau fit un nouveau salut à angle droit.

— Mademoiselle, reprit-il, je suis le notaire de M. le marquis de Presle. M. le marquis m'a fait part de son intention de vous épouser. Je ne vous cacherai pas que, possédant toute la confiance de Mme la marquise de Presle, j'ai cru devoir faire à son fils des observations respectueuses pour le détourner d'un projet qui détruit certaines espérances dont Mme la marquise a bien voulu me confier le secret; mais je me suis heurté à une volonté inébranlable. C'est un grand amour que M. le marquis a pour vous, mademoiselle; j'ai compris que les plus beaux raisonnements du monde ne pourraient rien contre lui; M. le marquis m'a prouvé que son bonheur dépendait de cette union, je me suis laissé convaincre, et j'ai accepté la mission de venir vous trouver de sa part pour avoir votre consentement.

Les yeux de Léontine s'étaient mouillés de larmes.

— Je remercie M. le marquis, dit-elle d'une voix tremblante; mais je ne consentirai jamais à devenir sa femme contre la volonté de sa mère.

— C'est juste, je ne vous ai pas dit encore... Ce consentement de Mme la marquise, nous l'avons.

— Ah! fit la jeune fille tout étourdie.

— Il a été dur à obtenir; mais M. le marquis a prié, supplié, la marquise s'est attendrie, — elle adore son fils, — et enfin, en y mettant certaines conditions, elle a consenti.

— Quelles sont ces conditions, monsieur?

— Mme la marquise veut ne blesser ni mécontenter aucun membre de sa famille. La noblesse a toujours ses préjugés, et la marquise en tient encore assez compte pour vouloir les respecter chez les autres. Elle demande donc que tout se fasse sans bruit, et que le mariage civil soit célébré en présence des quatre témoins seulement. Elle ne veut l'annoncer officiellement à ses parents et à ses amis que lorsque ce sera un fait accompli et après les avoir préparés à cette grande surprise.

— Et la cérémonie religieuse, monsieur?

— Oh! nous en avons longuement parlé... Tout a été convenu. Elle ne se fera pas immédiatement, parce que madame la marquise désire qu'elle ait lieu avec une grande pompe. Ce jour-là vous serez présentée à toute la famille réunie.

Léontine avait baissé la tête et réfléchissait.

M. Blaireau s'agita sur son siège avec inquiétude.

— Eh bien! interrogea-t-il au bout d'un instant.

La jeune fille releva la tête.

— Verrai-je Mme de Presle? demanda-t-elle.

— Certainement.

— Quand lui serai-je présentée?

— Mais tout de suite après le mariage.

— Pourquoi pas avant?

M. Blaireau se trouva un moment embarrassé.

— Une idée de grande dame, fit-il. Elle vous connaît par tout le bien que son fils lui a dit de vous. « Je crois cette jeune fille tout à fait digne de toi, a-t-elle dit au marquis, cela me suffit pour le moment. Dès qu'elle sera ta femme, je lui ouvrirai les bras. » Mme la marquise va partir pour une de ses terres, dans le Midi, et c'est là que M. le marquis et vous irez la rejoindre.

Tout cela ne satisfaisait pas entièrement Léontine, mais elle sentait qu'elle n'avait pas le droit de se montrer trop exigeante. Le consentement de Mme de Presle, obtenu pour le mariage, n'était-ce pas énorme ? D'ailleurs, elle ne raisonnait plus. Elle n'était pas éblouie par le mirage des grandeurs et de la fortune mais elle aimait Gontran et déjà son cœur se fondait dans un idéal de bonheur.

— Je ferai ce que voudra M. le marquis de Presle, dit-elle d'une voix presque éteinte...

Un éclair de joie jaillit des yeux de l'agent du marquis.

— M. de Presle, reprit-il, m'a chargé de tout préparer pour que votre mariage ait lieu promptement ; je vais donc agir sans perdre de temps. Nous avons les publications légales. Pour cela, j'aurai besoin de divers papiers. Avez-vous un extrait de votre acte de naissance ?

— Oui, monsieur.

— Vous allez me le remettre. Il me faut aussi l'acte de décès de votre père, de votre mère...

— Je ne les ai pas...

— Cela ne fait rien, je me les procurerai, vous n'aurez à vous déranger en rien. Dans quinze jours, toutes les formalités auront été remplies.

J'oubliais... Je suis chargé de vous remettre ceci, trois billets de mille francs ; c'est un premier cadeau de Mme la marquise, pour acheter vos robes, vos chapeaux, enfin ce qui vous est actuellement le plus nécessaire.

— M. le marquis sait que je puis disposer de la moitié d'une somme de vingt mille francs placée chez un notaire d'Angers.

— Je ne savais pas cela ! pensa Blaireau.

Et il reprit tout haut :

— M. le marquis tient absolument à ce que vous ne touchiez pas à cet argent. Il vous recommande aussi de n'annoncer votre mariage à qui que ce soit. Cela contrarierait vivement Mme la marquise, et son fils veut respecter ses volontés.

La jeune fille aurait pu lui répondre que les publications d'un mariage sont précisément faites pour le faire connaître ; mais elle ne pensa pas à cela.

M. Blaireau se leva pour se retirer. Léontine lui remit son acte de naissance.

— Je reviendrai dans le courant de la semaine, lui dit-il, pour vous faire savoir ce que j'aurai fait. Du reste, il est protable qu'aujourd'hui même ou demain vous verrez M. le marquis.

Il sortit enchanté de son succès et enthousiasmé de lui-même.

— Ce n'est pas plus malin que ça! se dit-il quand il fut dans la rue; allons, Paris est une bonne ville, j'y ferai ma fortune!

Pendant les jours suivants, Léontine s'occupa de ses toilettes. Elle consulta Gontran sur le choix des étoffes, la coupe et la façon des robes; elle suivit ses conseils, excellents d'ailleurs, car le marquis était un homme de goût fort expert sur toutes les choses de l'élégance.

La dernière élève de la jeune fille venait de partir à son tour pour la campagne; elle n'eut pas à s'excuser d'être forcée d'interrompre ses leçons.

Malgré ses occupations, et nous pouvons le dire, ses préoccupations, elle n'oublia point sa jeune sœur. Elle fit deux fois le voyage de Saint-Denis pour aller l'embrasser et lui porter de petits cadeaux. Mais, pas plus à l'enfant qu'à ses anciennes institutrices, elle ne parla de l'événement qui se préparait pour elle. Elle obéissait à Gontran.

Malgré son jeune âge, Angèle devina pourtant que quelque chose d'extraordinaire se passait dans l'existence de sa sœur; elle remarqua aussi que Léontine, toujours bonne et affectueuse, il est vrai, l'embrassait plus fort et plus longuement que d'habitude.

On arriva à la veille du grand jour. Léontine attendait Gontran. C'est Blaireau qui vint.

— Mademoiselle, lui dit-il, je viens vous trouver de la part de M. le marquis, qui a été obligé de partir il y a deux heures.

— Comment! que voulez-vous dire? s'écria la jeune fille.

— Rassurez-vous, répondit-il en souriant, M. le marquis n'est pas bien loin de Paris et il s'occupe de votre bonheur. Il a craint que des ordres qu'il a donnés fussent mal exécutés, et il est allé s'assurer de leur complète exécution.

M. le marquis n'est pas sans vous avoir dit qu'il est né à Presle, village à quelques lieues d'Orléans. C'est là, au château même de ses pères, qu'il a décidé que se ferait votre mariage. Le maire de Presle est prévenu, les témoins arriveront demain matin, et nous-mêmes devons être au château avant midi, car j'ai promis à M. le marquis de vous accompagner. En cette grave circonstance, si vous le voulez bien, mademoiselle, j'aurai l'honneur de vous servir de père.

Les yeux de Léontine se remplirent de larmes.

Était-ce au souvenir de son père, mort au champ d'honneur?

— Pourquoi ne pas nous marier à Paris? fit-elle.

— C'est ce que j'ai pris la liberté de dire à M. le marquis, répondit Blaireau. Mais il m'a rappelé que c'était l'usage, dans les grandes familles nobles, de se marier dans le château des ancêtres.

La jeune fille ne fit plus d'objections.

— A quelle heure dois-je être prête demain matin? demanda-t-elle.

— La chaise de poste sera à votre porte à cinq heures et demie; je viendrai moi-même pour vous prendre avant six heures, car si nous ne voulons pas être en retard, il faut qu'à six heures nous franchissions la porte de Choisy.

— Je vous remercie, monsieur, je serai prête à partir à cinq heures et demie.

## XIII

### LE MARIAGE

A onze heures vingt minutes, la chaise de poste qui amenait à Presle Léontine et le faux notaire entrait par la grille d'honneur dans la cour du château.

Le marquis accourut au-devant de la jeune fille et l'aida à descendre de la voiture.

— Enfin, vous voilà! lui dit-il en lui tendant la main; venez vite, le déjeuner nous attend.

Il la conduisit dans une salle où une table était dressée avec trois couverts seulement. Blaireau les avait suivis en trottinant.

Ils se mirent à table, Léontine à côté du marquis, Blaireau en face d'eux. Un domestique assez gauche, et qui ne devait pas être depuis longtemps au château, faisait le service.

Blaireau prouva qu'on peut être un gredin sans pour cela perdre l'appétit. Il ne mangeait plus, il dévorait.

Le repas fut silencieux. Léontine et Gontran se regardaient, se parlant avec les yeux, et l'autre ne pouvait rien dire, parce qu'il avait toujours la bouche pleine.

Sur les instances du marquis, Léontine consentit à sucer une aile de poulet; elle mouilla ses lèvres dans un verre d'excellent Pomard, d'un âge respectable, qui avait arraché à Blaireau cette exclamation :

— Divin nectar!

Ils achevaient de prendre le café, lorsqu'un autre domestique ouvrit une porte et annonça à M. le marquis que M. le maire et les témoins attendaient.

— L'heure est venue, ma Léontine adorée, dit le marquis; dans un instant nous serons mais, unis pour la vie!

Elle mit sa main dans la sienne, et avec un regard brûlant d'amour :

— Gontran, je vous aime, répondit-elle, et je suis bien heureuse!

— Très touchant! fit Blaireau ayant l'air d'essuyer une larme.

Ils passèrent aussitôt dans la salle préparée pour le mariage. C'était une pièce rectangulaire, éclairée par quatre fenêtres donnant sur le parc.

Tout autour, comme décoration, des panneaux peints, de deux mètres de hauteur, représentaient des dames en costume de cour et des chevaliers armés en guerre.

Sur une grande table, couverte d'un tapis vert, on voyait un registre, un encrier de porcelaine et des plumes.

Le maire, qui s'était levé pour saluer les futurs, se tenait d'un côté de la table, les reins ceints de l'écharpe tricolore. Il avait à la main un livre d'une épaisseur inusitée, sur la tranche duquel on voyait reproduites les couleurs de l'écharpe. Ce livre était la réunion des codes français.

Le maire était assisté du secrétaire de la mairie. Ce dernier avait sous les yeux un dossier assez volumineux qu'il paraissait examiner avec beaucoup de soin.

En face de ces deux hommes, de l'autre côté de la salle, on avait placé deux fauteuils. Près de là, quatre hommes s'étaient mis sur un seul rang pour saluer les nouveaux venus. C'étaient les témoins.

— Monsieur le marquis, mademoiselle, dit le maire, veuillez vous asseoir dans ces fauteuils; vous, messieurs les témoins de M. le marquis à sa droite, ceux de mademoiselle à gauche.

Tout le monde s'étant assis, à l'exception de Blaireau, qui se tenait debout derrière les deux fauteuils, le secrétaire de la mairie fit la lecture de l'acte de mariage, d'une voix traînante et flûtée.

Les témoins portaient des noms sonores : l'un était le prince de Crubello, et les autres deux comtes et un baron.

Après la lecture de l'acte, le maire se leva, ouvrit le code au chapitre des devoirs et des droits respectifs des époux, et lut les articles 212 et suivants du code civil : « Les époux se doivent mutuellement fidélité, etc... »

Puis, d'une voix lente et grave, ainsi que le veut la solennité de la loi :

— Louis-Charles-Gontran, marquis de Presle, vous consentez à prendre pour femme et légitime épouse Eugénie-Léontine Landais, ici présente?

— Oui, répondit le marquis d'une voix assurée.

— Et vous, Eugénie-Léontine Landais, vous consentez à prendre pour mari et légitime époux Louis-Charles-Gontran, marquis de Presle, ici présent?

— Oui.

— Au nom de la loi, Louis-Charles-Gontran, marquis de Presle, et Eugénie-Léontine Landais sont unis par le mariage.

— Madame la marquise, dit le secrétaire en présentant une plume à la jeune femme, veuillez signer.

Ce nom et ce titre qu'on lui donnait pour la première fois lui causèrent une émotion extraordinaire. Elle signa d'une main tremblante, puis, quand elle se retourna pour tendre la plume au marquis, rien ne pourrait rendre l'expression de tendresse et de reconnaissance infinies qui éclata dans son regard.

Toutes les signatures données, le marquis tira de sa poche une bourse pleine, et la posa sur la table en disant :

— Monsieur le maire, je vous prie de vouloir bien distribuer cet argent aux pauvres de la commune, au nom de la jeune marquise de Presle.

Ensuite il donna une poignée de main à chacun des témoins, offrit son bras à Léontine et sortit avec elle.

A peine la porte s'était fermée derrière eux, qu'un formidable éclat de rire retentit dans la salle.

— Messieurs, dit Blaireau, la chose s'est très bien passée, et tous vous avez été parfaits. Toi, continua-t-il en frappant sur l'épaule de l'individu en écharpe, tu seras un jour maire de ton village.

— En attendant, répondit celui-ci, quand j'ai lu les articles du code, j'ai senti des gouttes de sueur froide qui me coulaient dans le dos. Je pensais que, dans ce même livre, il y a d'autres articles qui parlent de la prison et des galères...

Blaireau haussa les épaules.

— Il est lugubre! dirent les autres.

— Il noiera tout cela tantôt dans une coupe de champagne, répliqua l'agent du marquis.

Il prit la bourse laissée sur la table par ce dernier et la pesa dans sa main.

— Elle est lourde, reprit-il en riant; allons, la mariée fait bien les choses! Mes agneaux, vous allez pouvoir vous livrer ce soir à une orgie de mets excellents et de vins exquis.

— Serez-vous des nôtres?

— Jusqu'à ce soir ma présence peut être nécessaire ici, et comme je quitterai tard mes tourtereaux, je n'arriverai pas à Paris assez tôt pour vous voir ivres-morts rouler sous la table du festin.

Le marquis et Léontine se promenaient dans les allées du parc.

Rougissante et gracieuse, elle s'appuyait au bras du jeune homme; elle ne cherchait pas à cacher le bonheur qui inondait son cœur. Gontran souriait et la dévorait du regard. Par moments, ils s'arrêtaient pour s'enlacer dans une étreinte amoureuse.

— C'est donc vrai! disait-elle, je suis votre femme, mon Gontran bien-aimé! J'ai le droit de vous dire et de vous répéter sans cesse que je vous aime! Votre titre ne m'a jamais éblouie, croyez-le; si je suis si heureuse, c'est parce que je suis à vous pour vous aimer uniquement.

Oh! tenez! il me semble que je fais un rêve merveilleux, et j'ai peur de me réveiller! Mais non, je ne rêve pas; je vois le château, ces grands arbres qui nous protègent de leur ombre, ma main est dans la vôtre, vos regards me disent votre amour, et aux battements de mon cœur répondent ceux du vôtre!

Nous sommes l'un à l'autre et vous m'aimerez toujours!... D'autres femmes vous ont aimé déjà, sans doute, oh! mais moins que moi, Gontran, j'en suis sûre! Aimer, quelle bonne et douce chose! C'est un ravissement continuel. Il semble qu'il n'y a plus qu'un seul être sur la terre, que le reste du monde n'existe plus! Ah! Gontran, Gontran, je suis trop heureuse!...

Le marquis se roidissait contre toutes sensations intérieures trop vives; mais ces démonstrations naïves d'un amour si suave et si pur portaient le trouble dans son âme. Peut-être était-il honteux de l'infâme comédie qui venait de se jouer pour lui livrer, pleine de confiance, cette adorable créature qu'il allait précipiter lâchement dans un abîme sans fond de douleurs et de désespoir.

Mais un premier crime était accompli, et le marquis avait la conscience trop facile pour reculer devant le second, qui lui assurait la possession de l'objet de ses convoitises brutales.

Après tout, qu'était-ce pour lui que la vie de cette jeune fille, perdue, anéantie? Une de plus jetée dans la masse des malheureuses, voilà tout! Il faut que les grands seigneurs s'amusent, et les filles du peuple sont faites pour leurs plaisirs. Ce charmant marquis ne se gênait pas pour ressusciter à son profit des maximes odieuses qu'il exhumait d'un passé plus odieux encore.

Après le départ de ses acolytes, Blaireau vint rejoindre les promeneurs.

Le marquis et lui échangèrent un regard. Celui de Blaireau venait de dire :

— Ils sont partis. J'ai pensé à tout, soyez tranquille.

À cinq heures, on se mit à table. Comme le matin, il n'y avait que trois couverts.

Léontine ne put s'empêcher de demander :

— Et ces messieurs, nos témoins, où donc sont-ils?

— Ils ont été forcés de repartir immédiatement pour Paris, répondit le marquis.

A six heures, Blaireau prit congé de ses mariés en adressant de nombreux saluts à celle qu'il appelait sans rire Mme la marquise.

— Enfin! s'écria le marquis en prenant Léontine dans ses bras, maintenant vous êtes toute à moi!

Elle laissa tomber languissamment sa tête sur la poitrine du marquis.

## XIV

### A BOIS-LE-ROI

Le lendemain, une voiture de poste, traînée par deux chevaux vigoureux, traversait la ville d'Orléans pour aller rejoindre la route de Lyon. Elle emportait vers le Midi M. le marquis de Presle et sa compagne.

— Nous allons voir votre mère? avait demandé Léontine.

— Non, pas encore, avait répondu Gontran; ma mère est en ce moment chez sa sœur à Nérac, et ce n'est point là que je puis vous présenter à elle. En attendant qu'elle nous appelle, nous allons voyager et passer agréablement ce qu'on est convenu de nommer la lune de miel.

Ils traversèrent rapidement la France et, huit jours après leur départ du château, ils étaient en Italie.

— Ici, dit le marquis à la jeune femme, nous ne sommes plus à Paris, les volontés de ma mère cessent d'avoir leur effet, on t'appellera la marquise de Presle.

Toutefois, continua-t-il, si tu écris en France, n'oublie point que tu ne dois pas parler de notre union avant d'y avoir été autorisée par ma mère. Il y va de notre félicité pour l'avenir.

— Je n'ai que ma sœur, répondit-elle, et c'est à elle seule que j'écrirai quelquefois. Mais sois tranquille, je ferai ce que tu voudras, je t'obéirai en tout, je veux garder mon bonheur.

Ils visitèrent la péninsule, puis ils pénétrèrent en Autriche par les gorges du Tyrol. Ce voyage était pour Léontine un enchantement continuel. Les jours passaient vite, elle ne s'en apercevait point. Elle était avec Gontran, elle ne désirait rien de plus, elle vivait de son amour.

Ils virent les principales villes d'Allemagne, de Bohême, de Hongrie et de Pologne. De Varsovie, ils partirent pour Pétersbourg. D'ailleurs, l'hiver touchait à sa fin, et ils se risquaient à aller affronter les derniers vents glacés du Nord.

Ils étaient depuis huit jours dans la ville des czars, lorsque la nouvelle de la révolution de Février leur arriva.

Comme Charles X et sa famille, Louis-Philippe et ses enfants fuyaient vers l'exil, chassés par la colère populaire.

La République venait d'être proclamée ; mais le vieux parti légitimiste, grisé d'illusions, préparait ses efforts en vue d'une restauration nouvelle. Pour lui, le moment était venu de remettre sur le trône pourri de Louis XV le dernier des Bourbons, unique héritier du roi Henri, le *Vert-Galant*.

En même temps, Gontran recevait une lettre de sa mère, lui disant de revenir à Paris immédiatement, afin de prendre la place qui lui appartenait dans les rangs de la noblesse.

Ils se mirent en route dès le lendemain, et dans les premiers jours de mars ils arrivaient à Bois-le-Roi, près de Fontainebleau, où une jolie petite maison, entre cour et jardin, avait été louée et meublée pour la jeune femme, par les soins de l'indispensable Blaireau.

— Cette résidence est charmante, dit Léontine au marquis ; mais pourquoi n'allons-nous pas à Presle? Malgré sa solitude et son grand silence, j'aime ce château de vos pères, Gontran ; c'est là qu'a commencé notre bonheur.

— Y songes-tu? s'écria-t-il ; aujourd'hui, quand la tourbe plébéienne menace toute la France, tu voudrais que je te conduisisse dans un château où nous ne serions pas en sûreté!... Tu oublies donc les jours néfastes de 93?

— Oh! les temps ne sont plus les mêmes, fit-elle.

— Qui peut le dire? répliqua-t-il. La révolution est comme la tempête, qui passe en brisant tout et que nul pouvoir humain ne peut arrêter! Quand le peuple armé rugit encore, qui oserait répondre du lendemain ?

C'est ici, à l'abri des événements fâcheux, que nous attendrons des jours meilleurs, le rétablissement de la tranquillité. Et comme on ne saurait trop avoir de prudence, pour ne pas éveiller l'attention sur nous, nous prendrons un vieux nom de famille : tu t'appelleras ici, pour tout le monde, Mme Gauthier.

— Tu as toujours raison, dit-elle en se jetant à son cou.

Et elle n'oublia pas sa réponse ordinaire :

— Je ferai ce que tu voudras.

Dès le lendemain de son installation à Bois-le-Roi, Léontine alla voir sa sœur. Cette joie lui manquait depuis longtemps.

Angèle se jeta dans ses bras en pleurant.

— Ah! dit-elle, si tu savais comme j'ai souffert! J'ai cru que je ne te verrais plus.

— Enfant! tu as pu supposer cela !...

— Tu étais si loin, si loin !

— Mais je t'écrivais souvent, tu recevais mes lettres ?

— Oui; mais des lettres ce n'est pas toi... Je t'aime tant, ma sœur chérie!

— Bon petit cœur! Va, bientôt nous serons réunies et nous ne nous séparerons plus.

— Quel bonheur! s'écria Angèle en essuyant ses jolis petits yeux. Je suis très bien à Saint-Denis, continua-t-elle, ces dames sont bonnes pour moi ; mais ne plus te quitter, être près de toi, toujours, voilà mon rêve !

— C'est aussi le mien, murmura Léontine.

— Depuis un an, reprit Angèle, tu n'as donc pas eu besoin d'argent?

— Pourquoi me demandes-tu cela ?

— Parce que M. Aubry, le notaire d'Angers, est venu t'en apporter.

— M. Aubry est venu à Paris ? Tu l'as vu ?

— Oui. Il a aussi voulu te voir; on lui a répondu que tu voyageais en Allemagne avec une riche famille.

— C'était la vérité, dit Léontine, dont le visage devint pourpre.

— Enfin, M. Aubry m'a dit qu'il tenait quinze cents francs à ta disposition.

— Je n'ai pas besoin de cette somme. Du reste, j'écrirai demain à M. Aubry pour le prier de capitaliser les intérêts des vingt ou vingt-deux mille francs de notre héritage, et cela jusqu'au jour de ton mariage, mon cher trésor. Ce sera ta dot.

— Mais, toi, Léontine? Tu ne penses pas à toi?

— Laisse-moi faire. Ne suis-je pas ta mère?

— Oh! oui, ma mère chérie et adorée.

— Ainsi, tu m'entends, tout ce qu'il y aura chez M. Aubry le jour où tu te marieras, sera à toi.

— Tu crois donc que je me marierai? Je t'assure que je ne pense pas du tout à cela.

Léontine ne put s'empêcher de rire.

— Tu n'as pas encore onze ans, lui dit-elle en l'embrassant, dans quelques années, tu seras une grande demoiselle et tes idées changeront. En attendant, continue à bien travailler et à te montrer reconnaissante et affectueuse pour tes excellentes maîtresses.

— Oui, je veux bien travailler, pour devenir instruite comme toi, et je veux toujours t'aimer!

Léontine se trouvait souvent seule à Bois-le-Roi. Le marquis, sous divers prétextes, était plus à Paris qu'auprès d'elle; certainement, sa présence lui manquait; mais elle avait foi en lui et ne s'inquiétait pas. Cependant, après ce coup de tonnerre qui venait de mettre un trône en poudre, les esprits paraissaient s'être calmés, et la jeune femme devint plus pressante auprès du marquis pour le décider à déclarer officiellement leur union. A toutes les anciennes raisons qu'elle pouvait faire valoir, il s'en joignait une autre plus sérieuse encore : elle était enceinte. Pour l'enfant qu'elle allait mettre au monde, surtout, elle tenait à régulariser sa situation.

Gontran avait usé de toutes les défaites possibles, et ne savait plus quels motifs invoquer pour endormir la confiance de la jeune femme et la faire patienter.

Ses justes réclamations l'irritaient et lui agaçaient les nerfs;

mais il était obligé de dissimuler, de se contraindre pour ne pas amener une explosion de douleur et de larmes.

L'insurrection de Juin vint à son secours et lui fournit de nouvelles raisons très plausibles pour renvoyer à une autre époque l'accomplissement de la fameuse promesse faite au nom de Mme de Presle.

— Eh bien, que te disais-je? lui dit-il, pendant que, sans trop savoir pourquoi, les Parisiens élevaient des barricades, et que le canon tonnait au milieu des rues.

— C'est vrai, répondit-elle, c'est vrai ; mais tu dois comprendre aussi que mon impatience est bien légitime.

— Sans doute. Malheureusement, voilà Paris abandonné pour plusieurs mois ; ma mère s'est retirée en Angleterre et ne reviendra guère en France avant la fin de septembre.

C'était faux, la marquise de Presle n'avait pas quitté Paris.

— A la fin de septembre, fit Léontine, je serai mère !

— Eh bien, répliqua le marquis en prenant un ton gai, ce sera une double présentation.

— J'aurais préféré que les choses se passassent autrement.

— Moi aussi ; mais nous ne pouvions pas prévoir les événements.

Or, depuis quelque temps, Mme de Presle, croyant ainsi mettre un terme aux folies de son fils, avait pris la résolution de le marier. Elle lui proposa Mlle Eléonore de Blancheville, jeune fille du meilleur monde, jolie, instruite, distinguée, enfin ce qu'elle avait trouvé de mieux dans la pléiade des filles à marier qu'elle connaissait.

La passion de Gontran pour Léontine n'était pas éteinte encore : mais il sentait que la situation était trop tendue pour pouvoir se prolonger longtemps. Constamment obligé de dissimuler et de mentir, cette existence le fatiguait, l'énervait. S'il eût pu avouer franchement la jeune femme comme sa maîtresse, la produire devant ses amis, ce qui aurait flatté son amour-propre, il n'est pas douteux qu'il eût repoussé la proposition de sa mère.

Voulant en finir et comptant sur Blaireau pour arranger les choses à Bois-le-Roi, il acquiesça au désir de Mme de Presle.

Le mariage eut lieu le 16 septembre.

## XV

### LE COUP DE FOUDRE

Quatre jours après, Léontine mit au monde un petit garçon.

En l'absence du marquis, Blaireau accourut à Bois-le-Roi, après être convenu avec son maître de tout ce qu'il aurait à y faire.

Il apportait une somme de cinquante mille francs à la pauvre abandonnée, comme fiche de consolation, et le marquis, d'ailleurs très généreux et sachant payer ses plaisirs, promettait une autre somme égale.

Par les soins de Blaireau, l'enfant fut déclaré à l'état civil de père et de mère inconnus.

Ne voulant pas confier ce cher petit être à des mains étrangères, Léontine résolut de le nourrir de son sein malgré les observations de Blaireau à ce sujet.

La jeune femme s'étant étonnée de ne pas voir son Gontran, lui répondit que le marquis avait été forcé de se rendre auprès de sa mère, prise d'une indisposition subite au moment où elle se disposait à quitter Londres pour revenir en France.

Au bout de huit jours, Léontine avait retrouvé ses forces et paraissait complètement rétablie.

— Mon Dieu! disait-elle souvent, sera-t-il heureux quand il verra son fils!

Blaireau s'était installé à Bois-le-Roi, attendant le moment où la jeune femme serait assez forte pour supporter le coup terrible qui allait la frapper.

Et puis, il se plaisait là, près de cette adorable jeune femme, que plus d'une fois il avait enviée au marquis. Et maintenant, qu'elle était pour ainsi dire à sa discrétion, quand il la regardait, ses petits yeux étincelaient et son regard d'orfraie n'avait rien de respectueux.

Un matin, un journal de Paris, vieux déjà de quinze jours, se trouva sous les yeux de Léontine. On l'avait placé avec intention sur la table à ouvrage près de laquelle elle avait l'habitude de s'asseoir.

Elle le prit machinalement, et comme, après le feuilleton, ce que les femmes recherchent le plus dans un journal, ce sont les nouvelles diverses, elle se mit à les lire.

Elle arriva à l'entrefilet suivant :

« Hier, à Saint-Germain-des-Prés, a été célébré le mariage de M. le marquis Gontran de Presle, un de nos gentilshommes les plus distingués, avec M<sup>lle</sup> Éléonore de Blancheville, fille du comte de Blancheville, ancien pair de France. »

Il y avait encore une dizaine de lignes sur la généalogie des deux familles ; mais Léontine n'en lut pas davantage.

Un nuage passa devant ses yeux, ses mains se crispèrent sur le journal, et elle poussa un cri rauque.

Blaireau, qui guettait derrière la porte, attendant le moment de se montrer, entra aussitôt.

Léontine releva la tête, son regard était effrayant.

— Monsieur, dit-elle d'une voix étranglée, le doigt sur l'entrefilet fatal, là, là, avez-vous lu ?

— Oui, répondit-il, j'ai lu.

— Il y a donc deux marquis de Presle ?

— Je n'en connais qu'un seul.

— Et celui-là, celui-là qui vient de se marier ? s'écria-t-elle.

Il eut le courage de répondre :

— C'est celui que nous connaissons.

Elle se dressa d'un bond. Roide et pâle comme un suaire, elle fit deux pas en criant :

— C'est impossible ! Vous mentez !

Puis elle murmura en pressant sa tête dans ses mains :

— Je ne comprends pas...

Blaireau se taisait ; lui, l'homme habile, il se trouvait pour la première fois peut-être fort embarrassé.

— Non ! non ! c'est impossible, insensé, reprit la jeune femme au bout d'un instant, nous ne sommes pas chez les Turcs ; les lois françaises ne permettent pas d'épouser deux femmes.

Mes idées se troublent, il me semble que mon cœur se déchire ; mon Dieu, comme je souffre !

Mais dites-moi donc que ce journal s'est trompé, qu'il ment ! continua-t-elle en interpellant Blaireau. Et, d'ailleurs, ne m'avez-vous pas dit que Gontran était en Angleterre ?

— Oui, mais par son ordre je vous ai trompée ; le marquis n'a pas quitté Paris.

— Et sa mère, malade à Londres ?

— Ce n'était pas la vérité !

— Qu'est-ce que tout cela veut dire, mon Dieu ? Ma tête brûle, il y a du feu dedans... Où suis-je, où suis-je donc ?

— A Bois-le-Roi, et je suis près de vous pour vous soutenir, vous consoler, vous protéger...

— Vous ! vous ! me protéger ?... Contre qui ? N'ai-je pas Gontran, mon mari ? Monsieur, je suis la marquise de Presle !

Pour un instant, elle oubliait l'article du journal.

Malgré lui, Blaireau se sentit ému.

— Pauvre petite ! murmura-t-il.

— Vous avez dit, pauvre petite, fit-elle en marchant vers lui ; de qui parlez-vous, qui plaignez-vous ainsi ? Moi ! je ne suis pas à plaindre... Je suis mère, j'aime mon mari, et Gontran reviendra.

Elle pressa une seconde fois sa tête dans ses mains.

Un peu de calme se fit dans son esprit tourmenté, sa pensée se dégageait plus nette, redevenait lucide. Elle se rapprocha de la table à ouvrage, reprit le journal, le regarda un instant, puis se laissa tomber sur un siège comme anéantie.

— Monsieur, reprit-elle en se tournant vers Blaireau, vous êtes le notaire, l'homme de confiance du marquis de Presle, qu'avez-vous à me dire de sa part ? Parlez ! je crois être en état de vous écouter.

Elle paraissait très calme, mais ce qui se passait en elle était horrible.

Blaireau osa s'asseoir près d'elle.

— Soyez courageuse et forte, dit-il ; oui, je ne dois pas vous cacher la vérité plus longtemps, je vous la dirai... M. le marquis de Presle a dû céder aux ordres absolus de sa mère et il s'est marié.

Elle eut un tressaillement nerveux.

— Mariée! fit-elle. Oh! cela dépasse mon entendement!... Mais il est mon mari, poursuivit-elle en changeant de ton, je suis sa femme!...

— Non, malheureusement.

— Non! Vous dites non! Mais vous étiez là, présent... Et c'est vous, le notaire, qui avez tout fait pour le mariage!

— C'est la vérité; mais ce mariage est nul.

— Il y a donc des mariages qu'on peut annuler, monsieur?

— Du moment qu'un mariage est faux, il est nul.

— Et vous prétendez que mon mariage est faux? Mais il y a un acte, il y a un acte!

— Faux aussi. Du reste, par un ordre de M. le marquis, il a été immédiatement détruit.

— Et le maire, monsieur, et les témoins?

— Le maire n'était pas un maire, et les témoins ont signé des noms de fantaisie.

— Ah! reprit-elle sourdement en se tordant les bras de douleur, et cette infamie, ce crime sans nom, s'est accompli devant vous, un notaire!...

— Je ne suis pas notaire.

— Vous n'êtes pas notaire, mais alors qu'êtes-vous donc? s'écria-t-elle d'une voix terrible.

— Un malheureux qui se repent de vous avoir trompée... Mais, je vous le jure, je n'ai été que l'esclave trop docile du marquis de Presle.

Elle le couvrit d'un regard de colère et de dégoût.

Un tremblement convulsif secoua tout son corps et sa tête tomba sur sa poitrine. C'était un écrasement effroyable.

— Perdue! perdue! dit-elle d'une voix saccadée, je suis perdue! Je me suis livrée moi-même aux misérables, aux infâmes qui m'ont prise par le corps pour me rouler dans la fange infecte des filles déshonorées!... Horreur! horreur partout! Je m'épouvante de moi-même!...

Mon âme flétrie, mon cœur mis en lambeaux, ma jeunesse tuée, ma vie vouée à l'opprobre, ils ont fait tout cela!... J'étais une jeune fille heureuse, innocente et pure, maintenant je ne suis pas même une chose ! Et cela peut arriver... A quoi donc s'occupe la justice humaine ?...

Dans son immense orgueil, l'homme prétend que Dieu l'a créé à son image. Pourquoi les lions et les tigres et les loups et les hyènes aussi, n'en diraient-ils pas autant ? Parmi tous les monstres et les bêtes immondes qui peuplent la terre, en est-il de plus méchants et de plus féroces que ces monstres humains ?...

Ah ! mon bonheur !... Ah ! mon avenir !... Chimères !... Est-ce donc pour cela que Dieu m'a mise au monde ! Ah ! il eût mieux fait de me laisser dans le néant où des lâches m'ont fait rentrer !

Elle se tut ; sa tête se redressa lentement, ses yeux étaient secs et brillaient d'un éclat étrange.

— Vous êtes encore là, vous ? reprit-elle en se tournant vers Blaireau ; eh bien, contemplez votre victime, admirez votre ouvrage !

— Oui, répondit-il, je reste près de vous, parce que je ne peux pas vous abandonner dans l'état où vous êtes.

— Il est trop tard, monsieur, trop tard pour avoir pitié de moi !

— Et cependant je vous plains, et je donnerais ma vie pour réparer le mal qu'on vous a fait. Envers vous, il n'y a qu'un seul et grand coupable, c'est le marquis de Presto. Il vous aimait, je le crois ; mais son amour ou sa passion, ne saurait l'excuser à mes yeux.

Écoutez-moi, tout à l'heure vous parliez de votre existence brisée, de votre bonheur et de votre avenir perdus... Eh bien, si vous le voulez, vous retrouverez tout cela.

— Toujours le mensonge ! murmura-t-elle.

## XVI

### COMMENT S'ENRICHISSENT LES COQUINS

Blaireau se rapprocha encore.

Ses joues étaient d'un rouge écarlate, ses grosses lèvres frémissaient, et ses yeux, aux lueurs fauves, exprimaient toutes les convoitises de la passion et de la luxure.

— Votre jeunesse et votre beauté existent toujours, reprit-il! Oubliez le passé, les plaies de votre cœur guériront et vous aimerez encore, et votre vie redeviendra belle... Dans le présent et dans l'avenir, il y a encore pour vous des jours de soleil et des nuits d'amour.

La jeune femme arrêta sur lui ses yeux fixes.

— Je ne comprends pas, fit-elle.

— Léontine! exclama-t-il en s'emparant d'une de ses mains, ma vie est à toi, je t'aime!

Elle se leva brusquement et se jeta en arrière avec terreur, comme si elle eût senti la morsure d'une bête venimeuse.

Aussitôt ses yeux devinrent hagards, ses cheveux se hérissèrent et son visage livide, aux traits contractés, prit une expression effrayante.

Blaireau se leva à son tour avec inquiétude.

D'un pas lent, sans le quitter du regard, elle marcha vers lui. Il eut peur, il recula.

Elle avança encore, et enfin s'arrêta devant lui. Alors elle le regarda bien en face, dans les yeux, légèrement inclinée et la tête en avant comme pour le mieux voir.

Elle resta ainsi un instant, immobile, roide comme une statue.

Blaireau se mit à trembler.

— Mais d'où donc ce monstre est-il sorti ? s'écria-t-elle tout à coup.

Puis elle partit d'un éclat de rire strident, dont les notes aiguës et discordantes vibrèrent comme le son d'un timbre fêlé.

Elle se redressa par un mouvement automatique, ses bras étendus battirent l'air, et elle tomba en arrière tout de son long sur le parquet.

Blaireau se précipita pour la secourir; il l'entoura de ses bras, l'enleva comme un enfant, la serra contre sa poitrine et la porta sur un lit.

Ses yeux étaient fermés, sa respiration semblait éteinte, mais tout son corps frissonnait.

Blaireau eut une horrible pensée.

Il se baissa et sa bouche se colla sur les lèvres de la jeune femme.

A ce contact odieux et impur, elle ouvrit les yeux. Elle vit l'homme près d'elle et sentit sa main sur sa poitrine. Elle se souleva avec horreur, poussa un cri perçant, et sa tête retomba lourdement sur l'oreiller.

Au cri de sa maîtresse, la femme de chambre accourut.

— Mon Dieu! mon Dieu! qu'est-il donc arrivé? dit-elle.

— Madame vient de se trouver mal, répondit Blaireau.

Et il sortit furieux de n'avoir pu accomplir son infâme projet.

La femme de chambre s'empressa de donner ses soins à la malheureuse. Elle parvint à la rappeler à la vie, mais elle fut prise aussitôt par une fièvre violente, et lorsque le médecin qu'on avait envoyé chercher à Fontainebleau arriva, elle était dans le délire.

Le médecin ne pouvait deviner les causes du mal. Il ordonna quelques médicaments, recommanda les plus grands soins et se retira.

Blaireau, seul, aurait pu l'éclairer, il resta muet.

Au bout de quelques jours, la fièvre et le délire continuant, il se trouva de nouveau dans un grand embarras.

Il se décida à écrire au marquis pour lui faire connaître la situation.

La réponse ne se fit pas attendre.

« D'après ce que vous me dites, écrivait le marquis, il ne faut plus songer à lui laisser son enfant. Confiez-le tout de suite à une nourrice que vous trouverez facilement dans un village des environs. Quant à Léontine, lorsqu'elle sera rétablie et en état d'entendre raison, nous aviserons. »

Mais, avant que la nourrice fût trouvée, la situation changea et devint plus difficile encore pour Blaireau.

A sa dernière visite, le médecin n'avait plus trouvé la fièvre, disparue; mais la commotion avait été si violente, qu'un épanchement de lait l'avait suivie, et il constata l'aliénation mentale.

Nouvelle lettre au marquis.

La réponse apporta à Blaireau des ordres nouveaux. Elle disait :

« L'accident est grave et change toutes nos dispositions. Il faut prendre immédiatement des mesures pour la faire entrer dans une maison d'aliénés ; je tiens à ce qu'elle soit placée aussi loin de Paris que possible. Il ne faut pas que l'enfant puisse être un ennui pour nous dans l'avenir. Trouvez, n'importe où, un ménage pauvre de paysans ou d'ouvriers, — s'il se peut sans enfant, — qui consentira moyennant une somme de vingt mille francs, à se charger du petit et à l'élever, sans qu'il soit nécessaire de lui dire d'où il vient, ni comment il est né.

« Vous prendrez ces vingt mille francs sur la somme que vous deviez remettre à la mère. Pour de pauvres gens ce sera presque une fortune. »

— Oh! oh! pensa Blaireau, on voit bien que M. le marquis est millionnaire et que les billets de mille ne lui sont pas difficiles à gagner. Oui, certes, je placerai l'enfant ; je connais quelqu'un à Paris dont cela fera bien l'affaire... mais en donnant trois mille francs, cinq mille francs au plus, ce sera bien honnête... Le reste...

Il se mit à rire en même temps qu'il achevait sa pensée.

— C'est égal, reprit-il, M. le marquis de Presle m'oblige à faire un singulier métier. Heureusement qu'il paye bien et qu'on peut encore, en dehors, réaliser de jolis petits bénéfices.

Décidément, me voilà lancé ; j'ai pour ami un marquis, de l'or déjà, le monde est à moi !

Il faut d'abord me débarrasser de l'enfant; je m'occuperai de la mère ensuite et après... à Paris! à Paris!... Je ne veux plus être un comparse, je veux avoir mon rôle sur la scène immense où se joue chaque jour la comédie humaine.

Le lendemain matin, aux premières lueurs de l'aube, Blaireau prit l'enfant dans son berceau, enveloppé de ses langes, le cacha dans un pli de son manteau et sortit de la maison. Il prit la route de Melun où il voulait arriver avant le passage du train pour Paris.

Il marchait d'un pas rapide. L'enfant, qui s'était réveillé et et avait jeté quelques cris, venait de se rendormir.

Blaireau avait déjà fait la moitié du chemin sur la route solitaire, lorsqu'il entendit derrière lui le bruit du pas d'un cheval allant au trot.

Il s'effaça derrière un arbre et regarda.

A une distance encore grande, il vit le cheval, et sur l'animal un cavalier.

Comme nous l'avons vu déjà, la tête de l'agent du marquis fourmillait d'idées. La vue du cavalier en fit jaillir une de son cerveau.

Il avisa, au bord de la route, une large pierre sur laquelle, sans autre préparation, il coucha l'enfant. Cela fait, il sauta la berge et courut, à vingt-cinq mètres de distance, se blottir au milieu d'un taillis.

La lumière du jour en même temps que la fraîcheur du matin, réveillèrent pour la seconde fois le pauvre petit. Il ne se trouvait pas à son aise sur le lit que lui avait choisi Blaireau, aussi se mit-il en devoir de le prouver en poussant des gémissements et des cris plaintifs.

Le cavalier arrivait près de lui.

Il l'entendit, le vit, et arrêta subitement son cheval.

Les cris de l'enfant redoublaient.

— Je ne vois personne, se dit le cavalier; c'est un pauvre petit être que sa mère, la malheureuse, a abandonné à cette place la nuit dernière. Si je laissais cette pauvre victime exposée au froid plus longtemps, je n'aurais pas de cœur, et je serais un misérable aussi.

Après cette réflexion, il descendit de cheval, courut à l'enfant, le prit dans ses bras et l'embrassa en le berçant.

La mignonne créature cessa aussitôt de crier ; puis sa petite langue rose frappant le palais et se montrant au bord de ses lèvres, fit entendre un bruit très significatif.

— Bon, pensa le cavalier, il me prend pour sa mère et voilà qu'il me demande à téter. Me voici dans une jolie position... J'aurais peut-être mieux fait de passer mon chemin. Ah ! que le diable emporte les mères dénaturées qui mettent au monde des enfants pour les jeter ainsi, sur une route, dans les jambes des gens qui passent !

Puis il reprit tout haut :

— Il est tout de même gentil, ce gamin ou cette gamine... La jolie petite bouche rose, les jolis yeux bleus !... Comme il me regarde ! Ma parole d'honneur, je crois qu'il se moque de moi !

Il l'embrassa encore.

— Eh bien, soit, fit-il résolûment, je t'emporte. Je ne sais pas encore ce que je ferai de toi ; mais, à coup sûr, je ne te laisserai pas mourir de faim et de froid sur un autre chemin.

Il serra l'enfant dans un de ses bras, et se servit de l'autre pour se remettre en selle.

Ses éperons piquèrent les flancs du cheval qui partit au galop.

Alors la tête ironique de Blaireau se montra au-dessus d'un buisson. De l'endroit où il s'était caché, il avait tout vu.

— Bonne journée, fit le hideux scélérat en se frottant les mains ; je me débarrasse d'une corvée embêtante, et je gagne cinq mille francs.

Et il lança un rire railleur dans la direction du cavalier.

Celui-ci arriva à Melun où il s'arrêta dans une auberge.

C'était un jeune homme de vingt-trois ans, plein de cœur, comme nous l'avons vu. Il se fit servir une tasse de café et demanda du lait chaud pour l'enfant. L'hôtesse avait élevé, peu de temps auparavant, une petite fille au biberon ; elle possédait encore le vase qui lui avait servi. Elle l'offrit au jeune homme qui l'accepta avec reconnaissance. Dès qu'il fut rassasié et réchauffé, l'enfant s'endormit dans ses bras.

Il fit encore remplir le biberon ; il le mit dans sa poche, paya sa dépense, et se remit en route.

Déjà il s'était attaché au petit être que la Providence venait de lui confier.

En arrivant à Paris, il se rendit à la maison où il demeurait.

— Tenez, dit-il à la concierge, j'ai trouvé cet enfant. Veuillez le garder et en prendre soin pendant une heure, le temps d'aller trouver mon patron et de lui rendre compte de la mission dont il m'a chargé.

La concierge l'accablait de questions.

— Je ne sais rien, répondit-il, pas même si c'est une fille ou un garçon.

## XVI

### L'ADOPTION

Deux heures après, le jeune homme tenant l'enfant enveloppé dans une couverture de voyage, frappait à la porte d'un logement au quatrième étage d'une maison de la rue Saint-Anne.

Sur un carré de papier blanc, collé sur la porte, on lisait, écrits en lettres de fantaisie ornementées de festons et de guirlandes, ces mots :

### Mlle PAULINE

*Couturière*

La porte s'ouvrit et une grande et belle personne de vingt-quatre ans environ poussa une exclamation joyeuse à la vue du visiteur.

— Comment, c'est vous, monsieur Henri ! Y a-t-il longtemps que je n'ai eu le plaisir de vous voir ! Ah ! je suis bien contente.

— C'est vrai, il y a bien six mois que je ne suis venu ; mais, vous le voyez, je ne vous ai pas oubliée.

— Vous travaillez toujours dans la même maison?

— Toujours. Seulement, le patron m'a annoncé tout à l'heure qu'il allait m'envoyer travailler pour le compte de la maison, à trente lieues de Paris.

— Gagnerez-vous davantage?

— A peu près le double, je pense.

— Vous êtes honnête et rangé, M. Henri, et de plus très savant dans votre partie, car vous sortez de l'école; vous arriverez, vous ferez fortune comme M. Cavé votre patron, vous verrez ; n'oubliez pas ma prédiction.

— J'essayerai même d'y croire, répliqua le jeune homme en souriant.

— Je suis si heureuse de vous voir, si occupée à vous regarder, que j'oublie de vous dire de vous asseoir. Qu'est-ce que vous portez donc comme ça, si précieusement?

— Regardez ! fit Henri en soulevant un coin de la couverture.

— Un enfant ! exclama-t-elle.

— Vous ne vous attendiez guère à cette surprise?

— Oh ! non, par exemple ; j'en suis toute je ne sais comment. Mais est-il gentil, ce chérubin !

— D'après ma concierge, qui a évidemment tenu à s'en assurer, c'est un petit garçon.

— Un petit garçon ! mais d'où vous vient donc ce joli petit ange, monsieur Henri?

— Je l'ai trouvé.

— On trouve donc des enfants comme ça?

— Celui-ci en est la preuve.

— Pourtant, chaque enfant a une mère, et...

— Et il se trouve des mères assez indignes pour les abandonner.

La jeune fille tressaillit et baissa les yeux.

— Vous êtes bien pâle, Pauline, dit Henri avec sollicitude, est-ce que vous souffrez?

— Un peu, depuis quelque temps...

Elle poussa un profond soupir.

— Mais ce ne sera rien, ajouta-t-elle.
— Pauline, cela n'est pas naturel, qu'avez-vous ? Dites-le moi.

Elle leva sur lui ses grands yeux noirs mouillés de larmes.
— Vous êtes mon seul et unique ami, répondit-elle ; je vous dirai peut-être tout, mais plus tard.
— C'est donc un secret ?
— Oui, un secret.
— Un malheur qui vous est arrivé ?
— Oui.
— Et je ne puis rien faire pour vous ?
— Rien, monsieur Henri, répondit-elle d'un ton douloureux. Mais, tenez, parlons plutôt de ce cher trésor. Donnez-le moi donc, que je le tienne dans mes bras, que je l'embrasse... Le délicieux petit visage... C'est une de ces jolies têtes d'anges qu'on voit sortir d'un nuage autour de la belle vierge du musée. Et sa mère, après l'avoir mis au monde, il y a quelques jours seulement l'a abandonné...

Ah ! c'est bien mal, monsieur Henri, bien mal ! Il faut que cette mère soit une bien méchante femme ! Il y a donc des mères qui ne sentent pas ce qu'il y a de grand et de divin dans la maternité ?... Mon Dieu, c'est peut-être une pauvre fille séduite, que son amant a lâchement délaissée pour courir à une autre qui aura le même sort. Elle est sans doute malade, sans argent, sans ouvrage et sans pain, et l'hiver approche. Elle aura eu peur de voir mourir son enfant dans ses bras amaigris, sur son sein tari, et après l'avoir baigné de ses larmes, elle s'est décidée à le laisser à l'endroit où vous l'avez trouvé. Ah ! monsieur Henri, il y a dans la vie des choses bien vilaines et bien douloureuses !
— C'est vrai ! fit le jeune homme.
— Maintenant, dites-moi donc comment vous l'avez trouvé.
— C'est ce matin sur la route, entre Melun et Bois-le-Roi. Il était tout simplement couché sur une pierre et il pleurait, pleurait à fendre l'âme...

Mon patron avait une somme de dix mille francs à envoyer à Fontainebleau. On la lui demandait hier soir, très tard, et on l'attendait dans la nuit. M. Gavé a deux chevaux de selle excellents, je choisis le meilleur et je partis. Je restai à Fontainebleau seulement le temps nécessaire au repos du cheval et c'est en revenant que j'ai recueilli ce pauvre petit.

— Vous avez bien agi, monsieur Henri ; mais qu'est-ce que vous en allez faire maintenant ?

— Dame, je ne sais pas trop, nous allons causer de cela. Je sais bien qu'il y a un hospice des enfants trouvés ; mais je n'ai pas le courage de l'y porter.

— Oh ! le pauvre chéri ! Ce serait un nouvel abandon... Non, il faut trouver autre chose.

A ce moment, l'enfant ouvrit les yeux et poussa de petits cris.

— Il a faim, dit-elle ; voyez-vous comme il remue ses petites lèvres ?

— J'ai bien du lait, mais il est froid, fit le jeune homme en tirant le biberon de sa poche.

Pauline posa l'enfant sur son lit, alluma vivement une poignée de braise dans un réchaud et, en moins de cinq minutes, elle avait mis le biberon entre les lèvres du petit qui but avidement.

— Il ne demande qu'à vivre ! dit-elle.

— Vous m'avez dit souvent que vous adoreriez les enfants ! reprit le jeune homme.

— C'est vrai, monsieur Henri, je suis orpheline, et c'est bien naturel. Si on a du cœur, c'est pour aimer quelque chose. J'aime les enfants, comme j'aime tout ce qui est innocent et beau : la verdure, les fleurs, les oiseaux.

— C'est pour cela, Pauline, que je suis venu vous trouver tout de suite.

— Et alors, monsieur Henri ?

— J'ai pensé que peut-être...

— Pourquoi n'achevez-vous pas ? Vous avez pensé que je me chargerais d'élever l'enfant ?

— Oui, Pauline.

Elle resta un moment silencieuse et préoccupée. Et comme son visage s'était subitement attristé, le jeune homme devina que ses pensées présentes se rattachaient au malheur dont elle venait de lui parler.

— C'est une tâche difficile, lui dit-il, et vous ne voulez pas prendre cette responsabilité.

— Monsieur Henri, répliqua-t-elle vivement, vous me connaissez depuis longtemps et voilà que vous doutez de moi. Si je n'ai pas répondu tout de suite, si j'ai réfléchi, c'est que je pense à quelque chose... N'importe, vous m'aimez et vous avez confiance en moi puisque vous êtes venu à moi, tout d'abord, Monsieur Henri, je serai la mère de cet enfant.

— Merci, Pauline. D'ailleurs, si la charge devenait trop lourde, nous le mettrions en nourrice et je payerais pour cela, bien entendu, de même que j'entends vous dédommager de tous les frais que vous allez être forcée de faire.

— C'est vrai, dit-elle, je ne suis pas riche.

— Je ne le suis guère non plus; mais je réglerai mes dépenses, et sur chaque mois je ferai la part du petit.

— Oh! il ne coûtera pas cher à nourrir; un sou de lait de plus le matin et deux sous à midi; puis, quand il sera un peu plus fort, une petite panade, de la semoule dans du bouillon... Je profiterai des moments qu'il dormira pour faire mes commissions, reporter mon ouvrage.

— Il vous occasionnera chaque jour une grande perte de temps.

— Quoi! une heure, deux, si vous voulez... Eh bien, je veillerai le soir deux heures de plus, et l'ouvrage ne souffrira pas.

— Ah! Pauline! s'écria le jeune homme, vous êtes une brave, courageuse et honnête fille!

Il prit une de ses mains et la serra affectueusement dans les siennes.

— Ce n'est pas tout, continua-t-il, il faudra le vêtir, il lui faut du linge.

— J'y pense, monsieur Henri, et c'est ce qui m'embarrasse le plus.

— Ne peut-on pas trouver à acheter une modeste layette?

— Facilement, et pas trop cher, au marché du Temple; seulement...

— Seulement, avant d'acheter, il faut avoir l'argent pour payer.

— Je n'osais pas vous le dire, monsieur Henri.

— Ma chère Pauline, vous aviez tort. Nous voulons faire ensemble une bonne action, n'est-ce pas? Alors, il ne doit pas y avoir de gêne entre nous. Tenez, il y a dans cette bourse cinq cents francs, la moitié de mes économies. Ce sera pour acheter la layette, le berceau, tout ce qui sera d'abord nécessaire.

— Mais c'est trop, monsieur Henri, beaucoup trop!

— Prenez toujours. Je serai peut-être plusieurs mois avant de revenir à Paris, et il faut que notre enfant ne manque de rien.

— Vous avez raison, c'est notre enfant, à nous deux; nous l'élèverons, nous en ferons un homme...

— Je l'espère bien.

— Et quand il sera grand...

— Quand il sera grand?

— Nous serons déjà vieux, et nous nous dirons : Nous avons fait une bonne action.

— Avant de partir, je vais l'embrasser.

— C'est bien le moins qu'un père embrasse son enfant.

— Si vous le permettez, j'embrasserai aussi la mère.

— Monsieur Henri, voilà mes deux joues.

. . . . . . . . . . . . . . . . . . . . . . . .

La nuit suivante, voici ce qui se passa à Bois-le-Roi.

L'intérieur de la maison était silencieux. La femme de chambre et une autre domestique, fatiguées des veilles précédentes, voyant leur maîtresse endormie et calme relativement, ne virent aucun danger à la laisser seule et se retirèrent pour prendre un peu de repos.

Le ciel, chargé de nuages, était bas et la nuit noire. Le vent soufflait avec une extrême violence; on entendait au loin, dans la forêt, des hurlements pareils aux grondements des vagues de la mer.

En passant, la rafale faisait craquer les branches des marronniers et des sycomores et emportait jusque dans les nuages leurs feuilles jaunies dans un immense tourbillon.

Parfois, les nuages roulant les uns sur les autres, dégageaient un coin du firmament, et une étoile pâle et tremblante apparaissait dans la profondeur.

Léontine, dont le sommeil était constamment agité, se réveilla en sursaut. Elle se dressa sur son lit, pâle, échevelée, les yeux effarés. Près d'elle, sur un guéridon, brûlait une veilleuse.

Elle regarda de tous les côtés dans la chambre et tendit l'oreille comme pour écouter. Elle n'entendait que les sifflements de la tempête. Elle jeta de côté ses couvertures, resta un instant les jambes allongées vers le tapis, puis s'élança hors du lit. Elle courut à une porte qu'elle ouvrit; mais la pièce où elle voulait entrer n'était pas éclairée. Elle revint sur ses pas, et trouva sur la cheminée un chandelier avec une bougie qu'elle alluma. Ensuite, elle entra dans l'autre chambre.

Elle marcha droit à un berceau, le berceau vide de son enfant. A plusieurs reprises, en le regardant, elle passa sa main sur son front. Deux larmes se suspendirent aux longues franges de ses paupières. Elle remua tristement la tête.

— L'ange s'est envolé! murmura-t-elle.

Elle revint dans sa chambre, posa le chandelier sur le guéridon, près de la veilleuse, et s'assit sur son lit.

Tout à coup elle entendit un bruit de pas, puis la voix de Blaireau. Aussitôt son regard devint farouche, et sur sa physionomie se peignit l'épouvante. A petits pas, elle marcha vers une porte contre laquelle elle mit son oreille. Les pas s'éloignaient dans le vestibule, mais elle entendit encore la voix.

Blaireau disait :

— Demain, dans une voiture bien fermée, nous l'enlèverons pour la conduire à la maison des fous de Saint-Dizier.

La malheureuse comprit-elle le sens de ces paroles? Nous ne saurions le dire.

Après avoir longuement causé avec un de ses amis, son complice, Blaireau le reconduisait pour lui ouvrir la porte de la rue.

Il était un peu plus de dix heures.

Léontine, de plus en plus agitée, se mit à fureter partout dans la chambre. Dans un coin, jeté sur un fauteuil, elle trouva l'habillement qu'elle portait le jour où l'agent du marquis lui avait dévoilé l'horrible trame dont elle était l'innocente victime. On avait oublié de l'enlever. Tout était là.

Elle s'habilla machinalement, très vite.

Par habitude, sans regarder dans la glace, elle enroula ses longs cheveux et les fixa sur sa tête avec un peigne et des épingles. Dans un petit cabinet, il y avait plusieurs chapeaux, elle se coiffa du premier qui lui tomba sous la main.

Alors elle ouvrit la fenêtre. Le vent s'engouffra dans la chambre et éteignit la bougie. La veilleuse jeta encore quelques lueurs, puis expira à son tour, noyée dans l'huile. Au dehors comme à l'intérieur, nuit partout.

La chambre était au rez-de-chaussée, peu élevée du sol. Elle enjamba la balustrade, sauta dans le jardin et le traversa rapidement en se glissant le long du mur de clôture. Elle arriva à une petite porte, la clef était dans la serrure, elle l'ouvrit. Elle se trouvait sur un chemin de décharge, mal entretenu. Elle le suivit jusqu'à la grande route.

Là, elle regarda le ciel comme si elle eût voulu en mesurer l'étendue. La rafale lui fouettait le visage, elle lui tourna le dos et se mit à courir. Le vent la poussait, et elle allait vite, à travers la nuit sombre, sous le regard de Dieu !

Au petit jour, quand la femme de chambre entra chez sa maîtresse, elle vit la fenêtre ouverte, les croisées battues par le vent, le lit vide... Elle poussa un grand cri.

Blaireau accourut.

— Partie, elle a pris la fuite ! murmura-t-il abasourdi. Ah ! misérables femmes, hurla-t-il avec rage, c'est donc ainsi que vous l'avez gardée !

Il comprit qu'elle s'était sauvée par la fenêtre ; il suivit ses pas sur le sable jusqu'à la porte du jardin, il les retrouva sur le petit chemin jusqu'à la route. Là, plus rien. Impossible de deviner la direction qu'elle avait prise.

Il la chercha toute la journée du côté de Melun, du côté de Fontainebleau, dans la forêt et plus loin. Nul ne l'avait rencontrée.

Les jours suivants, il chercha encore. Des pêcheurs, par son ordre, fouillèrent le lit de la Seine.

La folle était bien loin, à la ferme des Sorbiers.

Divers objets ayant appartenu à Léontine, entre autres un médaillon contenant le portrait du marquis, furent remis à ce dernier quelques jours plus tard. Et le marquis n'eût pas honte d'offrir à sa femme un bijou donné précédemment à sa maîtresse.

## XVIII

### UNE FEMME ET UNE BRAQUE

Six années se sont écoulées depuis les derniers événements que nous venons de raconter.

Henri Descharmes a vingt-neuf ans. Sa position est à peu près la même que le jour où nous l'avons vu causer avec l'amino, la jolie couturière de la rue Sainte-Anne. Sa physionomie est devenue plus calme, plus réfléchie ; il a l'abord grave, presque sévère. Il ne rit plus et le sourire passe rarement sur ses lèvres. Dans son regard, doux et mélancolique, il y a de la tristesse ; souvent, sur son front, on voit s'étendre un nuage sombre.

Il y a dans sa pensée un souvenir, dans son cœur une souffrance !

Malgré la prédiction de l'ouvrière, il n'est pas devenu riche. Pourtant, les affaires et l'industrie se développent dans des proportions merveilleuses. Tous ceux qui touchent à la grande industrie, aux machines, à la construction, aux immenses travaux des lignes de chemins de fer qui vont bientôt sillonner la France, réalisent des bénéfices énormes. Des fortunes s'élèvent, on ne compte plus les millionnaires.

Henri Descharmes a de grandes idées, de vastes projets, mais il reste impuissant : il lui manque la première mise de fonds, le plus modeste capital. En attendant, il loue son intelligence à tant par mois, il travaille pour enrichir les autres. Il ne se plaint pas, il n'en a point le droit ; c'est dans l'ordre naturel des choses.

Sa vieille mère est presque sans ressources, parce que la plus grande partie de ce qu'elle possédait a été employé pour l'éducation et l'instruction de son fils. Maintenant, il lui vient en aide. C'est son devoir strict.

Sorti à vingt ans de l'École des arts-et-métiers de Châlons, avec d'excellents certificats de ses maîtres, il arriva un matin à Paris, la bourse plate, muni d'une lettre de recommandation adressée à M. Cavé, ingénieur-constructeur-mécanicien, rue du Faubourg-Saint-Denis.

Le célèbre mécanicien l'accueillit avec bienveillance.

— Je puis vous employer comme ajusteur, lui dit-il ; vous gagnerez quatre francs par jour ; cela vous va-t-il ?

— Je ne demande qu'à travailler, répondit le jeune homme.

Et il entra dans les ateliers du grand constructeur, en qualité d'ajusteur-mécanicien.

Il se fit bientôt remarquer par sa bonne conduite et ses aptitudes spéciales. On lui donna cinq francs par jour, puis six francs.

A cette époque, l'administration des ponts et chaussées s'occupait de l'amélioration du chenal de la Seine, entre Paris et Rouen, pour le service de la navigation. La maison Cavé s'était chargée des travaux à exécuter et avait jeté plusieurs dragues sur le fleuve.

Le moment de récompenser, autant que possible, les services d'Henri Descharmes était venu. M. Cavé lui confia la conduite et la direction d'une de ses dragues, avec quatre mille francs d'appointements.

Et depuis six ans, Henri Descharmes était occupé à nettoyer et à creuser le lit de la Seine.

Une lettre d'un homme, qui avait été l'ami de son père, l'ayant prié de se rendre à Paris, il y était venu, et nous le retrouvons, avec ce dernier, déjeunant dans un cabinet du restaurant Bonvalet, boulevard du Temple.

Il venait de répondre à plusieurs questions que son compagnon lui avait adressées.

— Vous devez me trouver bien curieux ? dit celui-ci ; mais j'avais pour votre père une amitié sincère, et il me semble que j'ai le droit de m'intéresser à votre avenir.

— Et je vous en remercie de tout mon cœur, monsieur Aubry.

Le garçon de salle entra dans le cabinet, et posa sur la table une boîte de cigares.

— Monsieur Descharmes, londrès ou trabucos, choisissez.

Ils allumèrent chacun leur cigare.

— D'après ce que vous venez de me dire, mon ami, reprit M. Aubry, votre situation n'est pas malheureuse ; mais actif et intelligent comme vous l'êtes, vous valez mieux que cela.

— Je vous prie d'observer, en outre, que je jouis d'une indépendance presque complète. Sur ma drague, je suis maître absolu comme un amiral à son bord.

— Ce n'est que justice ; on sait ce que vous valez et on a confiance en vous. Mais vous pouvez rester encore vingt ans, trente ans enfermé dans la cabine de votre machine sans être plus avancé qu'aujourd'hui.

— J'en conviens.

— Et voilà ce qu'il ne faut pas, morbleu! Vous pouvez être ingénieur civil?

— Je le crois, monsieur.

— Eh bien, il faut travailler pour votre compte.

— Vous oubliez, monsieur, que la bonne volonté, l'intelligence et deux bras solides ne suffisent pas toujours.

— Ah! ah! il faut encore l'argent. Vous chercherez un ou des commanditaires.

— Quand un pauvre diable sans surface, comme on dit, cherche un capitaliste, c'est le merle blanc à trouver.

— Au diable votre logique! s'écria M. Aubry en lançant au plafond un petit nuage de fumée.

Puis, regardant fixement le jeune homme, il reprit :

— Il est convenu que je suis curieux, très curieux ; me permettez-vous une nouvelle question... délicate ?

— Je vous permets tout.

— Parfait. Donc voici ma question : Votre cœur est-il libre? ou en d'autres termes, avez-vous un attachement pour une femme?

— J'ai tellement remué le sable de la Seine que j'ai mis en fuite toutes ses nymphes, répondit-il en souriant. J'ai presque honte d'avouer que je suis arrivé à l'âge de vingt-neuf ans sans avoir aimé.

— Superbe, mon ami, superbe! Alors il faut vous marier.

— Comment, voilà ce que vous me conseillez après l'aveu que je viens de vous faire?

— Oui, j'ai mon idée. Quel est le prix d'une drague?

— Cela dépend de sa force, les prix varient entre quarante et soixante mille francs, non compris les bateaux ou sapines nécessaires à son service.

— Quel est à peu près le produit annuel d'une drague?

— C'est un compte facile à établir, en calculant sur neuf mois de travail et une moyenne de dix heures par jour. J'ai extrait de la Seine jusqu'à huit cents mètres cubes de dragage dans une journée, au prix de 1 fr. 80 le mètre.

— Oh! oh! mais c'est magnifique cela. Et les frais?

— Les heures de travail des employés et manœuvres et, de temps à autre, quelques réparations à la machine. J'évalue le tout à cinquante mille francs par an.

— Donc, avec un capital de soixante mille francs, la possibilité de gagner cent mille francs par an. Oh! la vapeur?... Voilà comment s'expliquent les fortunes colossales qu'on voit aujourd'hui.

J'en reviens à mon idée, mon cher Henri, il faut absolument vous marier et acheter une drague.

— Prendre une femme se pourrait encore, monsieur Aubry, mais acheter une drague! Avec quoi?

— Enfant, avec la dot de la femme!

— Cela ressemble au commanditaire, autre merle blanc.

— Mon cher Henri, cet oiseau si rare et si précieux, je l'ai en cage.

— Que voulez-vous dire?

— Que je veux vous marier, morbleu! N'allez pas croire, au moins, que je vous offre une femme vieille, ou laide, ou sotte, ou contrefaite... Elle est au contraire très jeune, — dix-sept ans, — jolie comme une madone et taillée comme une statue de Michel-Ange. Elle est instruite, distinguée et a, de plus, la grâce, l'esprit et le meilleur petit cœur du monde. Que vous dirai-je encore? Je l'aime comme si elle était ma fille et c'est parce qu'il me faut son bonheur que je veux vous la donner pour femme.

— Et cette perle se nomme?

— Angèle Landais. Son père a été tué à la prise de Constantine, sa mère est morte quelques années plus tard; elle est encore, actuellement, pensionnaire de la maison de la Légion d'honneur, à Saint-Denis.

Vous comprenez qu'elle ne peut pas rester là éternellement, et cela vous explique pourquoi, voulant lui trouver un mari digne d'elle, j'ai jeté les yeux sur vous. Maintenant, répondez-moi oui ou non.

— Mais je peux ne pas lui plaire.
— Il ne s'agit pas de cela : oui ou non ?
— Vous êtes terrible, monsieur Aubry.
— Oh! pas tant que ça.
— Eh bien je réponds : oui.
— Allons donc!... Nous allons prendre une voiture et aller à Saint-Denis, dire bonjour à votre fiancée.

Mais je ne vous ai pas tout dit : A la mort de la mère, j'avais, à elle, vingt-trois mille francs. Depuis six ans, tout en capitalisant les intérêts, j'ai trouvé le moyen de faire des placements avantageux, en ce sens qu'en plus de l'intérêt de l'argent, j'ai eu des dividendes.

Bref, la dot de votre future, monsieur Descharmes, est aujourd'hui de quarante et un mille francs.

Et, pour que vous ayez vos deux merles blancs, l'ancien ami de votre père, notaire à Angers, vous prêtera vingt mille francs.

## XIX

### CONFIDENCE

Comme l'avait annoncé le bouillant notaire, le même jour Angèle et Henri se virent et furent présentés l'un à l'autre.

M. Aubry avait dû prévenir la jeune fille, car ce fut avec un regard profond et plein de curiosité qu'elle examina Henri.

Ses yeux étaient si limpides et si purs, sa physionomie si naturelle et si franche, que dans leur plus légère animation on devinait sa pensée et les impressions de son cœur.

Le notaire et Henri lui-même ne purent douter de la satisfaction qu'elle éprouvait de son premier examen.

Sous ce regard loyal, en présence de cette candeur adorable, le jeune homme aurait eu honte d'être dissimulé ; sa gravité se fondit, comme au soleil une neige d'avril.

La communication entre ces deux cœurs et ces deux âmes fut rapide, instantanée. Il leur sembla qu'ils se connaissaient depuis longtemps, qu'ils s'étaient toujours connus.

Et sans qu'il en eût dit un mot, chacun devina dans la pensée de l'autre un souvenir du passé, dans son cœur quelque chose de caché : une plaie, une douleur ou un secret.

Au moment de la séparation, en même temps, ils se tendirent la main.

Le notaire aurait voulu leur crier.

— Mais, embrassez-vous donc !

Il se tut en réfléchissant qu'au train dont allaient les choses, on arriverait vite au premier baiser.

Si on réfléchit que M. Aubry était notaire, qu'il avait son étude à Angers, on ne s'étonnera pas de le trouver aussi pressé.

— Eh bien ! demanda-t-il à Henri en revenant à Paris, comment trouvez-vous ma petite Angèle ?

— Il n'y a pas assez de qualificatifs dans notre langue pour exprimer mon admiration.

— Alors, vous répétez oui ?

— Mille fois oui.

— J'en étais sûr... Vous avez été créés l'un pour l'autre. Je ne vous dirai pas, surtout, Henri, rendez-la heureuse ! Je suis aussi sûr de vous que d'elle.

Satisfait et content, le brave notaire se frottait les mains.

— Vous me croirez si vous voulez, monsieur Aubry, dit le jeune homme, je me sens transformé, un regard de cette adorable enfant a fait de moi un autre homme.

— Voyez-vous ça... oh ! ces petites pensionnaires si douces, si timides... quelle puissance, rien que dans le regard !

— Vous riez, M. Aubry.

— Eh ! mon jeune ami, je ne suis pas transformé, moi.

— Je croyais mon cœur si profondément endormi que je ne pensais pas qu'il pût se réveiller.

— Et crac, voilà qu'il ouvre les yeux et se met à battre.

— Très fort, M. Aubry, très fort... C'est comme un sortilège, il est tout plein d'elle ; je sens que je l'aime.

— Diable, fit le notaire toujours souriant, si vous brûlez si vite, votre fiancée sera veuve avant le mariage ; dans huit jours vous serez consumé.

Maintenant, voulez-vous me permettre de vous donner un conseil ?

— Tous ceux que vous jugerez nécessaires.

— Dès aujourd'hui, pour ne pas perdre de temps, mettez-vous en devoir d'acheter une drague ou d'en faire construire une.

— Je vous promets que, ce soir même, j'aurai avec mon patron une conversation à ce sujet.

En arrivant à Paris les deux hommes se séparèrent.

Le lendemain, Angèle Landais quitta Saint-Denis et fut reçue à Paris par une sœur de M. Aubry, dont le mari était commissionnaire en marchandises pour l'exportation, rue des Jeûneurs.

Pendant un mois, Henri vit plusieurs fois la jeune fille, et cette intimité charmante, pleine de confiance, qui prépare les unions heureuses, s'établit entre eux.

Le jour de la signature du contrat, Angèle prit à part son fiancé et lui dit :

— Monsieur Henri, vous allez me donner votre nom et moi je vais vous confier le soin de mon bonheur. Je n'ai pas besoin de vous dire que je serai votre compagne fidèle et dévouée ; nous n'avons pas échangé de serments, mais nos cœurs se sont entendus. Je suis bien jeune et bien ignorante, monsieur Henri, mais appuyée à votre bras, et guidée par vos conseils et votre expérience, je serai forte. Je veux partager vos espérances et être capable de m'associer à vos grandes idées.

Monsieur Henri, c'est ma main dans la vôtre que je veux toujours marcher dans la vie ; votre femme sera digne de vous.

— Ah ! chère et noble enfant, grande âme ! s'écriat-il avec transport, mais vous êtes déjà le souffle qui m'anime, la lumière de mon esprit, et c'est moi qui me demande si je suis vraiment digne de posséder un cœur comme le vôtre.

— Ne parlons plus de cela; j'ai autre chose à vous dire. Grâce à M. Aubry, qui n'a pas oublié l'orpheline, j'ai une dot... Vous ne savez pas avec quelle joie je vous offre cet argent !

Mais ce n'est pas tout ; quel que soit le but à atteindre je lutterai avec vous, je partagerai avec vous votre travail, je vivrai de votre vie! Vous le voulez bien, n'est-ce pas?

— Oui.

— Vous ignorez, M. Aubry, je le sais, a sur ce point gardé le silence, que j'ai une sœur plus âgée que moi de huit ans.

— Une sœur ! fit Henri.

— Oui, une sœur qui a disparu depuis six ans, et dont le souvenir est là, dans mon cœur, toujours...

— Six ans, répéta le jeune homme, comme dans un rêve.

— Qu'est-elle devenue? Je n'en sais rien. Mais elle existe, car si elle était morte je ne vivrais plus! Ne soyez jamais jaloux de ce souvenir, monsieur Henri, mon affection pour ma sœur est de l'amour filial. Et je dis à vous, à qui je ne dois rien cacher : Il y a dans mon cœur un sentiment mauvais, un seul, le désir de la venger!

— Que voulez-vous dire?

— Oh ! je sais peu de chose ; mais, d'après les renseignements que j'ai obtenus rue de Savoie, dans la maison qu'habitait ma sœur et où je suis née, il est certain qu'elle a été séduite et enlevée par un homme riche, lequel l'aura lâchement abandonnée. Oh! ma sœur chérie la reverrai-je jamais? continua la jeune fille en sanglotant ? Où est-elle allée cacher sa honte et son désespoir?... Ah ! depuis si longtemps que je la pleure et l'appelle, pour qu'elle ne soit pas venue, il faut qu'elle soit bien malheureuse.

— Et l'homme, le connaissez-vous?

Deux éclairs jaillirent de ses yeux.

— Je suis bien faible, n'est-ce pas? répondit-elle : eh bien, monsieur Henri, si je l'eusse connu, aujourd'hui ma sœur serait vengée !

— Angèle, dit le jeune homme d'un ton grave, séchez vos larmes; nous retrouverons votre sœur, et lorsque nous connaîtrons le coupable, je jure d'être avec vous le jour du châtiment!

— Ah! d'avance j'étais sûre de vous! exclama-t-elle en se redressant rayonnante de fierté; sans cela, Henri, sans cela malgré tout votre mérite, je n'aurais pas pu vous aimer!

Après un moment de silence elle reprit :

— Monsieur Henri, la moitié de ce que je possède appartient à ma sœur; mais M. Aubry vous dira que vous avez le droit de disposer du tout ; elle aussi me l'a dit la dernière fois que je l'ai vue... Elle avait le pressentiment de son malheur!... Quoi qu'il arrive, quelle que soit plus tard notre position, si ma sœur revient un jour, elle partagera avec nous, Henri; dans votre maison, avant moi, elle aura la première place... et quel qu'ait été son passé, vous ne la repousserez jamais!

Le jeune homme étendit le bras et prononça :

— Je vous le jure!

— Merci, Henri. Je n'avais que cela à vous dire, car je n'ai jamais eu que cette grande douleur à renfermer en moi. Maintenant, vous pouvez lire dans mon cœur et ma pensée comme dans un livre ouvert qui vous appartient.

— Cette grande douleur, Angèle, je la comprends ; mais vous la supporterez mieux maintenant, parce que, à partir de ce moment, je la partage avec vous.

Moi aussi, continua-t-il, j'ai dans le cœur un douloureux souvenir.

La jeune fille s'approcha de lui vivement :

— Un malheur encore! dit-elle; parlez, Henri, j'en demande aussi ma part.

— Si c'est un malheur, répondit-il, il ne me touche pas directement; dans tous les cas, il ne faudrait pas le comparer à la grandeur du vôtre... je me trompe, du nôtre. Voici ce que c'est :

Il y a également six ans de cela, un jour que je revenais de Fontainebleau à cheval, sur la route, près de Melun, je trouvai un petit enfant à peine âgé de quinze jours.

— Un enfant! Ah! je connais votre cœur, vous l'avez mis en nourrice, vous l'avez élevé.., il a six ans, maintenant! Où est-il? quand le verrai-je?

Henri secoua la tête.

— Je ne sais pas ce qu'il est devenu, répondit-il.

## XX

### LE RÉCIT D'HENRI

La jeune fille poussa un cri de surprise.

— On vous l'a donc enlevé? Comment l'avez-vous perdu? demanda-t-elle avec le plus vif intérêt.

— Comme vous l'avez pensé tout de suite, répondit Henri, je le plaçai chez une ouvrière, une honnête fille que je connaissais beaucoup, car nous sommes nés dans le même village de la Marne, près d'Epernay. J'étais bien décidé à faire tous les sacrifices nécessaires pour élever le cher petit. Je m'étais dit : Je ne suis pas riche et je suis le soutien de ma mère; mais il y a des millions d'ouvriers qui, tout en aidant leurs parents, parviennent à élever jusqu'à cinq et six enfants... Eh bien, chaque jour, pour le petit, j'économiserai quelques sous sur mes plaisirs. D'ailleurs, Dieu voulut sans doute me récompenser de ma bonne action, car, le même jour, M. Cavé, mon patron, me confiait la direction d'une de ses dragues.

Je quittai Paris, mais j'étais tranquille, j'avais laissé de l'argent à Pauline, — c'est le nom de l'ouvrière — et j'étais sûr qu'elle aurait le plus grand soin de l'enfant.

L'hiver arrive et je vins passer à Paris le temps des fortes gelées. Je revis l'enfant, notre fils, comme nous l'appelions, l'ouvrière et moi. Je le trouvai superbe; il était déjà fort, vigoureux et avait une mine charmante. Je retournai bientôt à mes travaux de dragage. Je recevais rarement des nouvelles, car, comme la plupart des ouvrières, Pauline, qui écrivait fort mal, n'aimait pas à écrire. Mais, moi, j'écrivais tous les mois en envoyant la petite somme destinée à l'enfant.

Un jour, vers le milieu du mois de juillet, ma lettre du mois de juin me fut retournée par l'administration des postes. Au dos de l'enveloppe, je lus ces annotations des facteurs :

*Inconnue, n'existe pas, partie sans adresse.*

Qu'est-ce que cela signifie ? m'écriai-je. Vous devez comprendre l'inquiétude qui me dévorait...

— Oh ! oui, fit Angèle qui écoutait le récit de son fiancé avec une émotion croissante.

— J'accours à Paris, rue Saint-Anne, au domicile de Pauline, continua le jeune homme. La loge du concierge est occupée par des gens que je ne connais pas. Je demande l'ouvrière, ils ne la connaissent pas ; je demande deux autres locataires de la maison, tous ces noms leur sont inconnus. Alors je les interroge, je les presse de questions, car je suis dans une anxiété cruelle.

Voici ce que j'apprends :

Du 4 au 11 juin, dans cette seule maison, six personnes, parmi lesquelles l'ancien concierge, étaient mortes du choléra. Vous n'avez pas su, peut-être, qu'à cette époque l'épouvantable épidémie orientale avait fait en France une seconde et terrible apparition.

— J'ai de cela un souvenir confus ; mais continuez...

— Le fléau fut moins violent qu'en 1832 ; il n'en fit pas moins de grands ravages et frappa cruellement la population parisienne.

Les concierges ne purent me nommer les victimes de l'épidémie. Tous les autres locataires terrifiés s'étaient empressés de déménager, et, pendant tout le mois, il n'était pas resté une âme dans la maison abandonnée. Le propriétaire avait refait l'escalier, assaini, nettoyé et remis à neuf tous les logements. Quelques-uns déjà étaient occupés ; mais il en restait encore plusieurs à louer.

Le concierge mort était marié. Qu'était devenue sa femme ? Il ne purent me le dire.

Je n'en pouvais douter : l'ouvrière avait été une des malheureuses victimes du fléau.

— Hélas ! oui ; sans cela elle vous aurait fait parvenir de ses nouvelles en vous donnant son adresse.

— J'ai pensé ainsi ; car en admettant qu'elle n'eût pas su m'adresser une lettre directement, parce que j'étais forcé à chaque instant de changer de résidence, elle pouvait aller chez M. Cavé ; elle me savait employé de cette maison. Elle n'existait plus; sur ce point, il ne restait aucun doute dans mon esprit. Mais l'enfant, où était-il ? Qu'était-il devenu au milieu de ces douloureux événements? Avait-il succombé aussi? L'avait-on enseveli dans le même linceul que l'ouvrière?

Je m'informai auprès des boutiquiers; ils me confirmèrent les paroles des concierges, mais ne m'apprirent rien de plus. Dans ces terribles moments, où chacun tremble pour les siens et pour soi-même, tous les esprits sont troublés ; on reste indifférent à tout ce qui arrive en dehors de soi, on ne remarque rien.

La boulangère, qui se souvenait très bien de Pauline, me dit après avoir réfléchi un instant :

— La mort de cette jeune fille m'aurait frappée, et, c'est étonnant, rien ne me la rappelle.

Elle me conseilla d'aller à la mairie.

Là, j'eus le nom des morts. Il y avait deux femmes, amies de l'ouvrière, mais le nom de celle-ci ne figurait pas sur le livre de décès. Je rentrai dans toutes mes perplexités.

Pauline avait-elle quitté la maison, comme les autres locataires, pour se réfugier dans un autre quartier? Déjà atteinte par le mal, était-elle allée s'éteindre dans un coin ignoré? Je pouvais tout supposer. Mais quelle que soit l'hypothèse, je ne saisissais aucun fil conducteur, et, morts ou vivants, j'avais perdu la trace de Pauline et de l'enfant. Je restai trois jours à Paris, continuant mes recherches et mes investigations; mais la ville est grande, peuplée de gens occupés de leurs affaires ou d'indifférents; puis, une pauvre ouvrière, un enfant, cela passe dans la foule sans être aperçu... Je ne pus rien découvrir, rien savoir. Il y a de cela plus de cinq ans, je n'ai pas quitté la maison Cavé, et pas de nouvelles de Pauline. Évidemment, elle est morte!... Mais l'enfant... S'il vit encore, qu'est-il devenu?

Voilà, ma chère Angèle, ce que moi aussi j'avais à vous dire.

— C'est bien triste, Henri, bien triste !

— Le jour où je ramassai sur une route ce pauvre petit être, j'ai contracté envers lui un devoir... N'est-ce pas votre avis?

— Je pense comme vous, Henri.

— Ce devoir, que je ne peux remplir, me tient au cœur.

— Henri, nous avons chacun notre peine, notre douleur; réunissons-les aujourd'hui; plaçons dans nos cœurs l'enfant à côté de ma sœur, et n'en faisons qu'un seul souvenir. En quelque lieu qu'ils soient, aussi malheureux qu'ils puissent l'être, sans qu'ils le sachent, par nous ils seront aimés... Et quand Dieu, qui est juste et bon, voudra que nous les retrouvions, nous serons deux pour les consoler et essuyer leurs larmes.

Le jeune homme tendit ses mains à Angèle.

Mais elle se jeta dans ses bras en disant :

— Vous êtes bon et généreux, Henri, ah! je vous aime bien!

## XXI

#### GLOIRE AU TRAVAIL

Quinze jours après leur mariage, Henri Descharmes et sa jeune femme s'installaient sur une drague leur appartenant et travaillaient pour leur compte.

— Nous ne sommes pas riches, avait dit Angèle ; ta machine est tout ce que nous possédons, et comme je veux partager ta peine, ne jamais m'éloigner de toi, c'est sur notre propriété que nous vivrons, que nous habiterons.

Henri arrangea l'intérieur de la drague et y fit un petit logement propre, aussi confortable que possible.

Angèle refusa de prendre une domestique; dès les premiers jours, elle se mit à tout : au ménage, à la cuisine, et elle passa en revue le linge et les effets de son mari. Et cette noble et courageuse enfant, qui n'avait jamais touché à rien, qui ignorait même le nom de la plupart des ustensiles de cuisine devint en très peu de temps une excellente ménagère.

Henri Descharmes n'avait eu qu'à se louer de ses anciens patrons. Ceux-ci, loin de lui en vouloir de les avoir quittés pour leur faire en quelque sorte concurrence, lui donnèrent d'excellents conseils, l'aidèrent même de leur influence et de leur crédit, et lui firent obtenir ses premiers travaux.

Au bout d'un an, les vingt mille francs de la commandite Aubry étaient remboursés et Henri Descharmes, pour remplir à temps ses engagements de travaux, faisait construire une seconde drague.

A partir de ce moment, le jeune ménage fut en pleine prospérité.

Le bon notaire d'Angers, qui venait à Paris de temps à autre, se frottait de nouveau les mains à en user l'épiderme.

— Hein, comme j'ai eu raison, disait-il à ses chers mariés; dame, quand je me mêle de quelque chose, il faut que ça marche!...

On n'habitait plus sur la drague, on avait loué un appartement rue de Provence, et Angèle n'avait pu refuser à son mari de prendre une bonne.

Il lui avait acheté un piano et elle se remit à la musique qu'elle avait un peu oubliée.

Les travaux de la Seine terminés, Henri Descharmes chercha à employer son activité en utilisant ses connaissances pratiques.

Il était connu déjà et universellement estimé.

Il entra comme associé dans une grande entreprise de travaux publics pour le remblai des lignes de chemins de fer, le percement des tunnels et la construction des ponts et des viaducs.

Il attacha son nom à un certain nombre de ces magnifiques constructions, si hardies d'exécution, qui sont et resteront comme travaux d'art, les chefs-d'œuvre de notre industrie nationale.

Le premier en France, et en en perfectionnant l'emploi, il se servit de l'air comprimé pour descendre dans les fleuves ces énormes tuyaux maçonnés à l'intérieur et remplis de béton, qui sont les piles inébranlables de nos ponts modernes.

Il publia un album extrêmement remarquable, où sont gravées et décrites toutes les machines inventées ou perfectionnées par lui, avec l'indication des services énormes qu'elles ont rendus dans l'exécution des travaux.

Les rares mérites de l'ingénieur n'étaient plus à reconnaître; mais le gouvernement voulut le récompenser et l'honorer en même temps : il fut nommé chevalier de la Légion d'honneur.

Plus tard, après l'exécution d'un travail merveilleux dans un de nos grands ports de la Manche, travail auquel dix entrepreneurs avaient renoncé, le gouvernement attacha la rosette d'officier à la boutonnière de cet homme extraordinaire, si puissant de génie, une des plus belles gloires de notre industrie.

En 1857, à l'époque où commence notre drame, Henri Descharmes était plusieurs fois millionnaire. Il possédait des maisons à Paris et un château près des Andelys, où il passait avec sa femme une partie de l'été.

L'hiver il habitait à Paris l'hôtel magnifique qu'il avait fait construire lui-même, boulevard Malesherbes, et dont il avait donné le plan à son architecte.

Sa vieille mère n'existait plus; elle était morte dans les bras d'Angèle, sa fille adorée; mais elle avait vécu assez longtemps pour voir le chemin brillant que suivait son enfant, et trouver dans son élévation la récompense des sacrifices que, pauvre, elle s'était imposés.

Il y avait loin des jours de gêne, de travail acharné, d'économie, où l'on dormait dans la drague, quand, de ses petites mains blanches, Angèle préparait les repas de son mari.

Eh bien, comme toutes les âmes vaillantes, les grandes et riches natures, ils n'avaient pas été éblouis par la fortune; elle ne les avait pas changés, ils étaient restés les mêmes. La fortune était venue, ils l'avaient acceptée simplement, comme une chose heureuse et méritée, sans orgueil.

Ils s'aimaient comme au premier jour de leur union; jamais un nuage ne s'était glissé entre eux, la volonté de l'un était celle de l'autre.

— Voyez, disait souvent Henri en montrant sa femme à ses intimes, toujours gracieuse, simple, modeste... elle ne se doute même pas que c'est à elle que je dois d'être ce que je suis !

Ils faisaient autour d'eux le plus de bien possible. On les aimait, on les vénérait.

Ils n'avaient pas d'enfant; c'était un de leurs regrets.

Obéissant à un des sentiments exquis de son cœur, Mme Descharmes, par un souvenir pieux, était devenue dame patronnesse de presque tous les orphelinats de la ville et la protectrice des crèches et des ouvroirs. Pour ces pauvres enfants sans famille, elle aurait tout donné et ruiné son mari, si la chose eût été possible. Mais si sa bourse était grande, si elle la vidait souvent, Henri était là, toujours, pour la remplir.

Ils ne cherchaient plus Léontine, ils ne cherchaient plus l'enfant... Oh! Ils ne s'étaient pas lassés! Ils n'avaient plus d'espoir!

Angèle avait fini par se dire :

— Pour que ma sœur ne soit pas revenue près de moi, c'est qu'elle est morte!

Et elle le croyait.

Et lorsqu'on la voyant passer, au bois ou aux Champs-Élysées, dans son brillant équipage, d'autres l'enviaient, elle pleurait en songeant au passé!

Un jour qu'elle rendait visite à la femme d'un entrepreneur de travaux publics, ancien associé de son mari, Mme Descharmes remarqua dans le salon un portrait de la maîtresse de la maison, d'un coloris délicieux et d'une étude si parfaite que, malgré elle, au bout d'un instant, il captiva toute son attention.

— Vous examinez mon portrait, madame, dit la femme de l'entrepreneur; comment le trouvez-vous? Je serais heureuse d'avoir votre opinion sur cette peinture.

— En cette matière, je ne suis pas un juge bien sérieux.

— Oh! madame, tout le monde connaît votre admirable modestie; mais je sais, moi, que vous êtes une véritable artiste et que vous faites des pastels ravissants. En général, nos amis trouvent mon portrait ressemblant, mais ils ne sont pas assez connaisseurs pour apprécier la valeur artistique du tableau.

— A mon avis, madame, c'est une belle et bonne œuvre; votre portrait n'est pas seulement ressemblant et peint avec vigueur, il révèle dans tous ses détails le sentiment profond de l'artiste. Comme c'est bien votre regard! On sent le fluide qui s'en échappe. De quel nom est-il signé?

— Albert Ancelin.

— Cet artiste est déjà un grand peintre, il deviendra un maître.

— Il est tout jeune encore.

— Tant mieux pour l'art et la gloire de notre école.

— Le portrait de la duchesse de X..., au dernier Salon, était de lui.

— Je me rappelle très bien l'avoir admiré. Je me souviens aussi d'une *Rebecca à la fontaine*.

— Il y a trois ans... elle lui a valu une médaille. L'année suivante, il a obtenu une seconde médaille avec son beau tableau des *Baigneuses dans les roseaux au bord d'une rivière*.

— Je suis heureuse de ne pas m'être égarée dans mon jugement sur votre portrait, avant que vous ne m'ayez nommé M. Ancelin. Combien vous a-t-il fait payer cette peinture ?

— Douze cents francs. C'est un cadeau de mon mari.

— Pour un semblable portrait, ce n'est pas cher. Vous vous intéressez à ce jeune peintre ?

— Beaucoup, madame.

— Est-il bien ?

— M. Albert Ancelin est un artiste sérieux, qui travaille. Cette année, peut-être, il sera décoré. Il ne parle pas beaucoup, comme tous les hommes qui pensent ; mais il est spirituel et instruit. Il est grand, mince, et, sans être ce qu'on est convenu d'appeler un joli garçon, sa figure plaît infiniment. Du reste, il est extrêmement distingué de manières et c'est pour cela qu'il est reçu dans le meilleur monde.

— Le bien que vous me dites de lui me fait désirer de le connaître. Votre mari vous a offert votre portrait, il me vient l'idée de donner le mien à M. Descharmes.

— C'est une idée, madame.

— Où demeure M. Albert Ancelin?

— Rue Pigalle. Du reste, voici une de ses cartes.

— Dès demain, je lui écrirai, ou plutôt pour ne pas le déranger de son travail, j'irai le trouver moi-même.

— Il est justement revenu à Paris depuis quelques jours. Il peint aussi le paysage, et il était allé en province chercher des études.

Mme Descharmes se leva.

— Quand nous nous reverrons, dit-elle, je vous ferai part de ce que je pense de M. Albert Ancelin.

## XXII

### LA MÈRE LANGLOIS

Albert Ancelin a vingt-six ans. Comme nous l'avons déjà dit, c'est un peintre de talent, un futur maître.

Après avoir reçu les premières leçons de Picot, il était entré dans l'atelier d'Eugène Delacroix, et le maître, dont il devint le favori, n'avait pas tardé à le désigner comme un élève d'avenir, ce qui l'élevait de plusieurs degrés au-dessus des rapins ordinaires.

Plus tard, avec Flandrin, il était devenu portraitiste ; Corot lui avait appris l'art si difficile de saisir un beau paysage et de le fixer sur la toile avec ses détails infinis de perspective, de couleur, d'ombre et de lumière.

Albert Ancelin avait compris qu'on ne peut devenir quelqu'un que par le travail et il avait travaillé beaucoup.

Sa mère était morte en lui laissant un petit fonds de mercerie, qui fut vendu seize mille francs.

Il avait le droit de disposer de son héritage ; mais, mieux avisé que beaucoup de ses camarades, il n'y toucha qu'avec mesure, et s'en servit pour continuer et achever ses études.

Il loua, en haut de la rue Pigalle, un appartement qu'il meubla aussi convenablement que possible.

De la principale pièce, la mieux éclairée, il fit son atelier, lequel fut bientôt rempli d'ébauches, de maquettes, de dessins et de croquis.

Une femme du quartier qui avait connu sa mère et l'avait vu tout petit, prenait soin de son ménage de garçon, sans autre intérêt que celui qu'elle portait à son *bijou*. — Elle donnait ce nom à Albert, qui était à ses yeux le premier artiste de l'univers.

Elle raccommodait son linge, le donnait à blanchir, et entretenait ses autres effets dans un excellent état de jeunesse et de propreté.

Quand le jeune peintre était sans argent, ce qui arrivait quelquefois, elle lui apportait la somme dont il avait besoin et lui disait :

— Bijou, tu me rendras cela plus tard. Ne te gêne pas avec moi... tu le sais, j'ai un bon boursicot.

Ces paroles semblaient réveiller en elle une grande douleur.

De grosses larmes coulaient le long de ses joues et elle reprenait d'une voix oppressée :

— Mon boursicot, c'est pour ma fille,... quand je l'aurai retrouvée. Ce sera sa dot, car elle doit être bien belle, ma fille, et à une belle fille il faut un mari.

L'excellente femme parlait souvent de sa fille, que personne n'avait connue.

Et quand on lui demandait comment elle l'avait perdue, elle élevait les bras, levait ses yeux vers le ciel et restait comme en extase.

Cela étonnait, mais ne satisfaisait point la curiosité.

Alors on se demandait :

— S'agirait-il d'un secret terrible qu'elle veut absolument garder ? Ou bien ne se souvient-elle plus dans quelles circonstances elle a été séparée de l'enfant dont elle parle ?

La vérité est que, généralement confiante et très expansive, elle devenait extrêmement réservée lorsqu'on lui parlait de sa jeunesse. Il lui répugnait de raconter son histoire à des étrangers.

On l'appelait M<sup>me</sup> Langlois ou plus familièrement la mère Langlois. Avait-elle été mariée? On l'ignorait. De même que personne n'avait vu l'enfant qu'elle pleurait, nul n'avait connu M. Langlois.

Et si elle disait souvent :

— J'ai une fille.

Jamais il ne lui était échappé un mot faisant allusion au père de cette enfant.

On lui trouvait souvent un air singulier, et bien des gens

étaient convaincus qu'il y avait quelque chose de détraqué dans son cerveau.

Sur ce point, on ne se trompait peut-être pas. Les suites d'une maladie ou d'un chagrin violent pouvaient bien avoir laissé quelque trouble dans son esprit.

La perte de sa fille, tant regrettée, devait remonter à une époque reculée, puisque, comme nous l'avons déjà dit, personne ne l'avait connue, et depuis seize ans la mère Langlois habitait le quartier.

Cette femme était un type étrange et des plus intéressants à étudier.

Elle était grande, ce qui lui permettait de promener, avec une certaine aisance, l'ampleur de son embonpoint. Elle avait dû être jolie, car ses grosses joues roses conservaient, avec un reste de fraîcheur, toute la finesse des traits.

Ses petits yeux noirs brillaient comme des escarboucles, sous un front large, bombé, couronné de magnifiques cheveux noirs auxquels se mêlaient seulement quelques fils argentés.

Pauvre femme de la classe ouvrière, seule, à force de volonté et d'énergie, elle était parvenue à se créer une position indépendante. Elle avait amassé plus de trente mille francs, — le fameux boursicot destiné à doter sa fille.

Certes, il avait fallu cette idée fixe à la pauvre giletière, pour qu'elle pût accomplir ce prodige d'économie.

Mais elle ne disait pas tout ce que cette dot lui avait coûté.

Elle ne parlait pas des nuits passées, des longues privations supportées avec courage et résignation.

Elle ne buvait jamais de vin et mangeait le plus souvent son pain sec.

Quand elle se trouva relativement riche, elle ne changea rien à sa manière de vivre.

Elle continua à travailler et à économiser pour grossir son magot.

Ses yeux n'y voyant plus assez, malgré ses lunettes, pour satisfaire aux exigences du tailleur qui l'employait, elle se fit ravaudeuse.

Elle recruta sa clientèle parmi les commis de magasin, employés de bureau, rapins, poètes en herbe, etc... tous des jeunes.

Quand ils n'avaient plus rien à se mettre sur le dos et pas d'argent, elle les menait chez un tailleur de troisième ordre et les faisait habiller. Elle payait, on lui souscrivait un billet et elle admirait son fils...

Tous ses clients étaient ses fils.

Les uns la remboursaient, d'autres disparaissaient sans dire merci.

Ces derniers, elle les appelait ses ingrats.

Ceux qui lui restaient fidèles et qui avaient souvent recours à sa bourse dans les mauvais jours la surnommèrent la mère Providence.

Albert Ancelin avait fait son portrait: cette peinture, très étudiée, fut remarquée au salon, et un lord anglais acheta le tableau cinq mille francs.

En apprenant cela, la mère Langlois faillit devenir folle de joie.

C'était le premier succès du jeune peintre.

— C'est moi qui t'ai porté bonheur, lui dit-elle.

A partir de ce jour, son affection et son admiration pour Albert n'eurent plus de bornes.

Le peintre rentra à Paris, venant de Rebay, la tête et le cœur remplis de Mlle Edmée de Presto.

Mais il n'était pas homme à s'énerver dans un rêve et à caresser longtemps une chimère. Il s'imagina qu'il parviendrait facilement à se soustraire à l'impression que la jeune fille avait faite en lui, et pour repousser ses préoccupations et occuper plus raisonnablement ses idées, il se remit immédiatement au travail.

Il avait accroché au mur, à la place d'honneur de son atelier, le portrait de la folle, inachevé encore, quant aux draperies.

La mère Langlois entra dans l'atelier et vit cette peinture qu'elle ne connaissait pas encore.

Après l'avoir regardée un instant:

— Voilà une belle tête, dit-elle. Mais comme cette figure est pâle et triste!... Cette femme-là n'est pas heureuse, n'est-ce pas, Albert?

— C'est vrai.

— Tu la connais?

— Puisque j'ai fait son portrait.
— C'est juste. Sais-tu ce qu'elle a?
— Elle est folle!
— Oh! folle! fit la mère Langlois d'une voix creuse.

Elle s'approcha du peintre et lui dit presque à voix basse :
— Il y a des gens qui disent que je n'ai pas toute ma tête.
— Des méchants ou des imbéciles, répondit-il.
— Soit. Mais j'ai bien souffert, vois-tu, et, pendant un temps, ç'a été la vérité : il y avait de la nuit là, dans ma cervelle, je perdais la mémoire.
— Vous ne m'aviez jamais dit cela! s'écria Albert.
— Je ne dis pas tout, mon garçon. As-tu lu les *Mystères de Paris?*
— Pourquoi me demandez-vous cela?
— Pour savoir.
— Eh bien, oui, je les ai lus.
— Tant mieux, parce que quand je te raconterai ma vie, peut-être bientôt, tu verras qu'Eugène Sue n'a pas tout dit. Il y a un gros livre à faire, rien qu'avec l'histoire de la mère Langlois. On pourrait appeler ça les *Autres mystères de Paris.*
— Votre histoire doit être, en effet, très intéressante...
— Et triste, et malheureuse !...
— Cette petite fille que vous avez perdue, que vous cherchez toujours...
— Oui.
— Vous n'avez donc jamais pensé qu'elle pouvait être morte?
— Oh! si... C'est alors que j'étais véritablement folle, vois-tu; je m'arrachais les cheveux, je m'égratignais le visage, et puis après je pleurais toutes mes larmes. Mais je me disais: Dieu, qui connaît mon cœur, ne m'a pas donné cette enfant pour me la reprendre tout à fait, presque au lendemain de sa naissance; non, il nous a séparées, mais il nous réunira.
— Il faut convenir que Dieu vous a un peu oubliée.
— C'est vrai, mais il y a tant de malheureux sur la terre, qu'il doit être bien occupé.

## XXIII

### CLAIRE ET HENRIETTE

Il y eut un moment de silence.
— Enfin, vous espérez toujours? reprit le peintre.
— Plus que jamais.
— Avez-vous découvert quelque chose?
— Pas encore, mais ça ne peut plus tarder.
— Je le souhaite de tout mon cœur.
— Toi, Bijou, tu es un cœur d'or.
— Vous me le dites tous les jours.
— Et je le répéterai toujours et encore. Quand tu seras pour te marier, sois tranquille, c'est moi qui dirai à ta promise ce que tu vaux.

Pour en revenir à ma petite Henriette, je ne sais combien de pétitions et de lettres j'ai écrites — pas moi, je ne suis pas assez savante, — mais qu'on a écrites pour moi, à tous les ministres de Napoléon. Mais ces Excellences-là sont encore plus occupées que le bon Dieu, et je n'ai jamais reçu de réponse.

— Pauvre mère Langlois, les ministres ne pouvaient rien faire pour vous.

— Tu vas voir que si, Albert. Ecoute bien. J'avais de bonnes raisons pour croire que ma petite Henriette était aux Enfants-Trouvés.

— Ah! fit le peintre.

— Oui. Naturellement, j'allai à l'hospice, là-bas, à l'autre bout de Paris. Y en avait-il de ces pauvres petits enfants! Mais le mien n'y était pas. On me dit : Allez au bureau de l'Assistance. J'y courus. Mais les employés sont partout les mêmes, ils me regardèrent et me rirent au nez. Cela ne me découragea point, j'y retournai plusieurs fois; c'était toujours la même chose, et cette réponse : nous ne savons pas. Ils ne savaient pas, mais ils ne se donnaient pas la peine de chercher dans leurs gros livres.

C'est alors que, voyant leur mauvais vouloir, j'envoyai mes pétitions aux ministres, pour qu'ils les obligent à s'occuper de ma petite Henriette.

— Quel âge avait-elle quand vous l'avez perdue?
— Huit jours, Albert, pas plus de huit jours.
— Huit jours! Et comment cela a-t-il pu arriver?
— Tu le sauras, quand je te raconterai mon histoire. Donc, je pétitionne aux ministres, et comme ils ne me répondent pas, sais-tu ce que je fais?
— Je ne m'en doute pas.
— Eh bien, j'ai écrit à l'empereur.
— Qui vous a répondu?
— Qu'il allait faire transmettre, aux bureaux de l'Assistance publique, des ordres pour qu'il me soit donné satisfaction.

Par exemple, Albert, je t'assure que ma lettre, c'était ça. Je l'avais dictée moi-même. Cela te fait sourire... Albert, une femme peut être ignorante, ne pas savoir écrire, mais, va, comme les plus savantes, quand elle s'inspire de son cœur, elle est éloquente!

Elle ouvrit son cabas, sorte de capharnaüm, dans lequel elle jetait, pêle-mêle, son dé à coudre, son étui, parfois son ouvrage, son pain, ses lunettes, son couteau, sa boîte à tabac, sa montre, ses obligations du Crédit Foncier et autres, son porte-monnaie et sa correspondance.

Elle sortit du panier une lettre à grande enveloppe, portant le timbre du cabinet de l'Empereur, et la mit sous les yeux du peintre.

— Avec cette lettre, poursuivit-elle, je retournai à l'Assistance publique et je la montrai à ces messieurs du bureau. Fallait voir comme ils ouvraient de grands yeux! Pour le coup, ils ne riaient plus. Ils furent, au contraire, très convenables et d'une politesse...

— Que vous ont-ils répondu?
— Je n'entendis d'abord que trois mots. Il y eut comme un bruit de cloche dans mes oreilles, je perdais la respiration et ne sentais plus mes pieds sur le plancher.

— Ces trois mots?...
— Votre fille existe.
Je parvins à être plus forte que mon émotion, et je m'écriai :
— Où est-elle?
Alors on me dit : Jusqu'à ce qu'ils aient atteint un certain âge, il ne nous est pas permis d'indiquer la résidence des enfants assistés. Mais veuillez revenir dans un mois, nous espérons pouvoir vous dire alors où est votre fille.

Et je m'en allai, en les remerciant tous, ces bons messieurs, à qui j'en avais tant voulu, depuis longtemps, parce que j'ignorais qu'il leur fût interdit de parler.

Ils m'ont dit dans un mois, et malgré mon impatience, mon cœur qui bat sans cesse, mes pieds qui ne tiennent plus en place, j'ai attendu... mais dans quatre jours le mois sera écoulé...

Enfin! s'écria-t-elle avec exaltation et le regard rayonnant, je vais la revoir!... Ah! au bout de dix-huit ans, comme ce sera bon de la serrer dans mes bras!

— Si, maintenant, on ne lui rendait pas sa fille, pensa Albert en contemplant la mère Langlois, la pauvre femme en mourrait.

Et tout en la regardant, presque rajeunie de quinze ans, il remarqua ses yeux noirs étincelants, ses cheveux également noirs, et se rappela que la jolie couturière de Rebay, un enfant trouvé, avait aussi les yeux et les cheveux noirs.

Il se mit à réfléchir.

La mère Langlois rangeait l'atelier.

— Claire a dix-huit ans passés, se disait Albert, c'est l'âge d'Henriette. Les deux noms ne prouvent rien, car il est évident que la mère Langlois, ayant perdu son enfant, âgée de huit jours, on ne pouvait connaître son nom d'Henriette. Naturellement, il a fallu lui en donner un, Claire ou un autre. Pourquoi pas Claire? Et pourquoi Claire ne serait-elle pas Henriette? Dix-huit ans, les yeux et les cheveux noirs!

Oh! s'écria-t-il, ce serait merveilleux :

La mère Langlois, qui s'était arrêtée devant le portrait de la folle, se retourna.

— Qu'est-ce que tu dis, Bijou? demanda-t-elle.

— Je pense à une jeune fille de dix-huit ans, qui n'a jamais connu ses parents, et que j'ai rencontrée à mon dernier voyage.

— Ah ! la pauvre enfant... Encore une !...

— Oui, elle sort aussi de l'hospice des Enfants-Trouvés.

— Comment se nomme-t-elle ?

— Claire. Ce nom vous plaît-il ?

— Oui, il est joli ; mais je préfère celui d'Henriette.

— Dites donc, mère Langlois, si Mlle Claire était votre fille ? Elle secoua la tête.

— Ma fille à moi s'appelle Henriette, répondit-elle.

— Pour vous. Mais on a dû lui donner un autre nom.

— Tiens, c'est vrai ; je n'avais pas pensé à cela.

— De sorte qu'il n'y aurait rien d'impossible à ce que Claire...

— Soit ma fille. Es-tu enfant, Albert ! Comment est-elle, Mlle Claire ?

— Grande, très jolie et brune comme une Espagnole.

— Tu vois bien que ce n'est pas Henriette.

— Mais je ne vois pas cela du tout.

— Ma fille est blonde et toute petite.

— Ah ! ça, comment le savez-vous ?

— Tu crois donc que je ne me rappelle pas comme elle était !

— A l'âge de huit jours ! superbe ! s'écria le jeune homme. Et malgré lui, il éclata de rire.

La mère Langlois le regardait avec étonnement.

— Eh bien, fit-elle, qu'est-ce que tu as à rire ainsi ?

— Mais c'est vous qui me faites rire.

— Moi !...

— Sans doute. Voyons, vous imaginez-vous par hasard, que votre fille, qui a dix-huit ans, est restée haute comme une poupée ?

La mère Langlois parut un moment interdite ; puis un sourire intraduisible erra sur ses lèvres.

— Tu as raison, répondit-elle. Que veux-tu ? Je ne puis me faire à cette idée que ma fille est grande, que c'est une femme... Je la vois toujours comme la première fois que sa petite bouche a pris mon sein !

Albert sentit deux larmes dans ses yeux.

Il voyait, dans sa naïveté même, la sublimité du sentiment maternel.

— Ainsi, Albert, reprit-elle, tu penses donc que cette grande et belle jeune fille, que tu as rencontrée, pourrait être mon Henriette?

— Pourquoi pas!

— En effet, pourquoi pas... Dis-moi, est-ce qu'elle me ressemble?

— Je vous ai dit qu'elle était charmante.

— Bijou, tu te moques de moi.

— Je n'en ai pas l'intention.

— Alors elle me ressemble?

— Assez... elle est brune comme vous, elle a vos yeux...

— Elle a mes yeux, fit-elle en joignant les mains. Et puis?

— Votre regard et... le timbre de votre voix.

— Mais alors, Albert, c'est mon Henriette!

— Je vous l'ai dit, c'est possible, seulement...

— Seulement?

— Comme nous ne pouvons rien affirmer, il est prudent de ne rien faire avant votre prochaine visite à l'Assistance publique.

— C'est bien long, quatre jours!

— Votre patience est éprouvée; depuis dix-huit ans vous avez appris à attendre.

— Ah! Albert si tu avais eu la bonne idée de faire son portrait!...

— Eh bien?

— Vois-tu, je l'aurais reconnue tout de suite.

— Attendu, fit le peintre en riant, que Claire est grande et brune, et qu'Henriette est petite et blonde.

— Albert, tu es un méchant, je ne t'aime plus!

— Je ne dis pas amen.

La mère Langlois s'était approchée de la fenêtre et regardait dans la rue.

— Un équipage s'arrête à la porte, dit-elle; un cocher et un valet de pied, les beaux chevaux... Je parierais que c'est une visite pour toi, Albert.

Oh! la belle dame!... Quelle superbe toilette!...

## XXIV

### LE PORTRAIT

Un instant après, un coup de sonnette retentit dans l'appartement de l'artiste.

— J'en étais sûre, dit la mère Langlois, c'est la jolie dame qui vient le voir.

— Eh bien, la mère, allez lui ouvrir, vous la ferez entrer dans le salon; pendant ce temps, je vais m'attifer un peu.

La mère Langlois courut ouvrir la porte de l'appartement et c'est avec son plus aimable sourire qu'elle accueillit la visiteuse.

— Je désire parler à M. Albert Ancelin, dit celle-ci.

— M. Ancelin est chez lui, madame. Je vais le prévenir. Veuillez entrer dans son petit salon, — un salon de garçon; — c'est ici, madame; en face sa chambre, au fond l'atelier. Qui dois-je annoncer à M. Ancelin?

— Je n'ai pas l'honneur d'être connue de lui; mais vous pouvez lui dire mon nom: Mme Descharmes.

La mère Langlois releva la tête et regarda avec surprise la visiteuse. Puis elle s'empressa de sortir du salon pour aller retrouver Albert, qui avait déjà fouillé toute son armoire sans pouvoir trouver le gilet qu'il cherchait.

— Ton gilet! tiens, le voilà, dit-elle en le lui donnant; tu as peut-être mis la main dessus dix fois sans le voir. Sais-tu ce que ça prouve, Albert?

— Ma foi, non.

— Qu'à côté d'un homme il faut toujours une femme.

— J'ai compris. Vous a-t-elle dit son nom, cette dame?

— Oui.

— Elle se nomme?

— Mme Descharmes.

— Oh! oh! fit le peintre, serait-ce Mme Henri Descharmes?

— Henri Descharmes, dis-tu ?
— Oui, le millionnaire, le grand entrepreneur de travaux publics, une de nos illustrations.

Le jeune homme sortit sur ces mots.

La mère Langlois se laissa tomber lentement dans un fauteuil.

— Millionnaire, grand entrepreneur, homme illustre ! murmura-t-elle.

Le peintre entra dans le salon et s'inclina respectueusement devant la jeune femme.

Celle-ci s'était levée.

— Je vous en prie, madame, veuillez vous asseoir.

Il ajoutait à part lui :

— La charmante femme! avec quel plaisir je ferais son portrait!

— Monsieur, dit Mme Descharmes, hier, chez une dame de ma connaissance, et qui vous a en grande estime, j'ai vu un portrait peint par vous d'une beauté remarquable.

Albert s'inclina.

— Pardon, madame, dit-il, est-ce Mme Henri Descharmes qui m'honore d'une visite?

— Oui, monsieur, je suis la femme de M. Henri Descharmes, l'entrepreneur.

— Le savant ingénieur, madame, un des plus beaux noms de France! s'écria le jeune homme d'une voix vibrante.

— Je vous remercie, monsieur. Est-ce que vous connaissez mon mari?

— Nous nous sommes rencontrés plusieurs fois dans des réceptions officielles. Un jour je pus lui témoigner mon admiration pour ses superbes travaux d'art, et nous avons échangé une poignée de main.

— Je rappellerai cette circonstance à mon mari, monsieur, et bientôt, je l'espère, vous ferez plus ample connaissance. M. Descharmes aime beaucoup les artistes.

— Et les arts. J'ai entendu dire, madame, que votre hôtel était une merveille.

— Vous en jugerez vous-même, à la prochaine visite que vous ferez à mon mari.

Je reviens au sujet qui m'amène aujourd'hui chez vous, monsieur Ancelin. Je désirerais, si votre temps n'est pas pris absolument, que vous fissiez mon portrait.

— Mon temps est toujours entièrement employé ; mais pour vous, madame, je quitterai momentanément mes autres travaux.

— Oh ! on ne saurait être plus aimable ! Je veux ce portrait pour l'offrir à mon mari ; je le placerai dans son cabinet de travail. L'endroit est tout prêt, il ne manque dans le cabinet de M. Descharmes que cette œuvre de vous, monsieur Ancelin.

— Je ferai tout mon possible pour justifier la confiance que vous avez en mon talent, madame. Quelles seront les dimensions de la toile ?

— Je les ai prises : 1 m. 40 de hauteur et 82 centimètres de largeur.

— C'est bien. Travaillerai-je chez vous, madame ?

— Comme c'est une surprise que je veux faire à M. Descharmes, si cela ne vous gêne pas, je préfère venir ici.

— Cela ne me gênera en aucune façon, madame. Pourrez-vous me donner une heure chaque jour ?

— Facilement.

— Quand commencerons-nous ?

— Aussitôt que vous le voudrez.

— Dès demain, je suis à vos ordres.

— Eh bien ! nous commencerons demain.

— A quelle heure viendrez-vous ?

— A deux heures.

— Je vous attendrai, madame.

La jeune femme se leva.

— Désirez-vous, dès aujourd'hui, voir mon atelier ? lui demanda Albert.

— Cela me fera grand plaisir, monsieur ; je n'osais pas vous le demander.

Le peintre passa devant pour ouvrir les portes. Elle le suivit.

La mère Langlois était partie.

Le premier objet qui frappa les yeux de Mme Descharmes en entrant dans l'atelier, fut le portrait de la folle.

Elle s'en approcha vivement et, pendant un instant, elle le regarda avec la plus grande attention.

Quand elle se retourna vers le peintre, elle était pâle, elle avait les yeux humides.

— Monsieur Ancelin, quel est ce tableau ? lui demanda-t-elle d'une voix tremblante.

— Un portrait, madame.

— Ah ! c'est un portrait ! reprit-elle de plus en plus agitée, peint par vous, d'après nature ?

— Oui, madame.

— Oh ! Monsieur Ancelin, dites-moi le nom de cette femme !

— Je l'ignore, madame.

— Comment, vous l'ignorez ?...

— Hélas ! madame, la malheureuse dont voilà le portrait est folle.

— Folle ! Ô mon Dieu, mon Dieu !...

— Mais qu'avez-vous, madame ?

— Monsieur Ancelin, répondez-moi ; où est-elle, cette femme ? où l'avez-vous rencontrée ?

— Dans un petit village de la Nièvre qu'on nomme Rebay.

— Il y a longtemps ?

— Non, madame. A mon dernier voyage, il y a quinze jours.

— Et vous ne savez rien d'elle, de son passé, pas même son nom ?...

— Oh ! si peu de chose...

Elle lui prit les mains.

— Quoi ? Dites, dites...

— Il y a dix-neuf ans, paraît-il, qu'elle a été trouvée mourante et folle sur la route, près de Rebay.

— Dix-neuf ans, en 1848 ! s'écria Mme Descharmes.

Elle jeta un nouveau regard sur le portrait.

— Et à Rebay, reprit-elle, comment l'appelle-t-on ?

— La marquise.

— Et c'est tout ?...

— Non. Je me souviens d'un nom qu'elle a prononcé devant moi, lorsque je la mis en face de son portrait. Évidemment, c'était le sien ou celui d'une femme qu'elle a connue.

— Ce nom, monsieur Ancelin, ce nom?
— Léontine!
— Ah! ma sœur! exclama Mme Descharmes.

Et, tout en larmes, les mains jointes, elle se jeta à genoux devant le portrait.

— Léontine, Léontine, ma sœur chérie! reprit-elle en sanglotant, te voilà donc, je te retrouve, je te vois!... Ah! tu es si bien restée dans mon cœur que je t'ai reconnue tout de suite... Folle! Folle!...

Ah! n'importe, tu existes et je t'en aimerai davantage!

Debout, immobile au milieu de l'atelier, Albert restait frappé de stupeur.

Mme Descharmes se releva et essuya vivement ses yeux.

— Monsieur Ancelin, dit-elle au jeune homme, nous reparlerons plus tard de mon portrait; j'ai une autre surprise à faire à mon mari. Voulez-vous être assez bon pour m'accompagner jusque chez moi; je veux aujourd'hui même vous présenter à M. Descharmes.

— Madame, je suis tout à vous.

— Merci! Vous êtes mon ami, monsieur Ancelin.

Elle lui tendit la main.

— Vous me vendrez le portrait de ma sœur, n'est-ce pas? continua-t-elle; personne ne l'aura que moi, vous me le promettez?

— Je vais l'achever immédiatement et je vous le porterai moi-même.

— Oh! vous êtes bon!... Vous fixerez le prix : dix mille francs, vingt mille francs, ce que vous voudrez.

— Non, madame, je vous le donne.

— Eh bien, oui, j'accepte ce don de vous, mon ami.

— Maintenant, venez... j'ai besoin d'embrasser mon mari.

En arrivant à l'hôtel, Mme Descharmes prit le peintre par la main, et ils entrèrent ainsi dans le cabinet de l'ingénieur.

— Henri, dit-elle, reconnais-tu monsieur?

— Je crois que oui : M. Albert Ancelin, l'auteur de *Rebecca à la Fontaine*.

— Tu peux ajouter: notre meilleur ami.

— Je n'ai pas besoin d'explication, répondit M. Descharmes,

en serrant la main du peintre, ma femme ne se trompa jamais; monsieur Ancelin, vous êtes notre meilleur ami.

Alors il remarqua l'agitation d'Angèle et ses yeux rougis par les larmes.

— Qu'as-tu donc? lui demanda-t-il presque effrayé.

Elle se jeta à son cou en éclatant en sanglots. Puis d'une voix entrecoupée elle lui dit :

— M. Ancelin a retrouvé ma sœur !

## XXV

### UN ALLIÉ

Cette fois, M. Descharmes demanda des explications. Albert les lui donna. Angèle s'était affaissée dans un fauteuil et pleurait, silencieusement, son mouchoir sur les yeux.

— Nous partirons ce soir, dit l'ingénieur. Voudrez-vous nous accompagner, monsieur Ancelin ?

— Oh ! de grand cœur, répondit-il.

M. Descharmes s'approcha de sa femme et l'entoura de ses bras.

— Allons, lui dit-il, calme-toi, ne pleure plus...

— Folle ! folle ! gémit la jeune femme.

— Nous la guérirons.

— Oh ! oui, n'est-ce pas, Henri ?

— Ai-je besoin de te dire que, pour cela, je donnerai, s'il le faut, toute notre fortune ?

— Non, non, personne mieux que moi ne connaît ton grand cœur.

— Je ne sais pas lequel des deux est le plus digne de mon admiration, se disait Albert. Si le peuple, qui crie souvent contre les favoris de la fortune, les parvenus, voyait cela, ah ! il apprendrait à aimer les gens riches !

Il passa le reste de la journée avec M. et Mme Descharmes.

Cependant il leur demanda une demi-heure pour aller chez lui changer de linge et de vêtements.

Il y trouva la mère Langlois.

— Je pars ce soir pour un jour ou deux, lui dit-il.

— Où vas-tu donc encore?

— Je vous le dirai à mon retour.

— Et la dame de tantôt, qu'est-ce qu'elle te voulait?

— D'habitude, vous n'êtes pas si curieuse.

— Tu me fais des reproches?

— Mais non ; cette dame veut que je fasse son portrait.

— Tu n'as pas refusé, j'espère?

— Vous m'étonnez de plus en plus. Que j'aie répondu à cette dame oui ou non, qu'est-ce que cela peut vous faire?

— Tu as raison, Albert, seulement je tiens à savoir...

— Quoi?

— Si tu feras le portrait de cette dame.

— Certainement, je le ferai.

— Et elle viendra ici?

— Oui.

La mère Langlois regarda le plafond et poussa un long soupir.

— La voilà qui retombe en extase, pensa Albert.

Et il sortit en murmurant :

— Pauvre mère Langlois !

Chez M. Descharmes, on se mit à table à cinq heures. A six heures, la voiture attendait au bas du perron de l'hôtel, et à six heures et demie on était à la gare de Lyon.

Le lendemain matin, un carrosse de louage s'arrêtait devant le moulin de la Galloire.

A la vue d'Albert Ancelin, la meunière poussa des cris de joie, bientôt réprimés, lorsqu'elle vit descendre de voiture Mme Descharmes et son mari.

— Chère madame, lui dit le peintre, puis-je reprendre possession, pendant un jour, de ma chambre au moulin?

— La maison tout entière et ceux qui l'habitent sont à votre disposition, monsieur Albert.

Un quart d'heure après, la meunière, appelée par le peintre, entrait dans la chambre où les voyageurs venaient de s'installer.

— Ma chère hôtesse, dit le jeune homme, donnez-moi des nouvelles de la marquise.

— La marquise ? fit-elle ; ah ! c'est vrai, vous ne pouvez pas savoir...

— Quoi donc ?

— Elle est partie !

Trois voix répétèrent comme un cri.

— Partie !...

— Oui, reprit la meunière, il y a de cela cinq jours. Ses parents sont venus la chercher...

— Ses parents ! s'écria Mme Descharmes, incapable de se contenir.

Un coup d'œil de son mari la rendit plus calme.

— Quand je dis ses parents, continua la meunière, je veux dire un monsieur qui est venu au nom de la famille.

— Comment, fit le peintre, Mme Desreaux a laissé emmener ainsi la marquise sans s'assurer que cet individu n'était pas un imposteur ?

Si elle n'eût été soutenue par le regard de son mari, Angèle se serait évanouie.

— Monsieur Albert, répondit la meunière, Mme Desreaux n'a pu rien dire. Le maire était là et aussi le commissaire de police.

Le mari et la femme tressaillirent en échangeant un regard.

— Oh ! infamie ! pensa le peintre en cherchant un appui contre un meuble.

Les dernières paroles de la meunière avaient frappé sur son cœur comme un coup de massue.

Au bout d'un instant, il reprit :

— Ces gens-là ont-ils dit où ils l'emmenaient ?

— Non. Pour le savoir, Mlle Claire, qui aimait tant la marquise et qui pleure tout le temps, maintenant, la pauvre petite, a fait toutes sortes de démarches ; mais elle n'a rien appris.

Il y eut encore un long silence pendant lequel Albert interrogea du regard M. et Mme Descharmes.

Ils étaient consternés. Il semblait qu'ils n'eussent plus une pensée. Angèle, pâle comme une morte, déchiquetait impitoyablement, sous ses doigts crispés, la dentelle de son mouchoir de batiste.

— Chère madame, dit enfin le jeune homme en s'adressant à la meunière, puis-je compter sur vous ?

— Oh! monsieur Albert! fit-elle d'un ton de reproche.

— Excusez-moi, dit vivement Albert, je sais que vous êtes une honnête femme. Voici ce que je vous demande : Ne parlez à personne, pas même à votre mari, de la visite que madame, monsieur et moi, nous avons faite aujourd'hui.

— Monsieur Albert, cela suffit; je serai muette.

Une heure après, les voyageurs s'éloignaient de Robay.

Mme Descharmes, appuyée contre son mari, qui la tenait dans ses bras, était secouée par des spasmes qui se succédaient rapidement.

Son désespoir était effrayant.

Silencieux et sombre, Albert Ancelin réfléchissait.

M. Descharmes cherchait à consoler sa femme.

— Où la chercher? disait-elle à chaque instant.

— Où ? partout, répondit M. Descharmes. A partir de demain je me retire de toutes mes entreprises, je provoque une liquidation... Retrouver ta sœur sera mon dernier travail.

— Vois-tu, s'écria-t-elle, en se redressant, le regard ardent et chargé de haine, la main du misérable qui, autrefois, l'a séduite et perdue, sa main est là ! Et je ne le connais pas !... Oh! qui donc me livrera le nom de cet homme?

Albert ressentit comme une commotion électrique. Il ouvrit la bouche pour lui crier : Moi !... Mais il se souvint de sa promesse faite à Mme de Presle. Il se tut.

— Si la marquise de Presle est l'auteur de cet enlèvement, se dit-il, et si elle refuse de me dire où est la sœur de Mme Descharmes, je me tiendrai délié de mon serment et je parlerai.

Il entendit bien une voix qui lui cria :

— Et Edmée? Mais cette voix fut aussitôt étouffée par une autre plus sonore : celle de sa conscience.

On arriva à Paris.

— Monsieur Ancelin, dit Angèle, vous restez notre ami et notre allié?

— Oui, madame. Et vous pouvez compter sur mon dévouement le plus complet.

Le lendemain, Albert Ancelin, dans une tenue de ville irréprochable, se présentait à l'hôtel de Presle, demandant à parler à Mme la marquise.

Le domestique prit son nom et le fit entrer dans le grand salon, le priant d'attendre un instant.

Il était là depuis trois ou quatre minutes, lorsqu'une porte s'ouvrit, et Mlle de Presle se trouva devant lui.

— Ah! monsieur Ancelin, s'écria joyeusement la jeune fille.

D'un mouvement spontané, elle vint vivement à lui.

— Vous venez voir maman?

— Oui, mademoiselle.

— Oh! c'est bien gentil à vous, de ne pas nous avoir oubliées!

— Il faudrait que j'eusse une bien mauvaise mémoire.

Albert était fort embarrassé et il ne savait vraiment que répondre à la charmante enfant.

Heureusement, une femme de chambre vint rompre le dangereux tête-à-tête.

— Mme la marquise attend monsieur, dit la camériste.

— Monsieur Ancelin, vous reviendrez nous voir, n'est-ce pas? fit Edmée en ouvrant une porte derrière laquelle elle disparut.

— Oh! elle est adorable! se disait le jeune homme, au moment où la femme de chambre l'introduisait dans le boudoir de la marquise.

Celle-ci, vêtue d'un long peignoir blanc, garni de riches malines, était assise sur une chaise longue. Elle se leva à demi pour saluer le peintre, puis elle lui indiqua un siège.

Albert, qui s'attendait à une réception moins cérémonieuse et surtout plus cordiale, resta un moment décontenancé. Mais, voyant que la marquise attendait qu'il parlât, il se décida à rompre le silence.

— Madame la marquise, dit-il, je n'ai pas tardé, comme vous le voyez, à profiter de l'autorisation que vous m'avez donnée de venir vous voir.

— Aussi, vous ai-je reçu, monsieur. Qu'y a-t-il pour votre service?

Son attitude calme et froide mécontenta le jeune homme.

— Il avait été convenu entre nous, madame, répondit-il d'un ton un peu sec, que vous me donneriez avis de tout ce que vous feriez pour la folle de Rebay.

— Eh bien, monsieur?

— Madame, reprit Albert de plus en plus animé, cette malheureuse a été enlevée presque violemment de la ferme des Sorbiers.

— Par sa famille, je sais cela.

— C'est ce que l'on croit à Rebay, madame la marquise, mais c'est un odieux mensonge!

— Vous êtes un peu vif, monsieur Ancelin; j'ai su ce qui s'est passé par mon amie, la comtesse de Fourmies; la supposez-vous capable de mentir?

— Non. Elle a été trompée comme les autres, voilà tout. Mais vous, madame, il est impossible que vous ayez accepté cette fable comme la vérité. Et c'est pour cela que je viens vous demander où est actuellement celle qu'on appelait à la ferme la marquise...

— Mais je n'en sais rien, répondit Mme de Presle avec un mouvement d'humeur, adressez-vous à sa famille.

— Madame, répliqua Albert d'une voix grave, presque solennelle, la folle de Rebay n'a qu'une sœur. Et bien qu'elle ignore ma démarche, c'est pour cette femme, désespérée aujourd'hui, et en son nom, que je viens vous trouver.

A cette déclaration, la marquise se sentit comme étourdie; mais elle garda sa pose pleine de froideur.

— Je ne doute pas que vous ne disiez la vérité, reprit-elle. Alors, je ne comprends plus rien à cette affaire.

— Oh! madame, fit Albert d'un ton douloureux.

— Je croyais une chose, dit-elle vivement, vous m'assurez qu'elle est fausse; je ne sais plus rien.

— Madame la marquise, reprit le peintre d'un ton ferme, la folle a été enlevée, voilà le fait réel. Pourquoi? Parce que quelqu'un avait intérêt à la faire disparaître.

— Vous ne me soupçonnez pas, je suppose! s'écria-t-elle avec hauteur.

— Dieu me garde d'avoir jamais cette mauvaise pensée, répondit le jeune homme, mais il y a un coupable que Dieu connaît.

— S'il y a un coupable, monsieur, il faut le chercher. Je me suis intéressée un instant à cette malheureuse des Sorbiers, c'est vrai ; mais suis-je pour cela responsable de ce qui arrive ? Je ne sais rien, je ne veux rien savoir.

— Madame la marquise oublie peut-être que j'étais à la ferme, lorsqu'elle a été si vivement impressionnée, et que c'est dans mes bras qu'elle s'est évanouie.

— Je ne l'ai pas oublié, monsieur.

— Vous devez vous rappeler aussi que j'ai entendu certaines paroles...

— Oh ! les paroles d'une insensée !

— Vous ne pensiez pas ainsi sur l'avenue des Sorbiers, madame la marquise.

— La folle m'avait effrayée, j'avais l'esprit troublé... En vérité, j'étais folle moi-même et ne savais ce que je disais.

Le peintre baissa la tête.

— Et j'ai eu foi en cette femme, se dit-il.

Puis, après un court silence, il reprit :

— Madame la marquise doit se souvenir également qu'elle m'a fait faire une promesse.

— Une promesse, laquelle ?

— De garder le secret des paroles d'une insensée, que j'avais entendues, répondit-il avec un sourire amer.

— Quoi ! fit elle avec surprise, je vous ai fait promettre cela ? Voilà qui prouve combien j'avais l'imagination frappée, que je ne savais plus ce que je disais.

— D'après cela, madame, j'ai le droit de me dire que je ne vous ai rien promis.

La marquise tressaillit ; mais, après un moment d'hésitation, elle répondit :

— Certainement, monsieur.

Albert la salua et se dirigea vers la porte.

La marquise se leva en disant :

— Adieu, monsieur.

Il se retourna ; il voulait dire encore quelque chose. Mais devant la froideur glaciale de la marquise, les paroles expirèrent sur ses lèvres.

Elle l'accompagna jusqu'au milieu du grand salon, puis elle

rentra dans son boudoir. Elle se laissa tomber dans un fauteuil en murmurant :
— Bon et honnête jeune homme, dans son âme loyale, que va-t-il penser de moi ?...
Aussitôt, se redressant avec fierté, elle s'écria :
— Je ne pouvais pourtant pas, devant lui, accuser le marquis de Presle !

## XXVI

### PAUVRE MÈRE

Albert Ancelin, désireux d'être agréable à Mme Descharmes et de lui procurer une satisfaction, donnait les dernières touches au portrait de Léontine Landais.
— Je le lui ai promis, se disait-il, demain je le lui porterai.
C'était le lendemain de sa visite à Mme de Presle. Il était encore sous le coup de l'impression pénible qu'avaient fait naître en lui les paroles de la marquise et son attitude étrange. En vain, pour excuser la grande dame, il cherchait à se tromper lui-même ; il la revoyait toujours, froide, dédaigneuse, hautaine et, par cela même, pleine de fausseté.
Évidemment, elle devait savoir quelque chose ; et, avec un parti pris qu'il trouvait misérable, elle n'avait voulu rien dire.
Bien qu'en le relevant de sa promesse, la marquise lui eût laissé la liberté de parler et d'agir comme il l'entendrait, selon son inspiration, il était très perplexe. En réalité, il savait bien peu de chose... Sur cela, seulement, pouvait-il baser une accusation ? C'était grave, et il y avait matière à réfléchir sérieusement. Certes, il avait déjà beaucoup pensé à tout cela, il y pensait encore et il hésitait toujours.
— Je verrai, pensait-il ; après tout, je puis bien attendre quelques jours, un événement nouveau peut se produire...
La porte de l'atelier s'ouvrit. La mère Langlois entra.
Plus que jamais son regard étincelait. Il y avait une joie folle

dans ses yeux, sur toute sa physionomie, et jusque dans deux petites boucles de cheveux qui volaient sur son front.

Elle dit, ou plutôt elle cria au jeune homme :

— Albert, Claire, c'est Henriette!

— Eh bien, la mère, je m'en doutais et je n'éprouve qu'une demi-surprise.

— Soit. Mais tu pourrais bien me féliciter, me sauter au cou...

— Oh! s'il ne faut que cela pour compléter votre bonheur... Il l'embrassa.

— Un peu tiède ce baiser-là, Bijou, fit-elle.

— Faut-il que je recommence?

— Non, je garde maintenant mes joues pour ma fille. Je te disais ça, Albert, parce que, depuis quelques jours, tu n'es plus le même.

— Vous vous trompez joliment.

— Je ne me trompe pas, je te connais si bien! Toi si gai, si rieur, tu deviens triste... tu rêvasses... A quoi? Ce doit être comme ça que l'amour vient aux garçons et aux filles. Moi, je n'en sais rien; je peux dire comme la chanson :

L'amour, qué que c'est que ça?

— Mère Langlois, je crois que vous oubliez votre fille.

— Ma petite Henriette, allons donc! Quand je ne pense qu'à elle depuis dix-huit ans!... Je pars ce soir, je venais te le dire; j'ai l'heure du chemin de fer; demain matin je serai à Rebay. Enfin, je vais la tenir dans mes bras, sur mes genoux... Oh! comme je vais me régaler de ses baisers!

— Vous la ramènerez à Paris, je suppose?

— Si je la ramènerai, je le crois bien! Le temps de faire un paquet de ses hardes et nous revenons. Sa chambre est toute prête, une jolie chambre, va, comme beaucoup de grandes demoiselles n'en ont pas. Je ne te l'ai pas montrée, pas plus qu'à personne, j'avais mon idée... Aussitôt revenue à Paris, je m'occuperai de lui trouver un mari. Je veux qu'elle soit heureuse, mon Henriette. Et puis, j'aime les petits enfants, je les ai toujours aimés. Mère, j'ai beaucoup souffert, grand-mère, je me dédommagerai.

— Je vois que nous ne tarderons pas à faire la noce, dit Albert en souriant.

— Une belle noce, je te le promets; tu en seras si tu veux bien venir.

— Mais j'y tiens beaucoup.

— Il y aura un bal, et moi, qui n'ai jamais dansé de ma vie, je veux danser ce jour-là comme si j'avais encore mes seize ans.

— Nous danserons tous.

— C'est si bon le bonheur, la joie! Allons, reprit-elle, je m'en vais; j'ai encore diverses choses à préparer, et je ne veux pas me mettre en retard pour l'heure du train.

Elle partit.

Le surlendemain, elle reparaissait chez le peintre.

Sa tête tombait sur sa poitrine, son regard s'était éteint, deux lignes humides et luisantes descendaient de ses yeux sur ses joues.

— Mon Dieu, qu'avez-vous? s'écria Albert.

Elle tomba sur un siège, et des sanglots déchirants s'échappèrent de sa gorge serrée.

— Mais que vous est-il donc arrivé? demanda encore le jeune homme en s'asseyant près d'elle.

Elle secoua la tête et, d'un ton navrant, elle prononça ces mots :

— Perdue! perdue!

— De qui parlez-vous? Je vous en prie, répondez-moi!

— Albert, ta pauvre mère Langlois est la plus malheureuse de toutes les créatures.

— Il s'agit de Claire, de votre fille, de votre petite Henriette?

— Oui.

— Oh! n'aurait-elle pas voulu vous reconnaître?

— Albert, je ne l'ai pas vue!

— Je ne comprends pas, expliquez-vous.

— Eh bien, je vais te dire... elle n'est plus à Rebay.

— Partie! exclama le peintre.

— Oui, partie la veille de mon arrivée.

— Mais elle a dit où elle allait?

— Non. Voyons, dis-le, Albert, suis-je assez malheureuse?...

— C'est épouvantable, murmura le jeune homme.

— Et elle est partie ainsi, sans rien dire à personne, seule?...
— Non, pas seule, avec un homme.
— Un homme!
— Un beau garçon, tout jeune, un amant, disent les gens de là-bas.

Les bras du peintre tombèrent à ses côtés.

— Oh! fatalité! dit-il.
— Tu le vois, Albert, c'est bien fini, je ne retrouverai plus jamais ma fille.
— Mais ce jeune homme, cet amant, puisqu'on le dit, doit être de Rebay ou des environs, on le connaît.
— Il n'est pas de ces pays-là, il est de Paris.
— Alors votre fille serait à Paris?
— On le croit.
— Paris est grand; mais en cherchant bien, le hasard...
— Tu voudrais me consoler, l'interrompit-elle; mais c'est inutile, Albert, je n'ai plus d'espoir!
— Raisonnons un peu, la mère; Claire, ou plutôt votre fille, jouissait à Rebay d'une excellente réputation, jamais elle n'a fait parler d'elle et tout le monde l'aimait.
— C'est ce qu'on m'a dit.
— Il me paraît donc impossible que dans un petit village, où tout se sait, tout se voit, elle ait pu entretenir des relations amoureuses avec un inconnu. Dès lors, rien ne prouve qu'elle se soit fait enlever par un amant.
— Amant ou non, Albert, elle n'en est pas moins perdue! Un amant, ce serait pour moi un chagrin, mais pas un désespoir... D'ailleurs, aurais-je le droit de crier contre elle? Elle n'avait pas sa mère à aimer... elle était seule, faible, sans défense. Elle me reviendrait au bras d'un amant, que je lui pardonnerais tout de suite... je les embrasserais tous les deux et je les marierais!
— Plus je réfléchis, moins je crois à un amant, reprit le peintre, les gens de Rebay à qui vous avez parlé ne savent rien et se sont trompés. Quoi qu'il en soit, Claire a des amis à Rebay, elle y retournera, ne serait-ce que pour revoir une ou deux amies de son enfance. Si elle ne fait pas ce voyage, elle écrira certainement bientôt. Nous pourrons ainsi savoir ce

qu'elle fait, où elle se trouve. Personne à Rebay n'ignore maintenant que vous êtes la mère de Claire, que vous veniez la chercher.

— Tu dois te figurer les cris que j'ai jetés, j'ai mis tout le village en révolution.

— Eh bien, si votre fille a dit à une seule personne de Rebay où elle allait, elle sait aujourd'hui ou saura demain que sa mère existe, que sa mère l'adore, qu'elle est désespérée de ne pas l'avoir trouvée au village et qu'elle attend toujours le moment de lui ouvrir ses bras.

— Albert, mon fils, tu me rends la vie; Dieu veuille que tu dises la vérité!

— Espérons toujours, la mère, ce n'est que dans la mort qu'il n'y a pas d'espoir.

— Ah! le doute est facile, quand on a été malheureuse comme moi!

— C'est pour cela que, croyant à la justice de Dieu, j'attendrais une récompense.

— Celle du paradis; après l'enfer sur la terre, je l'ai bien gagnée.

— Mère Langlois, quand me raconterez-vous votre histoire?

— Quand? Bientôt. Et la dame?

— Quelle dame?

— Mme Descharmes. Tu ne fais donc pas son portrait?

— Si, c'est convenu.

— Pourquoi ne vient-elle pas?

— Elle a réfléchi, elle veut attendre encore un mois ou deux.

— Ah!... c'est long.

— Vous aviez donc quelque chose à lui dire à cette dame?

— Oui.

— Pourquoi n'allez-vous pas la trouver chez elle?

— Je n'ose pas.

— C'est la première fois que je vous entends prononcer ce mot-là. Eh bien, dites-moi ce dont il s'agit, je ferai votre commission. Je dîne ce soir chez M. Descharmes.

— Ah! tu es donc bien avec lui?

— M. et Mme Descharmes sont les plus nobles et les plus

dignes que je connaisse, et je suis fier qu'ils me traitent en ami.

La mère Langlois resta un instant rêveuse.

— Ainsi, reprit-elle, tu dînes chez eux ce soir ?

— Je vous l'ai dit.

— Eh bien, dans la soirée, veux-tu demander à M. Descharmes s'il n'a pas connu, autrefois, une pauvre ouvrière du nom de Pauline Langlois ?

— Mère Langlois est-ce vous qui vous appelez Pauline ?

— Oui.

— Je ferai cette question à M. Descharmes.

## XXVII

### C'EST LUI !

Un peu avant cinq heures, Albert Ancelin arrivait chez M. Descharmes.

Il trouva Angèle seule dans le petit salon.

— Comme vous êtes aimable d'être venu de bonne heure. Venez vite vous asseoir près de moi, que je vous remercie de votre inappréciable cadeau ; il me semble que c'est une partie de ma sœur elle-même que vous m'avez donnée. J'ai placé son portrait dans ma chambre, en face de mon lit, afin que je puisse le voir le soir avant de m'endormir, et le matin à mon réveil. Là, il ne sera vu d'aucun étranger, et il n'appartiendra qu'à mon mari et à moi, jusqu'au jour où, si Dieu le permet, ma sœur entrera dans cette maison.

J'ai couru toute la journée, je suis brisée... Nos meilleurs amis vont se mettre en campagne, les recherches seront actives. De son côté, mon mari a vu deux ministres. Mais nous avons suivi votre conseil ; nous sommes censés agir au nom de quelqu'un ; on ne se doutera pas que nous sommes les seuls et véritables intéressés au succès de ces recherches.

— Je crois cela très prudent, madame; l'incognito double votre puissance d'action.

— Et puis, nous allons lutter contre un ennemi caché luttant dans l'ombre; s'il nous connaissait, les armes ne seraient pas égales.

Elle regarda la pendule.

— Cinq heures, fit-elle, et voilà déjà la nuit!

— Aujourd'hui, le temps est sombre, répondit Albert. Est-ce que M. Descharmes n'est pas rentré encore?

— Oh! Il y a plus d'une heure. Il est dans son cabinet, causant d'affaires avec M. le marquis de Presle.

Albert sursauta dans son fauteuil.

— Est-ce que vous êtes liés avec la famille de Presle? demanda-t-il.

— Je n'ai jamais vu la marquise, ni sa fille qu'on dit adorable. Une seule fois le jeune comte de Presle a accompagné ici son père, qui vient voir de temps à autre M. Descharmes. Nous ne connaissons pas autrement cette famille. Le marquis a un intérêt dans une ou deux entreprises de mon mari. Les grands seigneurs d'aujourd'hui ne dédaignent pas de placer leur argent dans l'industrie, afin d'augmenter leurs revenus.

— Vous êtes sûre qu'il n'y a pas d'intimité réelle entre M. Descharmes et le marquis?

— Les amis de mon mari sont les miens, monsieur Ancelin.

— Alors il est peu probable que le marquis connaisse votre nom de demoiselle.

— Je ne le suppose pas. Mais quel intérêt aurait-il à le connaître?

— Je ne sais, madame...

— Monsieur Ancelin, dit-elle en le regardant fixement dans les yeux, il y a sous votre front une pensée que vous me cachez; je devine sur vos lèvres des paroles que vous n'osez pas prononcer. Vous connaissez le marquis de Presle?

— Je ne l'ai jamais vu, madame.

— Je le crois, mais la pensée que vous me cachez est toujours là.

— Oui, madame, elle est toujours là depuis notre retour de Rebay. Si j'ai hésité à parler, si j'hésite encore en ce

moment, c'est que je trouve à le faire une grande gravité.
Vous avez confiance en moi, monsieur Ancelin, et vous savez que je suis incapable d'abuser de votre confidence.
— Oui, madame. Du reste, il ne s'agit que d'un doute, d'une présomption... Je me garderais bien d'être affirmatif...
— Vous pouvez achever, monsieur Ancelin, j'ai à peu près deviné : Vous avez pensé que le marquis de Presta pouvait être cet homme ou plutôt ce misérable que je dois poursuivre de ma colère, de ma haine, de ma vengeance!... Mais vous avez un indice, lequel?
— Presque rien, madame : le nom du marquis prononcé par votre malheureuse sœur dans un moment de surexcitation.
— Ma sœur, qu'on appelait la marquise, a nommé cet homme, et vous dites que cela n'est rien, monsieur Ancelin; mais c'est tout, c'est tout! s'écria-t-elle en se dressant sur ses jambes.
Sa main se posa sur un timbre qui sonna trois fois.
Un domestique parut à une des portes du salon.
— Priez Mme Hubert de descendre, lui dit Mme Descharmes, je veux lui parler à l'instant même.
Le domestique disparut.
— Monsieur Ancelin, reprit Angèle en se tournant vers le jeune homme, Mme Hubert était concierge de la maison où demeurait ma sœur, rue de Savoie. Je l'ai prise à mon service, e lui ai confié le soin de ma lingerie.
Mme Hubert parut. C'était une femme d'environ cinquante-cinq ans.
— Madame a besoin de moi? demanda-t-elle.
— Oui, répondit Mme Descharmes en prenant divers papiers sur une table. M. Descharmes est dans son cabinet, vous allez lui porter ces papiers de ma part. Il y a une personne avec lui, vous la regarderez bien, puis vous reviendrez ici. Allez, ma bonne, allez! Trois minutes d'attente fiévreuse s'écoulèrent. La jeune femme restait debout, le bras appuyé sur la tablette de cheminée. Tous deux gardaient le silence.
La femme de charge reparut. Elle s'avança jusqu'au milieu du salon, puis, d'une voix ferme, elle fit entendre ces deux mots :
— C'est lui!...
— Merci, répondit Angèle

Mme Hubert se retira.

Aussitôt la jeune femme se redressa superbe d'énergie. Deux flammes s'allumèrent dans ses yeux et son regard fut terrible.

— Dieu vengeur, s'écria-t-elle, c'est toi qui me livres cet homme!

Albert Ancelin sentit un frisson dans tous ses membres. Il ne comprenait pas comment tant de haine, à côté des plus nobles sentiments, avait pu naître dans le cœur pétri de bonté de cette jeune femme.

Elle s'était replacée dans son fauteuil et il l'entendit murmurer :

— Y a-t-il un supplice qui soit à la hauteur du crime de cet infâme?...

Un instant après, M. Descharmes entra dans le salon; il donna une poignée de main à Albert et, sur l'invitation d'un domestique, on passa dans la salle à manger.

Le dîner fut presque silencieux. M. Descharmes et Albert échangèrent quelques paroles. Angèle paraissait absorbée dans ses pensées. Son mari la regardait souvent à la dérobée et avec une nuance d'inquiétude.

Lorsque le domestique chargé du service se fut retiré, après avoir mis les desserts sur la table, M. Descharmes posa le bout de ses doigts sur le front de sa femme en disant :

— Ai-je le droit de demander ce qui se passe en ce moment dans cette jolie tête?

— Mon ami, répondit Angèle, nous venons de faire, monsieur Ancelin et moi, une importante découverte.

— Ah! Et quelle est cette découverte?

— Henri, tu causais tout à l'heure dans ton cabinet avec notre plus cruel ennemi.

— Comment cela? s'écria M. Descharmes.

— Le marquis de Presle est l'homme qui a perdu ma sœur.

L'ingénieur se tourna vers Albert avec effarement.

Le peintre resta silencieux.

— Ce que tu me dis là est bien grave, Angèle. Il ne faut pas te laisser emporter par l'ardeur de ton imagination et accuser si vite, peut-être un innocent.

— Henri, j'ai des preuves.

— C'est différent, je t'écoute.
— Devant M. Anvelin, ma sœur l'a nommé. Mais ce n'est pas tout; Mme Hubert est entrée dans ton cabinet pendant que tu causais avec le marquis.
— Oui, et je n'ai pas compris pourquoi tu m'envoyais ces papiers.
— Le comprends-tu, maintenant?
— Oui. Eh bien?
— Mme Hubert l'a reconnu.
— Oh! fit M. Descharmes en inclinant sa tête vers la table.
— Henri, reprit Angèle, veux-tu, dans cette circonstance, me laisser agir comme je l'entendrai?
— Je ne t'ai jamais rien refusé.
— Merci, mon ami; mais sois tranquille, je ne trahirai pas ta confiance.
— Que veux-tu faire?
— Je ne le sais pas encore.
— Dès demain, j'écrirai au marquis de Presle que toutes relations sont rompues entre nous.
— Henri, voilà précisément ce qu'il ne faut pas faire. Une telle déclaration l'étonnerait, lui donnerait des soupçons, il finirait par en découvrir la cause. Veux-tu donc qu'il échappe à ma vengeance?
— Pourquoi ne pas aller à lui le visage découvert et lui réclamer ta sœur?
— Il nierait, Henri, il nierait tout. Pourquoi aurait-il fait enlever ma sœur de la ferme, s'il n'avait pas intérêt à la faire disparaître, à la cacher, à la tuer peut-être! Non, avec cet homme il faut employer la ruse.
Tes relations avec lui continueront comme par le passé; je désire même qu'il s'établisse entre vous une plus grande intimité.
— Tu me demandes là une chose impossible maintenant.
— Tu es trop loyal pour savoir tromper, je le sais; enfin, tu feras ce que tu pourras. Je veux changer notre genre d'existence, Henri; jusqu'à présent nous avons vécu très retirés, ne recevant ici que nos amis, tes intimes. Mais cet hiver je veux de grandes réunions; je donnerai, ou plutôt nous donnerons

des fêtes splendides dont parlera tout Paris. Quelque emploi qu'on fasse de son argent, du moment qu'on le dépense, il est utile au pays.

— Angèle, je crois deviner ta pensée, tu veux jouer un rôle terrible et dangereux... Ah! prends garde, mon amie, prends garde!

— Henri, pour la première fois douterais-tu de ta femme?
— Jamais!

Elle se leva, elle lui prit la tête dans ses mains et lui mit un baiser sur le front.

— Va, dit-elle avec des larmes dans les yeux, je suis forte, je t'aime!

Ils passèrent dans une pièce à côté pour prendre le café.

— Monsieur Ancelin, dit Angèle, dans quinze jours je donnerai ma première grande soirée.

— Vous en serez la reine de beauté, madame, répondit le jeune homme.

— Vous pensez, alors, que d'autres que mon mari peuvent me trouver jolie?

— Tout le monde, madame.

— Je vous crois, car vous n'êtes pas un flatteur, vous, monsieur Ancelin.

— Monsieur Descharmes, dit Albert, j'ai une question à vous adresser et il ne faut pas que je l'oublie.

— Surtout si je peux vous répondre. De quoi s'agit-il?

— Avez-vous connu autrefois une ouvrière du nom de Pauline Langlois?

M. Descharmes laissa tomber sa tasse, dont le café se répandit sur la nappe.

— Pauline! s'écria-t-il, Pauline! Est-ce qu'elle existe encore?

— Oui, monsieur; mais je ne sais si je dois...

— Oh! parlez, monsieur Ancelin, parlez... vous saurez tout à l'heure pourquoi nous sommes si émus, dit Mme Descharmes.

— C'est Pauline Langlois elle-même, qui m'a prié de faire cette question à votre mari, madame.

— Ainsi, vous la connaissez? demanda vivement M. Descharmes.

— Depuis longtemps, et je dois ajouter que j'ai pour cette

digne femme une affection presque filiale, car, lorsque j'ai eu le malheur de perdre ma mère, c'est elle, en quelque sorte, qui l'a remplacée près de moi. Mais vous l'avez vue, madame ; c'est elle qui vous a ouvert la porte le jour où vous m'avez fait l'honneur de venir chez moi.

— Oui, oui... je me souviens de son air singulier quand je lui ai eu dit mon nom. Ah! monsieur Ancelin, vous jouez vis-à-vis de nous le rôle de la Providence!

## XXVIII

### NOUVELLE SURPRISE

Monsieur Descharmes raconta au jeune peintre les relations qu'il avait eues avec Pauline Langlois, lorsque, jeune ouvrière, elle demeurait rue Sainte-Anne, et comment il lui avait confié un jeune enfant, trouvé par lui sur une route.

— La disparition de Pauline, continua-t-il, a toujours été pour moi un mystère, et mon ignorance sur son sort et sur celui de l'enfant une grande douleur, que ma femme a partagée. Enfin, grâce à vous, qui jouez ici, comme le dit Angèle, le rôle de la Providence, nous savons que Léontine Landais existe, nous connaissons l'homme qui l'a précipitée dans un abîme... Grâce à vous, nous retrouvons Pauline Langlois, et par elle nous découvrirons peut-être ce qu'est devenu ce pauvre petit être que Dieu avait placé sur mon chemin et envers lequel je ne me trouve pas quitte, car en le recueillant je m'engageais à veiller sur son enfance, à protéger sa jeunesse.

— Mme Langlois ne m'a jamais dit un mot de cet enfant, répliqua Albert; mais elle m'a souvent parlé de sa fille...

— Elle a une fille ! s'écria M. Descharmes.

— Oui, mais cette fille, elle l'a perdue quelques jours après sa naissance, par suite d'un événement que je ne connais pas encore, et qui remonte à dix-huit ans.

— Il y a, en effet, environ dix-huit ans qu'elle a quitté la rue Sainte-Anne, dit M. Descharmes. Et elle a une fille... Tout cela est étrange. Langlois est son nom de famille; cela indiquerait qu'elle n'était pas mariée.

— Je le crois, car elle n'a jamais parlé d'un mari qu'elle aurait eu.

— Revenons à sa fille. Vous dites qu'elle l'a perdue?...

— Perdue, retrouvée il y a quelques jours et perdue de nouveau.

M. et Mme Descharmes poussèrent une exclamation de surprise.

— Il y a des hasards si extraordinaires, poursuivit Albert, qu'on les croirait créés par la puissance divine. La fille de Pauline Langlois, trouvée, je ne sais où, fut placée par les soins de l'Assistance publique dans ce même village de Rebay où, un an auparavant, votre pauvre sœur, madame, avait été recueillie par des paysans. Enfin, la fille de Pauline Langlois est cette demoiselle Claire dont je vous ai entretenue, qui a été élevée par celle qu'on appelait la marquise et qui avait pour votre sœur cette touchante affection dont vous a parlé l'autre jour la meunière de la Galloire.

— Oh! monsieur Albert, c'est Dieu qui a voulu cela, nous devons le croire!

— Cette jeune fille n'est donc plus à Rebay? demanda M. Descharmes.

— Après une attente de dix-huit ans, sa mère est partie avant-hier pour Rebay, ivre de joie, en pensant qu'elle allait embrasser son enfant. Je l'ai revue ce matin, désolée, désespérée.. Elle n'a plus retrouvé Claire au village; la jeune fille était partie brusquement, sans rien dire, accompagnée, paraît-il, d'un jeune homme inconnu dans le pays.

— Oh! la pauvre mère! s'écria Mme Descharmes, sa douleur doit être horrible!

— Elle est anéantie, écrasée... Il faut qu'elle ait une force surhumaine pour avoir résisté à ce terrible et dernier coup.

— Mon cher ami, tout ce que vous venez de nous dire est tellement étrange et incompréhensible pour moi, reprit M. Descharmes, que ma pensée s'y perd. Pour l'instant, je renonce à comprendre. Quand pensez-vous que nous pourrons voir Mme Langlois?

— Dès demain, si vous le désirez.

— Le plus tôt sera le meilleur.

— Alors demain je vous l'enverrai. A quelle heure pourrez-vous la recevoir?

— Que faites-vous demain, monsieur Ancelin?

— Rien, si vous avez besoin de moi.

— Voulez-vous accompagner ici Mme Langlois?

— Certainement.

— Ma voiture vous prendra chez vous à deux heures.

— J'aurai prévenu Mme Langlois, nous attendrons.

— Nous nous enfermerons dans mon cabinet, et jusqu'à l'heure du dîner nous aurons le temps de causer.

Le lendemain, la mère Langlois arriva chez le peintre un peu plus tôt que d'habitude.

Ses yeux étaient encore plus fatigués et plus rouges que la veille. On devinait qu'elle avait passé une nouvelle nuit sans dormir et à verser des larmes.

— Tu as dîné hier chez M. Descharmes? lui dit-elle.

— Oui, et j'y suis même resté jusqu'à minuit.

— Ah! c'est bien, fit-elle.

Il devina qu'elle craignait de l'interroger.

— Je n'ai pas oublié la fameuse question, dit-il.

— Qu'a-t-il répondu?

— Qu'il avait beaucoup connu une jeune ouvrière du nom de Pauline Langlois, qui demeurait alors rue Sainte-Anne.

— Albert, c'est lui, c'est Henri Descharmes! Et c'est tout ce qu'il t'a dit de moi?

— Non, nous avons parlé de vous longtemps.

— Ah! il a dit que j'étais une coquine, une misérable, n'est-ce pas?

— Ce qu'il m'a dit de vous est absolument le contraire.

— Vrai, tu ne me trompes pas! s'écria-t-elle en pleurant; il est donc toujours le même : bon et généreux! Oh! le noble cœur! Ce n'est pas la fortune qui peut changer ces hommes-là!... Lui as-tu dit que j'avais une fille?

— Oui, il en a paru fort étonné.

— Je crois bien, il ne savait rien, je lui avais tout caché.

— Nous avons aussi parlé d'un autre enfant, un petit garçon.

— Mon Dieu, gémit-elle, et je ne peux pas le lui rendre. Perdu comme ma fille !

Elle se prit à sangloter.

Au bout d'un instant elle reprit :

— Si je pouvais le voir, lui parler, il ne m'en voudrait plus, il verrait que ce n'est pas ma faute ; je lui dirais tout ce qui m'est arrivé et il me pardonnerait.

— Vous pouvez être tranquille, vous le verrez.

— Je le verrai, tu en es sûr ?... Où ?

— Chez lui.

— Il voudra bien me recevoir ?

— Voyons, n'étiez-vous pas son amie ?

— Autrefois, quand il n'était qu'ouvrier ; aujourd'hui, il est marié et riche à plusieurs millions ; c'est toi qui me l'as dit.

— Ne disiez-vous pas aussi, tout à l'heure, que la fortune ne pouvait changer un homme d'un grand cœur comme M. Descharmes ?

— Tu as raison, Albert, il ne me repoussera pas.

— Du reste, reprit le jeune homme, il a le plus vif désir de vous revoir, et il vous attend aujourd'hui même à deux heures.

— Albert, je n'oserai jamais...

— Et si je vous accompagne ?

— Tu le voudras bien ?

— Et si la voiture de M. Descharmes vient vous chercher ?

— Albert, tu te moques de moi !

— Non, tout cela est la vérité : j'ai promis à M. Descharmes de vous accompagner et sa voiture viendra nous prendre à deux heures. Il faudra, pour la circonstance, mettre votre plus belle toilette.

— Oh ! tu verras, tu seras content de moi.

A une heure, la mère Langlois revenait chez le peintre.

Elle avait sorti de son armoire sa plus belle robe, une robe de soie noire qu'elle n'avait peut-être pas mise depuis douze ans. Une rotonde de velours et un chapeau qu'elle venait d'acheter complétaient son ajustement.

— Suis-je à ton goût? demanda-t-elle au jeune homme.
— Vous êtes très bien.

Albert remarqua que, pour la première fois depuis qu'il la connaissait, elle n'avait pas son cabas à son bras.

A deux heures précises, le coupé de M. Descharmes s'arrêta devant la porte de la maison.

— Partons, dit le jeune homme.

La mère Langlois respira fortement.

— Oh! comme mon cœur bat! dit-elle.

## XXIX

### LA FRATERNITÉ

Le faubourg Saint-Antoine est depuis longtemps devenu célèbre. En dehors du rôle important qu'il a joué dans nos révolutions, c'est de ce quartier de Paris, si actif et si industrieux, que sortent ces admirables ouvrages, chefs-d'œuvre de l'ébénisterie française.

Le faubourg Saint-Antoine ne travaille pas seulement pour Paris et la France; il exporte dans le monde entier les produits de son industrie spéciale. C'est le quartier animé, vivant et le plus travailleur de la grande cité. Partout, du matin au soir, on y entend le bruit des scies, des rabots et des marteaux.

Il y a là une énorme agglomération d'individus; mais parmi cette fourmilière d'hommes, de femmes et d'enfants, il y a toute une population cosmopolite qui se renouvelle d'année en année; ce sont les apprentis et ouvriers du compagnonnage qui, avant de devenir maîtres et d'aller s'établir chez eux, viennent passer un certain temps dans l'atelier d'un patron du faubourg, afin d'y apprendre l'art de fabriquer les pièces diverses qui composent un ameublement.

Or, un jour, les braves compagnons d'un des principaux ateliers du faubourg accomplirent un de ces actes d'admirable charité qui prouvent tout ce qu'il y a de bon, de généreux et souvent de grand dans les classes laborieuses, ainsi que l'esprit de solidarité et de fraternité qui les anime.

Nous ne dirons pas ici ce que furent les épouvantables journées de juin 1848. Tout le monde connaît ces faits douloureux et sanglants; ils appartiennent à l'histoire.

Le 25 juin, un prêtre admirable dont la mémoire restera à jamais vénérée, pleurant devant tant de sang inutilement répandu, pénétrait à l'entrée du faubourg Saint-Antoine, avec l'intention de parler aux combattants égarés et de faire cesser la lutte fratricide. Mais il n'eut pas le temps de prononcer une parole, une balle lui traversa les reins.

Une femme, qui était à une fenêtre, tenant dans ses bras un jeune enfant, le vit tomber.

— Oh! les malheureux! s'écria-t-elle, ils viennent de tuer monseigneur.

Le mari de cette femme, qui n'était pas dans les rangs des insurgés, s'élança dans l'escalier et descendit dans la rue pour porter secours au blessé. Aussitôt une balle l'atteignit en pleine poitrine et il tomba mort aux pieds de l'archevêque de Paris.

A cette vue, sa femme, qui l'avait suivi, poussa un cri perçant. Et comme elle se précipitait vers lui, plusieurs hommes tombèrent encore autour de Mgr Affre, et son petit enfant fut tué dans ses bras.

La malheureuse poussa un second cri rauque, horrible, et tomba sans connaissance sur les corps sanglants de son mari et de son enfant.

Un mois plus tard, plusieurs ateliers du faubourg s'étaient rouverts; les ouvriers reprenaient la varlope. Ils ne se retrouvaient pas tous : beaucoup s'étaient enfuis de Paris, d'autres avaient été faits prisonniers les armes à la main, la déportation les attendait, et un certain nombre avaient été tués.

Parmi ces derniers, les ouvriers d'un des principaux ateliers regrettaient vivement leur camarade Pigaud, un excellent ouvrier, un cœur d'or, qui était aimé et estimé de tous.

A ceux qui l'ignoraient encore, ils racontaient comment Pigaud, qui n'avait pas voulu se laisser entraîner par les insurgés, avait été tué en voulant porter secours à l'archevêque de Paris; et comment aussi, au même instant, son pauvre petit enfant, âgé de six mois, avait été tué dans les bras de sa mère.

Alors le plus ancien ouvrier de l'atelier prit la parole.

— Maintenant, dit-il, la femme de Pigaud est malade, et probablement restera encore longtemps sur son lit. Après un si grand malheur, elle pouvait mourir du coup... Moi et un autre, nous n'avons pas voulu qu'on la menât à l'hôpital. J'ai installé ma fille aînée près d'elle pour la soigner. Par bonheur, il lui restait une centaine de francs des économies de Pigaud. Mais cent francs, ce n'est pas le diable et ça ne pouvait pas toujours durer... Aujourd'hui, les enfants, Mme Pigaud, la veuve de celui qui fut notre ami à tous, qui nous a si souvent aidés de ses conseils et de sa bourse, est tout à fait sans ressources. Voyons, dites, pouvons-nous la laisser mourir de misère?... Non, non, car nous serions des sans-cœur!

Les colères et les haines paraissent apaisées pour longtemps, si ce n'est pour toujours; voici que nous travaillons; eh bien! les ouvriers du faubourg, apprentis et compagnons, prouveront qu'ils savent se souvenir et qu'ils ont du cœur, n'est-ce pas, les enfants? Ils n'abandonneront pas la veuve de leur pauvre camarade Pigaud, tous lui viendront en aide... Compagnons, êtes-vous de mon avis?

— Oui, répondirent les ouvriers.

— Allons, c'est bien, je vois que je ne me suis pas trompé en comptant sur vous.

Toi, continua-t-il en s'adressant à un jeune apprenti, prends ta toque, et, à commencer par moi, tu vas faire le tour des établis. Tiens, voilà deux francs à la quête.

La collecte terminée, l'apprenti avait recueilli vingt francs.

— Compagnons, reprit le vieil ouvrier, je suis content de vous. Ce soir et demain, nous nous chargerons de faire faire une quête semblable dans tous les ateliers; il faut que toutes les coteries participent à l'œuvre commune des braves ouvriers du faubourg.

Un peu plus tard, la maladie de la veuve Pigaud se prolongeant, les ouvriers formèrent une société, sous la présidence d'un contremaître, et s'engagèrent, au nombre de cent vingt, à laisser sur leur paye de chaque quinzaine, dix sous pour la pauvre veuve.

Grâce à l'initiative et à la générosité des anciens camarades de son mari, la malheureuse femme n'avait plus à redouter les étreintes terribles de la misère; mais elle restait toujours faible, languissante, incapable de se livrer à un travail quelconque. Si elle ne parlait plus guère de son mari, il n'en était pas de même de son enfant, elle le réclamait sans cesse et l'appelait avec des cris déchirants.

— La tête est maintenant plus malade que le corps, disait le vieux médecin qui la soignait; elle devient monomane. Pour la guérir, il faudrait lui donner un enfant.

Un jour on parla de cela dans l'atelier que nous connaissons.

— Tiens, fit un compagnon nouvellement embauché, elle est encore jolie...

Et riant bestialement, il se permit d'abominables plaisanteries.

Il n'avait pas achevé, qu'il reçut en pleine figure, de son plus proche voisin, le coup de poing le mieux appliqué du monde.

Non seulement on l'expulsa immédiatement de l'atelier, mais il fut mis à l'index dans tout le faubourg et obligé d'aller chercher du travail ailleurs.

Trois jours après, il y eut une réunion de la société.

Un ouvrier fit en ces termes la proposition suivante:

— Camarades, selon le dire du médecin qui soigne Mme Pigaud, notre sœur à tous, il lui faudrait pour se guérir un enfant à aimer. Je propose à la coterie d'adopter un enfant pour le donner à la veuve de notre pauvre ami Pigaud. Une fois rétablie, elle reprendra son travail et gagnera pour elle vivre. Notre société continuera à fonctionner, et ce que ses membres faisaient pour la veuve, ils le feront pour l'enfant. Nous sommes ici, pour la plupart, tous garçons. Est-ce donc si lourd, pour nous tous, d'élever un enfant? Si vous le voulez, la cotisation des pères de famille sera diminuée et celle des garçons, qui n'ont pas charge, augmentée d'autant.

Le père de quatre enfants se leva.

— Ceci, dit-il, est en dehors de l'idée de notre société; si la proposition de notre camarade est acceptée, les pères de famille feront autant que les célibataires, c'est leur droit.

— Bravo! crièrent une trentaine de voix.
— Eh bien! je retire ma phrase, reprit l'orateur.
— Continuez, continuez.
— Il pourra arriver que le départ de quelques-uns d'entre nous éclaircisse nos rangs; mais les bons compagnons ne manquent pas dans le faubourg; nous n'aurons que l'embarras du choix pour les remplacer.

Reste à savoir comment nous trouverons l'enfant. Hélas! camarades, continua-t-il d'un ton plus grave, la chose est malheureusement trop facile. Le choléra, cette affreuse épidémie, a reparu dans Paris. Il frappe à tort et à travers des coups impitoyables, et c'est surtout dans la classe ouvrière qu'il choisit ses victimes. Chaque jour il fait de nombreux orphelins. L'hospice des Enfants-Trouvés regorge de ces pauvres petits malheureux, qui n'ont plus ni père, ni mère, ni parents, ni amis, et dont le dernier refuge doit être la charité. C'est là que nous trouverons un enfant pour la veuve Pigaud.

Les nobles paroles de l'ouvrier furent unanimement applaudies.

La délibération ne dura pas longtemps.

L'assemblée se leva en masse pour adopter la proposition.

Le vieil ouvrier qui, le premier, était venu en aide à la veuve, demanda à être désigné pour accompagner, le lendemain, la veuve Pigaud à l'hospice.

— Cette mission t'appartient de droit, répondit le président. Toutefois, je consulte l'assemblée. Êtes-vous de mon avis, camarades?

Une explosion de oui retentit.

Et les membres de la fraternelle société se séparèrent.

Le lendemain, vers trois heures de l'après-midi, un fiacre s'arrêtait devant la porte de l'hospice des Enfants-Trouvés. Mme Pigaud et l'ouvrier délégué par la société du faubourg en descendirent.

En même temps qu'eux, un homme portant un grand panier d'osier, recouvert d'une étoffe de percale verte, entrait à l'hospice.

Dans le panier, il y avait deux enfants : l'un qu'on pouvait croire âgé d'un an, car il était déjà fort et robuste; l'autre ne devait pas avoir plus de quinze jours.

La veuve Pigaud prit le plus grand dans ses bras et se mit à le couvrir de baisers.

— Oh! c'est celui-là, dit-elle tout bas à l'ouvrier, je ne m'en sépare plus.

Mais, avant d'emporter l'enfant, il y avait des formalités à remplir. On les fit entrer dans un bureau, où ils se trouvèrent en présence de deux employés de l'établissement.

## XXX

### RÉVÉLATION

Les deux enfants étaient envoyés à l'hospice par le commissaire de police du quartier Bourg-l'Abbé. Mais le rapport de ce fonctionnaire ne disait presque rien.

Le matin, vers dix heures, un individu, qui devait être un ouvrier ou un homme de peine, avait apporté les enfants au bureau du commissaire; ils étaient enveloppés dans une couverture de laine.

Le commissaire de police avait été obligé de s'absenter pour affaire de service; il n'y avait au bureau que deux employés du commissariat et, dans la pièce d'entrée, le garçon de bureau.

L'homme avait posé les enfants sur le parquet et avait dit :
— Je vous apporte deux enfants qui n'ont plus de parents, la mère est morte du choléra.

Puis, sans attendre pour donner les renseignements qu'on allait lui demander, il s'était retiré précipitamment. Un employé et le garçon de bureau s'élancèrent à sa poursuite; mais déjà il avait disparu.

Le commissaire de police étant rentré peu de temps après, constata que les langes des enfants étaient marqués des initiales P. L.

Sur ce faible indice, malheureusement insuffisant, il s'était aussitôt livré à une enquête dans le quartier, laquelle n'avait rien fait découvrir.

Il pensait que les deux enfants étaient le frère et la sœur.

L'ouvrier exposa aux employés de l'hospice la raison de leur présence dans l'établissement, et demanda que l'enfant, que Mme Pigaud tenait toujours dans ses bras, lui fût confié.

Il parla de l'honorabilité de la veuve ; il raconta dans quelle triste circonstance elle avait perdu en même temps son mari et son enfant, et comment une association d'ouvriers du faubourg s'était chargée de pourvoir à toutes les dépenses qui seraient faites pour l'enfant, jusqu'au jour où, devenu un homme, il pourrait travailler et se suffire à lui-même.

On prit le nom et l'adresse de l'ouvrier, le nom et l'adresse de la veuve, et celle-ci emporta le petit garçon.

Le médecin ne s'était pas trompé. A partir de ce jour, où un enfant venait de lui être donné, la santé de Mme Pigaud s'améliora sensiblement ; elle retrouva ses forces, le calme se fit dans son esprit, et au bout de deux mois, elle put reprendre son aiguille de lingère.

Elle s'était immédiatement attachée à l'enfant qu'elle adoptait dans son cœur : il devint son adoration, et l'étranger lui fit presque oublier l'enfant qu'elle avait pleuré si longtemps et si vivement regretté.

A l'hospice, on avait donné à l'enfant trouvé le nom d'André ; il était inscrit sur les registres de l'établissement ; c'est ce nom que conserva l'enfant du Faubourg.

Quand il eut six ans, on le mit à l'école. Son intelligence précoce était déjà très développée ; il fit de rapides progrès.

Le jour de sa première communion, un grand nombre d'ouvriers allèrent à la messe ; le soir, il y eut un banquet auquel le jeune garçon assista à côté de sa mère adoptive. C'était la première fois qu'il se trouvait entouré de tous ces hommes, braves cœurs, dont il était l'orgueil et le fils chéri.

Dans une petite improvisation qui témoignait de ses sentiments affectueux et de son extrême sensibilité, il remercia ses bienfaiteurs de tout ce qu'ils avaient déjà fait pour lui.

— Par mon affection pour vous tous, par mon travail et ma bonne conduite, ajouta-t-il, je tâcherai de prouver que j'étais digne de votre précieuse amitié et de vos bienfaits. Et c'est avec fierté que je veux porter toujours ce nom que vous m'avez donné : l'Enfant du Faubourg !

A cette réunion, il fut décidé qu'André serait placé pendant trois ans à l'école Turgot.

Lorsque ses études furent terminées, André entra en qualité de petit commis dans une maison de banque aux appointements de mille francs par an.

Dès lors, la société des ouvriers du faubourg avait rempli sa mission. Cependant, trois des anciens membres furent chargés de veiller sur André, et d'appeler tous les compagnons dans le cas où les premiers pas du jeune homme dans la vie auraient besoin d'être protégés.

A cette époque, l'enfant du Faubourg était déjà un grand garçon, bien découplé, au regard clair, assuré, empreint, toutefois, de beaucoup de douceur; mais, à son attitude fière et digne, on devinait l'énergie d'un grand caractère. Son mâle et beau visage, aux traits réguliers, un peu pâle et légèrement allongé, portait le cachet d'une haute distinction. C'était comme une marque de race.

Il avait près de vingt ans, lorsque, par suite d'un refroidissement, la veuve Pigaud fut atteinte d'une pneumonie aiguë ; ses jours étaient comptés.

Avant de mourir elle dit à André :

— Je t'ai beaucoup aimé, mon cher enfant, tu as été tout pour moi. Non seulement tout petit, tu m'as consolée et guérie; mais je te dois encore tout le bonheur que j'ai trouvé sur la terre depuis la mort de ceux que je vais rejoindre bientôt. Oui, je t'ai beaucoup aimé, et si mon affection pour toi a été égoïste, je connais ton cœur, tu m'excuseras, tu me pardonneras...

Dans la crainte que tu ne t'éloignes de moi, André, je t'ai caché une chose très importante pour toi. Avant de mourir, il est de mon devoir de tout te dire. J'ignore si tu retrouveras un jour ton père ou ta mère ; je n'ose te donner cet espoir. Tu sais, André, que je suis allée te prendre aux Enfants-Trouvés ; c'était le 12 juin 1849 —n'oublie pas cette date. — Mais ce que je ne t'ai pas dit, ce que j'ai eu la faiblesse de te cacher, c'est qu'on venait d'apporter à l'hospice, en même temps que toi, dans le même panier d'osier, une petite fille, qui n'avait pas plus de quinze jours.

Je crois voir encore vos deux jolies petites têtes, posées sur les plis d'une couverture de laine qui leur servait d'oreiller. Je me penchai vers toi, tu me souris en agitant tes petites mains, je te pris dans mes bras, je sentis mon cœur battre et ce fut fini, je ne voulus plus me séparer de toi.

Cette petite fille, André, apportée à l'hospice en même temps que toi, cette petite fille était ta sœur.

— Ma sœur, s'écria le jeune homme, ma sœur! Ainsi, reprit-il avec émotion, j'ai une sœur et je ne le savais pas!

Ses yeux s'arrêtèrent sur la mourante, dont le regard était devenu suppliant, et il n'eut plus le courage d'adresser un reproche à cette femme qui l'avait élevé, aimé, et que depuis dix-neuf ans il appelait sa mère.

— André, pardonne-moi! murmurait-elle.

Il lui prit les mains et l'embrassa sur les joues.

— Oh! maintenant, fit-elle, je m'endormirai tranquille du dernier sommeil!

Elle ferma un instant les yeux, respira avec effort, puis elle reprit :

— J'ai encore quelque chose à ajouter: Si j'ai bonne mémoire, ta sœur a été inscrite sur les registres de l'hospice sous le nom de Claire. N'oublie pas la date, 12 juin... Avec ces renseignements, les seuls que je peux te donner, tu retrouveras sans doute ta sœur.

Un instant après la veuve Pigand ferma les yeux pour toujours.

Le lendemain, André lui rendit les derniers devoirs. Il sortit du cimetière avec les cousins, héritiers de la veuve, et revint avec eux à la maison mortuaire. En leur présence il remplit une malle de tout ce qui lui appartenait, et il s'en alla, laissant les héritiers se partager le linge et le modeste mobilier de la morte.

Il s'installa, provisoirement, dans un hôtel de la rue Saint-Denis, à proximité de la maison où il était employé.

Cela fait, il se rendit avenue Victoria dans les bureaux de l'Assistance publique. Le hasard l'avait mis en relation avec plusieurs employés de cette administration, dont l'un, entre autres, était son ami. C'est à ce dernier qu'il s'adressa.

Il lui fit part de ce que la veuve Pigaud lui avait révélé à son lit de mort, et lui demanda, comme un service auquel il attachait un prix énorme, de lui dire ce qu'était devenue la petite Claire.

L'employé hésita d'abord un instant ; mais voulant être agréable au jeune homme, ne voyant pas, d'ailleurs, que cela pût avoir une conséquence fâcheuse, il prit le nom de Claire, la date de l'entrée à l'hospice et promit à André de faire les recherches nécessaires.

Le lendemain, André attendait son ami dans un café du boulevard où ils s'étaient donné rendez-vous. L'employé ne tarda pas à arriver.

Il remit à André une copie du rapport du commissaire de police trouvé au dossier et lui dit :

— Mon cher André, j'ai peut-être commis, pour vous rendre service, un petit abus de confiance, mais j'ai agi dans une bonne intention. La petite Claire qui, selon toute probabilité, est votre sœur, a été envoyée en nourrice dans le département de la Nièvre, à Rebay. Bien que dix-huit ans se soient écoulés depuis, rien n'indique qu'elle ait été retirée de ce village. Je crois donc qu'elle s'y trouve encore actuellement.

André remercia avec effusion son obligeant ami et ils se séparèrent.

Il se jeta dans une voiture de place et se fit conduire directement à la gare de Lyon. Il partit par le premier train.

Il allait à Rebay.

## XXXI

### L'ATTENTAT

Depuis environ deux ans, Claire était complètement indépendante et libre de ses actions. Sa nourrice avait quitté Rebay pour aller demeurer à cinq lieues de là chez un de ses frères. La jeune fille ne s'était pas décidée à la suivre, pour ne pas se séparer de la marquise, d'abord, et aussi parce qu'à Rebay elle avait du travail et qu'elle était certaine d'y gagner sa vie.

Elle habitait seule, à l'extrémité d'une ruelle, une petite maison, qu'elle louait toute meublée, ayant seulement deux chambres au rez-de-chaussée.

Maison et mobilier ne valaient pas grand'chose; il est vrai que Claire n'avait pas un fort loyer : vingt-cinq francs par an, qu'elle payait d'avance.

Avec ses premières économies, elle s'était acheté un peu de linge et les ustensiles de ménage les plus indispensables.

M. Gustave de Presle savait très bien tout cela; il avait trouvé facilement des paysans bavards pour le renseigner sur les habitudes et la manière de vivre de la jeune fille. Et nous ne voudrions pas affirmer qu'il n'était point venu, dans l'ombre, rôder plusieurs fois autour de la pauvre maisonnette.

Ce n'était pas une passion irrésistible, effrénée qu'il éprouvait pour Claire. A cet âge de la vie, chez l'homme, les passions ne sont ni violentes, ni terribles, et les impressions s'effacent vite. M. Gustave était, dans cette circonstance, l'humble esclave de son amour-propre.

Le jour où il avait vu la jeune fille rougir et baisser les yeux sous son regard, le jeune fat crut découvrir en cela l'expression d'un tendre sentiment dont il était l'objet, et il avait imprudemment déclaré à son ami, Edmond de Fourmies, que Claire deviendrait sa maîtresse.

Edmond n'avait pas oublié, et il ne se gênait guère pour railler son ami, chaque fois qu'il en trouvait l'occasion.

Gustave faisait semblant de rire; mais ces sarcasmes étaient autant de blessures qui le mettaient en rage et l'excitaient à accomplir son projet.

La jeune fille avait pu, par une fuite précipitée, échapper à ses premières tentatives ; mais il s'était juré qu'il prendrait sa revanche, et depuis sa rencontre sur la route, il guettait l'occasion de se retrouver tête à tête avec Claire.

Un soir, la jolie couturière achevait une robe qu'elle devait livrer le lendemain. Il pouvait être neuf heures; il n'y avait peut-être plus qu'une seule lampe allumée dans le village, la sienne. Les paisibles habitants de Rebay dormaient.

La nuit était sombre ; un grand vent du sud-ouest se cognait aux angles des maisons avec des sifflements lugubres.

Claire entendit qu'on frappait à sa porte.

— C'est la voisine qui vient me demander quelque chose, pensa-t-elle.

Elle se leva et alla ouvrir. Mais aussitôt elle poussa un cri de surprise et d'effroi à la vue d'un homme qu'elle ne reconnut pas d'abord, et devant lequel elle recula.

— Soyez sans crainte, charmante Claire, dit le visiteur nocturne, il fait un temps du diable : le vent souffle à décorner les bœufs ; on n'y voit pas plus clair qu'à cent mille pieds sous terre, et j'ai songé à venir vous demander l'hospitalité pendant une heure.

La jeune fille avait vite reconnu M. Gustave de Presle ; mais loin d'être rassurée, elle recula encore jusqu'au fond de la chambre, tremblante, éperdue.

Gustave ne pouvait se méprendre sur l'effet produit par son apparition. Cela le fit sourire. Il referma tranquillement la porte, et, comme par un mouvement machinal, fit jouer la serrure, puis retira la clef, qu'il jeta dans un coin.

Ayant pris ainsi ses précautions, ce jeune homme plein d'avenir s'avança vers l'ouvrière.

La jeune fille, dont la voix avait été paralysée par l'émotion, eut enfin la force de parler.

— Votre conduite est odieuse, monsieur ! s'écria-t-elle ; rien ne justifie votre présence ici !

— Vous ne m'avez donc pas entendu ? J'ai eu soin de vous dire que, par ce temps abominable, j'avais trouvé prudent de me réfugier un instant sous votre toit.

— Mais vous ne vous êtes pas demandé tout le mal que vous pouviez me faire !

— Je vous assure que ce mal, je ne le vois point.

— Oh ! vous avez bien peu de cœur, fit-elle, si vous ne comprenez pas que ma réputation d'honnête fille sera perdue lorsqu'on saura que vous êtes venu ici au milieu de la nuit.

— D'abord, il n'est encore que neuf heures, répliqua-t-il d'un ton léger; puis, comment voulez-vous que les bonnes gens de Rebay, qui se couchent en même temps que leurs poules, et qui dorment en ce moment comme des marmottes, soupçonnent seulement que je suis venu chez vous?

— N'importe, monsieur, vous êtes entré ici par surprise.

— Je vous ferai observer que vous m'avez ouvert la porte, interrompit-il.

— Soit, mais retirez-vous, je vous en prie, je vous l'ordonne.

— Nous allons d'abord causer.

— Non, je ne veux pas vous entendre.

— Voyons, chère enfant, pourquoi me traitez-vous aussi cruellement?

— Monsieur, au nom de votre mère et de votre sœur, retirez-vous!

— Tout à l'heure quand vous m'aurez répondu.

— Mais que voulez-vous donc?

— Avez-vous réfléchi à ce que je vous ai dit l'autre jour?

— Je n'ai rien compris à vos paroles, monsieur, et je les ai aussitôt oubliées.

— Je vous ai proposé de vous emmener à Paris et de chercher avec vous la folle de la ferme des Sorbiers.

— Une semblable proposition est une insulte, monsieur.

— Vous insulter, Claire, moi qui vous aime! s'écria-t-il en faisant un pas de plus vers elle.

La jeune fille se jeta derrière une table en criant :

— Ne m'approchez pas! ne m'approchez pas!...

— Vous me croyez donc bien méchant? fit-il avec un faux sourire.

— Non, mais je sens que vous cherchez à me faire du mal, répondit-elle.

Un petit rire sec et nerveux siffla entre les dents de Gustave.

— Claire, reprit-il d'une voix fiévreuse et impatiente : ce n'est pas votre faute si vous êtes adorable, et ce n'est pas la mienne si vous avez fait naître en moi un amour violent qui me brûle le cœur... Tout ce que je possède, je le mets à vos pieds, je vous le donne... Consentez à me suivre à Paris et je ferai de vous la femme la plus enviée, la plus heureuse...

— Et une fille perdue, n'est-ce pas? répliqua-t-elle en lui

jetant un regard de mépris. Ah! vous avez cru que, parce que je suis pauvre et sans famille, je pouvais devenir votre maîtresse! Vous vous êtes trompé, monsieur de Presle. Si médiocre que je sois à côté de vous, je place mon honneur au-dessus de votre nom et de votre fortune!

— Claire, pourquoi ne m'aimez-vous pas?

— Pourquoi? Parce que je vous hais et que c'est du dégoût que vous m'inspirez!

— Prenez garde! vous ne savez pas de quoi est capable un amour comme le mien! s'écria-t-il en la couvrant des flammes de son regard; je vous le jure, je ne sortirai pas d'ici sans vous avoir serrée dans mes bras, sans que vous m'ayez donné un baiser!

La jeune fille se redressa superbe d'indignation et de défi.

— Voilà des paroles qui prouvent ce que vous valez, dit-elle d'une voix sourde. Je ne sais pas de quelle épithète on flétrit dans votre monde un homme qui ose menacer une femme; ici, on appelle cela une lâcheté!

En achevant ces mots, elle s'élança vers la porte, et la secoua violemment pour l'ouvrir.

Gustave se précipita sur elle et l'enlaça de ses bras.

— Au secours! au secours! cria-t-elle de toutes ses forces en se débattant avec énergie.

— Ma belle Claire, dit-il avec ironie, vous jetez là, bien inutilement, des cris au vent qui hurle.

— Misérable, misérable! fit-elle en le frappant au visage.

Il la serra plus fort. Elle sentit qu'elle perdait la respiration. Alors elle se roidit avec fureur et parvint à se dégager.

Elle songea à se réfugier dans la seconde pièce. Mais elle n'en eut pas le temps. En deux bonds Gustave l'atteignit, et elle se trouva de nouveau prise comme dans un cercle de fer.

En même temps, l'infâme renversa la table d'un coup de pied, et la lampe s'éteignit en se brisant sur le pavé.

Claire se remit à pousser des cris rauques, désespérés.

— Tu seras à moi, il le faut, je l'ai juré, disait entre ses dents le jeune débauché.

La lutte dans les ténèbres de ces deux êtres également jeunes et forts devint acharnée et terrible. La jeune fille ne cherchait pas à implorer son antagoniste, elle ne songeait qu'à se défendre vaillamment.

A un moment, elle sentit sur son cou les lèvres brûlantes de Gustave. Ce contact lui fit l'effet d'une morsure. Elle se tordit en tous sens avec des soubresauts convulsifs. Ses jambes rencontrèrent les pieds de la table, elle chancela et ils tombèrent tous deux, elle l'entraînant dans sa chute.

La lutte devint encore plus terrible. Oppressée, haletante, avec des tintements dans les oreilles, elle rampait sur la pierre comme un serpent.

Soudain, elle jeta un cri de joie farouche. Sa main venait de rencontrer et de saisir une paire de ciseaux. Son inoffensif instrument se transformait en une arme meurtrière. Elle en serra les branches dans sa main crispée.

— C'est lui qui l'aura voulu, se dit-elle.

Et, tout en cherchant l'endroit où elle allait frapper son ennemi, elle leva son bras armé.

## XXXII

#### UN SECOURS INATTENDU

Tout à coup, un jet de lumière éclaira la scène nocturne. Un homme, tenant entre ses doigts une allumette bougie, qu'il venait d'allumer, parut en haut de l'escalier du grenier.

A la vue de cet individu, qui semblait tomber du ciel, Gustave lâcha prise et se releva avec épouvante. Les ciseaux s'échappèrent de la main de la jeune fille.

Au risque de se briser les reins, le nouveau venu sauta au milieu de la chambre. L'allumette s'éteignit. Mais Claire, libre de ses mouvements, s'était vite remise sur ses jambes, et au moment où celui qui venait de l'empêcher de commettre un meurtre s'élançait du haut de l'escalier, elle allumait une chandelle placée sur un meuble dans un bougeoir.

Une lumière pâle et tremblante éclaira de nouveau la chambre.

Entre Claire et Gustave, l'homme du grenier était debout, immobile, tête nue, les cheveux en désordre, l'œil enflammé.

La jeune fille le regardait avec surprise mais avec l'expression d'une vive reconnaissance.

— Quel est cet homme? demanda l'inconnu avec le ton d'un maître qui interroge.

— Un lâche! répondit Claire.

— Ce nom me suffit, ce doit être le seul qu'il ait le droit de porter.

— Et vous-même, qui êtes-vous? dit impudemment Gustave, vous, qui vous cachez dans un grenier comme un voleur.

Celui-ci fronça les sourcils; mais aussitôt il secoua dédaigneusement la tête.

— Si j'ai une explication à donner, dit l'inconnu dans lequel nos lecteurs ont certainement reconnu l'Enfant du Faubourg, c'est à Mlle Claire que je la dois. Je ne vous demande pas le motif de votre présence ici à pareille heure, je le connais, j'ai entendu et compris. Mais je veux bien vous donner un bon conseil; allez-vous-en!

— Moi aussi, j'ai compris, répliqua effrontément le jeune comte, et je me serais bien gardé de déranger mademoiselle si j'eusse su qu'elle avait un amant caché dans son grenier.

— Misérable! exclama André en bondissant sur lui.

Il le saisit à la gorge, et le poussa vers la jeune fille en le secouant violemment.

— Vous allez demander pardon à mademoiselle de cette nouvelle insulte, en même temps que des autres, reprit-il d'une voix tonnante.

— Allons donc! fit Gustave en cherchant à saisir son antagoniste à la gorge.

Mais si André n'était guère plus âgé que lui, il était son maître par la force des muscles; ses bras pesèrent sur Gustave, et il l'obligea à fléchir les genoux. Le comte ne tomba pas, pourtant, il poussa un cri de rage et parvint à se redresser.

— Lâchez-moi, lâchez-moi! hurla-t-il; vous ne savez pas à qui vous vous adressez!

— A un lâche, puisque c'est ton nom, dit André en le secouant toujours.

Ils se trouvèrent au milieu des rayons lumineux projetés par la flamme de la chandelle, face à face, se regardant dans les yeux.

— Ah! je te connais, je te connais, dit Gustave; tu es employé chez le banquier Dartigue.

— Je te reconnais aussi maintenant, dit André; mais cela ne prouve qu'une chose; c'est que le fils du marquis de Presle est un misérable et un infâme!

Il roidit ses bras et, en desserrant les mains, il lança Gustave contre le mur.

Il courut à la porte, et après avoir vainement essayé de l'ouvrir, ne trouvant pas la clef, il ouvrit la fenêtre.

Il revint près de Gustave.

— Vous êtes entré par la porte, je suppose, mais vous allez sortir par la fenêtre, lui dit-il en lui montrant l'ouverture par laquelle le vent s'engouffrait dans la chambre. Allons, partez, partez vite!

— Oh! nous nous retrouverons, murmura Gustave en grinçant des dents.

— Je ne souhaite pas pour vous que ce soit dans une circonstance semblable à celle-ci, monsieur de Presle, car je ne répondrais pas de votre vie.

— Je suis prévenu, je prendrai mes précautions.

— La meilleure est de m'éviter et surtout de porter ailleurs vos prouesses de gredin et de débauché. Partez, partez!

— C'est, en effet, ce que j'ai de mieux à faire, fit Gustave en ricanant; Mlle Claire a hâte, sans doute, de tomber dans les bras de son amant.

Un double éclair jaillit des yeux d'André, annonçant une nouvelle explosion de colère.

— Mais tu veux donc ne pas sortir d'ici vivant! exclama-t-il, tu veux donc que je te tue comme un chien!

Il allait se jeter sur Gustave, ainsi qu'un tigre sur sa proie, lorsque Claire l'arrêta en se plaçant devant lui.

— Laissez-le, monsieur, lui dit-elle, laissez-le; il n'est pas même digne de votre mépris.

Gustave profita de ce moment pour s'élancer sur la fenêtre.

— Claire, cria-t-il, après lui un autre; je reviendrai!

Ces paroles furent suivies d'un éclat de rire strident, et Gustave disparut dans la nuit.

André tendit vers la fenêtre son poing menaçant.

— Oh! si je le rencontre encore sur mon chemin, murmura-t-il d'une voix creuse, je le tuerai!

Il se tourna vers la jeune fille. Une autre pensée avait déjà effacé sur son visage les traces de la colère. Son regard s'était adouci et sa physionomie exprimait une ineffable tendresse.

— Monsieur, lui dit Claire, je ne trouve pas de paroles pour vous remercier et vous dire ce que j'éprouve en moi... Ah! vous ne savez pas encore tout ce que je vous dois.

— Je m'en doute, car ce misérable...

— Pour lui échapper, j'allais le tuer; mais Dieu n'a pas permis ce meurtre; il vous a envoyé pour sauver la vie de cet homme et pour que mes mains ne soient pas rouges de son sang! Ma reconnaissance pour vous sera éternelle, monsieur. Ah! dites-moi votre nom, qui êtes-vous?

— Qui je suis?...

— Oui, afin que votre nom béni reste dans ma mémoire et votre souvenir dans mon cœur.

— Eh bien, Claire, mon nom, le seul que je connaisse, est André... et je suis ton frère!

— Mon frère! s'écria-t-elle, mon frère! Je ne suis donc plus seule au monde!... C'est bien vrai, n'est-ce-pas? reprit-elle, la pauvre Claire a un frère, une famille maintenant? Ah! ne me trompez pas!

— Claire, répondit-il, il y a eu dix-huit ans, le 12 juin dernier, deux enfants ont été apportés dans un panier, à l'hospice des Enfants-Trouvés. L'un, un petit garçon, avait un an, c'est moi; l'autre, une petite fille, n'avait que quelques jours, c'est vous. Les gens de l'hospice ont dit: C'est le frère et la sœur. Appelons-le André, nommons-la Claire... C'est tout ce que je sais. On me 'a dit il y a trois jours; j'ai appris aujourd'hui seulement que vous étiez à Rebay, et je suis ce soir près de vous.

— Oh! oui, mon cœur me le dit, vous êtes bien mon frère!

Il ouvrit ses bras. Elle s'y précipita en pleurant.

— Comme je t'aime déjà! disait André en la pressant sur son cœur.

— Nous ne nous quitterons plus, murmurait Claire.

— Ma sœur adorée, comme tu es belle!

— André, c'est toi qui es beau et bon, surtout; je le sens, j'en suis sûre.

— Nous n'avons ni père, ni mère, reprit-il, mais qu'importe; j'ai une sœur, c'est assez.

— Avoir un frère, quelqu'un qui vous aime, oh! comme c'est bon pour le cœur!

Ils s'assirent l'un près de l'autre, les mains entrelacées, de face, pour se mieux voir.

— Maintenant, mon frère, dit la jeune fille, explique-moi comment tu t'es trouvé si heureusement dans le grenier, au moment de la lutte affreuse que tu connais?

— J'étais tellement occupé par la pensée de me voir près de toi, répondit André, que je ne songeai même pas à demander en quittant Paris où se trouvait le village de Rebay; c'est un voyageur obligeant qui me conseilla de descendre à la gare de Pouilly comme étant la plus rapprochée. Je m'arrêtai donc à cette gare, où l'on m'indiqua la route que je devais prendre pour arriver à Rebay. Mais à une lieue de Pouilly je me trompai de chemin et marchai pendant plus d'une heure dans une autre direction. Un paysan, à qui je demandai si j'étais encore loin de Rebay, commença par me rire au nez, puis, enfin, voyant mon visage consterné, me mena à l'entrée d'un chemin de traverse, qui me conduisit sur la route que j'avais eu la maladresse de quitter.

Il était nuit depuis longtemps lorsque j'arrivai à Rebay. Je traversai deux fois le village par la principale rue avec l'espoir de rencontrer quelqu'un qui pût m'indiquer ta demeure; mais tout le monde était couché, dormait. Alors, je me décidai à frapper à une porte. Après quelques minutes d'attente, la porte s'entr'ouvrit, et une tête coiffée d'un bonnet de coton blanc m'apparut.

— Qu'est-ce que vous voulez? me dit l'individu d'une voix endormie.

— Vous demander si vous connaissez à Robay Mlle Claire, répondis-je.

— Claire, oui. Après?

— Voulez-vous être assez bon pour m'indiquer la maison où elle demeure?

L'homme me regarda, malgré la nuit, et, en haussant les épaules :

— Sa maison est dans le chemin des vignes, à droite, après avoir passé le pont, me dit-il.

— C'est très bien, répondis-je, mais à quoi la reconnaîtrai-je, la maison?

Il haussa de nouveau les épaules, mais il me dit :

— Il y a une treille qui monte jusqu'au toit.

Il referma sa porte et je l'entendis murmurer en regagnant son lit.

Je fus bientôt dans le chemin des vignes. Je ne cherchai pas longtemps, un énorme cep de vigne frappa ma vue; mais en même temps des cris déchirants retentirent à mes oreilles. Je crus qu'on égorgeait quelqu'un dans la maison; c'était la voix d'une femme, de ma sœur, peut-être!...

Je me jetai sur la porte, impossible de l'ouvrir. Je me préparais à enfoncer la fenêtre d'un coup d'épaule lorsque je vis sous la toiture la lucarne du grenier ouverte. Le cep de vigne me servit d'échelle et je pénétrai dans le grenier. J'avais heureusement des allumettes sur moi; j'en allumai une afin de me diriger dans les ténèbres, et c'est alors que je me trouvai au-dessus de l'escalier.

Tu sais le reste, ma sœur; en te voyant aux prises avec un homme, sans savoir si c'était un assassin, un voleur ou un misérable d'une autre espèce, je sautai dans la chambre. Enfin, j'étais près de toi, je te voyais ; ce grand bonheur réagit contre ma colère et l'empêcha d'éclater dans toute sa fureur. Dans un autre moment, j'aurais étranglé le fils du marquis de Presle.

## XXXIII

### LE DÉPART

Claire jeta ses bras autour du cou du jeune homme.

— Ne parlons plus jamais de ces tristes choses, lui dit-elle ; je veux oublier ce qui s'est passé ici, ce soir, et ne plus même me souvenir du nom de cet homme. Quand Dieu se montre si bon pour moi, je me sens, moi aussi, disposée à l'indulgence.

Bien que la nuit fût déjà très avancée, André, pas plus que Claire, ne songeait à prendre du repos.

Il voulut savoir comment elle vivait à Rebay.

Elle lui montra la robe qu'elle venait de terminer.

— Je suis couturière, et mon aiguille me fait vivre, dit-elle.

— Tu dois, chère sœur, avoir plusieurs amis dans le village ?

— J'y rencontre, en effet, beaucoup de sympathie. Ici, les paysans sont tous de bonnes gens. Ils sont bien un peu égoïstes, ils aiment peut-être trop leurs morceaux de terre ; mais ils ne voudraient pas me faire du mal.

— Alors, Rebay te plaît et tu ne le quitterais pas sans peine ?

— Oh ! des amis ne sont pas un frère ; je te suivrai partout où tu voudras aller. Il y a quelque temps, j'aurais peut-être hésité à m'éloigner d'ici ; une femme, une pauvre folle, qui a pris soin de mon enfance, que j'aimais comme une mère, y était encore ; mais elle est partie et je m'en irai sans regret, si tu veux bien que je t'accompagne.

— Je suis venu avec l'intention de t'emmener.

— Oh ! merci, mon frère ! Où irons-nous ?

— A Paris.

— C'est à Paris qu'on a conduit la pauvre folle, la marquise comme on l'appelait à Rebay ; je serai dans la même ville et, si Dieu exauce mes prières, je la reverrai.

— Pourquoi appelait-on cette malheureuse la marquise? demanda André.

La jeune fille lui raconta ce qu'elle savait de la folle des Sorbiers.

— Je suis tout ému, dit André, mon cœur se serre en pensant à l'existence malheureuse de cette femme. C'est sans doute parce qu'elle a été pour toi, ma sœur, affectueuse et bonne, presque une mère.

— André, si nous la retrouvons, tu l'aimeras.

— Je l'aime déjà avant de la connaître. Du reste, tous ceux que tu as aimés, que tu aimes, je les aimerai. Maintenant, petite sœur, quand partirons-nous?

— Aussitôt que tu le voudras.

— Oh! je te laisserai le temps d'arranger tes affaires.

— Je n'en ai aucune. Rien ne m'appartient ici que mon linge et mes effets; mon paquet ne sera pas long à faire.

— N'as-tu pas quelque chose à payer? Je ne suis pas bien riche; mais mes économies de garçon sont sur moi : un peu plus de mille francs.

— Mon frère, je ne dois pas un sou. J'ai au contraire à toucher demain matin, en la livrant, la façon de cette robe.

— Alors, nous pouvons partir demain?

— Rien ne s'y oppose. Mais je ne vais pas avoir immédiatement du travail à Paris; je te serai une lourde charge; comment ferons-nous?

— Ne t'inquiète pas, ma chère mignonne. Du travail pour toi, j'en trouverai. En attendant, je travaillerai pour nous deux.

— Mon frère, quel est ton état?

— Je suis employé.

— Ah! c'est quelque chose cela! Et combien gagnes-tu par mois?

— Deux cents francs.

— Mon Dieu, que d'argent! s'écria Claire en ouvrant ses grands yeux émerveillés. Oh! tu seras riche bientôt.

— A Paris, avec deux cents francs, on ne va pas bien loin, répondit André en souriant, tout y est très cher.

— C'est égal, nous mettrons pas mal de côté, tu verras; je deviendrai une bonne ménagère, je sais faire déjà un peu la cuisine... A deux, quand on sait s'arranger, on fait toujours des économies.

— Eh bien! nous en ferons; nous amasserons ta dot.

— Non, monsieur, la vôtre.

— Oh! moi, j'ai le temps de songer à me marier.

— Et moi, je suis sûre de n'y penser jamais.

— Pourquoi cela, mademoiselle?

— D'abord, parce que j'aimerai mon frère, et puis parce qu'une fille qui n'a ni père, ni mère, ne peut pas se marier.

Un nuage passa sur le front d'André.

— C'est bien, fit-il, nous verrons cela plus tard.

— Où travailles-tu? demanda-t-elle après un moment de silence.

— Dans une maison de banque, seulement je n'y retournerai pas; je chercherai une autre place.

— Pourquoi donc? fit-elle avec surprise.

— Parce que M. Dartigue est le banquier du marquis de Presle et que je ne veux pas m'exposer à rencontrer dans cette maison le misérable qui t'a insultée; parce que, pour éviter un malheur, je ne veux pas que ce joli cocodès connaisse notre adresse.

— C'est vrai, mon frère, tu as raison; et ton logement, comment est-il? Combien as-tu de chambres?

— Pour le moment, je n'ai qu'une petite chambre que j'ai louée dans un hôtel meublé. Mais notre premier soin, en arrivant à Paris, sera de chercher un petit appartement avec deux chambres, une petite salle à manger et une cuisine. Je veux que tu le choisisses toi-même. Nous achèterons des meubles et tu arrangeras ta chambre à ton goût; il faut qu'elle soit jolie, très jolie.

— Mon frère, nous ne sommes pas riches, nous ne devons pas faire de folles dépenses; tout sera simple chez nous. Un ménage de rien, quand il est propre et bien tenu, a tout de suite l'air de quelque chose.

— Eh bien, mademoiselle, vous serez la maîtresse absolue... Tout ce que tu feras je le trouverai superbe.

Ils causèrent encore longtemps ainsi de mille choses touchant l'avenir, sans s'apercevoir que les heures s'écoulaient.

Les premières lueurs de l'aurore les surprirent à babiller. Claire poussa une exclamation de surprise.

— Mais, c'est le jour, dit-elle, voilà le jour!

— C'est vrai, fit André, comme le temps a passé vite!

— Et moi qui n'ai pas pensé à ta fatigue, qui t'ai empêché de dormir!

— Allons donc, répliqua le jeune homme, est-ce que je suis fatigué? Est-ce que j'ai besoin de dormir? Mais pour causer avec toi, en te regardant, je passerais dix nuits comme celle-ci. Va, ma sœur, plus on prend de temps au sommeil, plus longtemps on vit.

— Maintenant, qu'est-ce que nous allons faire?

— Tes préparatifs de départ.

— Avant tout, il est bon que je te fasse goûter de ma cuisine, car tu dois avoir bien faim. J'ai tout ce qu'il faut ici, excepté le vin...

— Le vin, je le trouverai dans le premier cabaret que je rencontrerai. Le soleil se lève, les gens de Rebay doivent être debout; je cours acheter du vin pendant que tu prépareras le déjeuner.

Claire retrouva la clef sous un meuble et le jeune homme sortit.

En le voyant, les voisins de la jolie couturière prirent des figures très étonnées, et se mirent à chuchoter entre eux.

Quoi! Un beau jeune homme chez Claire, où il avait certainement passé la nuit, quel scandale!

Une heure plus tard, pendant que les jeunes gens déjeunaient tranquillement, on savait déjà dans tout le village qu'un homme, évidemment un amant, avait passé toute la nuit dans la maison de Claire.

Lorsque la jeune fille alla porter la robe, le dernier ouvrage qu'elle devait faire à Rebay, les personnes qu'elle rencontra affectèrent de ne point lui dire bonjour. Sa cliente la reçut froidement et la paya avec ces mots dits presque durement :

— Mademoiselle, voilà votre argent.

Claire avait eu l'intention de lui faire part de son bonheur; mais, en voyant son air presque dédaigneux, elle garda le silence.

tie là elle se rendit chez un cultivateur qui faisait, à l'occasion, le métier de messager. Elle convint d'un prix pour qu'il la menât à Pouilly.

A dix heures, le paysan et sa voiture étaient devant la porte de Claire. Les paquets étaient faits, on les mit sur la voiture. Le propriétaire de la maison, prévenu de bonne heure, n'avait pas cru devoir se déranger. Il avait seulement envoyé son domestique pour recevoir la clef.

Claire et André partirent sans que la jeune fille ait dit à personne, qu'ayant un frère, celui-ci l'emmenait à Paris.

C'est après leur départ, seulement, que les gens de Rebay, dont la curiosité n'était pas satisfaite, se repentirent de ne pas avoir interrogé la jeune fille.

Quant à Claire, elle ne pensait déjà plus à eux.

Le voiturier, non moins curieux que les autres, essaya de faire causer la jeune fille pour savoir quelque chose ; mais elle le connaissait à peine ; elle ne jugea pas à propos de lui faire ses confidences. Il en fut réduit à répondre lui-même à ses questions. Il put ainsi penser et supposer tout ce qu'il voulut. Pour lui, cela ne faisait aucun doute, la belle Claire se laissait enlever par un amoureux.

On arriva à Pouilly un instant avant le passage du train. A six heures du soir Claire et André étaient à Paris. Ils descendirent dans un hôtel de la rue Saint-Denis, où ils passèrent la nuit. Mais, le lendemain matin, ils se mirent à la recherche d'un logement. Ils le trouvèrent rue des Rosiers, libre et fraîchement décoré.

Claire s'effraya du prix ; mais le logement était si joli, avec ses deux grandes fenêtres sur la rue ! Elle laissa faire André.

Chez un marchand de meubles du quartier ils achetèrent la literie et les objets de mobilier indispensables : deux bois de lit, une commode-toilette, une table à ouvrage pour Claire ; une armoire pour André ; un petit buffet, une table et des chaises pour meubler la salle à manger ; six autres chaises plus jolies pour mettre dans les deux chambres.

Après cela, il ne restait plus à André que deux cents francs.

— C'est toi qui tiendras la bourse, dit-il à Claire en les lui remettant.

Elle compta qu'avec son argent à elle, cela faisait près de trois cents francs.

Certes, ils n'étaient plus guère riches; mais le soir ils se trouvaient installés chez eux, dans leur paradis; ils avaient l'espoir du travail et voyaient s'élargir sous leurs yeux les horizons radieux de l'avenir.

XXXIV

HISTOIRE DE LA MÈRE LANGLOIS

En descendant de voiture dans la cour de l'hôtel de M. Descharmes la mère Langlois poussa cette exclamation :
— Oh! que c'est beau!

Sur le perron, elle s'arrêta, regardant l'escalier qu'elle venait de monter.

— Dis donc, Albert, fit-elle, ces belles pierres avec des raies bleues, est-ce que c'est du marbre?
— Oui, et du plus beau.
— Un palais de marbre! murmura-t-elle, est-il riche!

Dans le vestibule, ce fut autre chose; elle se courba et faillit s'agenouiller devant d'admirables groupes, chefs-d'œuvre de la statuaire, posés sur des colonnes de marbre blanc.

En les voyant, un domestique s'empressa d'ouvrir la porte.

La mère Langlois se mit à trembler de tous ses membres et s'effaça derrière le peintre. A ce moment, elle eût voulu devenir une souris pour pouvoir se blottir dans un coin ou se fourrer dans un trou. Mais derrière Albert, il ne lui était pas possible de cacher entièrement sa belle carrure et sa large poitrine.

Mme Descharmes vint à leur rencontre.

— Venez, chère madame Langlois, venez, dit-elle, en lui prenant la main, c'est deux amis que vous allez trouver ici.

La pauvre femme balbutia quelques mots inintelligibles, tout en faisant à chaque pas une profonde révérence. On aurait dit qu'elle avait peur de marcher sur les rosaces du tapis d'Aubusson.

Après avoir traversé plusieurs pièces, Mme Descharmes ouvrit elle-même la porte du cabinet de son mari.

— Henri, lui dit-elle, je te présente ton ancienne amie Pauline.

Henri était devant la mère Langlois, toujours le même, avec son bon sourire d'autrefois sur les lèvres.

Pour le coup, elle ne put se soutenir, elle tomba sur ses genoux.

Henri lui tendit la main pour l'aider à se relever. Sur cette main elle appuya ses lèvres.

— Ma pauvre Pauline, il paraît que vous avez bien souffert, dit l'ingénieur en la relevant. Allons, comme le jour où nous avons adopté l'enfant trouvé, tendez-moi vos deux joues.

Et il l'embrassa.

— Que je vous embrasse aussi, pauvre mère! dit Angèle très émue.

— Oh! fit la mère Langlois avec des larmes dans la voix, il y a donc des riches aussi bons que Dieu!

Albert avait refermé la porte du cabinet.

M. Descharmes fit asseoir la mère Langlois dans un fauteuil, et lui, Angèle et Albert s'assirent formant un demi-cercle devant elle.

— Ma chère Pauline, reprit M. Descharmes, apprenez-nous d'abord pourquoi vous avez disparu tout à coup et comment vous vous êtes si bien cachée pour que, malgré toutes mes recherches, il ne m'ait pas été possible de vous découvrir.

— Je ne me suis pas cachée; j'ai seulement changé de quartier et pendant bien des années j'ai vécu dans la solitude la plus complète, travaillant jour et nuit, me refusant même la promenade du dimanche.

— Pourquoi ne m'avez-vous pas écrit? Pourquoi n'avez-vous pas cherché à me revoir? Vous saviez où j'étais employé alors.

— Oui, mais je n'avais plus l'enfant que vous m'aviez confié et je n'ai pas osé vous écrire. Pourquoi? Probablement, parce que j'étais bien malheureuse.

— De sorte que sans M. Ancelin je ne vous aurais pas revue et je croirais encore à votre mort.

La mère Langlois baissa la tête. Après un court silence elle reprit :

— Vous ne m'auriez revue, monsieur Henri, que si j'avais pu vous ramener l'enfant. Mais je vas tout vous dire, je ne vous cacherai rien. Tu vas entendre mon histoire, continua-t-elle en s'adressant à Albert, et tu verras si j'avais raison de dire qu'on en pourrait faire un livre.

Monsieur Henri, lorsque vous m'avez apporté l'enfant, vous souvenez-vous que je n'étais pas gaie comme d'habitude?

— Parfaitement. Je vous ai même interrogée au sujet de votre tristesse; j'ai vu des larmes dans vos yeux; mais vous m'avez seulement répondu qu'un malheur vous était arrivé. C'était votre secret, je l'ai respecté.

— Oui, un malheur m'était arrivé; mais ce jour-là, je n'en connaissais pas encore l'étendue, monsieur Henri, j'allais être mère.

— Ah! pauvre Pauline, je comprends.

— Et sans avoir eu un amant, monsieur Henri, car vous le savez, j'étais une sage et honnête fille. J'aimais le travail et j'étais une bonne ouvrière; je gagnais plus de quatre francs par jour; en ce temps-là, comme depuis, je n'ai jamais eu besoin d'un homme pour m'aider à vivre. Pourtant, je pensais bien à me marier un jour, ces idées-là viennent naturellement; en tirant mon aiguille, j'avais souvent de ces rêves, cela m'égayait. Le malheur est venu, ma vie était brisée, les rêves sont partis pour ne plus revenir. Depuis cela, j'ai trouvé bien des fois l'occasion de me marier; je n'ai pas voulu. Pauline Langlois ne pouvait plus mettre sa main dans celle d'un honnête homme. D'ailleurs je n'avais qu'un amour, une passion unique : ma fille... Ma fille que j'avais perdue, ayant à peine eu le temps de la couvrir de mes baisers!

J'avais pour amie une ouvrière qui travaillait pour la même maison que moi. Elle se nomme Marguerite; je sais qu'elle vit encore, mais nous ne nous voyons plus; je ne lui ai pas pardonné le mal qu'elle m'a fait.

C'était une jolie blonde toute réjouie, qui riait toujours, ne

pensait qu'à s'amuser et véritablement un peu folle. Sa gaieté
bruyante, pleine d'expansion, ne me déplaisait pas; j'aimais à
l'entendre lancer dans l'air une chanson ou un éclat de rire.

Elle avait un amoureux, ça, c'était son affaire. Je ne trouvais
pas qu'elle fît bien, mais je ne me permettais pas de la blâmer.

Le dimanche, son bonheur était d'aller courir les champs et
les bois aux environs de la ville; un jour à Robinson ou à Bellevue, un autre jour sur les bords de la Marne ou à Montmorency,
ou à Versailles. Elle ne dédaignait pas non plus les mets délicats et elle adorait le vin de Champagne et aussi ces autres
drogues, moitié liqueur, moitié poison, que les hommes ont
inventées pour s'étourdir et s'exciter à faire toutes sortes de
sottises.

Souvent, elle me disait :

— Tu es toujours enfermée, ta chambre est pour toi pire
qu'une prison; quand on a travaillé toute une semaine et que
vient le dimanche, est-ce qu'on ne fait pas bien de s'égayer un
peu? Viens donc passer la journée avec moi, nous irons où tu
voudras. On cause, on court, on saute, on chante, on rit, enfin
on s'amuse et ça change les idées.

A toutes ces avances je répondais invariablement :

— Non, merci !

Mais, un jour, elle me sollicita si vivement que j'eus la faiblesse de lui promettre de sortir avec elle le dimanche suivant.

Dès le samedi soir, je préparai ma toilette; elle était très
simple, mais fraîche et presque neuve, puisque je ne sortais
jamais.

Le lendemain, je m'habillai de bonne heure. Le temps était
superbe, il n'y avait pas un nuage dans le ciel bleu; c'était le
dernier dimanche d'août. Ah! je n'oublierai jamais ce jour
fatal.

A dix heures, Marguerite vint me chercher avec une voiture
découverte.

— Mon fiancé nous attend à la gare, me dit-elle.

Ces paroles ne m'étonnèrent point, car, depuis quelque temps,
mon amie annonçait à grand bruit son prochain mariage.

— Nous allons à Saint-Germain, au Pecq, continua Marguerite;
tu verras comme c'est beau ! Des arbres plus hauts que les tours

de Notre-Dame et de grandes allées à perte de vue, au travers de la forêt.

Nous partons. A la gare nous trouvons le fiancé de Marguerite. Il n'était pas seul. Un homme, que je ne connaissais pas, causait avec lui.

— J'ai rencontré, par hasard, M. Auguste, un vieux camarade de collège, nous dit-il ; il veut bien venir avec nous à Saint-Germain.

— Oh ! quel bonheur ! s'écria Marguerite. Partie carrée, nous nous amuserons davantage.

J'eus comme un pressentiment que le hasard n'était pour rien dans la présence de M. Auguste à la gare, et l'idée me vint de retourner chez moi ; je ne sais quel faux raisonnement m'empêcha de partir. Les billets étaient pris d'avance, j'eus peut-être peur de paraître ridicule.

La figure de l'individu ne me revenait pas du tout ; d'abord il était fort laid, et avec cela son air faux me déplaisait comme il n'est pas possible de le dire.

Marguerite prit mon bras et elle m'entraîna presque dans la salle d'attente.

Arrivés à Saint-Germain, on déjeuna, puis on partit pour la forêt. M. Auguste m'avait offert son bras, j'aurais bien voulu le refuser, mais c'était difficile, ayant accepté de venir à la campagne en sa compagnie. Il fut, d'ailleurs, extrêmement aimable et plein d'attention pour moi. Il était beau parleur, j'écoutai toutes les drôleries qu'il disait et, la gaieté contagieuse de mon amie aidant, je finis par me divertir comme elle et par rire avec eux.

La campagne était pour moi une rareté ; je courais comme une folle à travers les futaies et je prenais du plaisir autant que je pouvais.

Quand on est toujours entre quatre murs, du matin au soir, et qu'on se trouve par hasard transporté au milieu des champs, c'est si bon de courir en plein air dans un grand espace.

La journée s'écoula aussi agréablement que possible.

Mais si M. Auguste avait eu le pouvoir de me faire rire, il n'avait pas réussi à me plaire. Je lui trouvais toujours un air sournois, et dans le regard quelque chose de méchant.

Un peu avant la nuit nous revînmes à Saint-Germain pour dîner.

Je n'avais jamais eu l'idée qu'on pût dépenser autant d'argent dans un jour, et je m'étonnais à bon droit de voir deux commis de magasin — ils se donnaient pour tels — se livrer à d'aussi folles dépenses.

Évidemment ces messieurs avaient le goussot bien garni, et pour qu'ils fissent ainsi danser les écus, ils devaient gagner énormément d'argent sans se donner beaucoup de peine.

Dans un salon du restaurant, où nous n'étions que nous quatre, ils firent servir des choses dont je ne connaissais même pas le nom. On nous traitait comme des princes : il paraît qu'on est tout ce qu'on veut quand on a de l'argent.

Contre mon habitude, ce jour-là, je bus du vin, du rouge, et aussi du champagne. Je n'en ai plus bu jamais depuis; un serment que j'ai fait...

Après le deuxième verre de champagne, je me sentis tout étourdie, mes yeux se fermaient malgré moi; j'entendais comme des pétillements dans ma tête; quand je regardais, je voyais passer des zigzags de feu; quelque chose de lourd tombait sur mes yeux; j'aurais voulu parler, je ne pouvais remuer la langue.

Pendant ce temps-là, Marguerite chantait la *Lisette de Béranger*, que quelque temps auparavant Déjazet avait mise à la mode.

Vous vous dites, sans doute : Pauline Langlois était ivre. Eh bien, non, non, je n'étais pas ivre...

Elle poussa un profond soupir et, en passant ses doigts sur ses yeux elle sécha deux larmes.

— Au bout d'un instant, continua-t-elle, je me sentis saisir par le sommeil. Oh! je lui résistai énergiquement. Mes paupières étaient engourdies, et ma tête s'en allait de tous les côtés.

Marguerite cessa de chanter. Alors, elle et les deux hommes se mirent à chuchoter en me regardant. Il se faisait un si drôle de bruit dans mes oreilles, que je ne pouvais rien entendre de ce qu'ils disaient.

A la fin Marguerite vint s'asseoir près de moi.

— Ce n'est rien, ce que tu éprouves, me dit-elle, tu es un peu fatiguée, voilà tout... la chaleur, le bon vin... demain matin, ça n'y paraîtra plus. Mais nous ne pouvons pas retourner à Paris ce soir, nous serons forcées de coucher à Saint-Germain.

Je fis un grand effort pour lui dire que je voulais retourner à Paris.

— C'est impossible, reprit-elle; tu dois bien sentir que tu ne pourrais pas faire un pas. Non, nous coucherons ici, le maître de cette maison tient justement un hôtel en même temps qu'un restaurant.

— Non, non, je ne veux pas! m'écriai-je avec terreur.

Elle devina ma pensée, car elle me répondit aussitôt:

— C'est toi seulement et moi, parce que je ne veux pas te quitter, qui restons à Saint-Germain; ces messieurs vont s'en aller, il faut qu'ils rentrent à Paris ce soir.

Je ne fis plus aucune résistance; d'ailleurs je n'avais plus de volonté, j'étais comme morte. Je ne me souviens plus comment je fus transportée dans une chambre de l'hôtel. Les deux hommes avaient disparu. Marguerite m'aida à me déshabiller et à me mettre au lit, puis elle se coucha près de moi. Je n'avais déjà plus conscience de moi-même et je m'endormis aussitôt d'un profond sommeil.

Je me réveillai au petit jour, j'étais seule dans le lit; mais je vis dans la chambre un homme. Je poussai un cri terrible en reconnaissant M. Auguste.

Il fut sans doute très effrayé, car il sortit vivement par une porte qui devait communiquer avec une autre chambre.

Moi, je me mis à sangloter.

Pourtant je me levai; j'avais encore la tête lourde et je pouvais à peine me tenir sur mes jambes. Je m'habillai en pleurant, je ne songeai pas plus à arranger mes cheveux en désordre qu'à me regarder dans la glace. Ah! je ne pensais guère à la coquetterie.

Je sortis de l'hôtel sans rien dire à personne, et courus aussi vite que je le pouvais jusqu'à la gare. Les gens qui me virent durent me prendre pour une folle; oh! je l'étais réellement, car je n'avais plus la tête à moi.

Je rentrai à Paris désespérée, folle de douleur.

Après trois jours d'affaissement passés dans les larmes, j'eus enfin le courage de reprendre mon aiguille.

Un jour, un mois plus tard, je rencontrai Marguerite qui, honteuse et peut-être déjà poursuivie par le remords, mettait tous ses soins à m'éviter. Je lui reprochai durement son abominable conduite.

Elle m'apprit que M. Auguste, — elle ne le connaissait que sous ce nom-là — avait été obligé de quitter Paris subitement, et que son fiancé l'avait suivi. De son mariage il n'était plus question.

A genoux, en pleurant, elle me demanda pardon. Je ne me laissai pas attendrir : je lui déclarai qu'il n'y avait plus d'amitié possible entre nous et que je ne la reverrais jamais. Elle voulut insister, je lui tournai le dos avec mépris et m'éloignai brusquement.

Depuis je n'ai pas revu Marguerite et n'ai plus entendu parler de M. Auguste.

Notre petit Henri était déjà grand et tout prêt à marcher, lorsque ma fille vint au monde, le 26 mai. De même que j'appelais Henri le petit garçon, je donnai à ma fille le nom d'Henriette en souvenir de vous.

J'avais deux enfants à soigner, à élever, je ne m'amusai pas à être malade longtemps; dès le 4 juin j'étais sur pied et je me remettais au travail. J'avais encore de la faiblesse, mais j'avais besoin de gagner ma vie, je ne m'en apercevais pas.

Depuis quelques jours le choléra faisait des siennes dans Paris. Il entra dans notre maison. Un jour deux personnes moururent, le lendemain deux autres. Les locataires étaient terrifiés ; moi seule, je n'avais pas peur.

Un matin, je sortis pour porter mon ouvrage, c'était le 10 juin ; je laissai ma clef à une voisine en la priant de veiller sur les enfants qui dormaient.

En revenant, je fus prise tout à coup d'un étourdissement, puis de douleurs dans l'estomac et de crampes atroces. Je tombai tout de mon long dans la rue, frappée par le choléra. Impossible de me relever, impossible aussi de crier, de parler. Un rassemblement se fit autour de moi. J'entendis un bruit confus, comme un bourdonnement, puis je sentis qu'on me soulevait. A partir de ce moment, je ne me souviens plus de rien.

On avait établi des ambulances dans tous les quartiers, principalement aux mairies, pour soigner les cholériques ; je fus, paraît-il, portée à l'une de ces ambulances où je restai je ne sais combien de jours. Mais trois mois plus tard, quand je sortis de la fièvre et du délire et que je pus me souvenir, voir et entendre, je me trouvai couchée dans un lit de l'hôpital Beaujon.

Ma première pensée fut pour mes enfants : je les réclamai. On me fit plusieurs questions, je donnai le numéro de la rue Sainte-Anne. Les gens de l'hôpital prirent des informations ; mais dans la crainte, sans doute, de compromettre ma guérison, ils me trompèrent en me disant que mes enfants étaient en sûreté et que je les verrais aussitôt rétablie.

Ma convalescence fut longue, je restai encore trois mois à l'hôpital. Enfin, on me trouva assez forte pour me laisser partir.. Je courus rue Sainte-Anne. Hélas ! je n'y trouvai que des visages inconnus. On ne put me donner l'adresse d'aucun des anciens locataires. Le concierge était mort, sa femme était retournée dans son pays, en Alsace. La voisine, que j'avais chargée de veiller sur les enfants, était morte aussi le lendemain. Quant à ceux-ci, on ne savait rien.

Je savais où demeurait le propriétaire de la maison, j'allai le trouver. Il me croyait morte, il pensa voir un revenant. Si je n'avais pas eu de sanglots plein la gorge, j'aurais ri tant sa figure était drôle.

Il me dit tout ce qu'il savait.

Ne me voyant pas revenir, ma voisine avait pris les enfants chez elle, puis, atteinte par la terrible maladie, elle était morte. Un de ses parents vint, il la fit enterrer, et comme tout le monde déménageait de la maison, il envoya une voiture et des hommes pour enlever les meubles de sa parente. L'un de ces hommes, voyant deux petits enfants abandonnés dans une maison où il n'y avait plus personne, ne trouva rien de mieux que de les prendre, en déclarant qu'il les allait porter aux Enfants-Trouvés. La concierge, affolée d'ailleurs par la mort de son mari, avait laissé emporter les enfants sans rien dire.

Le propriétaire, qui tenait ces renseignements de la concierge, ne doutait pas que les chers petits êtres ne fussent aux Enfants-Trouvés.

C'était un brave homme, ce propriétaire ; il avait fait vendre mes meubles, il en était désolé ; mais il avait gardé mon linge et mes autres effets dont une grande malle était remplie. Il me la remit. Et comme je n'avais sur moi qu'un peu d'argent qu'on m'avait donné avant de sortir de l'hôpital, il me glissa dans la main deux billets de cent francs.

Je me reposai un jour et le lendemain j'allai à la maison des Enfants-Trouvés. On me fit toutes sortes de questions ; mais on ne put ou plutôt on ne voulut me donner aucun renseignement. Ils ne me diront même pas s'ils avaient les enfants.

Hélas ! j'étais une inconnue, une malade qui sortait de l'hôpital, je n'avais pas de mari, je demeurais dans une mauvaise chambre meublée et mes moyens d'existence devaient paraître douteux. Je dus faire des réponses bien embarrassées, et il est probable qu'on me prit pour une intrigante ou quelque chose de pire encore ; je sortis de là en pleurant, désespérée.

Le souvenir de toutes ses douleurs, de toutes ses misères, força la mère Langlois à s'interrompre. Les larmes la suffoquaient.

Ses auditeurs, visiblement émus, restaient silencieux et la regardaient remplis de compassion.

Après avoir longuement essuyé ses yeux, elle continua son récit en ces termes :

— Ce fut un coup terrible lorsque je finis par comprendre qu'on ne me rendrait pas mes enfants, et que pour longtemps, peut-être pour toujours, ils étaient perdus pour moi.

Je ne saurais pas bien vous dire ce qui se passa en moi ; c'était dans ma tête un combat incessant de pensées et d'idées bizarres ; je voyais tout en noir, la nuit je faisais des rêves épouvantables, je ne dormais presque plus ; je disais souvent des choses qui n'avaient ni queue ni tête, et il y avait des jours où je ne me souvenais plus de rien, je perdais complètement la mémoire.

— Que de fois j'ai entendu dire autour de moi :

« Elle est folle, la pauvre fille ! »

Ah ! plus d'une fois, j'ai eu peur de le devenir réellement. Et cela dura plus de quatre ans. C'est le travail et l'idée d'amasser un peu d'argent pour le donner un jour à ma fille, qui m'ont sauvée de la folie.

A force de recherches, j'étais parvenue à découvrir le parent de cette femme, qui demeurait sur le même carré que moi dans la maison de la rue Sainte-Anne.

Il se souvint parfaitement d'avoir vu les deux enfants dans la chambre de sa parente. Il m'indiqua la maison de déménagements à laquelle il s'était adressé.

J'y allai. Je voulais à toute force trouver l'homme qui avait emporté les enfants afin de me faire accompagner par lui aux Enfants-Trouvés.

Je vis le déménageur. Lui aussi avait entendu parler des deux petits enfants de la rue Sainte-Anne.

Mais la fatalité était contre moi: je ne devais pas en savoir davantage que ce qu'on m'avait déjà appris.

L'homme dont j'aurais tant voulu avoir le nom et l'adresse n'était pas un employé ordinaire du déménageur; il était venu demander du travail, on l'avait occupé ce jour-là, seulement ; on l'avait payé le soir et il n'était plus revenu. Le déménageur et ses manœuvres ne le connaissaient pas autrement.

Ne pouvant plus rien par moi-même, je mis tout mon espoir en Dieu et ne comptai plus que sur lui.

Je travaillais depuis plusieurs années pour la grande maison de confections pour hommes: *Au prophète*. On y connaissait une partie de ma triste histoire, je n'osai pas y retourner. Mais, Dieu merci, dans mon métier de giletière, j'étais aussi habile que pas une ; la *Belle Jardinière* me donna autant et plus de travail que je n'en pouvais faire.

Au bout de deux ans, je pus acheter un mobilier pour meubler, rue de Larochefoucauld, le petit appartement que j'occupe encore aujourd'hui.

Un tailleur, pour qui je travaillais dans les moments de presse, me présenta un jour chez Dussautoy; je devins une des premières ouvrières de la maison, et je gagnai plus du double. Je pris des apprenties et même des ouvrières pendant les bonnes saisons. Malgré ça, je travaillais tout autant et même plus. Je gagnais de l'argent, je faisais des économies; j'étais contente. Presque tous les deux mois, j'achetais une obligation. Ça me faisait plaisir de les mettre l'une sur l'autre dans une boîte. Je me disais: — C'est pour ma fille!

Un jour, après avoir compté ma petite fortune, je trouvai que j'avais plus de vingt mille francs. Alors, je me mis à pleurer, à crier et à m'arracher les cheveux. Pour un rien, j'aurais pris toutes ces paperasses enguirlandées et je les eusse jetées dans le feu.

Une voix me disait : — C'est la dot de ta fille ! Une autre voix répondait en ricanant : — Femme stupide, ta fille est perdue, tu ne la retrouveras jamais !

Alors tout mon être se révolta. Je me mis à pleurer puis je poussai des cris affreux en labourant mon visage avec mes ongles.

Je fus prise d'une attaque de nerfs, et je me roulai par terre en me tordant comme une possédée.

Ce jour-là, je pris la ferme résolution de me faire rendre ma fille, dussé-je, pour cela, ameuter tout Paris par un effroyable scandale.

Les pas et les démarches que je fis depuis, je ne vous le dirai point, je ne le sais pas moi-même.

Enfin, on comprit qu'on ne pouvait pas plus longtemps priver une mère de son enfant. On se décida à me dire que mon Henriette était à Robay sous le nom de Claire.

Albert vous a raconté avec quelle joie je suis partie, et avec quel désespoir je suis revenue.

Depuis la veille seulement, ma fille, mon Henriette, n'était plus à Robay.

Maintenant, où est-elle ? Perdue, oh ! oui, perdue pour toujours !

Voyons, dites, ai-je assez souffert ? Ne suis-je pas poursuivie par une horrible fatalité ?

Une fois encore, la pauvre femme éclata en sanglots.

— Monsieur et madame Descharmes, vous connaissez la douloureuse histoire de l'ouvrière Pauline, reprit-elle ; et toi, Albert, tu sais, maintenant, tout ce qu'a enduré la pauvre mère Langlois.

— Oh ! oui, pauvre Pauline, s'écria Mme Descharmes, vous avez horriblement souffert de toutes les manières ; mais votre chère fille existe, plus heureux que vous, M. Ancelin l'a vue ; elle est intelligente et jolie, ce doit être pour vous une consolation. N'abandonnez pas l'espoir que Dieu a mis en vous, et qui vous a soutenue si longtemps; nous vous aiderons à retrouver votre Henriette.

— Et nous la retrouverons, j'en suis convaincu, ajouta M. Descharmes.

— Albert me l'a dit aussi. Ah! je veux vous croire, j'ai tant besoin d'espérer!

— Dans ces derniers temps, en faisant des démarches au sujet de votre fille, vous ne vous êtes donc pas informée de ce qu'était devenu l'autre enfant? demanda l'ingénieur.

— Oh! que si, mais ces messieurs de l'administration m'ont fermé la bouche par ces mots :

« Du moment que vous n'êtes ni sa mère, ni sa parente, nous n'avons rien à vous dire et vous n'avez pas à vous occuper de lui. »

Après cela, moi qui ne suis rien, je devais me taire. Mais vous, monsieur Henri, vous êtes quelqu'un, ils vous répondront. On reste froid et insensible devant les larmes d'une mère; mais un titre ou un nom honoré a une grande autorité.

— A la condition de ne pas se heurter à l'impossible; mais ici le cas est différent. Vous venez de me fournir des renseignements précieux, Pauline. Nous sommes sur les traces d'Henri et nous retrouverons celles de votre fille. Oui, soyez pleine de confiance et espérez. Demain, j'irai moi-même à l'Assistance publique.

— Quand je songe au temps passé, monsieur Henri, et que je me retrouve ici, près de vous, quel changement!

— Nous avons vieilli, ma pauvre Pauline, dit en souriant M. Descharmes.

— Oui, mais vous avez un bel hôtel, des équipages, des millions, et vous êtes officier de la Légion d'honneur.

— Vous avez oublié de nommer ce que j'ai de plus précieux.

— C'est vrai, mais je le connais, ce trésor : c'est la plus belle, la plus gracieuse, la plus parfaite et la meilleure de toutes les femmes.

— Et votre amie, Pauline, comme vous êtes celle de mon mari, dit Angèle.

— La mère Langlois ne sera pas ingrate, allez, madame, et

si elle le peut un jour, elle vous montrera comme elle sait aimer. Monsieur Henri, vous souvenez-vous de ce que je vous ai prédit autrefois?

— Parfaitement.

— A cette époque, vous n'étiez qu'un ouvrier, mais un ouvrier intelligent et savant. Je vous ai dit : Monsieur Henri, vous arriverez, vous aurez un jour une grande fortune, et comme vous êtes rangé, travailleur et bon, Dieu vous donnera tout le bonheur que vous méritez! Vous avez tout cela, monsieur Henri, ma prédiction s'est réalisée.

Je ne sais pas s'il y a eu des femmes plus malheureuses que moi; mais je crois que je porte bonheur aux autres... Tenez, Albert ne me démentira point : j'ai été la première à lui dire qu'il serait un grand peintre, qu'il aurait la croix et une grande fortune. Eh bien, il n'a que vingt-six ans, et il marche vite sur le chemin qui mène à tout cela.

— Quand il s'agit de ceux qu'elle aime, répliqua le jeune homme, la mère Langlois voit tout en rose; elle ne veut pas admettre qu'ils puissent être malheureux et ne pas réussir. Elle leur fait voir tant de satisfaction et de bonheur dans l'avenir qu'ils finissent par y croire. En ce qui me concerne, — j'en remercie ma vieille amie, — dans les mauvais jours, quand la force manque et que la volonté se brise, elle m'a sauvée du découragement.

La nuit était venue. La mère Langlois voulut se retirer. Mais Mme Descharmes passa affectueusement son bras sous le sien, en lui disant.

— Nous vous gardons à dîner ainsi que M. Ancelin.

## XXXV

### RECHERCHES

Le lendemain, après lui avoir fait remettre sa carte par un huissier, M. Descharmes entrait dans le cabinet du directeur général de l'Assistance publique.

Ce fonctionnaire l'accueillit avec son plus gracieux sourire, comme un homme dont on est flatté de recevoir la visite.

— Monsieur, dit l'ingénieur, je viens en toute confiance vous demander un service.

— Si je puis vous être agréable, ce sera un bonheur pour moi, répondit le directeur en s'inclinant.

M. Descharmes lui dit brièvement ce qu'il désirait.

A mesure qu'il parlait, le directeur prenait des notes sur une feuille de papier.

Il appela son secrétaire.

— Tenez, lui dit-il, veuillez avoir l'obligeance d'aller chercher les réponses aux diverses questions que voici. Je les attends.

Le secrétaire sortit. Il revint au bout d'un quart d'heure, apportant les réponses suivantes, écrites en marge des demandes du directeur :

« Les deux enfants ont été apportés à l'hospice le 12 juin 1849. On suppose qu'ils sont frère et sœur.

« Le garçon est inscrit sur les registres sous le nom d'André, numéro matricule 7715.

« La jeune fille sous le nom de Claire, numéro 7716.

« Le jour même de son entrée à l'hospice, le petit garçon a été confié à la dame veuve Picand, demeurant rue du Faubourg-Saint-Antoine, n° 7.

« Quatre mois plus tard, la petite Claire a été envoyée à Rebay, Nièvre.

« Nous n'avons pas été informés qu'elle eût quitté cette commune.

« Nous ne saurions, dans ce cas, fournir aucun renseignement. »

M. Descharmes remercia le directeur de son obligeance et se retira.

Il remonta dans son coupé et donna l'ordre à son cocher de le conduire au n° 7 du faubourg Saint-Antoine.

Il entra dans la loge du concierge et demanda Mme Picand.

— Madame Picand ? répondit le concierge, mais mon honorable monsieur, elle a été enterrée la semaine dernière.

— Oh ! que m'apprenez-vous là ?

— La pure vérité, monsieur, vu que je ne mens jamais.

— Cette dame était veuve ?
— Veuve de son mari, oui monsieur, un brave homme qui a été tué d'une balle, là, presque en face, en 48, en même temps que le pauvre archevêque de Paris.
— Elle avait un fils ?
— Tué aussi dans ses bras, quand il ne marchait pas encore.
— C'est impossible, ce que vous me dites, mon brave homme ! s'écria M. Descharmes.
— J'ai eu l'honneur de dire à Monsieur que je ne mentais jamais, répliqua le concierge en se redressant avec dignité. Et la preuve, c'est que la pauvre mam' Pigand en a été pendant plus d'un an entre la vie et la mort et qu'elle pleurait tant tous les jours, que les ouvriers du faubourg ont été obligés de lui donner un autre petit qu'on a pris aux Enfants-Trouvés.
— Excusez-moi, mon ami, je me trompais ; je croyais que vous me parliez de ce dernier enfant, qui se nomme André, n'est-ce pas ?
— Oui, monsieur, André... Mais dans le quartier, on l'appelle plutôt l'Enfant du Faubourg. Parce que, je vas vous dire, ce sont les ébénistes du faubourg qui se sont cotisés pendant des années pour fournir à la veuve, qui n'était pas riche, l'argent nécessaire pour élever l'enfant. Il y en a qui n'ont pas de père ; mais l'Enfant du Faubourg peut dire, lui, qu'il en a eu plus de cent. Aussi, dame, faut voir comme il a marché. Ils n'ont pas voulu en faire un ouvrier comme eux ; dès qu'il a pu dire deux et deux font quatre, ils l'ont mis chez les frères, plus tard à l'école Turgot. Ça lui allait, au petit, car il vous a un air qui n'est pas du tout de la basse classe. Il est devenu savant ; il a dit : Je veux être employé, et il est entré chez un banquier, où il gagne deux cents francs par mois. Et il n'a pas encore vingt ans, monsieur. Voilà ce qu'ont fait les ouvriers ébénistes pour le petit André, l'Enfant du Faubourg.
— Oh ! les braves gens, murmura M. Descharmes, attendri jusqu'aux larmes.
Mon ami, reprit-il, c'est précisément à M. André, l'Enfant du Faubourg, comme vous l'appelez, que je voudrais parler. Où pourrai-je le rencontrer ?

— Chez le banquier où il travaille.
— Et qui se nomme?
— M. Dartigue.
— Faubourg Poissonnière, je le connais. M. André demeure toujours dans cette maison?
— Non, monsieur. Le jour de l'enterrement de sa mère, — la veuve Pigaud, s'entend, — il s'en est allé, emportant tout ce qui était à lui; je ne sais pas encore où il loge, vu qu'il n'est pas venu au faubourg depuis. Mais on vous le dira chez le banquier.
— C'est juste. Du reste, je n'ai plus besoin de savoir où il demeure puisque je le verrai chez M. Dartigue.

M. Descharmes remonta dans sa voiture, et un quart d'heure après il entrait dans le cabinet du banquier.

— Cher monsieur, lui dit-il, ce n'est pas une affaire d'argent qui m'amène aujourd'hui près de vous.
— Vous n'en n'êtes pas moins le bienvenu. Que puis-je faire pour votre service?
— Vous avez pour employé un jeune homme nommé André?
— Il faisait encore partie de mon personnel il y a huit jours; mais il a quitté ma maison.
— Comment! s'écria M. Descharmes, aurait-il commis un acte qui aurait motivé son renvoi?
— Nullement. Je n'ai eu, au contraire, qu'à me louer de ses services, et je regrette sincèrement de l'avoir perdu. C'est un jeune homme d'une excellente conduite, rempli d'aptitudes, sur qui je pouvais déjà compter; je lui aurais fait ici une belle position.
— Pourquoi vous a-t-il quitté?
— Je l'ignore absolument. Sa mère adoptive est morte il y a quelques jours; il a demandé à son chef de bureau un congé de trois jours qui lui a été accordé; mais au lieu de venir reprendre son travail, tenez, voilà la lettre qu'il m'a écrite, vous pouvez la lire.

M. Descharmes prit le papier et lut :

« Monsieur,

» Une circonstance grave, que je regrette de ne pouvoir

vous faire connaître, ne me permet pas de reprendre ma place dans vos bureaux.

« Mais je n'oublierai jamais combien vous avez été bienveillant et bon pour moi; mon cœur vous garde une éternelle reconnaissance.

« Veuillez agréer, monsieur, l'assurance de mes sentiments respectueux.

« André. »

— C'est singulier ! dit M. Descharmes en rendant la lettre au banquier. Je n'y comprends rien. Savez-vous où il demeure ?

— Oui, s'il n'a pas quitté la maison où demeurait sa mère adoptive.

— J'y suis allé, il n'y est plus. Ah ! pauvre et malheureux enfant, que lui est-il encore arrivé ?

— Vous le connaissez ?

— Oui. Mais c'est toute une histoire que je vous raconterai plus tard. Maintenant, il faut que je le retrouve. Si, par hasard ou autrement, vous parveniez à savoir son adresse ou la moindre chose le concernant, je vous serais obligé de m'en avertir aussitôt. Vous le voyez, je m'intéresse vivement à ce jeune homme.

— Monsieur Descharmes, je n'oublierai pas la recommandation que vous me faites.

L'ingénieur quitta le banquier, très affligé de l'insuccès de ses démarches.

— Il y a donc réellement, comme le dit Pauline, une fatalité qui poursuit ces deux enfants ? pensait-il.

Comme il allait donner l'ordre à son cocher de revenir à l'hôtel, il se rappela ce que, d'après les paroles du concierge, les ébénistes du faubourg avaient fait pour André.

— C'est encore par eux que j'ai le plus de chance de le retrouver, se dit-il, car il est impossible qu'il ne revienne pas au faubourg. Celui qui a écrit la lettre que je viens de lire chez M. Dartigue ne peut être un ingrat.

Il se rendit une seconde fois chez le concierge.

— C'est le monsieur de tout à l'heure, dit celui-ci à sa

femme, qui était rentrée après le départ de M. Descharmes.

— Eh bien! l'avez-vous vu? demanda le concierge à M. Descharmes.

— Malheureusement non; il n'est plus chez M. Dartigue.

— Est-il Dieu possible? s'écria la bonne femme. Alors, c'est qu'il a trouvé une place meilleure.

— Cela est, affirma le mari.

— Je le désire, dit M. Descharmes. Mais, comme je n'ai pu me procurer son adresse, j'ai pensé que, peut-être, les ouvriers du faubourg, dont il est en quelque sorte l'enfant, pourraient me la donner.

— Ça, monsieur, nous ne savons pas, fit la concierge.

— Ne puis-je pas en voir un des principaux, naturellement un de ceux qui se sont le plus particulièrement occupés d'André?

— C'est facile; seulement...

— Eh bien?

— Pour que vous teniez tant à voir M. André, il faut que vous ayez une raison.

— Sans doute.

— Vous ne lui voulez pas de mal, au moins?

— Chère madame, répondit M. Descharmes en souriant, ai-je donc l'air si méchant que vous puissiez me supposer de mauvaises intentions?

Le concierge laissa tomber d'un côté son marteau et de l'autre le soulier dans la semelle duquel il enfonçait des clous.

— Femme, fit-il avec gravité, tu viens de dire une bêtise; ce monsieur est un honorable bourgeois et il n'y a qu'à le regarder pour savoir tout de suite à qui on a affaire.

Va-t'en chercher le grand Bernard, c'est un des trois... Si monsieur le veut bien, il attendra ici.

## XXXVI

### LE GRAND BERNARD

La concierge revint au bout de dix minutes amenant avec elle l'ouvrier désigné sous le nom du grand Bernard.

C'était un homme de haute taille, aux traits énergiques, aux bras musculeux, et solidement campé sur ses hanches. Il pouvait avoir trente-cinq ans.

Sur son bourgeron de travail, il avait endossé un paletot et il tenait sa casquette à la main.

Mon ami, lui dit M. Descharmes, c'est moi qui vous ai dérangé de votre travail, je vous prie de m'excuser. Madame vous a dit, sans doute, de quoi il s'agissait. Vous êtes un de ceux qui ont élevé, nourri et instruit le pauvre enfant trouvé que vous avez surnommé l'Enfant du Faubourg; permettez-moi de vous féliciter tous de ce bel acte de charité et de vous témoigner ici mon admiration.

Je suis heureux lorsque je rencontre parmi les hommes du travail de grands cœurs et de tels dévouements. Je suis entrepreneur de travaux publics, j'occupe chaque jour des milliers de bras; c'est vous dire que j'aime les travailleurs; d'ailleurs, il y a vingt ans, j'étais ouvrier moi-même. Donnez-moi votre main.

L'ouvrier plaça sa main noire dans la main blanche de l'ingénieur.

— André ne me connaît pas, reprit M. Descharmes, et je lui suis tout à fait étranger; mais je lui porte le plus vif intérêt, c'est avec l'intention de lui être utile, d'aplanir devant lui certaines difficultés de la vie, dans l'intérêt de son avenir enfin que je suis actuellement à sa recherche. Pouvez-vous me dire: où je le trouverai?

— Tout à l'heure encore j'ignorais qu'il eût quitté la maison de M. Dartigue, répondit l'ouvrier; cela me surprend beaucoup, car il était très attaché à son patron. Il s'en est allé du faubourg sans dire rien à personne. Un coup de tête de jeune homme. Depuis l'enterrement de Mme Pigaud, ni moi, ni aucun de mes camarades ne l'avons revu.

Loin de m'effrayer, c'est la preuve qu'il n'a pas eu besoin de nous, puisqu'il sait qu'en toute occasion il peut compter sur ses amis du faubourg. Je regrette de ne pouvoir vous mieux renseigner aujourd'hui, mais il est probable que je le verrai d'ici à quelques jours, et si vous voulez bien me donner votre adresse, je ne manquerai pas de lui dire de passer chez vous.

— Je vous en remercie d'avance, dit M. Descharmes en remettant sa carte à l'ouvrier.

— Ah! j'y songe, fit tout à coup l'ébéniste, je parierais que je devine à quoi s'occupe André en ce moment.

— Cela explique-t-il pourquoi il a quitté la maison du banquier?

— Peut-être.

— Alors?

— Vous savez qu'André est un enfant trouvé; mais vous ignorez, sans doute, qu'il a été reçu à l'hospice en même temps qu'une autre enfant, une petite fille?

— Je sais cela aussi; j'ai obtenu ce renseignement aujourd'hui à l'Assistance publique.

— Eh bien, André a été instruit de cette particularité par Mme Pigaud, sur son lit de mort, il y a aujourd'hui huit jours; je ne crois pas me tromper en disant qu'André est en train de chercher cette enfant, devenue une jeune fille du nom de Claire, et qui, selon toutes les probabilités, est sa sœur.

Ces paroles étaient un trait de lumière pour M. Descharmes. Mais il ne crut devoir rien dire à l'ouvrier de ce qu'il savait touchant la fille de Pauline Langlois.

— Vous avez certainement découvert la vérité, reprit-il; cependant ce ne serait point encore le motif qui l'a obligé à renoncer à son emploi.

— Je ne sais pas. Si sa sœur est loin de Paris, et si on lui a dit à l'Assistance où elle habite, il y a cent à parier contre un qu'il est auprès d'elle en ce moment.

— C'est juste, répondit M. Descharmes. Quoi qu'il en soit, n'oubliez pas la promesse que vous m'avez faite de me l'envoyer le jour très prochain, j'espère, où il viendra vous voir.

— Je n'y manquerai pas, monsieur, vous pouvez compter sur moi.

N'ayant plus rien à apprendre du grand Bernard, M. Descharmes regagna sa voiture.

Alors, après un moment de réflexion, il fit le calcul suivant :

— Il y a aujourd'hui huit jours que Mme Pigand est morte. C'était le 12 septembre. Ce même jour ou le lendemain, André sut que Claire était à Rebay. Il a dû prendre le chemin de fer pour se rendre dans la Nièvre, le 12 au soir, ou le 13 dans la matinée. Il est revenu à Paris le 15, ramenant avec lui Claire qu'il suppose être sa sœur. Il ne peut y avoir un doute sur ce point ; c'est bien André que les habitants de Rebay ont pris pour un amoureux et qu'ils accusent d'avoir enlevé Claire. Cette découverte va causer une grande joie à la pauvre Pauline.

Les dates ont entre elles une parfaite concordance. La mère de Claire arriva à Rebay le 16 septembre ; sa fille en est partie la veille, c'est-à-dire le 15. Or, le retour d'André à Paris est évidemment du 15, puisque sa lettre à M. Dartigue est datée de Paris du 16, jour où il devait reprendre son travail, le congé de trois jours étant expiré.

Ainsi, les deux jeunes gens sont réunis et ils sont à Paris ; je suis sur leurs traces ; c'est déjà un important résultat obtenu. Les difficultés deviennent aussi moins nombreuses, puisqu'en découvrant la retraite d'André nous les retrouvons tous les deux.

Mais pourquoi a-t-il quitté la maison Dartigue ? Il parle d'une circonstance grave. — Qu'est-ce que cela veut dire ?... Retrouver sa sœur est une circonstance heureuse et non grave. Il y a autre chose. Quoi ? Je ne puis deviner, c'est obscur, impénétrable. N'importe, je n'ai pas le droit d'être mécontent de ma journée.

En supposant qu'André ne se presse pas d'aller voir ses amis du faubourg, il faut qu'il travaille, et c'est évidemment dans une maison de banque qu'il cherchera un emploi, s'il ne l'ai déjà trouvé. Grâce à mes relations avec les principaux banquiers de Paris, d'ici quinze jours le personnel de toutes les maisons de banque aura passé sous mes yeux.

M. Descharmes en était là de son monologue lorsque le coupé entra dans la cour de l'hôtel.

Il retrouva la mère Langlois causant avec Angèle dans le petit salon.

— Monsieur Henri, excusez-moi, dit-elle; mais j'étais si impatiente de savoir quelque chose, que j'ai pris la liberté de venir.

— Vous avez bien fait, Pauline, et j'en suis enchanté, car j'allais vous envoyer chercher.

— Mon Dieu! vous l'avez retrouvé?

— Pas encore, mais j'ai bon espoir.

— Oh! mon ami, que je suis heureuse! dit Angèle.

La mère Langlois leva les bras et les yeux vers le plafond, un double mouvement qui lui était familier dans les grandes émotions.

— En attendant, reprit M. Descharmes, j'ai fait une découverte très intéressante pour vous, Pauline.

— Oh! monsieur Henri!

— Je sais le nom du jeune homme qui a enlevé votre fille de Itchay.

— Est-ce possible? exclama la mère Langlois.

— Ce n'est point un amant, comme on a eu le tort de vous le dire.

— Ah! cela fait du bien... Albert aussi m'avait dit que ça ne pouvait pas être.

— Eh bien, ma chère Pauline, celui que vous appeliez Henri se nomme aujourd'hui André; et c'est André, persuadé que votre fille est sa sœur, qui est allé la chercher à Itchay.

La mère Langlois joignit les mains et resta bouche béante, incapable de dire un mot pour exprimer son ravissement.

— La Providence divine veille sur ces chers enfants, dit Angèle.

— D'ailleurs, reprit M. Descharmes, je vais vous faire connaître ce que j'ai appris.

Et il raconta sa visite au directeur de l'Assistance publique, sa conversation avec le concierge, son entrevue avec le banquier, et enfin les précieux renseignements que lui avait donnés l'ouvrier ébéniste.

— Il ressort de tout cela, continua-t-il, qu'André a retrouvé Claire, qu'ils sont à Paris et que, probablement, ils habitent ensemble. Si mes premières recherches n'ont pas été couronnées d'un plein succès, nous devons en être, toutefois, très satisfaits. Il y a lieu d'espérer que peu de jours nous séparent du moment, si longtemps attendu, où vous pourrez serrer dans vos bras votre fille, ma chère Pauline.

— Oh! oui, oui, dit la mère Langlois, je la reverrai bientôt, je le sens à la joie qui m'étouffe! Peut-être, sans que je le sache, est-elle tout près de moi... Et dire que si en sortant tout à l'heure je la rencontrais dans la rue, elle passerait près de moi comme une étrangère!... Mais non, non, je la reconnaîtrais, n'est-ce pas, madame? Quelque chose dans mon cœur me dirait : C'est elle, c'est ta fille!...

## XXXVII

### LA LETTRE ANONYME

Le même jour, Mme la marquise de Presle faisait une visite au docteur Vernier, une des illustrations médicales de Paris, lequel avait été l'ami intime du comte de Blancheville, et était resté son médecin à elle, son confident et son ami.

Assis en face l'un de l'autre, aux deux coins de la cheminée, ils causaient. La marquise paraissait vivement contrariée.

— Ainsi, rien encore, fit-elle.

— Non, répondit le docteur; je puis pourtant vous assurer que j'ai pris de bons yeux pour regarder partout.

— C'est désespérant! murmura la marquise. Docteur, donnez-moi un conseil.

— En ce moment je n'en ai qu'un à votre service ; mais comme vous ne m'écouterez pas, il est inutile que je parle.

— N'importe, docteur, dites toujours.

— Eh bien, chère marquise, à votre place je renoncerais à chercher cette pauvre folle.

— Docteur, c'est impossible; vous me connaissez assez pour savoir que je me décourage moins facilement.

— Vous avez fait en cette circonstance tout ce qui dépendait de vous, et ce n'est pas votre faute...

— Docteur, l'interrompit-elle vivement, il faut que je retrouve cette femme, je le veux, je la retrouverai !

— Rien ne vous arrête, fit le docteur en souriant.

— Je sais bien, mon bon docteur, que je vous prends votre temps, un temps précieux qui appartient à d'autres qui souffrent. Je vous ennuie peut-être...

— Oh ! ne dites pas cela, protesta énergiquement M. Vernier.

— Pardon, mon ami, je ne devrais pas oublier que vous êtes serviable par excellence et l'homme de tous les dévouements. Voyons, donnez-moi un avis.

— Comme je viens de vous le dire, les recherches ont été faites dans toutes les maisons d'aliénés de Paris et même des départements. Nous avons donc acquis la certitude que la pauvre folle en question ne s'y trouve point. Ceux qui avaient intérêt à la faire disparaître l'ont cachée ailleurs. Où ? Voilà l'X du problème, c'est-à-dire l'inconnu. Je ne veux pas supposer qu'elle ait été assassinée...

— Oh ! fit la marquise en frissonnant.

— Non, l'intervention d'un commissaire de police dans l'enlèvement suffit pour nous rassurer. Elle est cachée, bien cachée, paraît-il, ce qui signifie pour moi séquestration. Or, on ne peut enfermer illégalement un individu que dans une maison particulière. C'est cette maison, ou si vous aimez mieux cette prison, qu'il faut découvrir. Comment ? Je ne vois pas la chose facile.

Évidemment, les hommes qui ont joué la part active dans l'enlèvement, d'adroits coquins, n'étaient que les agents mystérieux d'un autre personnage qui s'est prudemment tenu à l'écart; mais, n'en doutez pas, la folle a été remise entre les mains de ce dernier, et c'est lui qui la garde. Si nous le connaissions, si seulement nous pouvions découvrir un de ses acolytes, nous parviendrions, au moyen d'une surveillance active et prudente, à percer ce mystère. On ferait absolument ce que fait la police de sûreté lorsqu'elle lance sur la piste d'un voleur ou d'un grand criminel ses plus fins limiers. A Paris, avec de l'argent, on trouve tout, et assez facilement de ces singuliers individus qui font le métier d'espionnage pour le service des particuliers. Mais nous n'en sommes point là.

En fin de compte, ma chère enfant, si vous tenez absolument à poursuivre votre œuvre, vous serez obligée, malgré votre répugnance, à en venir là, à provoquer une enquête de l'administration au sujet de l'enlèvement de la folle des Sorbiers.

— Eh bien, soit, je le ferai.

— Il est évident qu'il y a eu transmission d'un ordre émanant de la préfecture de police. Comment et par qui cet ordre a-t-il été obtenu, voilà ce qu'il vous est important de savoir.

— Docteur, je le saurai, dit la marquise.

Elle se leva et lui tendit la main.

— Merci et à bientôt, ajouta-t-elle.

— Pourquoi donc s'intéresse-t-elle si vivement à cette femme folle? se demanda le docteur en entrant dans son cabinet après avoir reconduit la marquise; elle ne m'a pas tout dit: il y a là un secret intime.

Mme de Presle ne perdit pas de temps : dès le lendemain elle se rendit à la préfecture de police, fut immédiatement reçue par le préfet et causa avec lui pendant près d'une heure. Le jour même l'enquête demandée par la marquise commença.

Il y eut grand émoi dans les bureaux où l'on ne put trouver aucune pièce touchant les faits dénoncés par la marquise.

S'il y avait eu un dossier, pourquoi avait-il disparu? Dans le cas contraire, d'où venait l'ordre expédié à Cosne? Les employés furent interrogés, et ils ne savaient rien. Tout cela était grave.

Une dépêche télégraphique appela le commissaire de police à Paris.

Il apporta l'ordre écrit qui lui avait été remis par un individu se disant agent de l'administration.

Ce papier avait toutes les marques d'une pièce officielle; mais on eut bientôt constaté que la signature de ce document, illisible d'ailleurs, était de pure fantaisie. D'autre part, l'écriture inconnue ne ressemblait à celle d'aucun des rédacteurs et expéditionnaires.

Pourtant, la pièce sortait des bureaux, il y avait faux et abus de confiance. Quels étaient les coupables?

Et si les vrais coupables n'étaient point découverts, sur qui devait tomber la responsabilité de cet acte criminel?

Les principaux employés n'étaient même pas rassurés par leur innocence; ils sentaient la menace sur leur tête.

Les choses en étaient là, lorsque la marquise de Presle reçut la lettre anonyme suivante:

« Madame la marquise,

« Par suite d'une enquête faite sur votre demande, des hommes innocents, d'honnêtes pères de famille sont menacés d'une révocation.

« Vous pouvez conjurer ce malheur en priant M. le préfet de ne pas pousser plus loin cette déplorable affaire.

« Ce que vous voulez, ce n'est pas la punition des coupables, difficiles à atteindre, mais trouver la femme enlevée. Quelqu'un vous dira où elle est.

« Demain, veuillez prendre le train de Versailles, rive gauche, à une heure et demie; vous vous arrêterez à Bellevue. En sortant de la gare, vous tiendrez votre mouchoir de la main gauche. Un homme vous reconnaîtra à ce signe et s'approchera de vous. Il vous sera donné alors des renseignements dont vous serez satisfaite.

« Un Inconnu. »

La marquise relut plusieurs fois ce billet sans y rien découvrir qui pût éveiller sa défiance. S'il était anonyme, c'est que son auteur craignait d'être connu. Sans nul doute, il devait être un de ceux dont il parlait dans son écrit, qui se trouvaient sous le coup d'une révocation. Était-il un des coupables? La marquise le pensa; mais cela lui importait fort peu. Elle était d'autant mieux disposée à l'indulgence pour ceux-ci, qu'elle connaissait celui dont ils avaient été les instruments.

D'un autre côté, elle était pleinement satisfaite par la promesse qu'on lui faisait de lui indiquer le lieu où la folle était séquestrée. Il ne lui vint même pas à l'idée qu'on pouvait lui mentir. La démarche même de l'auteur du billet, coupable ou non, répondait de sa sincérité.

Elle prit une feuille de papier et écrivit immédiatement au prêtre.

Le lendemain, à l'heure indiquée, elle prit le train de Versailles. Par mesure de prudence, elle s'était fait accompagner par sa femme de chambre.

Elle descendit à la station de Bellevue, tenant son mouchoir dans sa main gauche. Elle était vêtue avec une grande simplicité.

A vingt pas de la gare, un individu assez mal mis s'avança vers elle.

La jeune femme crut d'abord qu'elle avait affaire à un mendiant et mit la main dans sa poche pour y prendre une pièce de monnaie.

Mais, après avoir jeté autour de lui un regard rapide, l'individu s'approcha plus près d'elle, et lui dit presque à voix basse :

— Êtes-vous Mme la marquise de Presle?

Pour toute réponse, la marquise leva la main qui tenait le mouchoir.

— Veuillez me suivre, reprit l'inconnu : dès que nous pourrons causer en toute sécurité, je m'arrêterai et vous me rejoindrez.

— Les allures de cet homme sont bien mystérieuses, pensa la marquise; mais nous sommes deux et en plein jour; je n'ai rien à craindre. Elle le suivit.

Au bout de vingt minutes, ils se trouvèrent au milieu de ces jardins verdoyants, qui s'étagent sur le versant du coteau de Sèvres et regardent les hauteurs de Montretout.

L'homme s'étant arrêté, la marquise arriva près de lui.

— Était-il donc nécessaire de m'amener à Bellevue et ensuite jusqu'ici pour la communication que vous avez à me faire? lui demanda-t-elle.

— Oui, madame, et vous le comprendrez tout à l'heure. Et puis il n'est jamais inutile de prendre certaines précautions.

Ici, je me trouve mieux et plus tranquille que je ne le serais dans votre hôtel à Paris.

— Que voulez-vous dire, monsieur? fit la marquise d'un ton sévère.

— Oh! je n'ai pas l'intention de vous offenser, répondit-il; mais on est prudent par habitude et par nécessité.

— Voulez-vous me dire qui vous êtes, monsieur?

— Qui je suis? Je n'en sais rien. Je ne vous dirai pas davantage ce que je suis, madame, vous auriez peur de moi.

Moins réservés avec nos lecteurs que l'individu vis-à-vis de la marquise, nous pouvons leur dire qu'habile à se couvrir du masque de la niaiserie, il jouait, dans les prisons, le rôle de ce qu'on appelle, dans le langage des malfaiteurs, un *mouton*.

Entre temps, pour des opérations de choix, il ne dédaignait pas de pactiser avec les voleurs, afin d'être admis au partage du butin, sauf à les dénoncer après. Il servait la police malgré elle et n'était encore qu'un demi-scélérat.

La marquise se hasarda à le regarder et n'eut pas de peine à deviner à peu près ce qu'il voulait lui cacher. Dans une autre circonstance elle se serait éloignée du misérable avec dégoût et aurait certainement pris la fuite. Mais elle n'était point venue là pour obéir à ses répulsions.

— Vous avez des renseignements importants à me donner, dit-elle.

— Vous et moi, nous sommes ici pour cela.

— Parlez donc, je vous écoute.

— Je voudrais que votre femme de chambre n'entendît pas ce que je vais vous dire.

— Soit, fit la marquise.

Elle se tourna vers sa femme de chambre et celle-ci s'éloigna de quelques pas.

## XXXVIII

### LE RENDEZ-VOUS

L'homme se plaça sur une sorte de monticule et étendit le bras du côté de la vallée.

— Regardez, en suivant la direction que ma main indique, dit-il à la marquise : voyez-vous, les panaches encore verts de deux peupliers?

— Oui.

— A gauche, découvrez-vous un autre arbre dont les feuilles paraissent rougeâtres?

— Parfaitement.

— C'est un marronnier. En baissant la vue dans l'espace compris entre cet arbre et les peupliers, vous voyez la toiture de zinc d'une maison et même la moitié des fenêtres du premier étage dont les persiennes sont fermées, comme si l'habitation était déserte.

Cette maison se trouve à environ cent mètres de la route de Versailles. Elle est bâtie au milieu d'un jardin, lequel est entouré de murs très élevés, ce qui fait qu'on prendrait volontiers cette demeure pour une retraite monastique, un cloître.

De la route, on ne peut voir la maison; mais si les murs du jardin ne l'indiquaient pas suffisamment, vous la reconnaîtriez encore à son isolement, aux deux peupliers et au marronnier. Ce dernier se trouve dans un angle du mur, et ses branches s'étendent au dehors de l'enceinte.

C'est dans cette maison, madame la marquise, que se trouve la femme que vous cherchez, la folle qu'on a été prendre à Rebay.

— Comment êtes-vous si bien instruit?

— Je pourrais vous le dire, mais je ne m'y suis pas engagé; du reste, cela ne vous apprendrait rien de plus.

— Pouvez-vous me dire par qui cette pauvre femme est tenue enfermée dans cette espèce de prison?

— On m'a dit que c'était un de ses parents, je ne sais pas autre chose.

— Et c'est ce parent qui la garde, sans doute? Il demeure dans la maison?

— Non, madame; la folle est gardée par un autre individu, qui habite la maison, seul avec elle.

— Et vous ne savez pas où demeure celui qui se dit son parent?

— Je ne le connais pas.

— Est-elle bien traitée dans cette maison?

— Nul ne le sait, madame; mais je ne crois pas qu'on veuille, quant à présent, lui faire du mal.

— Quant à présent, dites-vous, ce qui signifie que plus tard...

— Tout est possible, madame.

— O mon Dieu! murmura la marquise en frémissant.

Ainsi, reprit-elle, cette maison est pour la malheureuse une véritable prison?

— Je le crois.

— Et cet homme qui la garde n'est que son geôlier, peut-être son tourmenteur?

— Peut-être, répéta l'homme comme un écho.

— Oh! à tout prix je la lui arracherai des mains! s'écria la marquise.

— Pour vous, la chose est facile.

— Comment l'entendez-vous?

— Dame, vous avez le bras long; avec trois mots de la préfecture de police, toutes les portes de la maison s'ouvriront devant vous.

— Non, je ne veux pas me servir de ce moyen, dit la marquise.

— Ah! fit l'individu dont les yeux étincelèrent. Mais autrement, ce sera difficile et dangereux; il faudra pénétrer par la force dans la place...

— Ou par la ruse.

— La ruse ne brise pas les portes, ne fait pas tomber les serrures. C'est pour cela que vous devrez employer la force. Or, ce n'est pas un ouvrage que vous pouvez faire vous-même.

— C'est vrai; mais je trouverai des amis.

— Pour escalader des murs et faire sauter des serrures? J'en doute. C'est un métier dangereux, madame, qui conduit au moins à la correctionnelle ceux qui le font.

La marquise resta un moment silencieuse. L'homme cherchait à lire sa pensée dans l'expression de sa physionomie.

— Quel est le gardien de cette maison? Le connaissez-vous? demanda-t-elle.

— Oui. Il se nomme Pierre Gargasse. Il doit avoir plus de cinquante ans et il est d'une force peu commune. C'est un forçat libéré en rupture de ban, qui ne se gênerait pas, je vous l'assure, pour jouer du couteau.

— Oh! c'est horrible! fit la marquise.

— Il y a à peine un an qu'il est sorti du bagne où il est resté douze ans. Comme beaucoup de ses pareils, il a rompu son ban pour revenir à Paris. Il a teint ses cheveux, laissé croître sa barbe et a si bien changé sa figure, qu'il faut y voir clair pour le reconnaître.

Il est heureux de se cacher ici en attendant qu'on l'oublie et qu'il puisse recommencer ses exercices de haute pègre, à moins, cependant, que le maître qu'il sert aujourd'hui ne lui donne assez d'argent pour lui permettre de renoncer au métier et de vivre tranquillement comme un honnête homme.

— Quel monde! pensait Mme de Presle; c'est épouvantable.

— L'audace ne lui manque pas, continua le mouton; c'est lui qui, se disant envoyé par la famille de la folle, est allé la chercher à Robay et l'a amenée dans cette maison.

— Comment se fait-il que, sachant tout cela, vous n'ayez pas livré déjà ce misérable à la justice?

— A quoi cela m'aurait-il servi? D'ailleurs, je ne suis pas un homme de la rousse; c'est à la justice à le chercher.

La marquise comprit que son interlocuteur avait sa morale à lui et ne jugea pas à propos de discuter sur l'étrangeté de ses principes.

— Maintenant, madame la marquise, reprit-il, vous voilà renseignée, je n'ai pas autre chose à vous dire, ma mission est remplie, le reste vous regarde. Cependant, ajouta-t-il en appuyant sur les mots, si vous aviez besoin de moi...

Mme de Presle tressaillit. Elle ne pouvait se méprendre sur

l'intention des paroles de l'inconnu. Elle réfléchit avant de répondre, car elle hésitait à accepter les services de cet homme. Mais, sans lui, comment s'y prendrait-elle pour retirer la folle des griffes de son geôlier ?

Elle ne voulait pas s'adresser à la justice, elle avait pour cela d'excellentes raisons : alors il lui fallait recourir à un enlèvement par la force. C'est ce que cet homme, qui était devant elle, venait de lui dire, et il s'offrait pour l'exécution. Où trouverait-elle un agent mieux disposé ? Le connaîtrait-elle davantage ? Serait-il plus honnête ?

— Allons, se dit-elle, ce que je veux faire est une bonne action ; il importe peu que je me serve de tels ou tels individus, et puisque celui-là est sous ma main, employons-le.

— Donc, reprit-elle tout haut, si j'avais besoin de vous, vous seriez prêt à me servir ?

— Entièrement à vos ordres, madame la marquise.

— Et vous vous chargeriez d'enlever la folle à son gardien ?

— Oui, mais pas seul : il faut être au moins trois pour réussir.

— Vous trouveriez les deux hommes nécessaires ?

— Ce n'est pas une difficulté.

— Eh bien, j'accepte vos services. Quel jour aura lieu l'exécution ?

— Dans trois jours je serai prêt.

— Alors c'est dans trois jours qu'il faut agir.

— A moins d'un retard imprévu.

— C'est juste, il faut tout prévoir ; mais comment serai-je instruite de ce que vous ferez ?

— Recevez-vous exactement toutes les lettres qui vous sont adressées ?

— Oui.

— En ce cas c'est bien simple, je vous écrirai pour vous faire connaître le jour et l'heure de l'action.

— C'est cela.

— Une fois la folle en mon pouvoir, que devrai-je en faire ?

— Vous la conduirez... murmura la marquise. Non, se reprit-elle, vous me la remettrez ?

— Oh! Madame la marquise, je pense, ne veut point prendre part à l'expédition?

— L'heure n'étant pas fixée, cela m'embarrasse un peu. Il est préférable, je crois, que vous m'indiquiez vous-même, en m'écrivant, l'endroit où je devrai me trouver.

— C'est entendu, madame la marquise.

— Il vous reste à me dire, maintenant, à quel prix vous estimez vos services.

— Je m'en rapporte à la générosité de Mme la marquise.

— Non, je ne l'entends pas ainsi, fixez la somme.

— Cela vaut bien mille francs, madame.

— Pour vous et les deux hommes qui vous aideront?

— Oui.

— Eh bien! je trouve que vous ne me demandez pas assez; en échange de la folle, je vous donnerai deux mille francs; vous ferez le partage de cette somme comme vous l'entendrez.

Le visage du pauvre diable devint rayonnant. Il avait quelques difficultés à comprendre qu'un travail honnête pût rapporter autant d'argent.

— Voilà une marquise qui ferait aimer la vertu, pensa-t-il.

Il se découvrit en disant :

— Madame la marquise peut compter sur mon zèle à la servir et sur ma discrétion.

— Surtout, prenez bien vos précautions pour ne pas échouer dans votre entreprise.

— Madame la marquise peut être tranquille, je réussirai. Seulement, je n'ai pas un sou sur moi. Si madame la marquise pouvait me donner un petit acompte... Sans argent, il est difficile de faire quelque chose.

— Combien vous faut-il?

— Je crois qu'avec deux ou trois louis...

La marquise ouvrit son porte-monnaie.

— Je ne suis pas sortie avec beaucoup d'argent, dit-elle.

Et, sans compter, elle versa le contenu du porte-monnaie dans la main du quidam.

Il y avait en tout une centaine de francs.

La marquise rejoignit sa femme de chambre et elles se dirigèrent rapidement du côté de la gare.

L'homme disparaissait du côté opposé en se jetant dans un chemin creux.

## XXXIX

### LA MAISON ISOLÉE

Le samedi qui suivit le rendez-vous de Bellevue, Mme de Presle reçut un billet d'une écriture informe et de la plus étonnante fantaisie, par lequel on l'informait que l'expédition convenue, ayant pour but l'enlèvement de la folle, aurait lieu le lendemain dimanche dans la soirée.

Le billet, signé Pistache, un nom de guerre, sans doute, et probablement emprunté pour la circonstance, disait aussi que toutes les dispositions étaient préparées pour assurer la réussite de l'entreprise. Ledit Pistache priait la marquise de se trouver avec une voiture, à partir de huit heures du soir, sur le chemin au bord de la Seine longeant le parc de Saint-Cloud, à une centaine de pas du pont de Sèvres.

Une heure après avoir lu ce billet, Mme de Presle entrait dans le cabinet de son ami, le docteur Vernier.

— Mon cher docteur, lui dit-elle, j'ai suivi votre conseil de l'autre jour et j'ai lieu d'espérer que je touche au but.

— Ainsi vous êtes décidée à provoquer une enquête?

— Oui, docteur, seulement, sur ma demande, le préfet de police ne l'a pas continuée; c'est tout une aventure aussi étrange que mystérieuse. Vous allez en juger, mon ami.

Alors Mme de Presle mit sous les yeux du docteur les deux lettres qu'elle avait reçues et lui raconta sa conversation au milieu des champs, avec le personnage qui signait Pistache.

— C'est en effet très mystérieux, dit M. Vernier.

— Approuvez-vous ce que j'ai fait?

— Oui. Dans certaines circonstances on peut se servir même d'un bandit. Celui-ci vous appartient aujourd'hui par son désir de gagner la somme promise. Il ne peut songer à vous tromper.

— Maintenant, docteur, vous voyez que je dois me trouver demain à huit heures près du parc de Saint-Cloud ; je ne suis pas peureuse, mais je ne voudrais pas y aller seule.

— C'est prudent, ma chère marquise, et je devine que vous avez compté sur moi pour vous accompagner.

— Oui, mon bon docteur.

— J'irai avec vous, marquise. Et comme il faut toujours se défier des gens qu'on ne connaît pas, je n'aurai garde d'oublier de mettre dans ma poche un revolver.

— Merci, docteur ; vous êtes pour moi le meilleur des amis, un second père.

Le lendemain, un peu après sept heures, une voiture de remise à quatre places, attelée de deux bons chevaux, franchissait la barrière, au Point-du-jour, et se dirigeait du côté de Sèvres par la route de Billancourt. Dans cette voiture se trouvaient la marquise de Presle et le docteur Vernier.

Dans la maison isolée, que Pistache avait montrée de loin à la marquise, entre un peuplier et un marronnier, deux hommes étaient assis de chaque côté d'une table sur laquelle on voyait encore les restes d'un dîner, qui avait dû être fourni par un restaurateur. Ces deux hommes égayaient la fin de leur repas en versant du champagne mousseux dans des coupes de cristal. Une lampe les éclairait. L'un d'eux était Pierre Gargasse le gardien de la maison, et l'autre Blaireau.

La maison appartenait à ce dernier. Il l'avait achetée depuis une douzaine d'années et elle lui avait servi depuis à plus d'un usage. C'est là qu'il s'était livré à des orgies sans nom, entouré de compagnons de débauche. C'est aussi dans ce repaire, quand il voulait rester inconnu ou jouer un rôle ténébreux dans une affaire, qu'il donnait ses rendez-vous ; c'est là encore qu'il avait fait, pendant des années, un de ses lucratifs métiers : celui de receleur. Pour le moment, en même temps qu'elle servait de prison à la malheureuse Léontine Landais, la maison donnait asile à un forçat en rupture de ban.

— Que le diable t'emporte ! dit tout à coup Blaireau ; je fais tout au monde pour te dérider, je n'y parviens pas. Au lieu de noyer ta tristesse dans un verre de champagne, tu me montres une figure de condamné à mort. Voyons, parle, quelle araignée trotte dans ta cervelle ?

— Il y a que je m'embête ici, répondit Gargasse d'une grosse voix enrouée.

— Je te conseille de te plaindre ! Pourrais-tu me dire ce qui te manque ici ? Tu es logé comme un seigneur, payé grassement et, sans faire œuvre de tes dix doigts, tu peux tranquillement dormir, boire et manger.

— Il me manque, que je n'ai pas ma liberté, que je suis enclos entre les murs de cet enclos.

— Ta liberté, fit Blaireau en riant, je croyais te la donner en te cachant ici. Mais vois-tu entêté, tu ne serais pas huit jours sans tomber entre les griffes de la justice... Alors, je te demande ce qu'elle vaudrait, ta liberté ?

— Je ne suis pas homme à me laisser repincer, murmura sourdement Gargasse. Enfin, reprit-il sur un autre ton, le métier que tu me fais faire ne me convient pas.

— Hein, des scrupules ?

— Oh ! je n'en suis pas là... mais, enfin, cela peut durer comme ça dix ans, vingt ans...

— Quant à ça, je t'affirme que non.

— On songe donc à se débarrasser de la marquise ?

— On ne peut pas toujours garder une chose qui gêne.

— Alors, pourquoi ne pas en finir dès demain ?

Blaireau haussa les épaules.

— Tu ne fais pas preuve d'intelligence en ce moment, Gargasse, répondit-il.

— Je ne suis pas une forte tête comme toi, répondit le forçat d'un ton bourru.

— On ne sait pas ce qui peut arriver, reprit Blaireau ; rien ne prouve qu'on ne cherche la folle ; suppose qu'on découvre les auteurs de l'enlèvement et qu'on nous la réclame. Avant d'en finir, comme tu dis, il faut donc attendre que la disparition de la marquise tombe dans l'oubli comme toute chose. Quand nous aurons la certitude qu'on ne songe plus à elle, rien ne sera plus facile que de la faire disparaître ; une dose de poison ou une noyade de nuit en pleine Seine, et tout est dit.

— Soit, mais avec tout ça, et malgré tes promesses, je ne

vois pas que ma position soit meilleure. Ne parlons pas du présent; puisqu'il faut que je m'en contente, mais après?... Je ne te demande pas ce que tu as reçu pour l'enlèvement, ni ce qu'on te paie pour notre pensionnaire ; je te connais, tu ne te mêles pas d'une affaire qui rapporte peu; mais cela ne me regarde pas... c'est toi qui m'emploies, enfin c'est toi qui dois me payer... Quelle sera ma part ?

— Nous en causerons quand le moment sera venu.

— C'est toujours la même réponse, et ce n'est pas suffisant... D'ailleurs, avec toi, on n'est sûr d'avoir une chose que quand on la tient. Autrefois, dans l'affaire du mariage, qu'est-ce que j'ai eu ? Un pauvre billet de mille... Rien ! Tu as tout gardé ; c'est ta méthode. Elle est excellente... pour toi ; mais elle fait de tes amis des niais et des imbéciles, j'en ai assez... Il y a un nouveau gâteau à manger, j'en veux ma part. Je ne me contenterai plus, comme par le passé, d'en sentir l'odeur ou d'en grignoter une miette... Tu entends, je veux une somme ronde... elle m'est nécessaire pour un projet que j'ai.

— Tu as un projet, lequel ?

— Je veux devenir honnête homme.

— En vérité !

— Me retirer dans un petit endroit, loin de Paris, avec une femme que j'ai aimée et que j'aime encore, pour y vivre tranquillement en cultivant mon jardin et en y plantant des choux.

— Mais c'est admirable et tout à fait édifiant, fit Rhiveau en ricanant.

— Ne m'as-tu pas dit toi-même que je serais un jour maire de mon village ?

— Eh ! eh ! pourquoi pas ? On a vu cela et des choses plus extraordinaires encore.

— La vérité est que je suis las de la vie misérable et bête que j'ai menée... Non, non, j'ai vu le bagne une fois, je n'y veux pas retourner. Oh ! quand je regarde ce que tu es et ce que je suis devenu, je ne sais quelle espèce de rage s'empare de moi ! Qu'as-tu fait pour moi ? Rien, jamais rien ! je devais être ton associé, mensonge ! Je suis resté ton employé, ton agent, moins que cela même, ton manœuvre, ton domestique ! Aujourd'hui, tu es riche, tu jouis d'une certaine considération...

Monsieur Blaireau est reçu dans le monde... Dieu me damne, je m'étonne que tu ne sois pas encore décoré?... Et moi? Moi, je n'ai pas un <abbr>sou</abbr> vaillant, je reste ce que j'ai toujours été, ton valet, et je suis un forçat en rupture de ban.

— Ah! çà, vas-tu me reprocher maintenant ta mauvaise chance? Tu as voulu marcher seul, mal t'en a pris; tu t'es fait pincer comme un sot et on t'a envoyé aux galères; ce n'est pas ma faute. Tu prétends que je suis riche, est-ce parce que cette bicoque est à moi? Je n'ai pas besoin de faire le fier avec toi; en vivant avec beaucoup d'économie, je suis parvenu à amasser une petite rente pour mes vieux jours. Il n'y a vraiment pas de quoi te rendre jaloux.

— Je ne suis pas jaloux, répliqua brusquement Gargasse; tu as été adroit, c'est une chance; tu as fait ton affaire, tant mieux pour toi! J'ignore ce que tu possèdes, je n'ai pas vu le fond de ta caisse, mais je sais ce que je sais.

— Que veux-tu dire? s'écria Blaireau presque avec effroi.

— Rien. Aurais-tu des millions que je n'y trouverais pas à redire. Mais il me faut aussi, à moi, ma petite rente pour mes vieux jours, et c'est à Blaireau, à ce cher ami Blaireau, que je la demanderai. Du reste, ne parlons pas de cela aujourd'hui; comme tu le disais tout à l'heure, nous en causerons quand le moment sera venu.

— Voilà un gaillard dont je me débarrasserai bientôt, pensait Blaireau.

Au bout d'un instant, il regarda sa montre.

— Diable, fit-il, il est près de huit heures, comme le temps passe vite en compagnie d'un vieil ami. Mais il faut que je te quitte, je dois être à Paris à dix heures.

— Je ne te retiens pas.

— Je viendrai probablement te voir dans la semaine.

— Quand tu voudras.

— Allons, tu as juré de ne pas être gai aujourd'hui, reprit Blaireau en se levant. Comme toujours, je te recommande d'ouvrir l'œil; il faut sans cesse se tenir sur ses gardes. Ne laisse approcher personne de la maison, je me défie des gens curieux.

— C'est bon, je sais ce que j'ai à faire.

Blaireau mit son chapeau, prit sa canne et sortit. Gargasse

l'accompagna jusqu'à la petite porte pratiquée dans le mur de clôture, laquelle était constamment fermée et dont il avait toujours la clef sur lui.

Une fois dehors, Mairean prit un sentier entre deux haies pour se rendre à la gare.

Gargasse ferma la porte à clef, poussa les deux verrous, tout en grommelant contre Mairean ; puis, tranquille de ce côté, parce qu'il s'était bien enfermé, il bourra sa pipe et l'alluma. Cela fait, il alla s'asseoir sur un siège rustique placé sous le marronnier.

## XI.

### UNE PÊCHE D'UN NOUVEAU GENRE

Tous les soirs, avant de se coucher, assis au même endroit sous le marronnier, Pierre Gargasse fumait sa vieille pipe culottée, avec cette jouissance que savent seuls apprécier les amants de la pipe. C'était devenu chez lui, déjà, une habitude, et il fallait que le temps fût bien mauvais pour qu'il y dérogeât.

Il venait de s'asseoir et il avait eu à peine le temps de se mettre à son aise, les jambes allongées, afin de mieux savourer la fumée du tabac, lorsqu'il entendit au-dessus de sa tête un craquement de branches suivi d'un bruit de feuilles froissées. Il leva les yeux et regarda dans l'arbre. Il ne vit rien.

— C'est un chat ou un oiseau de nuit qui fait la chasse à un pierrot, pensa-t-il.

Et il se mit tranquillement à fumer.

Soudain, derrière lui, un homme se dressa sur la crête du mur. Cet individu portait un de ces filets connus sous le nom d'épervier, dont se servent tous les pêcheurs de rivière. Les trois quarts du filet jetés sur l'épaule gauche et le reste dans sa main droite, il apparaissait sur le mur, comme le pêcheur sur sa barque, prêt à lancer l'épervier.

Gargasse entendit le bruit mat des plombs se heurtant, puis

quelque chose de semblable à un battement d'ailes. Mais avant qu'il eût eu le temps de voir, l'épervier, lancé d'une main sûre, s'arrondissait en se développant au-dessus de sa tête, s'abattait sur lui et l'enveloppait tout entier.

Gargasse ne pouvait deviner à quel ennemi il avait affaire, et ne reconnut pas, d'abord, qu'il se trouvait pris comme un poisson dans les mailles d'un filet de pêche.

Il se leva brusquement en poussant un hurlement de bête fauve et voulut bondir en avant. Alors il arriva ce que l'homme à l'épervier avait prévu : les pieds de Gargasse s'embarrassèrent dans les plis du filet et il tomba lourdement, tout de son long, la face contre terre, faisant entendre d'horribles imprécations.

Au même instant, deux hommes, qui se tenaient cachés dans les branches du marronnier, dégringolèrent et se jetèrent sur Gargasse, comme deux tigres sur une gazelle.

L'homme au filet, qui n'était autre que Pistache, avait également opéré sa descente.

A eux trois, malgré les efforts que faisait Gargasse pour prendre l'offensive, ils parvinrent à le rouler dans le filet et à lui ôter complètement l'usage de ses bras et de ses jambes. Ensuite, depuis le haut des épaules jusqu'aux chevilles des pieds, ils le garrottèrent solidement avec des cordes neuves.

Pistache et ses hommes agissaient sans prononcer une parole. Gargasse seul troublait le silence par des grognements sourds et les cris rauques qu'il laissait échapper de sa gorge, en se tordant dans sa rage impuissante.

— Oh! les lâches! oh! les chiens! disait-il en grinçant des dents, qui n'ont pas osé m'attaquer de face et qui se mettent trois contre un! Êtes-vous de la mouche, brigands?... Si vous voulez me tuer, à quoi bon me ficeler comme un saucisson? Assommez-moi tout de suite. Si vous ne voulez pas me tuer, qu'est-ce que vous me voulez? Mais parlez donc, répondez donc, misérables!... Oh! canailles, voleurs, assassins!

Les autres le laissaient dire, écumer de rage, et continuaient leur œuvre silencieusement. Quand ils se furent assurés que Gargasse était dans l'impossibilité absolue de s'opposer à ce qu'ils voulaient faire, ils le prirent à deux et le portèrent dans la maison; le troisième était allé prendre la lampe dans la salle à manger pour les éclairer.

La première chambre dans laquelle ils entrèrent était justement celle où couchait Gargasse. Les deux hommes se débarrassèrent de leur fardeau en le jetant sur le lit. Ensuite ils sortirent et, par surcroît de précaution, Pistache ferma la porte à double tour.

Gargasse se mit à pousser des rugissements.

— Il peut miauler ou beugler maintenant tant qu'il voudra, dit Pistache en entrant dans la salle à manger avec ses hommes, je suis sûr qu'on ne l'entendra pas du dehors.

— Oh! oh! fit l'un des hommes en montrant les bouteilles vides sur la table, paraîtrait qu'on se bourre joliment le canon ici, on a crânement éternué sur les *négresses*.

— Voilà ce que c'est que d'*éternúer de ne*, répondit l'autre.

— Allons les *aminches*, dit Pistache, nous ne sommes pas ici pour *jaspiner*, il faut trouver la *farandène*.

Ils commencèrent par visiter le rez-de-chaussée, puis ils montèrent au premier et unique étage et ensuite au grenier. Toutes les portes furent ouvertes. Rien ne s'était offert à leurs yeux pouvant leur dénoncer la présence de la folle.

A l'exception de la salle à manger, de la chambre de Gargasse, et d'une autre chambre au premier dans laquelle il y avait un lit, où l'on ne devait pas coucher souvent, aucune pièce n'était meublée. Partout des parquets sales, couverts de poussière, des crevasses aux plafonds, des tapisseries déchirées, pendant comme des loques le long des murs, et dans tous les coins des décors repoussants, dus à la patience et à l'industrie des araignées.

Pistache n'était pas content.

— Est-ce qu'ils auraient déniché l'oiseau? grommelait-il entre ses dents; c'est peu probable. Mais alors, où donc ont-ils établi le colombier?

Il sentait avec inquiétude que le temps s'écoulait, que la marquise attendait au bord de la Seine, et il tremblait de manquer son coup et de perdre, surtout, les deux mille francs.

Il restait les caves à explorer, mais Pistache, tout gredin qu'il était, se refusait à croire qu'on eût enfermé la folle dans un de ces trous noirs, humides, froids et sans air. N'importe, il fallait chercher partout.

A l'extrémité du corridor du rez-de-chaussée, ils trouvèrent un escalier de pierre, en colimaçon, qui descendait au sous-sol. Ils entrèrent successivement dans plusieurs caveaux. Dans l'un, ils trébuchèrent contre un amas de bouteilles vides, couchées sans ordre les unes sur les autres ; dans un autre, ils découvrirent des lingots de cuivre, probablement volés à quelque négociant et oubliés par Blaireau.

Ils allaient remonter tout à fait découragés de leurs inutiles recherches, lorsque derrière l'escalier ils aperçurent une petite porte qui n'avait pas d'abord frappé leurs regards. Elle était fermée à clef, mais comme elle n'était pas très solide, un fort coup d'épaule la fit sauter de ses gonds et la jeta en dedans. Ils pénétrèrent dans une sorte de passage étroit, voûté, à peine long de deux mètres, au bout duquel il y avait une autre porte également fermée, mais paraissant assez solide et assez épaisse pour résister aux coups d'épaule d'un hercule.

— Je crois que nous brûlons, dit Pistache à voix basse.

Son cœur se mit à battre violemment, il s'approcha de la porte, sans bruit, et colla son oreille à l'endroit de la serrure. Il entendit, ou crut entendre, comme un bruissement de paille remuée.

— C'est là, dit-il en se redressant, elle doit être là. Mais il nous faut la clef de cette porte ; où est-elle ?

— L'homme de là-haut doit l'avoir dans une de ses poches.

— C'est certain, répliqua Pistache ; nous nous sommes si bien occupés à le ficeler, que nous avons oublié de retourner ses valades.

— Il nous faut aussi la clef de la porte de sortie ; sauter par-dessus le mur n'a rien d'amusant.

Ils remontèrent l'escalier et rentrèrent dans la chambre de Gargasse. Celui-ci était parvenu à couper toutes les mailles à portée de ses dents, et sa tête passait à travers le filet.

Nos hommes ne s'étaient pas trompés : en tâtant les poches de Gargasse, ils sentirent les clefs ; ils s'en emparèrent après avoir éventré l'épervier aux endroits voulus, à l'aide d'un couteau. S'étant assurés que l'une des clefs était bien celle de la porte de sortie, ils s'empressèrent de revenir à l'entrée du caveau fermé. Pistache mit la clef dans la serrure, la tourna et la porte s'ouvrit presque sans bruit.

Les trois hommes entrèrent alors dans une sorte de grotte souterraine, de laquelle s'exhalait une odeur âcre et fétide qui les saisit au nez. Ils furent forcés de se courber pour marcher, tellement la voûte était peu élevée. Ils se trouvaient dans un espace de deux mètres de largeur environ sur trois de longueur. Sur les murs, de longues lignes luisantes indiquaient le passage des limaçons. Un trou rond, où il eût été impossible à un enfant de six ans de passer, percé dans le mur à un mètre au-dessus du sol, et garni encore de deux forts barreaux de fer, était l'unique ouverture par laquelle le caveau pouvait recevoir un peu d'air et de jour. Ce trou ou cette lucarne communiquait à un puits creusé dans le jardin, au fond duquel il n'y avait qu'un peu d'eau, parce que, probablement, elle était détournée au moyen d'un conduit.

Or, le volume d'air que pouvait recevoir le caveau devait être à peine suffisant à l'existence d'une personne ; c'était donc une agonie lente et cruelle qu'on réservait à la malheureuse ensevelie dans ce sépulcre.

Mais ce qui n'était pas moins horrible, c'est qu'après de fortes pluies ou seulement par suite d'une fissure dans la conduite d'eau, celle-ci pouvait tomber dans le puits, arriver très vite au niveau de la lucarne et s'engouffrer dans le caveau. Alors, c'était encore la mort, sans espoir de secours, plus prompte, il est vrai, mais plus épouvantable et plus atroce.

Blaireau avait-il pensé à tout cela et était-ce le résultat d'un calcul de ce misérable ?

Nous ne saurions le dire ; mais il est certain que le caveau, creusé en dehors des murs de fondation de la maison, et le trou communiquant au puits à sec étaient de son invention. Tout cela paraissait si bien combiné pour amener à un moment donné et presque subitement l'inondation de tout le sous-sol de la maison, qu'on peut voir en cela l'extrême prudence d'un homme qui se met en garde contre une perquisition éventuelle de la police ou une descente de justice.

Dans un coin du caveau, sur un vieux matelas dont la laine

et le crin sortaient par de larges déchirures et qu'on avait jeté sur de la paille à moitié pourrie, Pistache et ses hommes aperçurent la folle, qui se tenait pelotonnée, les jambes repliées sous son corps et la face enfouie dans la paille. La malheureuse avait eu peur, sans doute, car on devinait qu'elle cherchait à se cacher. Etait-ce le froid ou l'effet de la peur elle-même ? Elle grelottait.

Pistache s'approcha d'elle et lui mit la main sur la tête. Aussitôt tout son corps frissonna.

— Laissez-moi mourir, murmura-t-elle d'une voix qui n'avait plus rien d'humain.

— Vous êtes avec des amis, lui dit Pistache, nous venons vous chercher, vous délivrer, vous sauver...

Elle répondit par un sourd gémissement. Elle ne comprenait pas.

Pistache la prit à bras le corps et l'enleva de dessus son matelas.

— Oh ! fit-il, elle n'a plus que la peau et les os !

Le visage de la pauvre recluse se trouva en pleine lumière, il était sec, décharné et avait la pâleur d'un cadavre.

La flamme de la lampe dut produire sur elle une sensation douloureuse, car elle ferma aussitôt les yeux en poussant un nouveau gémissement. Du reste, c'était une masse inerte que Pistache tenait dans ses bras.

— Tiens ! dit-il, en s'adressant au plus robuste de ses compagnons, c'est toi qui vas te charger du butin.

Et lui mit la folle dans les bras.

— Maintenant, en route et jouons des *gigues*.

## XLI

### LE DOCTEUR VERNIER

Ils sortirent du caveau et gravirent l'escalier. Pistache laissa ses deux aides se diriger vers la petite porte et entra dans la chambre où Gargasse faisait des efforts surhumains pour rompre ses liens.

— Allons, vieux grinche, lui dit-il en ricanant, on est content de toi parce que tu n'as pas jappé trop fort. Et puisque tu as été bien sage, je ne veux pas que tu crèves comme un chien enragé pour ressembler après à une momie.

Ce que je peux faire pour toi, le voici, continua-t-il en jetant un couteau ouvert au milieu de la chambre; je couperais bien les cordes moi-même, mais je connais l'ingratitude des hommes, tu serais capable de m'étrangler pour me remercier. Voilà le couteau, je te laisse ta lampe, dont je n'ai plus besoin ; le reste te regarde, fais ce que tu pourras.

— Adieu et bonne nuit, Pierre Gargasse !

L'ancien forçat fit le saut d'un brochet qu'on vient de jeter sur le sol en poussant un effroyable rugissement.

Pistache était déjà près de ses compagnons, qui venaient de sortir de l'enclos. Quand ils eurent franchi un peu plus de la moitié de la distance qui les séparait de la route, Pistache s'arrêta, mit ses doigts dans sa bouche, et un sifflement aigu vibra au milieu du silence de la nuit. Une minute après, les trois hommes entendirent le roulement d'une voiture. Ils se remirent en marche et arrivèrent sur la route comme la voiture s'arrêtait en face de la maison isolée.

Cette voiture avait dû se tenir cachée dans les arbres, à quelque distance, attendant le coup de sifflet de Pistache, qui était un signal.

Les deux portières étaient ouvertes. La folle, toujours inerte, fut placée sur un des coussins. Un des hommes monta à côté du cocher, les deux autres prirent place dans le fiacre, refermèrent les portières et le véhicule partit rapidement dans la direction de Sèvres.

A part les cafés et les débits de vin où il y avait encore quelques buveurs de bière et de petit bleu, les habitants de cette paisible localité, célèbre par ses merveilleuses porcelaines, dormaient déjà du sommeil tranquille de l'innocence.

Le fiacre, qui descendait la grande rue, faisant un tapage d'enfer sur les pavés, n'attira même pas l'attention de deux bons gendarmes de Seine-et-Oise, qui, n'ayant rien à surveiller, fumaient un cigare d'un sou avant de rentrer à la caserne.

Arrivé en vue du pont, le fiacre ralentit sa marche,

et il n'allait plus qu'au pas des chevaux lorsqu'il tourna à gauche à l'angle du parc. Pistache mit sa tête à la portière et regarda. Il vit à quelque distance deux lumières blanches immobiles.

— Tout va bien, dit-il, elle est au rendez-vous.

Un instant après, par son ordre, le fiacre s'arrêtait sur la chaussée à côté de la voiture de remise rangée contre le mur. Il sauta à terre et se trouva en face de Mme de Presle.

— Eh bien ? l'interrogea-t-elle avec anxiété.

— C'est fait, répondit-il.

La marquise étouffa un cri de joie.

La folle passa du fiacre dans la voiture de remise. Ce fut l'affaire d'une minute. La pauvre insensée était tellement affaiblie que, l'eût-elle voulu, elle n'aurait pas eu la force d'opposer la moindre résistance.

— Voici la somme convenue, deux mille francs, dit la marquise en mettant une liasse de billets de banque dans la main de Pistache.

Le docteur Vernier, qui s'était tenu à quelques pas de distance, s'approcha alors pour aider la marquise à monter en voiture.

— Ne vous occupez pas de moi, mon ami, lui dit-elle, mais de votre malade. Venez, ajouta-t-elle, en enlevant de dessus ses épaules un lourd châle de laine, la nuit est très fraîche et la pauvre femme est à peine vêtue, voilà pour la couvrir.

Pendant ce temps, Pistache achevait de compter ses billets de banque.

La marquise rejoignit le docteur dans la calèche, et les deux voitures se séparèrent, le fiacre filant du côté de Saint-Cloud, l'autre gagnant le pont de Sèvres pour reprendre la route de Paris.

Le docteur Vernier demeurait rue Dauphine. La voiture avait fait une halte rue Saint-Dominique et la marquise était descendue à la porte de son hôtel. Il était près de minuit lorsque le docteur rentra chez lui avec Léontine Landais. Quelques paroles douces et affectueuses, auxquelles elle n'était plus habituée, ayant rassuré la pauvre femme, elle n'avait fait aucune difficulté pour monter à l'appartement du docteur, appuyée sur son bras.

Pistache n'avait pas eu le temps de dire à la marquise dans

quelle espèce de prison il avait trouvé la folle; mais en la voyant si pâle et si maigre, pouvant à peine se soutenir sur ses jambes et en remarquant le battement de ses paupières devant la lumière, le docteur devina à peu près la vérité.

— Oh! les misérables! murmura-t-il.

Il lui fit prendre lui-même un bol de vin chaud sucré, qui parut lui faire beaucoup de bien. Il sortit ensuite après l'avoir confiée aux soins d'une femme de service.

Nous croyons inutile de dire aux lecteurs dans quel affreux état se trouvaient les oripeaux dont se composait le vêtement de Léontine; cela soulevait le cœur de dégoût et surtout d'indignation. Elle n'avait peut-être pas changé de linge depuis son départ des Sorbiers. Tout ce qu'elle portait sur elle n'était à vrai dire que des guenilles à demi pourries, à peine dignes du crochet d'un chiffonnier.

La domestique essaya de mettre le peigne dans sa chevelure; mais elle était dans un tel état qu'elle crut devoir remettre au lendemain le travail difficile de démêler ses cheveux.

Après l'avoir débarrassée de son vêtement sordide et lui avoir mis une autre chemise, la domestique l'aida à se coucher. Au bout d'un quart d'heure elle dormait profondément.

Le lendemain, vers onze heures, M<sup>me</sup> de Presle arrivait chez le docteur.

— Comment va notre malade? demanda-t-elle.

— Aussi bien que possible, la nuit a été bonne. Désirez-vous la voir?

— Non, docteur, plus tard, le jour où, je l'espère, elle pourra me répondre. Je me suis occupée ce matin de son trousseau, demain tout sera prêt. Est-ce demain que vous la conduirez à la maison de santé de Montreuil?

Le docteur secoua la tête.

— Avant de songer à lui rendre la raison, dit-il, il faut d'abord guérir le corps. L'infortunée est dans un état d'épuisement presque complet. C'est à sa bonne constitution qu'elle doit de vivre encore. Je ne saurais dire dans quel réduit infect on l'avait enfermée; mais elle a dû être privée d'air, de lumière et souvent de nourriture. Il en résulte un désordre très grand dans toutes les parties de l'économie, et ce n'est qu'avec beaucoup de soins et de patience que nous parviendrons à rendre l'équilibre et le fonctionnement régulier aux organes plus ou moins atteints.

Il était temps, chère marquise, que vous vinssiez au secours de votre protégée; avec un pareil régime, elle n'aurait pas tardé à succomber sous le poids d'atroces douleurs physiques.

— Docteur, s'écria la marquise les yeux pleins de larmes, j'approuve d'avance tout ce que vous ferez dans l'intérêt de cette pauvre femme; mais guérissez-la, sauvez-la!

— Oh! rassurez-vous, sa vie n'est nullement menacée maintenant; il s'agit de lui rendre ses forces épuisées, nous y parviendrons; c'est l'affaire de quinze jours. Je ne veux pas la remettre entre les mains de mon confrère avant qu'elle ne soit en état de supporter le régime auquel elle sera soumise.

Elle est ici, convenablement installée, elle y restera aussi longtemps que je le jugerai nécessaire; elle est sous ma main, c'est vous dire que les soins ne lui manqueront pas.

— Vous l'avez vue ce matin; vous a-t-elle parlé?

— Non, elle reste silencieuse; mais ses yeux qui commencent à supporter l'éclat du jour, ont toute l'éloquence de la parole. Elle m'a regardé longuement avec une sorte de curiosité, mais aussi avec une expression de vive reconnaissance. A un moment elle a même versé quelques larmes. A quelle cause attribuer cette émotion? Il ne m'a pas été possible de le saisir. Succédait-elle à une pensée ou seulement à une sensation? Mais n'importe, la sensibilité existe et c'est un excellent symptôme.

— Ah! docteur, vous ne savez pas tout le bien que me font vos paroles!

— C'est, d'ailleurs, une malade facile à soigner, continua M. Vernier; elle obéit sans la moindre résistance. A voir ses regards étonnés, on dirait qu'elle cherche à comprendre le motif de son changement de situation ou qu'elle voudrait deviner à quoi ou à qui elle le doit. A n'en pas douter, elle est heureuse de se trouver couchée dans un bon lit, de voir du feu dans sa chambre et de respirer à pleine poitrine, indépendamment du bien qu'elle en éprouve. Ses yeux vont constamment d'un objet à un autre et elle regarde tout avec une curiosité naïve, comme un aveugle-né à qui on aurait rendu la vue.

Du reste, en dehors même de l'intérêt que vous lui portez, le sujet est des plus intéressants au point de vue de la science, et je me réserve d'en tirer une étude sérieuse physiologique et psychologique. Rien ne doit être perdu pour la science. Elle sera la première, d'ailleurs, à recueillir le bénéfice de mon travail, puisque je ne l'entreprends qu'en vue de sa double guérison.

Voilà, chère marquise, tout ce que je peux vous dire aujourd'hui sur votre malade ; c'est bien peu.

— C'est vrai, docteur, mais en peu me comble de joie, et je vais vous quitter le cœur rempli d'espoir.

— Il faut toujours espérer, répliqua gravement M. Vernier. L'espoir est une des meilleures choses que Dieu ait mises en nous.

— Oui, mon bon docteur, et c'est pour cela que l'Église a fait de l'espérance une vertu théologale.

## XLII

### LA SOIRÉE

A neuf heures, l'hôtel Descharmes était splendidement éclairé.

Les domestiques en habit noir et pantalon court, bouclé sur des bas de soie au-dessous du genou, tous gantés et cravatés de blanc, attendaient dans l'immense vestibule le moment d'ouvrir à deux battants les portes des salons.

M⁽ᵐᵉ⁾ Descharmes achevait de s'habiller entre les mains de sa femme de chambre et de son coiffeur ; celui-ci semait des fleurs de diamant dans son opulente chevelure.

M. Descharmes, qui regrettait peut-être de n'avoir point su résister à une idée évidemment étrange de sa femme, jetait un dernier coup d'œil dans les salons qui allaient être ouverts aux invités.

Certes, il était loin de songer à ce que cette soirée et celles qui devaient suivre lui coûteraient d'argent. Il ne pensait qu'à Angèle, et il était préoccupé, inquiet ; car il la voyait trop décidée ût se l'avouer milieu d'une aventure dangereuse. Depuis quelques jours, la jeune femme était dans une telle surexcitation d'esprit qu'il en éprouvait une sorte d'épouvante.

D'un autre côté, il ne se dissimulait pas qu'on étalait ainsi un luxe insolent aux yeux des Parisiens, il allait exciter l'envie de bien des gens et provoquer de nombreuses jalousies. Là encore il voyait un danger; il sentait que, malgré lui, parmi ceux-là même qu'il recevrait chez lui, il se créerait des ennemis. Dans la haute situation qu'il avait acquise par son travail et son intelligence, Henri Descharmes n'avait certainement rien à redouter des envieux et des jaloux, mais il était un de ces hommes modestes, ayant horreur de ce qu'on appelle la pose, exempts de toute pensée d'orgueil, qui ne veulent même pas être soupçonnés de montrer les avantages qu'ils ont sur les autres.

A dix heures, les premiers invités arrivèrent. Ils furent reçus par Angèle et son mari. A partir de ce moment, il y eut dans la cour de l'hôtel un mouvement continuel de voitures et de superbes équipages. Les salons se remplissaient de tout ce que Paris comptait alors de grandes illustrations dans la magistrature, l'armée, la science, la littérature et la finance. La vieille noblesse habituellement si hautaine vis-à-vis des parvenus, n'avait pas dédaigné, ce jour-là, de passer les ponts pour venir au boulevard Malesherbes.

Mais dans tout ce monde, avide de distractions et chercheur de plaisirs, il y avait certainement plus de curiosité que de véritable sympathie pour le riche entrepreneur.

On avait entendu parler de son hôtel comme d'une huitième merveille, on voulait le voir. On voulait voir aussi de près ce phénix qui, de simple ouvrier, était parvenu à acquérir, en quelques années, une des plus grandes fortunes industrielles qui aient été faites en France.

A onze heures, au moment du concert, plus de cinq cents personnes se pressaient dans les salons où l'on ne circulait plus qu'avec peine. Dans l'un, où il n'y avait que des hommes, on parlait de science et de politique.

— C'est le conseil de messieurs les philosophes, avait dit Angèle en riant à quelques dames qui causaient avec elle.

dans la pièce réservée aux joueurs, ceux-ci se groupaient autour des tables de jeu.

Dans le grand salon le coup d'œil était féerique. Au dire d'un ancien ambassadeur, alors en disponibilité, on n'avait jamais vu une réunion aussi complète et aussi bien choisie de femmes jeunes et jolies.

Elles riaient beaucoup, ces gracieuses jeunes femmes, parce que toutes avaient à montrer de magnifiques dents blanches.

Il faut se souvenir du luxe étourdissant des toilettes de la fin du second empire pour avoir une idée des robes merveilleuses qui parurent à cette soirée et des pierreries qui scintillaient de toutes parts comme des bouquets d'artifice. Les diadèmes et les aigrettes de ces dames lançaient plus de feux et d'étincelles que les lustres, dont les mille lumières ruisselaient à flots sur des épaules nues, des cascades d'émeraudes, de rubis, de perles, de topazes et de diamants. C'était un véritable éblouissement.

Après le concert, où quelques-uns de nos plus grands artistes se firent entendre, le bal commença.

La joie éclata sur tous les visages et bientôt la gaieté arriva à son apogée.

Indépendamment des domestiques qui circulaient continuellement avec des plateaux d'argent chargés de rafraîchissements, de gâteaux et de sucreries, le buffet était accessible à tout le monde. La soirée de Mme Descharmes rappelait certaines fêtes mondaines de la rue de Courcelles ou du palais Bourbon.

S'il y avait moins d'étiquette chez Mme Descharmes, on s'y trouvait mieux à l'aise et on s'y amusait plus franchement. L'adorable sourire et l'amabilité pleine de charme de la maîtresse de maison comptaient pour beaucoup parmi les rayonnements de la fête. Elle n'était point assiégée par une nuée de courtisans et de flatteurs ayant quelque faveur à obtenir du pouvoir; mais son exquise beauté attirait tous les regards et à chaque instant, un murmure d'admiration s'élevait autour d'elle.

Elle dansait une redowa avec Albert Ancelin.

— J'ai aperçu tout à l'heure le marquis de Preste, lui dit-il.

— Oui, il est venu avec son fils.

— Et la marquise ?

— Elle est un peu souffrante, elle s'est fait excuser.

— Vous n'avez pas encore causé avec le marquis ?

— Non. Il est venu me saluer et m'a présenté son fils ; mais, voyant que je causais avec plusieurs personnes, il s'est retiré.

— Vous êtes entourée comme une reine, le marquis ne pourra pas vous approcher.

— Oh ! je lui en fournirai l'occasion, et quand je devrais aller à lui... Mais non, je n'aurai pas besoin de le chercher, car le voilà. La danse va finir, si vous le voulez bien, nous nous arrêterons à deux pas de lui.

Au dernier accord de l'orchestre, Albert Ancelin et Angèle, qui avaient calculé leur marche, s'arrêtèrent juste en face du marquis.

Celui-ci s'approcha vivement de la jeune femme. Albert s'éloigna.

— Madame, dit le marquis en s'inclinant, je suis heureux de saisir enfin le moment de vous adresser mes félicitations sincères ; votre fête est splendide et vous en faites les honneurs avec une grâce incomparable.

— Votre approbation, monsieur le marquis, est précieuse pour moi, car nul mieux que vous n'a le goût des belles choses. Vous êtes très indulgent, sans doute, mais je vous remercie de vous être souvenu que je suis une humble débutante.

— Qui apparaît comme un météore, répliqua vivement le marquis, et qui, du premier coup, éclipse toutes ses rivales.

— Monsieur le marquis, répondit Angèle en accompagnant ses paroles d'un regard voilé que lui eût envié une coquette émérite, si je vous écoutais longtemps, vous feriez naître en moi des pensées d'orgueil.

— Mais c'est un droit qui vous appartient ! Je regarde autour de vous toutes ces femmes charmantes, aucune d'elles ne peut vous être comparée. Comme des étoiles, qui graviteraient dans l'orbe d'un astre unique et resplendissant, on dirait que votre beauté rayonnante leur envoie un peu de son éclat. Madame, vous êtes une reine au milieu de sa cour.

— Je vois, monsieur le marquis, que vous possédez à fond le grand art de la flatterie.

— On n'est pas flatteur quand on dit la vérité. On se place pour le quadrille; voulez-vous me faire l'honneur de le danser avec moi?

— Merci, je suis un peu fatiguée, et je désire me reposer un instant.

— En ce cas, je ne danserai pas non plus, et si vous voulez bien me le permettre, je vous tiendrai compagnie.

Elle lui répondit par un sourire et un regard qui signifiaient : Rien ne saurait m'être plus agréable.

Angèle était si franche, si naturelle et paraissait agir si naïvement, que le marquis ne pouvait se douter de son manége. Il se persuada facilement qu'il avait trouvé le moyen d'être agréable à la jeune femme et qu'il devait à ses paroles et aussi à sa personne la faveur qu'elle lui accordait. Ils allèrent s'asseoir à l'extrémité du salon dans l'embrasure d'une fenêtre.

— Votre fête de ce soir, madame, est pour beaucoup de monde, ici, un sujet d'étonnement, dit le marquis.

— Pourquoi cela, monsieur?

— On sait que M. Descharmes est plusieurs fois millionnaire, et on se demande comment, jeune et belle comme vous l'êtes, vous n'avez pas songé plus tôt à réunir dans les salons de votre magnifique hôtel l'élite de la société parisienne qui s'y trouve en ce moment.

Angèle parut hésiter avant de répondre ; puis d'une voix qui trahissait une certaine émotion :

— Cela tient à plusieurs causes, monsieur, dit-elle. Si j'ai vécu, pour ainsi dire isolée, c'est que j'y trouvais quelque charme; je ne dis point que je n'aime pas le monde; mais, de loin, il m'effrayait et j'avais peur aussi de mon inexpérience. Comme vous le voyez, j'ai surmonté mes appréhensions et vaincu ce que j'appelle mes terreurs. Pour cela, il a fallu qu'une transformation s'opérât en moi. Eh bien, c'est vrai, je ne suis plus la même femme; je sors comme d'un rêve, et maintenant, monsieur le marquis, je cherche à me distraire.

Elle poussa un soupir, et sa tête se pencha sur sa poitrine.

— Quoi! fit M. de Presle, n'êtes-vous donc pas heureuse?

— Heureuse! répondit-elle en relevant brusquement la tête et avec un sourire singulier, non, je ne le suis pas!

— Votre mari ?...

— Mon mari est le meilleur des hommes ; seulement...

— Je comprends : les affaires, l'ambition...

— Ne parlons pas de M. Descharmes.

— Ainsi, vous souffrez ?

— Beaucoup.

Deux larmes brillaient dans ses yeux. Elles n'étaient pas fausses, ces larmes, ni sa réponse menteuse, car elle pensait à sa sœur.

— Ah ! reprit-elle, il y a de terribles souffrances, qui brisent l'âme et le cœur, et que rien ne peut guérir.

— Ne croyez pas cela, madame, tout mal a son remède.

— La mort qui guérit toutes les maladies !

— A votre âge, on ne désespère jamais ; la mort n'oserait pas toucher à votre jeunesse.

— Oh ! je ne sais vraiment pas à quoi je pense de vous parler de choses si peu intéressantes pour vous, fit-elle en jouant la confusion.

— Vous ne doutez pas de ma profonde sympathie, madame, croyez-le, je suis digne de la confiance que vous me témoignez.

— Je n'oserais parler à personne ainsi que je viens de le faire. Oubliez mes paroles, monsieur le marquis.

— Je veux, au contraire, me les rappeler sans cesse, afin de me souvenir que vous me considérez comme votre ami.

Le front et les joues d'Angèle se couvrirent d'une subite rougeur, que le marquis s'empressa d'interpréter à son avantage.

— Elle est tout à fait adorable, pensait-il.

La jeune femme paraissait troublée et craintive. Elle était, en effet, très émue. Cette émotion, dont le marquis ne pouvait deviner la cause réelle, servait mieux encore à le tromper que les paroles d'Angèle, embarrassées et pleines de réticences.

— Bien que je n'entende rien à la médecine, reprit-il, voulez-vous que nous cherchions ensemble le remède à employer pour vous guérir ?

— C'est déjà un essai que je fais aujourd'hui, répondit-elle ; je donne une fête, j'en donnerai d'autres, je cherche ce remède dans l'appât du plaisir.

— Et vous faites bien; ce qui use le plus dans la vie est surtout de ne pas savoir vivre. Mais il y a, je crois, pour hâter votre guérison, quelque chose de plus décisif.

Un long regard d'Angèla interrogea le marquis en l'encourageant à parler.

— Je crois connaître la femme, continua-t-il en baissant la voix; elle a tous les courages comme tous les dévouements, et plus elle est belle, intelligente, spirituelle et douée de sentiments exquis, plus est grand en elle le besoin d'aspirations. Il faut un but à son existence, le rêve à sa pensée, l'idéal à son cœur. Si le but lui manque, elle s'agite dans le vide et, lentement, son cœur s'atrophie. Elle ressemble alors à un arbre sans verdure; c'est la goutte de rosée et le rayon de soleil qui manquent à la fleur, la sève qui manque à la plante. Les trésors de beauté, de tendresse et d'amour renfermés en elle s'usent, se consument, sans joie pour elle, sans profit pour personne.

Un sourire imperceptible se posa sur les lèvres de la jeune femme.

Le marquis poursuivit:

— Oh! je comprends ce qu'une vie semblable chez une femme contient de douleurs, de brisements, d'agitations et de révoltes intérieures, jusqu'au jour où, se sentant mourir et voulant vivre, elle tend la main à un ami sûr, quelle a distingué, en lui jetant ce cri désespéré: Sauvez-moi!

Aimer et se dévouer, voilà ce qu'il faut à la femme, et c'est à laisser dans la nuit sombre que de ne pas lui demander tout l'amour dont son cœur est le sanctuaire! En ne vous accordant pas les joies de l'amour maternel, madame, Dieu vous a réservée pour un amour plus grand, plus absolu! Celui qui ne l'a pas compris est un grand coupable!... Elle ne serait pas femme, celle-là qui, dans sa beauté dédaignée, ne verrait pas une humiliation et un affront!

Et, tenez, voulez-vous que je vous dise à quel sentiment vous obéissez aujourd'hui?

Elle le regarda fixement.

— Dites, monsieur le marquis, dites, fit-elle.

— Eh bien! vous êtes poursuivie par le désir de vous venger!

Il ne croyait pas avoir deviné si juste.

Angèle tressaillit, et un éclair fauve passa dans son regard, qui se croisait avec celui du marquis.

— C'est vrai, dit-elle d'une voix sourde, je veux me venger !

Le marquis fut ébloui. Pour lui, les paroles de la jeune femme signifiaient clairement : Je veux me venger et, pour cela, j'ai compté sur vous !

— Je mets à votre service mon cœur et mon dévouement, reprit-il en se penchant à son oreille.

— Prenez garde, monsieur le marquis, on nous observe.

— Auprès de vous, j'oublierais le monde entier.

Un jeune homme s'arrêta devant eux, et, s'adressant à Mme Descharmes :

— J'ai l'honneur de vous rappeler, madame, que vous avez bien voulu me promettre la première valse ; elle va commencer, dit-il.

— C'est vrai, monsieur, répondit-elle en se levant.

— Quand aurai-je le bonheur de vous revoir ? demanda le marquis tout bas.

— Ma porte ne vous sera jamais fermée, répondit-elle.

— Merci ; vous êtes adorable !

Il lui tendit la main. Elle fit semblant de ne pas voir ce mouvement ; mais, avant de s'élancer dans le tourbillon de la valse, elle l'enveloppa d'un regard de feu, dont le fluide magnétique pénétra jusqu'à son cœur et fit courir un frisson dans tous ses membres.

Il s'éloigna tout étourdi et chancelant sous le poids de son incroyable bonheur. Il ne pensait plus ni à sa femme, ni à ses enfants ; il se revoyait à l'âge de trente ans.

— Oh ! se disait-il, j'ai fait aujourd'hui ma plus brillante conquête ! Décidément, je suis né sous une heureuse étoile... Le serpent qui a séduit la première femme siffle à l'oreille de Mme Descharmes ; elle veut toucher au fruit défendu, elle le cueillera, et, comme madame Ève, elle croquera la pomme. Elle a de si jolies dents !...

En passant devant une glace, il fut sur le point de saluer son image et de lui dire :

— Marquis, je te fais mon compliment !

Mais il se retint, réfléchissant qu'on pourrait le prendre pour un fou.

— On ne se tromperait pas, vraiment, se reprit-il; oui, je suis fou... fou d'amour !

## XLIII

### LES RÉFLEXIONS DE GARGASSE

Après le départ de Pistache, dans lequel il n'avait pas reconnu un des acteurs de l'audacieuse expédition des Sorbiers, le mouton ayant eu grand soin de ne pas lui laisser voir son visage, Gargasse eut un redoublement d'énergie et continua ses efforts afin de rendre la liberté à ses membres.

N'entendant plus aucun bruit dans la maison, il comprit que les trois hommes s'étaient éloignés. D'abord, il avait cru avoir affaire à des agents de la police de sûreté qui, l'ayant découvert, venaient s'emparer de lui. Puis, voyant qu'au lieu de l'emmener ils se bornaient à lui ôter la possibilité de se défendre, il pensa qu'ils étaient des voleurs attirés par l'espoir de faire main-basse sur un riche butin. Ce qui le confirmait dans cette idée, c'est qu'en fouillant dans ses poches pour lui prendre ses clefs, ils n'avaient pas oublié de lui enlever sa bourse, remplie le soir même par Blaireau, et qui contenait une centaine de francs.

Au bout d'une heure, à force de s'agiter et de roidir ses membres, il parvint à desserrer un peu les cordes et il s'aperçut avec une certaine satisfaction, que sa main droite venait de passer à travers les mailles du filet.

Il se laissa glisser sur le parquet, puis, par des soubresauts nerveux, en s'aidant de ses épaules et en se repliant sur lui-même, il rampa comme un serpent et arriva à l'endroit où le couteau jeté par Pistache était tombé. Sa main libre put le saisir, mais plus d'un quart d'heure s'écoula encore, employé à introduire la lame tranchante entre sa jambe et la corde.

Enfin, le couteau lui rendit le service qu'il attendait de lui. La corde était coupée. Il poussa une exclamation de joie. En un instant, il se débarrassa de ses liens et du filet et se trouva debout.

Sans compter les nombreuses meurtrissures qu'il s'était faites lui-même en cherchant à rompre la corde, il se sentait brisé, moulu ; ses bras tombaient inertes à ses côtés, ses jambes chancelaient.

— J'aurais fait cinquante lieues à la course que je ne serais pas dans un plus piteux état, se dit-il ; les coquins m'ont drôlement arrangé ; je suis fourbu comme un vieux cheval. C'est un des mille agréments du joli métier que me fait faire mon excellent ami Blaireau.

Peu à peu, le sang circula plus facilement dans ses membres, l'engourdissement cessa, il put marcher.

Son premier soin fut d'ouvrir le tiroir d'une commode dans lequel il cachait sa réserve d'argent. Il caressa du regard une ceinture de cuir assez bien garnie en disant :

— Voilà le commencement de ma future fortune.

Puis, réfléchissant que ceux qu'il prenait pour des voleurs n'avaient même pas pris la peine de faire l'inventaire de ses tiroirs, ce qui était en dehors de toutes les règles du métier, il eut seulement alors la pensée qu'un autre mobile que le vol lui avait valu la visite nocturne de Pistache et de ses acolytes.

— Mais que sont-ils donc venus faire ici? murmura-t-il entre ses dents.

Il prit la lampe et passa dans la salle à manger, après avoir eu soin de fermer le tiroir contenant son trésor. Tout y était dans le même désordre qu'au moment où Blaireau et lui s'étaient levés de table. Les visiteurs n'avaient touché à rien, pas même aux serviettes tachées de vin qu'ils auraient pu fourrer dans leurs poches. De bons voleurs ne dédaignent jamais rien.

— Voleurs ou non, se dit Gargasse, ils ne sont pas venus ici pour me prendre seulement ma bourse dans ma poche ; du reste, c'est en m'enlevant mes clefs qu'ils ont trouvé ma bourse ; c'est donc sans préméditation qu'ils m'ont volé... Évidemment, ils cherchaient autre chose que des objets ou de l'or à voler. Quoi?

— Ah! triple brute que je suis, s'écria-t-il tout à coup, en ouvrant démesurément les yeux, la folle!... la folle!...

Il s'élança dans le corridor, descendit l'escalier de pierre et courut au caveau qui devait être la tombe de Léontine Landais. Il n'y avait plus à en douter, les trois hommes venaient d'enlever la pauvre folle, c'est pour cela qu'ils avaient pénétré dans la maison isolée. Une porte brisée, l'autre ouverte, disaient ce qui s'était passé.

Gargasse roidit ses bras et leva jusqu'à la voûte ses poings agités. Sa colère était bien inutile. Il le comprit. Alors son visage blêmit et il laissa tomber sa tête sur sa poitrine. Il songeait à Blaireau, aux conséquences qui pouvaient résulter pour lui de la disparition de sa prisonnière, et peut-être voyait-il s'écrouler tout à coup le fragile édifice de sa fortune. Mais un homme énergique comme Gargasse ne se laisse pas facilement accabler. Au bout d'un instant, sa tête se redressa brusquement.

— Après tout, qu'est-ce que cela me fait à moi? fit-il. Le métier de geôlier ne m'allait pas, eh bien, je n'ai plus à le faire!... Quant à Blaireau... oh! il faudra bien quand même...

Une lueur sombre passa dans son regard et un sourire étrange crispa ses lèvres.

Il sortit de la cave et, toujours la lampe à la main, il se dirigea vers la porte du jardin, que Pistache avait laissée ouverte, et où il retrouva ses clefs. Il tendit son oreille au vent en jetant un regard sur la campagne. Mais la nuit était noire et silencieuse; il ne vit rien, n'entendit rien.

— Oh! ils sont loin, murmura-t-il.

Il ferma la porte à double tour, ramassa sa pipe, qui gisait dans la poussière près du banc et rentra dans la maison.

Au bout d'un instant, assis, les coudes appuyés sur la table, il fumait tranquillement, nous pouvons ajouter philosophiquement, comme un homme qui sait se placer au-dessus des disgrâces et des misères de la vie humaine.

Bientôt il se mit à réfléchir en regardant la fumée de sa pipe, qui montait en spirales bleues jusqu'au plafond.

Il se demanda d'abord s'il préviendrait Blaireau.

Mais comme pour rien au monde il n'aurait voulu raconter sa mésaventure, c'est-à-dire qu'il s'était laissé prendre comme un stupide poisson dans un filet de pêche, et qu'il lui était impossible de faire admettre que la folle avait ouvert elle-même la porte de son cachot ou s'était évaporée comme une vision, il décida que, jusqu'à nouvel ordre, il laisserait Blaireau dans une ignorance complète des événements de la nuit.

Il trouvait à cela un double avantage : d'abord il continuerait à recevoir pour lui seul la somme allouée pour deux; ensuite il pourrait rester encore dans la maison et se préparer, en combinant ses plans d'avance, à une nouvelle existence plus ou moins active.

Or, parmi ses plans, Gargasse en avait un qu'il caressait particulièrement. Son ami Blaireau était riche, il le savait. Sans être positivement jaloux de ce dernier, il se considérait comme une victime du sort injuste et trouvait que la chance avait trop favorisé Blaireau lequel était aussi coquin que lui. Pour l'injustice dont il se plaignait, il voulait forcer son heureux complice à réparer envers lui les erreurs de la fortune.

Toute la difficulté consistait à trouver le moyen de faire capituler Blaireau et de mettre la main dans sa caisse. C'était une grosse entreprise. Mais Gargasse était opiniâtre dans ses volontés, et plus d'une fois déjà il s'était prouvé à lui-même que « vouloir c'est pouvoir ».

— Je veux le faire chanter, il faudra qu'il chante, fit-il en lançant au plafond une colonne de fumée.

D'ailleurs, continua-t-il, j'ai plus d'une corde à mon arc; au moins bête que moi n'aurait pas attendu si longtemps pour s'en servir... j'ai été scrupuleux, j'ai cru à l'amitié; quelle niaiserie! Et j'ai récolté quelques années de bagne, tandis que les autres... Tonnerre ! j'ai été suffisamment le bœuf comme ça ! Si l'on veut maintenant me couper la langue, il faudra qu'on me paie mon silence ! Il y a aussi quelque part un noble marquis qui fera bien quelque chose pour moi. — Ah! ah! ah ! fit-il en riant, je voudrais bien voir la figure qu'il ferait, si, me présentant tout à coup devant lui, je lui disais : Monseigneur, vous voyez en moi le maire, qui, au nom de la grederinerie, vous a uni à Léontine Landais, une bien jolie fille en ce temps-là.

Que me répondrait-il ? Pauvre imbécile, il me rirait au nez et me ferait chasser par ses domestiques... Quels qu'ils soient, les hommes n'aiment pas qu'on leur rappelle les vilenies de leur passé. Si je criais trop fort, M. le marquis me ferait passer pour un imposteur et c'est encore moi que l'on mettrait à l'ombre... Toujours la lutte du pot de terre contre le pot de fer !

Avant de dire à quelqu'un « vous avez fait cela, » il faut être en mesure de le prouver. Où sont-elles les preuves ? Les preuves... ah ! mille tonnerres, je les avais entre les mains et on vient de me les enlever : c'était Léontine elle-même, je me suis laissé voler ma folle !

Triple brute ! exclama-t-il en assénant sur la table un formidable coup de poing, c'est toujours quand il est trop tard, que je m'aperçois de mes sottises ?

Qui donc l'a fait enlever, la folle ? Est-ce Blaireau ou bien lui, le marquis ? Pourquoi ?... Dans quel but ?... Auraient-ils peur de moi ?... Ici, pourtant elle était bien cachée..., Non, non, tout cela ne se débrouille pas dans ma tête, je cherche à m'expliquer... je ne comprends pas... Ce qui est certain, c'est que la folle a été enlevée. Les hommes de cette nuit étaient des gens payés, ce n'est pas douteux : payés par qui ? Voilà, voilà ce que je voudrais savoir... Evidemment, quelqu'un avait un intérêt quelconque à la retirer d'ici. Lequel ? C'est toujours l'énigme... Cherche... Cherche... Soudain son visage prit une expression effrayante ; il se leva et fit deux fois le tour de la salle en marchant à grands pas ; ses yeux brillaient comme des tisons.

— Tantôt Blaireau avait un air singulier, murmura-t-il d'une voix sourde : il a parlé d'une noyade en pleine Seine, et la rivière n'est pas loin... Est-ce qu'il aurait osé ?...

Il bondit sur la table, saisit un couteau et fit trois fois le simulacre de frapper. A ce moment il eût été horrible à voir. Ses yeux s'étaient injectés de sang, sa bouche contractée grimaçait. L'homme avait disparu pour faire place à une bête hideuse.

Mais sa colère s'apaisa presque subitement.

— Non, se dit-il en se rasseyant, Blaireau n'est pour rien dans cette affaire. Si les hommes qui ont enlevé la folle eussent été ses agents et qu'il eût voulu se débarrasser de moi, je connais mon Blaireau : au lieu de se contenter de me garrotter, l'un de ces hommes m'aurait plongé la lame d'un couteau dans la poitrine, ou bien ils m'auraient étouffé ou broyé la tête entre deux pierres.

## DEUXIÈME PARTIE

### LES EXPLOITS DE LA MÈRE LANGLOIS

### I

#### CLAIRE ET ANDRÉ

Claire et André, l'enfant du faubourg, s'étaient installés dans un petit appartement rue des Rosiers.

Nous allons voir ce qu'ils sont devenus au milieu de ce Paris immense où, à côté de l'opulence et des heureux de ce monde, on découvre de si grandes souffrances, tant de malheurs souvent immérités et de misères navrantes.

Heureux de s'être retrouvés, Claire et André firent en commun mille projets pour l'avenir et les plus beaux rêves de bonheur.

Le bonheur! on y croit toujours quand on a vingt ans! Alors on possède toutes les illusions de la vie; on croit, on aime, on ne soupçonne pas les ronces qui poussent sur les sentiers. Tous les jours sont beaux, ensoleillés et l'on ne voit pas de nuits sans étoiles. On a la jeunesse, c'est-à-dire l'espérance, la gaieté et le courage, ses fidèles compagnons.

Claire et André virent d'abord le bonheur leur sourire. Il est vrai que, n'étant pas exigeants, ils demandaient bien peu : le moyen de vivre, l'indépendance par le travail.

La jeunesse est toujours intéressante. Quand on apprit qu'ils étaient frère et sœur et qu'on sut de leur passé ce qu'ils voulurent bien raconter, les locataires de la maison les accablèrent de démonstrations d'amitié. Si beaucoup de curiosité se mêlait à cette sympathie quelque peu hâtive, celle-ci n'en était pas moins née d'un intérêt réel.

Un vieux rentier, qui habitait le quartier depuis plus de quarante ans, promit à André de lui trouver une place. Il se mit immédiatement en campagne, et avant la fin de la semaine, André entrait comme teneur de livres chez un marchand de métaux de la rue Saint-Louis, avec dix-huit cents francs d'appointements pour commencer.

D'un autre côté, la mercière qui occupait une des boutiques de la maison, présenta Claire à une de ses amies, première demoiselle dans un grand magasin de confections pour dames.

Dès le lendemain, par l'entremise de la demoiselle de magasin, la jeune fille eut du travail.

Tout marchait donc à souhait, et si tous les rêves de bonheur n'étaient pas réalisés, il n'y avait pas lieu de supposer que leur existence, calme, heureuse et si bien arrangée, pût être troublée.

C'est pourtant ce qui arriva, tant il est vrai que depuis sa trop facile victoire sur les habitants du paradis terrestre, le démon s'est toujours plu à terrasser et à réduire au désespoir les descendants de sa première victime.

Cette fois, ce n'est pas à la femme qu'il s'adressa pour troubler la paix qui régnait dans le petit paradis de la rue des Rosiers. Pour ses projets ténébreux, il devina qu'André serait plus vulnérable et qu'il lui offrait une proie plus facile à saisir.

Le jeune homme aimait beaucoup Claire, peut-être déjà plus qu'un frère ne doit aimer sa sœur. Cela était venu sans qu'il s'aperçût de rien, comme la chose du monde la plus naturelle; c'est le contraire qui l'eût surpris. Évidemment, il ne pouvait se mettre en garde contre une affection qui lui paraissait si simple et si raisonnable.

Or, en excitant chez André ce sentiment d'affection déjà si vif, en le faisant grandir, en le poussant à l'exagération, le démon, — le diable seul peut nous jouer de ces vilains tours, — allait, sans prendre beaucoup de peine, tourmenter horriblement de pauvres enfants qui n'avaient à ses yeux qu'un seul tort : celui d'ignorer le mal.

Ce qu'il voulait arriva. D'un souffle il incendia le cœur d'André et, presque subitement, l'amitié fraternelle du jeune homme se changea en un violent amour.

Il ne comprit rien d'abord à ce qu'il éprouvait. Près de Claire, son sang coulait plus chaud et avec plus de rapidité dans ses veines, son cœur battait plus vite... Mais pouvait-il en être autrement? Le soir en sortant de son bureau, il était si heureux de regagner leur petit logement, il éprouvait une si grande satisfaction en revoyant sa sœur bien-aimée, qui l'attendait en travaillant près de la table de la salle à manger, sur laquelle le couvert était mis d'avance!

Au bout de quelques jours, il s'aperçut qu'il tremblait, lorsque Claire se penchait gracieuse vers lui, l'invitant avec son charmant sourire à mettre un baiser sur son front.

Un soir il fit semblant de ne pas comprendre l'appel du baiser. Pourquoi? Il n'osait déjà plus l'embrasser. Chaque fois que la jeune fille prononçait ce joli nom de frère, dont il était si fier et si heureux dans les premiers temps, il tressaillait. Il éprouvait comme du mécontentement et il lui en voulait presque de ce qu'elle l'appelait son frère.

Toutes ces choses l'étonnèrent singulièrement. Il réfléchit, s'interrogea et plongea son regard au dedans de lui-même.

Il avait lu *René*. Le souvenir du héros de Chateaubriand l'aida à sonder son cœur. Il y vit avec effroi la passion honteuse, fatale, prête à faire explosion. Il ferma les yeux en poussant un cri d'épouvante.

Oh! s'il eût pu se servir de ses mains et de ses ongles pour l'arracher de son cœur, cet amour criminel et insensé, avec quelle joie sauvage il eût déchiré ses entrailles!

Mais la passion terrible, indomptable, le brûlait, le mordait dans le vif, et il ne pouvait rien que se révolter contre lui-même en jetant ces cris désespérés : Je suis maudit! je suis maudit!

Il pleura, le malheureux! Ce furent des larmes amères, car c'était une grande douleur que la sienne.

Il lui sembla qu'il n'oserait plus regarder Claire, ni lui parler; que sous le regard si doux et si pur de la jeune fille, il mourrait de confusion. Il le croyait vraiment, car il avait honte de lui-même.

Ce jour-là, en sortant du bureau, il prit un autre chemin que celui de la rue des Rosiers; il s'en alla droit devant lui, à travers les rues, comme un fou, la tête baissée et les yeux fixes, n'entendant rien et bousculant les passants sans les voir.

Il rentra fort tard; il avait oublié de dîner, il n'avait pas faim. Claire, très inquiète, l'avait attendu comme d'habitude; le modeste repas préparé avec tant de soin s'était depuis longtemps refroidi sur la table; elle n'y avait pas touché. L'absence d'André lui avait ôté l'appétit.

— J'ai été dans une grande inquiétude, lui dit-elle, que t'est-il donc arrivé?

— Mon patron m'a retenu, répondit-il.

Elle vit bien qu'il mentait.

Elle voulut se jeter à son cou.

Il la repoussa doucement.

Elle poussa un soupir, retourna à sa place et reprit son ouvrage.

— Tu travailles toujours trop tard, lui dit-il d'une voix qui trembla malgré lui, tu te fatigues; il faut te reposer.

— Je t'attendais, fit-elle.

— Tu te brises la vue, reprit-il; tu as les yeux tout rouges.

C'était vrai; mais des larmes les avaient rougis.

Le lendemain, il rentra à l'heure du dîner.

Claire ne put lui cacher sa joie.

— Eh bien, est-ce que tu ne m'embrasses pas aujourd'hui? lui dit-elle souriante, en s'approchant de lui.

Il l'entoura de ses bras et l'étreignit contre son cœur.

— Comme tu me rends heureuse! fit-elle.

Il avait refusé de l'embrasser la veille, elle avait eu peur qu'il l'aimât moins.

Quinze jours s'écoulèrent pendant lesquels Claire s'inquiéta sérieusement en cherchant à se rendre compte des bizarreries d'humeur d'André.

Sous un prétexte quelconque, parfois même sans vouloir donner un motif à son absence, il passait souvent ses soirées dehors. Que faisait-il? Où allait-il? Pourquoi agissait-il ainsi? La jeune fille se faisait en vain ces questions. Si l'étrange conduite d'André l'étonnait, elle s'en attristait encore davantage. Elle avait beau se mettre l'esprit à la torture, elle ne parvenait pas à se l'expliquer. Elle remarquait, d'ailleurs, dans les manières du jeune homme les plus singulières contradictions.

Ainsi, un jour, il la regardait avec une expression de tendresse intime; le lendemain, il lui montrait un visage sombre et maussade qu'elle prenait pour du courroux. Du reste elle lui trouvait toujours dans le regard quelque chose d'insaisissable, qu'elle ne pouvait définir.

Parfois, il l'attirait près de lui, comme s'il eût voulu l'embrasser, puis aussitôt il la repoussait avec une sorte de brusquerie. Ou bien, après lui avoir adressé quelques mots de tendresse, il restait muet tout à coup et gardait, pendant le reste de la soirée, un morne silence.

Souvent aussi, lorsqu'elle lui parlait, elle le vit pâlir. Une fois, elle aperçut deux larmes rouler dans ses yeux. Elle aurait bien voulu connaître la cause de son émotion. Elle n'osa pas la lui demander. Peu à peu, la confiance qu'ils auraient dû avoir l'un pour l'autre s'affaiblissait. Claire le voyait et le sentait.

Tout cela lui causait beaucoup de chagrin et elle souffrait doublement, car elle devinait les douleurs d'André sans en connaître le secret.

Elle s'effrayait, surtout, à cette pensée qu'elle pouvait perdre l'affection d'André, devenue pour elle la moitié de son existence ; à ce sujet, elle passait tour à tour du doute à la croyance.

Quand elle se trouvait seule, la pauvre enfant versait bien des larmes, et c'est à Dieu qu'elle confiait sa peine.

Un dimanche matin, vers onze heures, elle était habillée, prête à sortir. Elle avait mis sa plus belle robe et arrangé sur sa tête, avec beaucoup d'art, les deux longues nattes de ses magnifiques cheveux noirs. Une petite croix composée de grenats, était attachée à son cou au moyen d'un velours noir qui remplaçait avantageusement le collier d'or. Un chapeau de saison très coquet attendait sur le lit le moment où, placé sur la tête, il lutterait de fraîcheur et de gracieuseté avec les joues vermeilles et le visage épanoui de la jeune fille.

La veille, André lui avait dit :

— Demain dimanche, je ne travaillerai que jusqu'à onze heures ; bien que nous ne soyons pas encore à la fin de l'hiver, si le temps le permet, je viendrai te prendre ; nous déjeunerons au restaurant, puis nous prendrons le bateau, et nous irons du côté de Meudon et de Saint-Cloud, que tu ne connais pas encore.

Sortir avec son cher André, être avec lui, tout près de lui, appuyée à son bras, contempler à deux les mêmes objets, respirer ensemble le grand air qui vient de la plaine et des bois, n'était-ce pas un immense bonheur?

Le nuage de tristesse qui obscurcissait ses beaux yeux disparut aussitôt. Il fallait si peu de chose pour la rassurer, la consoler!

Avant de se coucher, elle ouvrit sa fenêtre et son regard interrogea le ciel semé d'étoiles étincelantes. Puis elle s'endormit en pensant à la joie du lendemain.

Elle s'était levée de bonne heure. André était déjà parti. Elle salua joyeusement les rayons du soleil qui entrèrent dans sa chambre. Elle fit lestement son petit ménage. Après l'avoir vergeté, elle plaça sur le lit d'André le vêtement complet qu'il devait mettre, ainsi qu'une chemise d'une blancheur éblouissante, repassée par elle. Cela fait elle s'habilla et comme nous l'avons dit, à onze heures elle était prête.

A midi, André n'avait pas paru. Elle attendit encore. Une heure sonna. Elle comprit qu'il ne viendrait pas. Elle cessa d'écouter le bruit des pas dans l'escalier. Elle avait le cœur gros. Elle s'assit tristement dans un coin et des larmes jaillirent de ses yeux.

## II

### UNE BONNE SOEUR

Claire n'avait pas encore éprouvé un chagrin aussi violent. Elle était accablée, brisée et se sentait profondément découragée.

Pourquoi André la traitait-il ainsi? Que lui avait-elle fait? Elle cherchait, examinait; mais ni dans ses actions, ni dans sa manière d'être avec le jeune homme, elle ne trouvait la moindre chose qui pût justifier l'étrangeté de sa conduite. Elle se débattait éperdue, comme toute personne que menacent des périls inconnus.

Évidemment, André manquait de confiance envers elle; il avait un secret qu'il voulait lui cacher. Pour la centième fois peut-être, elle cherchait à le pénétrer, ce secret; mais, pour cela, elle n'avait pas assez l'expérience de la vie.

Elle était, d'ailleurs, si éloignée de la vérité, que, à bout d'arguments, elle eut tout à coup l'idée qu'André pouvait avoir une maîtresse.

Aussitôt, une émotion extraordinaire s'empara d'elle. Elle sentit sur sa figure un froid glacial; il lui sembla que son cœur cessait de battre et qu'une griffe intérieure déchirait sa poitrine oppressée. Puis, au bout d'un instant, sans savoir pourquoi, elle éclata en sanglots.

— Si je le gêne, il devrait me le dire! s'écria-t-elle en essuyant ses larmes; pourquoi ne cherche-t-il pas le moyen d'être heureux? Ah! s'il craint de m'affliger, il devrait voir que je pleure depuis longtemps et qu'il se rend malheureux, sans rien faire pour mon bonheur. Hélas! ils sont bien loin les beaux rêves que nous avons faits!... Quand je l'ai retrouvé, moi qui me croyais à jamais abandonnée, une vie nouvelle, toute rayonnante m'est apparue; je n'avais plus rien à demander à Dieu...Ah! mon frère, mon frère, j'étais trop heureuse auprès de toi!...

Il m'aime, pourtant, oh! oui, il m'aime, j'en suis sûre... Je le vois dans son regard si doux et si tendre, je le sens quand sa main touche la mienne, et quand parfois encore ses lèvres se posent sur mon front... Il me faudrait si peu pour vivre heureuse : une parole affectueuse le matin, et le soir sur le front, un baiser!... Une goutte de rosée le matin et un rayon de soleil à midi suffisent pour faire vivre une fleur!

Tout en lui est incompréhensible, continua-t-elle : j'ai cru m'apercevoir que je lui déplaisais en l'appelant mon frère, moi qui éprouve un si grand plaisir à lui donner ce nom!

André, cher André, comme je voudrais te voir heureux! Aucun sacrifice ne me coûterait pour te donner ce qui manque à ton bonheur.

Elle passa la journée en proie aux plus sombres pensées.

Elle pleura longtemps. Les larmes sont le soulagement de toutes les grandes douleurs.

Un peu avant la nuit, elle descendit pour acheter le dîner. Bien qu'André n'eût pas tenu la promesse qu'il lui avait faite, elle espérait que, pour la dédommager, il rentrerait de bonne heure et passerait la soirée entière auprès d'elle. Vain espoir; à huit heures, pas d'André encore.

Elle n'avait rien pris de la journée, elle avait faim; elle se décida à manger un peu; puis, espérant faire diversion à ses pensées, elle prit son ouvrage. Elle avait encore pour une heure de travail sur une confection qu'elle s'était engagée à rendre le lendemain. A dix heures le vêtement était prêt à être livré.

Elle entendit ouvrir la porte de l'appartement. Elle tressaillit. André rentrait.

— Enfin, murmura-t-elle.

Elle prit la lampe et sortit de sa chambre pour aller à la rencontre du jeune homme.

— Bonsoir, Claire, dit-il.

Et la tête baissée, n'osant pas la regarder, il se dirigea vers la porte de sa chambre.

La jeune fille se plaça résolument devant lui.

— André, lui dit-elle d'une voix caressante comme celle d'une jeune mère, je désire causer avec toi ce soir. Ne veux-tu point me faire ce plaisir?

Il la regarda sans rien dire, comme un hébété. Elle le prit par la main et, sans qu'il fît aucune résistance, elle l'emmena dans sa chambre où il y avait du feu. Elle le fit asseoir et se plaça près de lui. André restait toujours silencieux et affectait de tenir ses yeux baissés.

La jeune fille rompit le silence.

— André, lui dit-elle, hier soir, après une de ces douces causeries qui deviennent de plus en plus rares entre nous, tu m'avais fait une promesse, mais tu l'as oubliée; pourtant, c'eût été pour moi un grand plaisir, une véritable fête; car si ce n'est pour aller chercher et reporter mon ouvrage je ne sors jamais. Je ne te demande pas comment tu as passé cette journée; je t'aime assez pour ne point vouloir, malgré toi, connaître tes secrets et pour ne te faire aucun reproche.

Moi, comptant sur ta promesse et ravie de sortir avec toi, à onze heures j'étais habillée comme me voici, regarde... Mon chapeau que je devais mettre pour la première fois, est encore là, sur le lit. Je t'ai attendu, tu n'es pas venu; cela arrive souvent, presque tous les jours. Vingt fois, espérant toujours, je me suis mise à la fenêtre.

Le temps était doux comme en septembre, un gai soleil invitait à la promenade; aussi, il y avait foule dans la rue; de belles jeunes filles qui riaient, tout le monde était heureux, excepté moi. Je pensais à toi, à mon isolement, je n'ose dire à mon abandon; mon cœur s'est serré, et je me suis mise à pleurer. André, je n'ai fait que cela toute la journée en songeant à la singulière vie que nous avons tous les deux depuis quelque temps.

Le jeune homme étouffa un soupir.

— Oh! je connais ton excellent cœur, André, continua-t-elle, je ne t'accuse pas... Je vois bien qu'il y a en toi un grand chagrin, c'est lui, lui seul qui m'a changé mon frère.

André releva brusquement la tête, et ses yeux enflammés se fixèrent sur le visage de la jeune fille.

— Écoute, reprit-elle avec douceur, tu es malheureux et moi, en te voyant souffrir, je ne puis être heureuse. Plus d'une fois déjà, je me suis demandé si je n'étais pas la cause de tout. Aujourd'hui encore, je me disais : En vivant avec moi, peut-être ne se trouve-t-il pas assez libre. André, si je suis un obstacle entre toi et ce que tu désires, et ce que tu veux, si je te gêne, dis-le moi, je m'en irai.

— Quoi! s'écria-t-il, tu aurais cette pensée, tu songerais à t'en aller!... Oh! Claire, ne me quitte pas, je t'en supplie, ne me quitte pas!

— Je ne désire point m'éloigner de toi; pour que j'en aie le courage, il faudrait que tu me dises : Séparons-nous... Mais je te le demande, pourrons-nous vivre longtemps ainsi? Notre intimité a disparu, je sens que ta confiance m'échappe. Autrefois, tu ne t'en allais jamais le matin sans m'avoir dit bonjour; tu n'étais content, heureux qu'auprès de moi, tu me le disais du moins.

Maintenant, tu cherches toutes les occasions d'éviter ma

présence, de fuir; tu ne me parles plus guère, et, quand cela t'arrive, il semble que tu fais un sacrifice. Ton regard toujours si bon, pourtant, devient craintif, on dirait que ma vue t'épouvante; ton sourire est contraint, forcé; enfin, tout est changé en toi, jusqu'à ta voix que je ne reconnais plus. Qu'est-ce que cela veut dire? Je vois tout et je ne sais que penser. Alors, vois-tu, je m'imagine que je te déplais.

— Oh! me déplaire, toi! fit André.

— Oui, cela me vient à l'idée, malgré moi, et ça me fait beaucoup de peine. Va, c'est que je t'aime bien, moi!

— Mais je t'aime aussi, ma sœur chérie, répliqua-t-il d'une voix déchirante.

— Est-ce bien vrai?

— Oh! méchante, méchante enfant, fit-il; mais douter seulement de mon affection serait me faire un mal affreux!

Claire laissa échapper un cri de joie.

— Oui, tu m'aimes, reprit-elle, je le sais, je le crois, et, même quand tu me laisses seule comme aujourd'hui, je n'en ai jamais douté.

— Claire, quoi qu'il arrive, crois-le toujours, oui, oui, je t'aime ou plutôt je t'adore!

— Alors, écoute, reprit-elle d'un ton câlin, en appuyant sa tête gracieuse sur l'épaule d'André, laisse-moi lire dans ta pensée; ouvre-moi ton cœur, donne-moi le moyen de te consoler, dis-moi pourquoi tu es malheureux.

— Que je te dise ce que je voudrais ignorer moi-même! exclama-t-il, non, non jamais.

— André, répliqua-t-elle tristement, à qui donc confieras-tu tes peines, si ce n'est à ta sœur?

— Ma sœur, ma sœur! répéta-t-il avec égarement.

— André, si je dois continuer à souffrir, n'est-il pas juste que je sache pourquoi? Fais-moi connaître ton chagrin afin que tes douleurs soient les miennes; à deux nous aurons plus de force. Crains-tu que je manque de courage? Mais ce qui m'accable, surtout, c'est la cruauté de ton silence. André, mon cher André, parle, parle!

— Que la foudre de Dieu m'écrase avant que je dise un mot qui puisse te faire soupçonner la vérité! prononça-t-il sourdement.

— Ah! mon frère, mon frère! fit la jeune fille d'un ton douloureux.

— Ne m'appelle pas ainsi, reprit-il d'une voix sombre : ton frère! Sais-tu si je suis digne de porter ce nom?

Claire le regarda avec stupéfaction.

— J'ai sur moi la robe de Nessus, reprit-il d'une voix saccadée, laisse-moi me débattre seul au milieu des furies qui m'étreignent. Oui, je te fuis, oui, j'ai peur de t'approcher parce que je me sens rougir de honte en ta présence; quand tu me vois baisser les yeux, c'est que je crains que mon regard ne ternisse ta pureté.

— André, mon frère, que dis-tu?

— La vérité. Va, tu ne peux rien contre le mal qui me consume et je suis indigne de ta pitié...

— Mais je t'aime, je t'aime!

— Laisse-moi, te dis-je, je suis un misérable!

— Oh! tes paroles me glacent d'effroi! Mais à t'entendre, malheureux, on croirait que tu as commis un crime!

André bondit sur ses jambes, comme poussé par un ressort. Son visage était livide; du feu semblait sortir de ses yeux.

— Non, fit-il d'une voix rauque, et comme se parlant à lui-même, non, je ne suis pas coupable; mais ce qui me torture et m'étouffe, c'est que j'ai peur de devenir criminel!

— Toi, criminel! s'écria la jeune fille, allons donc, est-ce que c'est possible! Tu te calomnies! Eh bien, malgré toi, malgré tout, je te sauverai de toi-même.

Elle s'élança vers lui et l'entoura de ses bras.

Pendant un instant ils restèrent enlacés dans les bras l'un de l'autre; lui, la serrant fiévreusement contre son cœur; elle, ravie, palpitante, ne comprenant rien à son émotion, mais s'y livrant avec une indicible ivresse.

— Comme je suis bien ainsi, murmura-t-elle, dans tes bras, sur ton cœur!... Cher André, si je devais cesser de vivre, c'est ainsi que je voudrais mourir!

Ces paroles produisirent un effet terrible.

André fut pris d'un tremblement nerveux qui secoua son corps tout entier. Il ferma les yeux. Il sentait sous son front comme un tourbillonnement dans lequel se confondaient toutes ses pensées.

Claire ne vit rien. Elle ne savait pas qu'elle soufflait sur un brasier, qu'elle portait le trouble jusqu'au fond de l'âme du jeune homme, et qu'un mot de tendresse frappait aussi cruellement son cœur que la lame d'un poignard.

— Frère, pourquoi ne m'embrasses-tu pas? lui dit-elle.

André la serra plus fort, et une grêle de baisers tomba sur son front, ses joues et ses yeux.

— Ah! s'écria-t-elle toute frissonnante, quand tu m'embrasses ainsi, je sens mieux que tu m'aimes!

Mais aussitôt André, qui sentait sa raison l'abandonner, la repoussa par un mouvement brusque en disant d'une voix étranglée:

— C'est l'enfer! c'est l'enfer!

Puis, comme si un spectre se fût tout à coup dressé devant lui, il recula avec épouvante jusqu'au fond de la chambre.

La jeune fille, interdite, restait immobile et sans voix.

André se rapprocha d'elle.

— Tu m'aimes, lui dit-il d'une voix sourde, tu as tort; tu devrais me détester.

— Te détester, toi, mon frère! Mais pourquoi, mon Dieu, pourquoi? gémit-elle.

— Je te l'ai déjà dit, parce que je suis un misérable!

— André, André, en me parlant ainsi tu me fais mourir! Mais qu'as-tu donc? Que se passe-t-il donc en toi?

— Les choses les plus effroyables, répondit-il, et je souffre comme un damné... Si tu lisais dans ma pensée, si tu pouvais voir dans mon cœur, tu frémirais de terreur, et ton frère, deviendrait pour toi un objet d'horreur!

En achevant ces mots, il s'élança hors de la chambre comme un fou et courut s'enfermer chez lui.

Il se jeta tout habillé sur son lit et se roula comme un possédé sur les couvertures, mordant avec rage son oreiller, afin d'étouffer les gémissements et les cris qui s'échappaient de sa poitrine.

Claire était restée debout, les yeux fixes et comme pétrifiée. Ces mots: « Ton frère deviendrait pour toi un objet d'horreur » résonnaient encore à ses oreilles et semblaient répétés par un écho sinistre.

Tout à coup, la lumière jaillit de son cerveau et dissipa les ténèbres de sa pensée. Elle voyait, elle comprenait. André s'était trahi; il avait livré le fatal secret, qu'il croyait enseveli au plus profond de son cœur.

Après cette découverte, Claire était naturellement portée à analyser ses propres sentiments et à se rendre compte de ses sensations.

C'est ce qu'elle fit. Alors, une nouvelle clarté qui l'éclaira fut suivie d'une seconde découverte.

Un frisson courut sur son corps, elle baissa la tête et tomba sur ses genoux.

— Mon Dieu, dit-elle d'un ton douloureux, puisque votre loi nous défend de nous aimer ainsi, pardonnez-lui, pardonnez-moi et protégez-nous !

Et la figure cachée dans ses mains elle pleura à chaudes larmes.

Au bout d'un instant elle se releva. Elle ne pouvait se faire illusion, la situation était horrible et elle ne voyait rien qui pût conjurer le malheur qui, déjà, s'acharnait contre eux.

— Il y a donc des êtres sur la terre, pensait-elle, dont la vie est fatalement vouée à la souffrance ?

Avant de fermer sa porte, elle écouta ; elle n'entendit aucun bruit venant de la chambre d'André.

— Il repose, se dit-elle. Pauvre frère !

Elle avait déjà adressé une prière à Dieu, elle pria encore une fois avant de se mettre au lit. Le sommeil pouvait lui apporter le calme et l'oubli momentané de ses douleurs ; elle l'appela, il ne vint pas. Que ses yeux fussent ouverts ou fermés, elle voyait constamment passer devant elle des objets bizarres et des ombres fantastiques, qui se tordaient convulsivement et grimaçaient d'une façon épouvantable.

Ce fut une cruelle nuit d'insomnie.

Dès que le jour parut, elle se leva et se mit à sa toilette. Elle voulait être de bonne heure au magasin pour rendre son ouvrage.

Peu après, André, avant d'aller à son bureau, frappa doucement à sa porte.

— Claire, es-tu réveillée? demanda-t-il.
— Je viens de me lever, répondit-elle.
— Je rentrerai ce soir à sept heures, je te le promets.
— Merci, André. A ce soir!

Elle fut sur le point d'ouvrir sa porte, mais elle résista à la tentation.

André s'en alla, elle acheva de s'habiller; puis après avoir plié et enveloppé soigneusement son ouvrage dans une serviette, elle sortit. Elle suivit la rue de la Verrerie et celle des Lombards jusqu'à la rue Saint-Denis ; elle devait monter celle-ci presqu'entièrement pour prendre la rue du Caire qui la conduisait rue d'Aboukir, à quelques pas seulement de la maison pour laquelle elle travaillait.

Elle cheminait tristement, pensant à André et à leur singulière destinée. Sur les trottoirs et la chaussée passaient beaucoup de femmes, de tous les âges, marchant très vite.

— Ce sont de pauvres ouvrières comme moi, se disait Claire, mais sur chacun de ces visages je vois la marque du bonheur... Voilà des jeunes filles de mon âge, comme elles s'en vont gaiement reprendre leur travail qu'elles ont quitté samedi soir! Elles ont eu un jour de repos, de plaisir et de joie auprès de leur mère, au milieu de leur famille, et satisfaites, reposées, elles vont joyeusement commencer la semaine... Parmi celles-ci, plus âgées, il y a de jeunes mères; elles pensent à leurs chers petits; c'est pour eux qu'elles s'en vont courageusement au travail... Il faut leur donner du pain tous les jours et bientôt un joli vêtement neuf, car nous approchons des beaux jours de Pâques fleuries. Ah! le sort de la plus pauvre d'entre ces femmes me fait envie!

Dieu lui donne l'espérance, qu'il ne me permet plus, et si peu qu'elle désire, elle peut agrandir l'horizon de ses rêves. Elle marche en avant sur un chemin qu'elle connaît, car sa vie a un but ; elle sait où elle va. Fille, épouse ou mère, si son affection se transforme, elle a toujours le droit d'aimer!... Dès son jeune âge, prenant exemple sur sa mère, elle a fait l'apprentissage du devoir, aucun sacrifice ne lui coûte pour l'accomplir.

— Oh! le devoir!... Qui donc m'enseignera le mien ?

Une voix intérieure lui répondit :
— Dieu !

Elle se trouvait devant le portail de l'église Saint-Leu.

Élevée dans un village où les habitants ont conservé les mœurs patriarcales, et dans toute leur pureté les sentiments religieux de leurs pères, Claire, très pieuse, avait contracté certaines habitudes de dévotion.

Depuis qu'elle était à Paris, elle n'assistait plus régulièrement, comme autrefois, aux offices du dimanche ; mais elle priait souvent et, dans ses courses, elle passait rarement devant une église sans y entrer, afin d'élever son âme vers le Créateur.

En ce moment plus que dans aucun autre elle éprouvait le besoin de prier et de s'humilier devant Dieu.

Elle entra dans l'église et alla s'agenouiller dans une chapelle où un prêtre disait la messe, en présence de quelques vieilles femmes et d'une vingtaine de petites filles sous la surveillance de deux religieuses.

La jeune fille s'inclina, la tête dans ses mains.

— Mon Dieu, disait sa pensée, vous êtes bon et miséricordieux, prenez en pitié les deux pauvres abandonnés que vous avez fait naître et dont vous avez protégé l'enfance. Au nom de votre fils, le divin crucifié, qui a voulu souffrir pour sauver les hommes et les rapprocher de vous, ne nous repoussez pas, ne détournez pas de nous votre regard... Mon Dieu, faites descendre en nous un rayon de votre lumière, éclairez notre raison, purifiez nos cœurs et donnez-nous la force nécessaire pour lutter et combattre.

Ne m'enlevez pas, mon Dieu, le bon ange gardien à qui vous avez confié mon âme ; ordonnez-lui de conserver digne de vous la malheureuse qui vous implore. Dieu juste, Dieu Tout-Puissant, inspirez-moi, dictez-moi votre volonté et votre volonté sera faite.

Or, pendant qu'elle priait ainsi avec une grande ferveur, un vieux prêtre était venu se mettre à genoux sur la pierre à l'entrée de la chapelle. Il avait la tête nue ; de longs cheveux blancs tombaient sur son cou et encadraient son beau visage sur lequel rayonnaient la foi et la charité. Son regard, d'une douceur infinie, semblait dire :

— Je suis un ministre du Christ, venez à moi, vous tous qui souffrez, venez et vous serez consolés !

C'est ce que Claire comprit, lorsque ses yeux s'arrêtèrent sur le visage du vénérable prêtre.

Celui-ci s'étant levé au bout d'un instant, la jeune fille se leva à son tour, prit son paquet, qu'elle avait posé sur une chaise, et suivit le vieillard. Elle le rejoignit à la porte de la sacristie.

— Monsieur le curé, lui dit-elle, je serais bien heureuse si vous vouliez m'accorder un moment d'entretien.

III

LE PRÊTRE

Le prêtre regarda la jeune fille et fut frappé de l'expression douloureuse de son frais et joli visage.

— A toute heure du jour et de la nuit, le bon pasteur doit ses soins à ses brebis, répondit-il. Mais je ne vous connais pas, mon enfant, êtes-vous de cette paroisse ?

— Non, monsieur.

— N'importe, je ne dis ma messe qu'à onze heures, j'ai tout le temps de vous entendre.

— Oh ! je ne me suis pas trompée, vous êtes bon.

Le vieillard sourit.

— Vous désirez vous approcher du tribunal de la pénitence ? demanda-t-il.

Les joues de la jeune fille se couvrirent d'une subite rougeur.

— Oh ! non, pas aujourd'hui, fit-elle.

— Le confessionnal n'a rien d'effrayant, reprit le prêtre avec son doux sourire ; c'est là que le pécheur s'humilie devant Dieu toujours prêt à lui pardonner.

— Je le sais monsieur, mais je ne suis point préparée à une confession.

— Alors, mon enfant, dites-moi ce que vous désirez.

— Je voudrais, si vous me le permettez, vous faire une confidence et vous demander un conseil.

— Ma chère fille, le prêtre recevra votre confidence, et c'est un ami ou un père qui tâchera de vous donner le conseil que vous demandez au ministre du Seigneur. Venez donc.

Ils entrèrent dans la sacristie.

Après s'être assis l'un près de l'autre sur une banquette, le vieux prêtre dit à la jeune fille :

— Maintenant, mon enfant, vous pouvez parler, je vous écoute.

Claire débuta par un profond soupir, car elle sentait bien qu'elle allait au-devant d'un sacrifice à accomplir, mais sa résolution était prise : à tout prix, elle voulait rendre à son cher André le calme de l'esprit et la paix du cœur.

Aussi brièvement que possible, elle raconta l'histoire de ses premières années, puis comment, lorsqu'elle se croyait tout à fait seule au monde, elle avait appris, en le retrouvant, qu'elle avait un frère. Elle raconta ensuite son arrivée à Paris, leur installation dans le petit appartement de la rue des Rosiers, les beaux projets faits en commun, leur bonheur, le brusque changement qu'elle remarqua dans la conduite d'André, ses tristesses inexpliquées et ses absences de plus en plus fréquentes ; ses craintes et ses inquiétudes à elle.

Enfin elle arriva à la journée de la veille qu'elle avait passée dans les larmes en l'attendant. C'est les yeux baissés, la voix presque éteinte, qu'elle rapporta au vieux prêtre, assez fidèlement, sa conversation avec André, conversation provoquée par elle, à la suite de laquelle subitement éclairée par les paroles de son frère, elle put se rendre compte de ses impressions et arriver à cette fatale découverte : que sous le voile de l'amitié fraternelle un amour défendu s'était emparé du cœur de son frère et du sien.

Le vieillard l'avait écoutée avec le plus vif intérêt, et il se sentit profondément ému quand, avec des larmes dans la voix, elle acheva son pénible récit.

Il attacha son regard plein de compassion sur la pauvre désolée ; puis, secouant tristement la tête :

— Voilà un bien grand malheur ! dit-il.

Claire laissa tomber sa tête sur son sein.

— Ma chère enfant, reprit le prêtre, vous ressemblez en ce moment à un malheureux qui se noie. Pour échapper à l'abîme prêt à vous engloutir vous jetez un cri d'appel désespéré, et vos mains, qui s'agitent convulsivement, cherchent à saisir autour de vous une branche de salut. J'ai entendu votre cri désespéré, mon enfant! Mon cœur en a tressailli, et je vais, si je le peux, vous tendre la branche de salut que votre main veut saisir.

D'abord, rassurez-vous, vous n'êtes point coupable.

En vous rendant votre frère Dieu ne vous défendait pas de l'aimer, et si, à votre insu, un sentiment que les lois divines et humaines réprouvent s'est glissé dans votre cœur, ne voyez en cela que la preuve des faiblesses de notre humanité et notre imperfection à tous. Oui, rassurez-vous, et surtout gardez-vous de désespérer.... Dieu ne le veut pas, Dieu vous le défend! Vous aimez à prier, ma fille, priez donc; la prière vous procurera l'apaisement.

Jusqu'à ce jour, vous avez été agréable au Seigneur, il ne vous abandonnera point dans votre affliction. Armez-vous de force et de courage; les plus forts et les plus vaillants en ont besoin : Jésus, sous le fardeau de sa croix, est tombé plusieurs fois sur le chemin du Golgotha! Force et courage, vous trouverez l'un et l'autre dans la résignation.

C'est souvent ceux qu'il aime le mieux que Dieu éprouve le plus cruellement; ses desseins sont impénétrables. Bienheureux ceux qui pleurent, ils seront consolés! Ces paroles du Rédempteur s'adressent à vous, mon enfant, Oui, tôt ou tard, vous serez consolée! Si Dieu vous fait souffrir, vous, une de ses créatures aimées, c'est qu'il veut vous grandir encore par la mortification et vous rendre plus digne de lui et des récompenses qu'il prépare pour ses fidèles.

Il me reste maintenant à vous donner le conseil que vous me demandez. Ah! vous allez avoir besoin de tout votre courage!

— Je tâcherai de n'en pas manquer, dit-elle d'une voix vibrante d'émotion.

— D'après ce que vous m'avez dit, vous ne vous faites aucune illusion sur la situation vis-à-vis de votre frère!

— Hélas! non monsieur.

— Dans les cas désespérés, on emploie toujours les remèdes les plus énergiques, les plus violents.

— Je suis prête à tout, monsieur, gémit-elle.

— Bien, ma fille, vous voyez que Dieu est avec vous, puisqu'il vous donne la force et la volonté. Eh bien, mon enfant, il faut immédiatement quitter votre frère.

Un sanglot s'échappa de la poitrine de Claire.

Pauvre enfant! pauvre cœur brisé! murmura le prêtre.

C'est là qu'est le sacrifice, ma chère fille, reprit-il; c'est là aussi qu'est le devoir et, sûrement, cette branche de salut dont nous parlions tout à l'heure. « Il ne faut pas jouer avec le feu », dit un sage proverbe. Croyez-moi mon enfant, c'est s'exposer à périr fatalement que de braver le danger!... Oui, si douloureuse et si terrible qu'elle vous paraisse, cette séparation est nécessaire.

— Mon frère en mourra, monsieur! s'écria-t-elle.

— Non, ma fille, non, car Dieu ne l'abandonnera pas. Il comprendra la grandeur de votre dévouement; il fera son examen de conscience, et, profitant de l'exemple que vous lui aurez donné, il saura, lui aussi, se résigner. D'ailleurs cette séparation ne sera pas éternelle; elle ne durera que le temps nécessaire à votre guérison. Un jour, dans un an, peut-être plus tôt, vous pourrez revenir près de votre frère; alors sous le regard de Dieu, sans rougir et sans trouble, vous pourrez offrir votre front virginal à ses chastes baisers.

— Vos paroles, monsieur, sont bien celles d'un ami, d'un père... Mais, hélas! je ne connais personne dans Paris, je ne sais où aller.

— Oh! que cela ne soit point un embarras pour vous, ma fille; il y a à Paris plusieurs saintes maisons où, sur ma recommandation, vous serez accueillie à bras ouverts.

Claire se sentit frissonner. Elle jeta sur le prêtre un regard inquiet, presque craintif.

Le vieillard devina sa pensée.

— Le peuple a contre les communautés religieuses certaines préventions que rien ne justifie aujourd'hui, dit-il; ce sont des refuges pour toutes les grandes douleurs, des abris contre toutes les misères de la vie, maisons de repentir et d'expiation pour celles-ci, de dévouement et de sacrifice pour celles-là. Qu'elle soit née dans un palais ou dans une mansarde, aucune femme ne peut prendre le voile sans y être appelée par sa vocation, et c'est toujours une grande faveur que Dieu accorde à celle qu'il convie au bonheur de la vie monastique.

Mais, continua-t-il avec son bienveillant sourire, du moment que vous éprouvez quelque répugnance à franchir le seuil d'un couvent, n'en parlons plus. J'ai d'ailleurs une autre proposition à vous faire :

Avant de venir à Paris, vous étiez ouvrière couturière, n'est-ce pas?

— Oui, monsieur, mais je n'ai pas cessé de travailler; voici mon ouvrage de la semaine dernière, que je vais porter au magasin.

— C'est très bien. J'ai reçu ce matin même une lettre d'un de mes amis qui me charge de lui trouver une lingère. Il est vrai qu'une couturière n'est pas une lingère, mais le point important est que la personne qu'on me demande sache coudre.

— A la campagne, monsieur le curé, les ouvrières sont obligées de faire un peu de tout; je sais aussi un peu lingère.

— En ce cas, vous convenez admirablement pour l'emploi qui se présente. Il ne s'agit, du reste, que des soins à donner à la lingerie d'un établissement où il y a une vingtaine de pensionnaires. Voyons, la position vous convient-elle?

— Oui, monsieur.

— Ma chère fille, j'éprouve pour vous le plus vif intérêt, et je suis heureux de pouvoir vous être utile. On veut une personne laborieuse, douce, sage, honnête, ayant de l'ordre et ne sortant jamais; vous serez cette personne-là. Vous gagnerez trente francs par mois et vous serez logée et nourrie; je ne parle pas des petits cadeaux qu'on pourra vous faire. Êtes-vous satisfaite?

— Oh! monsieur le curé, si je ne l'étais pas, je serais bien difficile! Je ne sais comment vous remercier et vous exprimer ma reconnaissance.

— Ces quelques mots ont plus d'éloquence qu'un long discours, dit le prêtre. Voyons, maintenant, les dispositions que vous avez à prendre afin de pouvoir entrer en possession de votre nouvel emploi aujourd'hui même. Vous allez d'abord reporter votre ouvrage, ensuite vous reviendrez chez vous; après votre déjeuner, vous ferez vos préparatifs de départ, sans rien dire à personne. Savez-vous écrire?

— Oui, monsieur.

— Vous pourrez donc écrire quelques mots à l'adresse de votre frère; vous lui direz ce que votre bon cœur vous inspirera pour lui annoncer la résolution que vous avez prise de vous éloigner de lui pendant quelque temps; vous lui conseillerez la résignation, et je ne vois aucun danger à ce que vous lui promettiez de lui écrire souvent. Du reste, demain ou après-demain, j'irai le voir et lui porter des paroles de consolation.

— Je n'osais pas vous adresser cette prière, monsieur; vous me rendez bien heureuse!

— Le devoir du prêtre est de visiter ceux qui souffrent. — A une heure, vous prendrez une voiture de place. Avez-vous à votre disposition une dizaine de francs.

— J'ai plus que cela, monsieur.

— Je vous fais cette question parce que, dans le cas contraire je vous aurais avancé cette petite somme. Vous prendrez donc une voiture de place, à l'heure, car elle devra vous conduire à votre nouvelle demeure hors de Paris, mais pas bien loin de la ville. Mais, auparavant, vous reviendrez ici, à l'église, où je vous attendrai pour vous remettre une lettre que j'aurai écrite à mon ami.

Maintenant, mon enfant, allez, et que la paix du Seigneur soit avec vous!

Claire sortit de l'église, réconfortée par les paroles du vieux prêtre, qui lui avait fait entrevoir l'avenir sous des couleurs moins sombres.

Elle porta son ouvrage au magasin, s'excusa le mieux qu'elle put de n'en pas prendre d'autre, et se hâta de revenir rue des Rosiers.

Pour suivre exactement les indications du prêtre, elle déjeuna; elle réunit ensuite son linge en un paquet et elle en fit un second de ses effets d'habillement. Mais ce ne fut pas sans pousser de nombreux soupirs.

Elle avait la poitrine oppressée et le cœur bien gros, la pauvre enfant!

Il lui restait à faire la chose la plus pénible : écrire à André une lettre d'adieu.

## IV

PARTIE

Elle hésita longtemps, mais l'instant du départ approchait; elle se décida enfin à mettre une feuille de papier devant elle et à prendre la plume.

C'est d'une main toute tremblante et en retenant ses larmes qu'elle traça les lignes suivantes :

« Cher frère,

« Quand tu liras cette lettre, que t'écrit ta sœur, désolée du chagrin qu'elle va te causer, je serai loin d'ici. J'aurai quitté, peut-être pour longtemps, ma jolie petite chambre, où, près de toi, j'ai connu des jours si heureux. Ne m'accuse pas d'ingratitude, mon frère; hélas! nous ne pouvons vivre plus longtemps sous le même toit, il faut nous séparer, il le faut... Quand pourrai-je revenir? Je l'ignore. C'est le secret de Dieu! Moi, j'ai confiance en lui, il aura pitié de nous. Un jour, il nous réunira.

« Un protecteur, qui m'était inconnu hier, et qui est aujourd'hui notre ami à tous les deux, me procure une place où j'entre ce soir même. Je t'écrirai bientôt pour te faire savoir si je me trouve bien; du reste, il me sera permis de te donner de mes nouvelles souvent, et notre nouvel ami, qui viendra te voir demain, te fournira lui-même des renseignements sur la position que je vais avoir; il te parlera, André, il t'expliquera bien des choses, tu l'écouteras, et, aussitôt, tu sentiras diminuer ta douleur.

« Je ne te dis pas où je vais, je ne le sais pas encore ; mais si, jusqu'à nouvel ordre, tu dois l'ignorer, nous respecterons la volonté de notre ami.

« Courage, cher frère, courage! Puisque la fatalité nous poursuit encore, il faut la vaincre par notre patience... Espérons et résignons-nous! ne crains point que je t'oublie, ma pensée sera constamment avec toi; je le sens bien, je ne pourrais vivre sans ton souvenir; c'est lui qui relèvera mon courage, si j'ai des heures de défaillance.

« J'allais placer ici le mot adieu ; mais il m'effraye... André, André, j'aime mieux te dire au revoir. Oui, oui, au revoir, mon frère chéri, au revoir.

« Ta petite sœur,

« Claire. »

Une larme, échappée de ses yeux, tomba sur le papier au bas de son nom. Elle avait commencé sa lettre par un soupir, elle la terminait par une larme.

Elle laissa l'écrit ouvert sur la table de la salle à manger, puis elle sortit pour aller chercher un fiacre.

En la voyant revenir avec la voiture, la concierge ouvrit de grands yeux.

— Vous allez donc faire une promenade en voiture, mademoiselle Claire? lui dit-elle.

— Mais oui, répondit la jeune fille en essayant de sourire pour cacher son embarras.

— Vous avez bien raison, allez; vous ne sortez pas si souvent; vous pouvez bien vous offrir ce petit plaisir.

Mais quand elle vit descendre les paquets, bien qu'elle ne pût voir ce qu'ils contenaient, sa surprise devint de la stupéfaction.

Elle n'osa plus interroger la jeune fille, mais elle murmura en hochant la tête :

— Ceci me paraît louche, ça m'a tout l'air d'un déménagement. Ah! ça, est-ce que cette petite, si sage, si travailleuse, voudrait, comme tant d'autres, courir la prétentaine en robe de soie, avec faux chignon et chapeau à plumes?

Le fiacre n'était pas au bout de la rue, que la bavarde cancanait déjà avec la mercière.

— Je ne crois pas cela de Mlle Claire, répondit celle-ci.

— Quand je vous dis que, depuis quelque temps, ils ne s'accordent plus du tout. Le frère rentre toutes les nuits à des heures impossibles, et puis ce sont des scènes, des disputes, des gros mots. A la fin, la petite s'est lassée et voilà qu'elle décampe, bonsoir... Vous verrez si je me trompe. Je ne veux pas dire pourtant qu'elle va comme ça, tout de suite, jeter son bonnet d'ouvrière par-dessus les moulins ; mais elle est partie, elle ne reviendra pas ; voyez-vous j'ai le flair de ces choses-là, moi.

— S'il en est ainsi, cela me fait beaucoup de peine, car Mlle Claire est une bonne et excellente jeune fille, et je serais désolée d'apprendre un jour qu'elle a mal tourné.

— Une si jolie personne, ce serait vraiment un grand dommage. Malheureusement, la paresse, la coquetterie... Voilà ce qui les perd toutes.

— Toutes, excepté celles qui, comme mademoiselle Claire, ne sont ni paresseuses, ni coquettes. Et Dieu merci, il n'en manque pas de celles-ci dans Paris, s'il y en a tant d'autres. Pour ma part, j'ai pleine confiance en Mlle Claire, et s'il est vrai qu'elle ait cru devoir s'en aller de chez son frère, je suis convaincue que ce n'est pas pour aller grossir la foule des malheureuses qui traînent leurs jupes tapageuses sur le pavé des rues. Elle a un bon état dans les mains, elle aime le travail ; avec cela, une jeune fille honnête saura toujours se tirer d'affaire.

Pendant qu'elle était l'objet de ces réflexions plus ou moins bienveillantes, Claire arrivait à l'église Saint-Leu où comme il le lui avait promis, le vieux prêtre l'attendait.

Il lui remit la lettre de recommandation qui devait la faire recevoir en qualité de lingère ; il lui donna encore quelques bons conseils, puis il l'accompagna jusqu'à la voiture en lui renouvelant sa promesse d'aller voir son frère dès le lendemain, à moins d'un empêchement qu'il ne pouvait prévoir.

Claire remercia le bon prêtre, et, après avoir donné au cocher l'adresse qu'elle lut sur l'enveloppe de la lettre, elle remonta dans le fiacre. L'automédon fouetta ses chevaux qui partirent au galop.

Ce jour-là, André n'oublia point qu'il avait dit à Claire le matin : — Je rentrerai à sept heures. Aussitôt ses écritures de la journée terminées, il s'empressa de sortir de son bureau pour accourir chez lui. Il avait hâte de se retrouver près de Claire, car, en se rappelant les paroles imprudentes qui lui étaient échappées la veille dans un moment d'égarement et de vertige, il tremblait qu'elles n'eussent sérieusement inquiété la jeune fille. Une partie de la nuit et toute la journée, cette idée l'avait horriblement tourmenté. Or, si ces maudites paroles, amèrement regrettées, avaient produit l'effet qu'il redoutait, il fallait à tout prix qu'il les fit oublier ou qu'il en détruisît le sens au moyen d'explications qui forceraient la jeune fille à les interpréter autrement.

Pour arriver à ce résultat, il avait beaucoup réfléchi, et il était parvenu, non sans peine, à préparer dans sa tête un petit roman dont le moindre défaut était de manquer absolument de vraisemblance.

Il monta rapidement l'escalier, sans entendre la concierge qui lui criait du fond de la loge :

— Monsieur André, votre sœur n'y est pas.

Il entra chez lui. Ne voyant pas de lumière dans la salle à manger, ni dans la chambre de Claire, ni dans la sienne, il eut comme un pressentiment de ce qu'il allait apprendre bientôt. Il alluma une bougie et passa dans la chambre de la jeune fille. Tout y était dans un ordre parfait. L'armoire étant fermée, il ne vit point qu'elle était vide.

— C'est étrange! pensa-t-il. Elle n'a pas fait de feu, le dîner n'est pas préparé, où donc est-elle?

Il allait descendre pour s'informer auprès de la concierge, lorsqu'en posant sa lumière sur la table de la salle à manger, la lettre de Claire frappa son regard.

Il éprouva une sorte d'étourdissement, un nuage rouge passa devant ses yeux, et il sentit un froid mortel pénétrer jusqu'à son cœur. D'une main frémissante il saisit le papier. Dès la première ligne, il pâlit affreusement, il lui sembla que sa tête allait éclater, tellement le sang s'y précipitait avec violence. Pourtant, à force de volonté, il put lire jusqu'au bout.

Alors, des sons inarticulés sortirent de sa gorge étranglée. Il respira bruyamment, chancela comme un homme ivre, chercha un appui qu'il ne trouva point et, tout d'un coup, tomba comme foudroyé.

Un quart d'heure s'écoula ; il revint à lui ; il ramassa la lettre, qui s'était échappée de ses mains, et la mit en pièces avec une sorte de rage. Il s'élança hors de l'appartement, descendit l'escalier en bondissant, au risque de se casser les reins, et se précipita dans la loge comme une bombe.

En le voyant paraître ainsi, pâle, les cheveux en désordre, les yeux hagards, la concierge ne put se défendre d'un mouvement d'effroi.

— Seigneur Dieu, monsieur André, que vous est-il donc arrivé ! s'écria-t-elle.

— Avez-vous vu sortir ma sœur? demanda-t-il d'un ton guttural.

— Certainement, monsieur André ; est-ce que ma consigne n'est pas de voir tout ce qui se passe dans la maison?

— A quelle heure est-elle sortie?

— Le matin, un peu après huit heures, pour aller porter son ouvrage. Elle est revenue...

— Ah! elle est revenue! interrompit André qui, dans son impatience aurait voulu que la concierge pût lui tout dire d'un seul mot.

— Vers onze heures, oui, il était bien onze heures.

— Oh! fit André, trois heures pour aller rue d'Aboukir! Est-elle revenue seule?

— Toute seule, monsieur André.

— Ensuite, qu'a-t-elle fait?

— Ça, monsieur André, elle ne me l'a pas dit. A une heure, elle est allée chercher un fiacre. Je donnais un coup de balai devant la porte. Ça m'a un peu interloquée de voir mam'zelle Claire avec une voiture. Je lui ai dit comme ça : Tiens, vous allez donc faire une promenade en voiture, mam'zelle Claire.

C'était pas par curiosité, mais tout bonnement pour lui dire quelque chose. — Mais, oui, qu'elle m'a répondu. — Je lui trouvais bien un air tout drôle; mais vous savez, elle est un peu fière, je n'ai pas osé lui faire des questions... D'ailleurs, moi, je ne suis pas curieuse. Ensuite, elle a descendu deux gros paquets qu'elle a mis dans le fiacre, elle y est montée, et voilà comment elle est partie.

— Sans vous dire où elle allait?

— Elle ne m'a pas dit autre chose que ce que je viens de vous répéter, monsieur André. Voyons, est-ce que c'est sérieux ? Est-ce qu'elle s'en est allée, vraiment, sans vous prévenir, par un coup de tête?

André n'écoutait plus. D'un bond, il sauta hors de la loge et s'élança dans la rue, laissant la concierge abasourdie, les bras tendus.

Atterré, presque fou, la tête nue, les cheveux au vent, les bras pendants, il se mit à courir. Une force inconnue semblait le pousser en avant. Où allait-il? Qu'espérait-il? Où il allait, il ne le savait pas encore ; mais bien sûr, il n'espérait plus rien, ni des hommes, ni de Dieu... Du reste, il ne réfléchissait pas, il n'avait plus de pensée, dans sa tête tout était confusion. Il était écrasé, anéanti.

Il traversa la rue de Rivoli, s'enfonça dans la rue de Fourcy, suivit celle des Nonains-d'Hyères et arriva sur le quai des Célestins en face du pont Marie. Il vit l'eau de la Seine, reflétant les lumières du gaz, couverte de lignes lumineuses desquelles semblaient jaillir des paillettes de feu.

Il poussa un cri rauque, sauvage, qui fut suivi d'une sorte d'éclat de rire strident. Il reprit sa course jusqu'au milieu du pont. Là, il s'arrêta.

L'idée du suicide venait de passer comme une flamme dans son cerveau malade. La mort ne l'effrayait point, au contraire ; il ne voulait plus de la vie, et la mort seule, refuge suprême des désespérés, pouvait mettre un terme à ses souffrances.

Il jeta autour de lui un sombre regard. Il vit plusieurs personnes sur le pont. Il ne voulait pas de témoins. Il se pencha sur le parapet afin d'attendre un moment où le pont serait à lui seul. Il ne s'aperçut point que la lumière d'un bec de gaz éclairait en plein sa figure. Il regarda en bas, comme s'il eût voulu sonder la profondeur du gouffre : il éprouvait une âpre satisfaction à suivre les miroitements du flot, à entendre l'eau gronder en frappant les arches du pont.

Il se pencha davantage, ses pieds ne touchaient plus le sol; il se tenait en équilibre sur le parapet; sa tête et une partie de son corps en saillie sur le fleuve.

Il n'avait plus qu'un mouvement à faire et, la tête en avant, il plongeait dans l'abîme.

## V

### LE SUICIDE

André jeta à droite et à gauche un dernier et rapide regard. Le pont lui parut désert. C'est ce qu'il voulait. L'instant fatal était arrivé.

Comme s'il eût répondu à une voix intérieure qui parlait en lui, il murmura :

— Non, non; je veux mourir!

Et il fit le mouvement qui devait le précipiter dans le vide.

Mais, en même temps qu'il se sentait saisir par le collet de son paletot, une voix grave lui disait :

— Jeune homme, pourquoi voulez-vous mourir?

La main qui le tenait l'attira en arrière, ses pieds retombèrent sur le bitume et il se trouva debout, en face d'une femme dont le visage était à demi caché sous un capuchon.

Ses yeux brillaient d'un éclat singulier, André tressaillit en sentant son regard peser sur lui.

Cette impression eut pour résultat d'arrêter sur ses lèvres les paroles peu aimables dont il se disposait à gratifier le personnage inconvenant qui se mêlait de ses affaires au lieu de passer tranquillement son chemin.

Son irritation s'apaisa et même il daigna regarder l'inconnue. Autant qu'il put voir sa figure, il jugea qu'elle n'était pas de la première jeunesse. Elle était enveloppée dans un vieux tartan sous lequel cherchait à se dissimuler un cabas pendu à son bras. Il se dispensa de pousser plus loin l'examen du costume; il se crut suffisamment renseigné, et son opinion sur la dame s'exprima par un froncement de sourcils. Évidemment, il ne comprenait pas qu'une créature de si mince importance ait eu l'audace de se placer entre lui et la mort.

— Que me voulez-vous? dit-il avec une brusquerie qui indiquait son mécontentement.

— Ce que je te veux? Moins de mal, bien sûr, que tu ne voudrais t'en faire, répondit-elle.

— Qu'est-ce que cela peut vous faire? Vous ne me connaissez pas!

— C'est vrai, mon garçon, mais j'ai trouvé bon de t'empêcher de commettre une mauvaise action. Je me rappelle que, quand j'étais petite fille, je passais des heures entières au bord de la rivière de mon pays, avec une baguette dont je me servais pour retirer de l'eau des mouches à miel. Cela me peinait de les voir se débattre, cherchant à prendre leur vol, quand leurs pauvres ailes mouillées n'avaient plus de force, et que le poisson entre deux eaux, accourait pour les happer. Un insecte, pourtant, ce n'est rien; n'importe, j'étais la protectrice des abeilles. Ça me donnait une joie. Ce que je faisais pour une mouche, autrefois, je peux bien le faire aujourd'hui pour toi.

— Moi, j'ai assez de la vie, gardez pour d'autres votre sympathie, je veux mourir!

— Ah! ah! ah! fit-elle avec une nuance d'ironie, tu veux mourir! Mais tu n'as pas encore vécu, malheureux! Vois-tu, si je passe ce soir sur ce pont plutôt que sur un autre, juste au moment où tu vas accomplir ton funeste dessein, c'est que quelqu'un plus fort que toi, que moi, plus puissant que tous les hommes ensemble, l'a voulu. Je ne te connais pas, soit. Je pouvais suivre mon chemin sans te voir... Pourquoi t'ai-je vu? Pourquoi la lumière du gaz m'a-t-elle montré ton visage pâle, tourmenté, ce qui m'a fait deviner ton intention? Pourquoi sans que tu m'entendes, sans que tu me voies, me suis-je approchée si près de toi, que j'ai pu te saisir au vol, pour ainsi dire? Hein, est-ce que cela ne te dit rien?... A moi, qui crois à la destinée, cela me dit que le bon Dieu ne m'a pas amenée ici sans raison. Il y a un instant nous ne nous connaissions pas ; maintenant, malgré toi, je suis quelque chose dans ta vie, comme tu seras quelque chose dans la mienne.

Ah ! tu veux mourir, te tuer ! poursuivit-elle d'un ton sévère ; tu crois donc avoir le droit de t'en aller chez les morts avant que Dieu ait dit : « La dernière heure de celui-là est venue ? » Le suicide... Sais-tu ce que c'est que le suicide ? Chez les uns une lâcheté, chez les autres la folie d'un immense orgueil ; j'ai lu ça dans un livre.

Lâche ou orgueilleux, tu es l'un ou l'autre.

Oh ! ne te révolte pas !... J'ai parlé plus durement à de plus âgés que toi. Et il y a aujourd'hui des hommes bien posés dans le monde, qui n'ont pas dédaigné mes conseils.

Mais, reprit-elle en adoucissant sa voix, c'est de toi seul qu'il s'agit en ce moment. Voyons, tu es donc bien malheureux pour vouloir te suicider ? A ton âge, pourtant, tu n'as guère plus de vingt ans, la vie est bien belle !... On a toutes les illusions et l'espoir qui les fait naître... Partout on ne voit que des fleurs ; partout on n'entend que des chansons... On a la gaieté sous les yeux, la gaieté dans le cœur !...

Qui donc t'a pris tout cela ? Est-ce que tu n'as rencontré jusqu'à ce jour que des hommes méchants ? Est-ce que tu as toujours vu le mal, jamais le bien ? Voyons, mon garçon, que t'a-t-on fait ? Dis-le moi.

André continua à garder un morne silence. La tête baissée, les yeux fixés à ses pieds, immobile, il laissa parler son étrange interlocutrice, et il l'écoutait, presque timide, subissant malgré lui l'autorité de ses paroles.

Voyant qu'il ne lui répondait pas, elle reprit :

— Est-ce le travail qui te manque ? Est-ce que tu es sans pain, sans argent, sans asile ?... Enfin, est-ce l'affreuse misère qui te pousse au suicide ? S'il en est ainsi, prends mon bras et viens avec moi ; je te donnerai un asile, du pain, je te procurerai du travail, le moyen de gagner honnêtement ta vie. Tu peux accepter ce que je t'offre sans crainte et sans honte, la mère **Langlois** a fait du bien, plus d'une fois, à des gens qui, probablement, ne te valaient pas.

Il secoua la tête.

— Tu remues la tête ce n'est pas répondre. Tu as un père, une mère? veux-tu que je te ramène près d'eux?

— Je n'ai ni père, ni mère, murmura-t-il sourdement; je suis un enfant trouvé... Ah! maudit soit le jour où ma mère m'a mis au monde!

La mère Langlois pensa à sa fille et poussa un long soupir.

— Pauvre garçon! dit-elle vivement émue, je m'intéresse à toi encore davantage. Ainsi, tu n'as pas de parents, pas d'amis, tu es seul sur la terre?

— Je n'ai qu'une sœur.

— Une sœur, tu as une sœur! Est-elle mariée?

— Non.

— Et tu veux mourir, malheureux! Mais tu ne l'aimes donc pas cette sœur que Dieu t'a donnée et dont tu dois être le protecteur, le soutien?... Ah! mais tu es fou, mon garçon, tu es fou! Allons, viens vite la retrouver et lui demander pardon.

Ces paroles furent pour André comme un acide versé dans les plaies de son cœur, la réalité de sa situation lui parut plus horrible encore.

— Laissez-moi, laissez-moi, prononça-t-il d'une voix rauque et avec égarement; la vie m'épouvante, la vie me fait horreur, la mort me sera douce!...

D'un bond il se précipita dans le fleuve.

L'action avait été si inattendue, si rapide, que la mère Langlois n'eut pas le temps de la prévenir en se jetant sur lui. Elle le vit disparaître, faisant la culbute puis le bruit de l'eau, s'ouvrant pour l'engloutir, monta jusqu'à elle.

Aussitôt elle se mit à pousser des cris terribles, désespérés. Cinq ou six personnes accoururent et crièrent avec elle:

— Au secours! au secours! au secours!

Deux pêcheurs, qui venaient de jeter des nasses dans l'eau, traversaient la Seine en ce moment.

L'un d'eux vit une masse sombre passer dans un rayon de lumière.

— Tiens! fit-il, qu'est-ce que c'est que ça?

Les cris qui retentirent immédiatement sur le pont répondirent à sa question.

— Tonnerre! dit-il en se dressant sur la barque, c'est encore un imbécile qui se noie : c'est le quatrième depuis quinze jours! Faut voir s'il n'y a pas moyen de repêcher celui-ci.

Serre les avirons, reste en panne, ordonna-t-il à son compagnon.

Puis se débarrassant lestement de sa vareuse et de ses souliers :

— Chien de temps pour prendre un bain! murmura-t-il. Mais bast! faut faire son devoir, une bonne action réchauffe... Il ne doit pas être loin de nous maintenant, reprit-il, après avoir calculé le temps écoulé depuis la chute, en tenant compte de la rapidité du courant.

Il regarda le ciel, comme s'il eût voulu sourire aux étoiles, prière muette adressée à Dieu, et il se jeta à l'eau.

Il plongea trois fois de suite. Chaque fois qu'il montrait sa tête au-dessus de l'eau pour respirer, il envoyait à son camarade ce mot plein de découragement : Rien!

Enfin, après le quatrième plongeon, l'homme de la barque vit apparaître deux têtes.

— Je le tiens, cria le brave sauveteur.

Et il nagea vigoureusement vers la barque.

Son compagnon saisit le noyé par le bras et parvint à le tirer dans le bateau. Il aida ensuite son camarade à y remonter.

Un instant après, la barque touchait la rive.

Plus de cinquante personnes attendaient les pêcheurs sur le quai. Ils furent chaudement acclamés.

Du pont, où avait vu la barque s'arrêter, et l'un des hommes qui la montaient s'élancer dans la Seine; mais, bien qu'il fût impossible de suivre toutes les péripéties du drame, on avait attendu le résultat avec anxiété et aussi avec espoir.

Dans la foule, une femme se faisait remarquer par son agitation extraordinaire et ses paroles incohérentes. C'était la mère Langlois, presque folle de douleur.

Lorsque la barque aborda. il fallut que deux sergents de ville employassent la force pour l'empêcher de se jeter sur le corps immobile et glacé du noyé.

— C'est son fils, dit une voix.

— Oh! la pauvre mère! dit une autre personne.

Et tout le monde de répéter :

— Pauvre mère !

— Est-ce qu'il est mort ? demanda un des agents aux pêcheurs.

— S'il ne l'est pas, il n'en vaut guère mieux, répondit celui qui s'était si vaillamment jeté à l'eau ; mais, si vous voulez lui donner les soins nécessaires, il n'y a pas de temps à perdre.

Tous près de là, heureusement, il y avait un de ces postes de police, spécialement destinés à recevoir les blessés et les asphyxiés. On y transporta le noyé. On s'empressa de le dépouiller de ses vêtements ; il fut étendu sur le matelas et on commença à le frictionner en attendant le médecin qu'un homme du poste avait été prévenir.

En même temps que la mère Langlois, une vingtaine de personnes étaient entrées dans le poste. L'officier de paix donna l'ordre de faire sortir tout le monde. La mère Langlois s'était blottie dans un coin.

— Je vous en prie, dit-elle, ne me renvoyez pas ; voyez, je tiens si peu de place dans ce petit coin.

On la laissa et on ne fit plus attention à elle.

Les frictions continuaient, mais sans apparence de succès. Le corps restait inerte et glacé, rendant de l'eau par la bouche ouverte. Les agents échangeaient des regards qui semblaient dire :

— Nous nous donnons un mal bien inutile, il est mort, nous tenons un cadavre !

Le médecin arriva. Il se pencha sur le corps, l'ausculta, souleva les paupières et regarda les yeux. Ce fut un moment de cruelle anxiété. La mère Langlois se traîna sur ses genoux jusqu'auprès du médecin.

— Sauvez-le ! sauvez-le ! s'écria-t-elle en joignant les mains.

Le docteur terminait son examen.

— Continuez les frictions, commanda-t-il.

Ces paroles disaient qu'André avait encore un souffle de vie. La mère Langlois poussa une exclamation de joie.

Le malheureux jeune homme reçut tous les soins exigés en pareils cas, mais une heure d'inquiétude s'écoula encore avant qu'il fît un premier mouvement, à la suite duquel on vit ses paupières s'agiter et sa poitrine se soulever. Les poumons reprenaient leurs fonctions.

— Oh ! Dieu soit loué ! s'écria la mère Langlois.

— Il ne faut pas se réjouir trop tôt, dit gravement le médecin ; il vit, mais il n'est pas hors de danger.

On songea à le transporter à son domicile.

On interrogea la mère Langlois. Elle raconta sa rencontre avec le jeune homme sur le pont ; mais elle ne savait ni son nom, ni son adresse. On fouilla les poches de son vêtement, elles ne contenaient rien qui pût servir à établir son identité. D'un autre côté, dans le triste état où il se trouvait, on ne pouvait espérer qu'il eût la force de parler.

Il n'y avait qu'une chose à faire. On le transporta à l'Hôtel-Dieu.

## VI

### UN FAIT DIVERS

Le lendemain, entre sept et huit heures du matin, l'abbé Rouvière, vicaire de Saint-Leu, se présentait rue des Rosiers et demandait à la concierge si André était chez lui et s'il pouvait lui parler.

— Hélas ! monsieur l'abbé, répondit-elle en montrant au vieux prêtre son visage consterné, M. André n'est pas chez lui et je ne saurais dire où il est en ce moment. Pauvre jeune homme, pourvu qu'il n'ait pas fait un coup de sa tête ! Je n'ai pas fermé l'œil de la nuit, nuit blanche, monsieur l'abbé, je suis dans des transes...

— Voyons, ma chère dame, calmez-vous et dites-moi vite le sujet de vos alarmes.

— Eh bien, monsieur l'abbé, pour bien vous expliquer la chose, je dois vous dire que M. André a une sœur.

— Oui, oui, je sais.

— Une bien jolie personne, monsieur l'abbé. Ils demeuraient ensemble, dans un amour de petit logement, travaillaient tous deux et s'aimaient... Oh ! pour ça, oui, ils s'aimaient bien autant que frère et sœur peuvent s'aimer. Jeunes, pleins de santé, économes, laborieux et honnêtes, rien ne leur manquait ; aussi fallait-il voir comme ils étaient heureux !

Que s'est-il passé entre eux ? Nul ne le sait. Toujours est-il que mam'zelle Claire est partie hier sans rien dire, sans avoir prévenu son frère. Lui, en revenant de son bureau, a appris la chose... Ah ! monsieur l'abbé, je n'ai jamais vu un jeune homme dans un état pareil : il était plus pâle qu'un mort, les yeux lui sortaient de la tête et tous ses membres tremblaient comme quand on a la fièvre.

Je crois le voir encore là, devant moi, à la place où vous êtes... Tout d'un coup, il s'est élancé dans la rue nu-tête, comme un fou... Je l'appelai : Monsieur André ! monsieur André ! Je voulus courir après lui, mais il était déjà loin. Il est parti comme ça, allant je ne sais où, et il n'est pas revenu... Je vous le dis, monsieur l'abbé, j'ai peur qu'il soit arrivé un grand malheur.... Si vous saviez, il aimait tant sa sœur ! Oh ! c'est affreux, affreux !

M. Rouvière ne savait que penser.

— Non, non, c'est impossible, murmura-t-il. Il ne faut pas avoir de ces mauvaises idées, ajouta-t-il en s'adressant à la concierge. M. André, à qui, je le vois, vous portez un vif intérêt, aura passé la nuit chez un de ses amis. Depuis quelque temps, n'avez-vous pas remarqué qu'il rentrait fort tard ?

— C'est vrai, monsieur.

— N'ayant pas trouvé sa sœur hier soir, il n'y a rien d'étonnant à ce qu'il soit allé rejoindre ses camarades.

— Nu-tête, laissant la porte de son logement ouverte, fit la concierge.

— C'est une distraction. Allons, rassurez-vous. Je vais aller jusqu'à son bureau, je le trouverai là, j'en ai la conviction.

Le vieux prêtre avait cru devoir tranquilliser la concierge, mais il était loin d'être rassuré lui-même.

Chez le marchand de métaux, on lui répondit qu'on n'avait pas vu André, bien que l'heure habituelle de son arrivée fût passée depuis longtemps.

Jusque-là, il avait espéré ; ce fut une douloureuse déception. En revenant chez lui, il était dans une grande perplexité, il se sentait frémir.

— Mon Dieu, se disait-il, croyant sauver ces deux pauvres enfants, en voulant faire le bien, aurais-je été la cause d'un malheur épouvantable?

Pourtant ce qu'il avait fait, il ne le regrettait point. Il ne trouvait pas de reproche à se faire, il avait agi selon sa conscience d'honnête homme, de prêtre, sous l'inspiration de son cœur.

Dans l'après-midi, il alla encore au domicile d'André et a son bureau. Il revint désolé. Le malheur redouté lui apparaissait de plus en plus réel. Il se représentait le malheureux André, l'âme brisée, désespéré, l'esprit en délire, courant au suicide, poursuivi par les cris de sa conscience.

Et Claire, qu'allait-elle devenir? si le suicide de son frère était un fait accompli, comment le lui apprendre? Quelle voix humaine pourrait la consoler? La religion elle-même serait-elle assez puissante pour endormir sa douleur?

En songeant à cela, M. Rouvière ne pouvait se défendre d'une impression de terreur.

A cinq heures, sa gouvernante lui apporta son journal du soir. Il l'ouvrit distraitement. Il parcourut la première page, lisant une ligne ou deux de chaque alinéa, il n'avait pas l'esprit assez calme pour s'intéresser aux choses de la politique. Il passa à la deuxième page sans s'y arrêter, puis à la troisième, qu'il n'était pas mieux disposé à lire que les autres. Mais dans la colonne des faits divers, le mot suicide frappa son regard. Il tressaillit et, la poitrine oppressée, il lut ce qui suit:

« Presque chaque jour, nous avons à enregistrer un nouveau suicide. Nous croirions volontiers que le spleen, cette étrange maladie de nos voisins d'outre-Manche, a fait invasion en France. Hier soir, un tout jeune homme, fort bien vêtu, s'est jeté dans la Seine au pont Marie. Aux cris poussés par plusieurs personnes, témoins de cet acte de désespoir ou de folie, le marinier Thomas, depuis longtemps décoré de la médaille des sauveteurs, s'est jeté à l'eau. Il eut le bonheur de ramener le malheureux jeune homme, en présence d'une foule nombreuse qui s'était amassée sur le quai. Le noyé ne donnait plus aucun signe de vie, et le marinier lui-même croyait n'avoir retiré de l'eau qu'un cadavre. Toutefois, on le porta au poste de police, et, au bout d'une heure, grâce aux soins qu'il reçut du docteur C..., il fut rappelé à la vie. Comme personne ne le connaissait et que lui-même ne pouvait indiquer son domicile, il fut transporté à l'Hôtel-Dieu. Sa chemise et son mouchoir sont marqués A. D'après les on-dit, ce malheureux serait encore une victime de l'amour.

— C'est lui, ce ne peut être que lui ! s'écria l'abbé Rouvière en essuyant de grosses gouttes de sueur qui perlaient sur son front. Seigneur, vous n'avez pas permis ce crime, vous avez pris en pitié votre pauvre créature ; que votre nom soit béni !

Il prit son chapeau et sortit précipitamment. Dans la rue, il se jeta dans la première voiture qu'il rencontra, en disant au cocher :

— A l'Hôtel-Dieu.

Un quart d'heure plus tard, il était en présence d'un des internes de service et lui faisait connaître le motif qui l'amenait à l'hôpital.

— Ce jeune homme est ici, en effet, lui dit le jeune médecin, mais dans un état déplorable. Il n'a pas encore repris connaissance, une fièvre violente s'est déclarée et ce n'est que dans dix ou douze jours, si la force de sa constitution lui permet d'aller jusque-là, qu'on pourra se prononcer sur sa position et lutter contre la maladie avec quelque chance de succès.

L'abbé Rouvière ne pouvait rien savoir de plus à l'Hôtel-Dieu. Il remercia l'interne et se retira. Cependant il lui restait un doute dans l'esprit : l'article du journal concernait-il réellement le frère de Claire ? Cela ne lui était pas suffisamment démontré. Il lui fallait une certitude.

Il se fit conduire sur le quai des Célestins. Là, un boutiquier lui indiqua le poste où le jeune homme avait été transporté. Il y entra. On lui montra les effets d'André qui séchaient étendus sur une corde. Il examina la chemise et le mouchoir, et particulièrement le dessin de la lettre A.

Du poste, il se rendit rue des Rosiers.

— Est-ce que vous pouvez me faire visiter le logement de M. André ? demanda-t-il à la concierge.

— Certainement, monsieur l'abbé, répondit-elle, puisque j'ai les clefs.

La première chose que vit le prêtre en entrant dans l'appartement, ce furent les morceaux de la lettre de Claire, mise en pièces par André, qui jonchaient le parquet. Il devina ce qui s'était passé ; mais il garda ses réflexions pour lui seul.

— Voyons sa chambre, dit-il.

La concierge lui en ouvrit la porte.

Il s'arrêta devant la commode dont les tiroirs n'étaient pas fermés à clef. Dans le premier, il trouva ce qu'il cherchait, le linge du jeune homme. Il vit la marque. La lettre A était absolument semblable à celle qu'il venait de voir au poste. Enfin, le doute ne lui était plus permis : c'était bien André qui avait tenté de se suicider.

Il repoussa le tiroir, puis, se tournant vers la concierge :

— Je vous recommande d'avoir bien soin de tout ce qui est ici, lui dit-il, jusqu'au retour de votre locataire, dont l'absence durera probablement trois semaines ou un mois.

— Vous savez donc où il est ?

— Sans doute.

— Ainsi le malheur que je craignais ?...

— Votre crainte n'avait aucune raison d'être, ma chère dame. M. André a été effectivement très affligé du départ de sa sœur, auquel il devait s'attendre, pourtant, car elle lui avait parlé d'offres avantageuses qui lui étaient faites si elle voulait aller en province en qualité de première ouvrière. Enfin, sur le conseil d'un de ses amis, M. André s'est décidé à quitter momentanément Paris. Il voyage.

L'innocent mensonge de M. Rouvière n'était pas une merveille de conception; pourtant, la concierge l'accepta bénévolement. Comment aurait-elle admis qu'un prêtre pût mentir.

— Comme c'est drôle, la vie ! dit-elle; on ne sait jamais la veille ce qu'on fera le lendemain.

— Oui, oui, fit l'abbé, l'imprévu nous attend à chaque pas.

Avant de quitter la concierge il lui donna son adresse.

— S'il venait des lettres au nom de M. André, lui dit-il, vous auriez l'obligeance de me les envoyer.

M. Rouvière reprit le chemin de sa demeure soulagé d'un poids énorme.

— Il vivra, il vivra, se disait-il en pensant au malade de l'Hôtel-Dieu.

Pendant les quinze jours qui suivirent, il alla prendre souvent des nouvelles d'André.

Tous les deux jours une autre personne se présentait à l'hôpital pour le même motif. C'était la mère Langlois.

Chaque fois, elle demandait à voir le malade; mais vu l'état de celui-ci, on lui refusait toujours cette satisfaction.

Un jeudi, jour où le public est admis à visiter les malades, elle obtint enfin l'autorisation qu'elle désirait.

Depuis la veille, la fièvre avait quitté le malade; il était toujours extrêmement faible; mais il commençait à parler et il se souvenait.

Un infirmier se chargea de conduire la mère Langlois. Il la fit entrer dans une salle où il n'y avait qu'une douzaine de lits. Celui d'André portait le n° 4.

A ce moment, une sœur de charité lui faisait boire une potion.

La mère Langlois s'approcha doucement et s'arrêta près du lit, les yeux humides.

## VII

### A L'HOTEL-DIEU

Le malade ayant pris sa potion, la sœur arrangea les oreillers sur lesquels il laissa tomber doucement sa tête.

— Est-ce mon cher malade que vous venez voir? demanda la sœur à la visiteuse.

— Oui, c'est pour lui que je viens.

— Vous le connaissez depuis longtemps?

— Non, depuis le soir seulement où il a voulu mettre fin à ses jours.

— Le pauvre enfant était fou, il ne recommencera pas.

Ces paroles avaient été échangées à voix basse, pourtant le malade entendit qu'on parlait de lui. Il tourna un peu la tête et son regard s'arrêta sur la mère Langlois.

Aussitôt ses yeux s'animèrent ; il allongea le bras et tendit sa main amaigrie à son amie inconnue.

— Vous me reconnaissez donc? lui dit-elle en tressaillant de plaisir.

— Oui, répondit-il d'une voix faible comme un souffle de la brise; quand j'étais si mal, la nuit surtout, dans le délire de la fièvre, je vous voyais constamment devant moi, comme sur le pont, avec vos yeux noirs étincelants; vous me parliez, je vous écoutais, puis je vous répondais :

— A quoi bon, puisque je suis mort?

— C'est vrai, affirma la sœur, il disait cela souvent.

— Vous voyez que je ne vous ai pas oublié non plus ; je suis venue souvent pour voir comment vous alliez. Depuis quinze jours, je n'ai peut-être dormi qu'une heure par nuit, tellement j'étais inquiète et tourmentée.

— Comme vous êtes bonne !

— C'est si naturel qu'on s'intéresse à vous !

— Je ne le mérite pourtant guère, après ce que j'ai fait.

— Ne pensez plus à cela. Guérissez-vous vite afin que nous nous occupions de votre bonheur. Soyez tranquille, je vous trouverai des amis, des amis puissants... J'en connais un qui ne me refusera pas ce que je lui demanderai pour vous.

André fit un mouvement de tête, puis, épuisé par les efforts qu'il venait de faire pour parler, il ferma les yeux.

Au même instant, l'abbé Rouvière arrivait.

— Eh bien, comment va notre malade? demanda-t-il à la sœur.

— Beaucoup mieux, monsieur l'abbé; ce matin, à la visite, le docteur a été satisfait. Il vient de s'assoupir, après avoir causé assez longuement avec madame, qu'il a reconnue, bien qu'il ne l'ait vue qu'une seule fois, le soir où le malheureux s'est jeté dans la Seine.

— A-t-il réclamé sa sœur?

— Non, pas encore. Dans le délire, comme vous le savez,

il l'appelait sans cesse; depuis que la fièvre a cessé, je ne l'ai pas entendu prononcer son nom.

— C'est peut-être un bon signe. Dans tous les cas, s'il vous parle d'elle, vous pourrez lui dire, ainsi que c'est déjà convenu, qu'elle ignore ce qui lui est arrivé, qu'elle se trouve très satisfaite de sa nouvelle position, qu'il aura une lettre d'elle aussitôt qu'il sera en état de la lire et même qu'il la verra lorsqu'il sortira de l'hôpital. N'oubliez pas, ma sœur, que la maladie qui le retient sur ce lit, n'est pas son plus grand mal. Après la guérison du corps, il nous faudra aussi guérir son âme.

Soudain, les lèvres du malade remuèrent et, deux fois, de suite il murmura le nom de Claire.

La mère Langlois dressa la tête et, saisissant le bras du prêtre :

— Avez-vous entendu? lui dit-elle.

— Oui.

— Claire ! c'est bien cela qu'il a dit !

— Oui, c'est le nom de sa sœur.

— Sa sœur se nomme Claire : Oh! oh! oh!...

— Pourquoi cette agitation? Calmez-vous.

— C'est vrai, vous ne pouvez pas comprendre. Ce nom de Claire a fait bondir mon cœur dans ma poitrine. J'ai une fille, que je cherche partout, et cette fille porte le nom de Claire. Mais lui, monsieur l'abbé, lui, savez-vous son nom?

— On l'appelle André.

— André ! ô mon Dieu!... j'ai peur de devenir folle...

— De grâce, parlez plus bas.

— Oui, oui, il dort, il ne faut pas le réveiller. Encore une question, monsieur, une seule. Vous connaissez sa sœur.

— Sans doute.

— Ce sont deux enfants trouvés?

— Parfaitement.

— Claire n'est à Paris que depuis quelque temps?

— Oui, elle a été élevée en province.

— Dans un village de la Nièvre, à Rebay?

— C'est cela même.

La mère Langlois étouffa un cri de joie. Mais elle ne put retenir ses larmes, elles inondèrent ses joues

Alors, regardant avec une tristesse infinie la figure pâle du malade, elle joignit les mains en disant :

— C'est donc pour cela que, sans le connaître je l'aimais tant !

Elle prit le prêtre par la main et l'entraîna hors de la salle. Dans le large corridor, elle respira avec force.

— Près du lit, j'étouffais, dit-elle ; ici je pourrai pleurer à mon aise... J'ai dépensé tant de force et de courage pour souffrir, que je ne peux plus supporter la joie. Quand je reverrai ma fille adorée, j'ai peur de mourir de bonheur. Vous l'avez compris, monsieur l'abbé, cette Claire que vous connaissez, c'est elle, c'est ma fille !

— Cela ne me paraît pas douteux, répondit M. Rouvière ; mais permettez-moi de vous exprimer l'étonnement que j'éprouve en vous entendant parler de votre fille seulement. Certes, je ne vous blâme point de l'aimer beaucoup, mais André devrait être aussi pour quelque chose dans l'immensité de votre joie, car si vous aimez l'une, vous devriez également aimer l'autre.

— Oh ! je l'aime aussi, lui !... Mais ce n'est pas la même chose, ajouta-t-elle avec un rayonnement superbe dans le regard.

Son visage parlait.

— Mais André n'est donc pas votre fils ? s'écria M. Rouvière.

— Il est mon fils par le cœur, monsieur l'abbé, et Claire est ma fille parce que je l'ai mise au monde.

— Quoi ! ils ne sont pas frère et sœur ?

— Non.

— Mais ils le croient, eux !

— Je le sais.

— Oh ! fatale erreur ! murmura M. Rouvière.

— Que voulez-vous dire ?

— Ce que je veux dire ! Savez-vous pourquoi André a voulu se suicider ?

— Je ne sais rien, monsieur l'abbé, rien qu'une chose : c'est que j'ai retrouvé André, et, avec lui, ma fille.

— Eh bien, écoutez donc : André s'est jeté dans la Seine, parce que, suivant le conseil que je lui ai donné, Claire l'a quitté. Pour cela il fallait une raison, n'est-ce pas ? Cette raison la voici : Claire venait de découvrir que ce n'était pas une amitié fraternelle qui les unissait, mais une passion terrible, dévorante... Elle venait de découvrir qu'ils s'aimaient d'amour!...

La mère Langlois ouvrit de grands yeux et ses bras tombèrent à ses côtés.

— Oh! les pauvres enfants! murmura-t-elle.

Puis, relevant la tête, elle montra à M. Rouvière son visage qui semblait illuminé.

— Ah! ils devaient s'aimer ainsi, dit-elle, et ils pourront s'aimer toujours!... Claire sera la femme d'André!

— O divine Providence! s'écria le vieux prêtre émerveillé, comment peut-il exister des hommes qui ne croient pas en toi? Dans tout ce qu'il fait, Dieu est grand!

Il y eut un moment de silence.

— Mais, reprit M. Rouvière, comment cette erreur, qui a failli causer un si grand malheur, a-t-elle pu se produire? Comment ont-ils pu croire qu'ils étaient frère et sœur?

— L'erreur date de loin, monsieur l'abbé; les chers enfants ne pouvaient deviner ce que moi seule je sais.

Et, brièvement, elle raconta à M. Rouvière dans quelle circonstance elle s'était chargée d'élever l'enfant trouvé sur une route par Henri Descharmes; la naissance de sa fille; comment elle était tombée dans la rue frappée par le choléra; comment les deux enfants avaient été portés chez un commissaire de police par un inconnu, et de là envoyés à l'hospice des Enfants-Assistés où, à défaut de renseignements, on les avait considérés comme étant le frère et la sœur.

— Malgré les recherches faites par M. Descharmes, continua-t-elle, la naissance d'André est restée pour lui un mystère; mais il se regarde un peu comme le père de l'enfant qu'il a adopté autrefois, et c'est comme un fils qu'il accueillera André.

— Ce M. Descharmes dont vous parlez, est-il parent du riche entrepreneur? demanda M. Rouvière.

— C'est le riche entrepreneur lui-même, monsieur. Henri Descharmes est bien le cœur le plus généreux, le plus noble, le plus grand qu'il y ait au monde.

— Souvent on a parlé de lui devant moi et toujours on en disait le plus grand bien.

— Pour juger un pareil homme, monsieur l'abbé, il faut le voir, être son ami, le connaître comme je le connais moi-même.

Mais je suis impatiente de vous quitter, poursuivit-elle. Vous ne m'en voudrez pas : oh! vous devez comprendre que j'ai hâte d'être près de ma fille... Ce n'est pas demain, c'est tout de suite que je veux la voir, la tenir dans mes bras, la presser sur mon cœur. Ah! ma joie est grande, mais je l'ai si longtemps attendue!

— Pauvre mère, vous avez été cruellement éprouvée!... Dieu a entendu vos plaintes, il a vu vos larmes, il vous en tiendra compte. Maintenant, c'est le bonheur qui vous attend.

— Je l'espère, soupira-t-elle.

— Votre fille est à Montreuil, lingère à la maison de santé du docteur Morand. Elle est digne de vous; allez, bonne mère, allez lui tendre vos bras et lui dire combien vous l'aimez. Moi, je retourne près de notre malade; grâce à ce que vous venez de m'apprendre, je possède pour hâter sa guérison un remède souverain, qui vaut mieux que toutes les médications de nos savants médecins.

La mère Langlois sortit de l'Hôtel-Dieu, courut à la station des voitures de place, prit un coupé à l'heure et donna l'ordre au cocher de la conduire à Montreuil, en lui promettant cinq francs de pourboire s'il la menait bon train.

## VIII

### LE DOCTEUR MORAND

Depuis une heure, une calèche armoriée, attelée de deux chevaux magnifiques, stationnait devant la grande porte d'entrée de la maison de santé de Montreuil. Cette voiture était celle de Mme de Presle.

La marquise causait avec le docteur Morand.

Le visage de la grande dame était radieux.

— Ainsi, dit-elle, le succès vous paraît presque certain.

— Si j'en juge d'après les résultats obtenus depuis dix jours, répondit le docteur.

— Et lors de ma dernière visite vous désespériez!

— C'est vrai. Seulement, depuis que j'ai eu l'honneur de vous voir, madame la marquise, il m'est venu un aide qui, bien qu'il ne soit pas médecin, fera pour notre malade autant et peut-être plus que la science.

— Vous vous plaisez à exciter ma curiosité, docteur; tenez, vous êtes absolument comme mon excellent ami le docteur Vernier; oh! comme vous connaissez bien les femmes!... Allons, docteur, ayez pitié de moi, dites-moi vite votre secret.

— C'est que je risque de perdre à vos yeux beaucoup de mon prestige, répliqua le docteur en souriant; car il me faut avouer qu'il y a ici, dans ma maison, une lingère, une modeste ouvrière plus habile que moi.

— A repriser le linge? dit la marquise en riant.

— C'est son état, madame, et elle s'y entend fort bien. Mais, en la déclarant plus habile que moi, j'ajoute en l'art de guérir.

— Votre ouvrière est donc une merveille, docteur?

— Oui, madame, une merveille de douceur, de bonté, d'intelligence du cœur et de beauté!

— Quel enthousiasme!

— Il est justifié, madame.

— Je le crois, docteur; mais, enfin, tout cela ne me dit rien, et je suis sur des charbons ardents.

— Je ne savais pas produire un pareil effet, dit M. Morand toujours souriant.

— Voilà, monsieur, il ne faut pas jouer avec la curiosité des femmes. Et si vous me faites languir plus longtemps, je vous déclare que je dirai de vous beaucoup de mal à mes amis; je leur représenterai le docteur Morand comme un homme affreux.

— Une tête de Méduse?

— Oh! pire que cela encore!

— En ce cas, madame, Dieu me garde d'encourir votre colère. Eh bien, oui, je vous le répète, si nous rendons la raison à votre protégée, comme j'en ai l'espoir maintenant et presque la conviction, c'est à cette ouvrière dont je viens de vous parler, à l'heureuse influence qu'elle exerce sur notre malade que nous devrons, surtout, ce merveilleux résultat.

— Mais quelle est donc cette femme, docteur.

— Cette femme est une toute jeune fille, elle n'a pas encore vingt ans.

— Mais cette influence extraordinaire dont vous parlez, à quelle cause l'attribuez-vous ?

— Il n'y a rien de surnaturel, ni magnétisme, ni spiritisme ; mais seulement l'action directe de la sympathie : des yeux qui se parlent, deux cœurs qui s'entendent. Ici, le hasard ou, si vous le préférez, la Providence a joué un rôle important.

Malgré un traitement énergique, malgré mes efforts, mes soins assidus, en dépit des plus admirables découvertes de la science, l'état de ma malade restait le même, et vous m'avez vu, à son sujet, soucieux, mécontent, doutant de tout, en un mot désespéré, car je n'osais plus compter sur le succès. La situation a changé du jour au lendemain. La matière inerte, qui me semblait morte, a retrouvé la sensibilité, la statue s'est animée, le cœur reprend la vie ; c'est la promesse de la résurrection de l'esprit. C'est avec le plus grand intérêt que j'observe ces phénomènes étranges, qui se produisent dans l'organisme, précurseurs du rétablissement de la vie intellectuelle.

Dans ses grands yeux ouverts, qui s'animent et paraissent parfois frappés d'étonnement, le regard devient profond, méditatif. Il semble qu'elle se recueille en face de l'infini ou qu'elle se plonge dans le passé plein de ténèbres, afin de découvrir dans ce livre inconnu la page où sa vie est écrite. Elle ne peut marcher qu'à tâtons dans cette nuit profonde, mais un nouveau choc peut se produire d'un moment à l'autre, et elle parviendra à saisir quelques lambeaux du souvenir. Oui, oui, le foyer de sa pensée se rallumera ; déjà il s'en échappe de fugitives lueurs.

Et voilà pourquoi je ne désespère plus, madame la marquise.

Lors de votre précédente visite, je vous disais :

Il faudrait à notre malade un choc imprévu, quelque commotion violente ; or, la commotion a eu lieu par suite d'un choc aussi imprévu qu'inattendu.

**Comment cela est-il arrivé ?** Je vais vous l'apprendre :

Il y a trois semaines, Mme Morand, qui partage avec moi les fatigues du service actif de la maison, eut à remplacer sa lingère, celle-ci ayant quitté l'établissement pour se marier. Je m'adressai à un prêtre de mes amis, avec la certitude qu'il nous procurerait une nouvelle lingère, possédant toutes les qualités exigées par l'emploi, ce qui n'est pas toujours facile à rencontrer. L'abbé Rouvière est attaché à une paroisse de la ville de Paris, au centre de la population ouvrière ; il est connu par sa bonté et sa bienveillance pour tous, et par son admirable charité. Il est le fondateur d'un ouvroir dans le quartier Saint-Denis, et plusieurs crèches et orphelinats doivent l'existence à son activité et à son dévouement. En cette circonstance, comme vous le voyez, je ne pouvais mieux m'adresser.

Il nous trouva immédiatement notre lingère. C'est la jeune fille en question. Il n'alla point la choisir parmi les ouvrières qui travaillent pour son ouvroir ; mais elle ne lui en parut pas moins recommandable.

« Cette jeune personne, m'écrivait-il en me l'adressant, est des plus intéressantes et possède toutes les qualités désirables. Elle n'a jamais connu ni son père ni sa mère ; recueillie par l'Assistance publique, elle a été élevée en province sous la surveillance de cet établissement. Elle n'a qu'un frère dont elle est forcée de se séparer momentanément. Elle ne connaît personne à Paris, mais près de vous, elle trouvera une famille et vous lui accorderez la confiance qu'elle me paraît mériter. »

Ma femme accueillit Mlle Claire très affectueusement : du reste, la lettre de l'abbé n'était pas utile pour lui acquérir immédiatement notre sympathie. Sous tous les rapports, cette charmante enfant se recommande d'elle-même.

Dès le troisième jour, ma femme me dit :

« L'abbé Rouvière nous a trouvé une perle ! »

Ne vous impatientez pas, madame la marquise, j'arrive à la partie merveilleuse de mon récit.

Comme vous le savez, votre protégée jouit d'une entière liberté. Elle peut se promener dans toute la maison ; elle va et vient selon son caprice, et si on la surveille, ce n'est que pour la forme, car elle est tout à fait inoffensive.

Un jour, elle passa devant la lingerie dont la porte était ouverte. Elle y entra. Claire travaillait assise près de la fenêtre. Au même instant, je m'arrêtais moi-même sur le seuil de la lingerie afin d'observer la folle, qui passait sa main avec une sorte de satisfaction sur des piles de serviettes rangées sur une table.

Claire, entendant marcher près d'elle, leva les yeux. Aussitôt, je la vis se dresser sur ses jambes, l'ouvrage qu'elle tenait tomba à ses pieds, et elle tendit ses bras vers la folle en jetant ce cri : Ma mère !

La folle se retourna brusquement, poussa un cri à son tour et s'élança dans les bras de la jeune fille. Elles s'étreignirent avec force, puis, au milieu de mots ponctués par des sanglots, j'entendis comme un grésillement de baisers.

J'attendis quelques minutes, sous le coup d'une vive surprise, puis je m'avançai vers elles.

Les deux visages étaient inondés de larmes. Comme j'allais parler, je restai immobile, stupéfié devant la folle. Ce n'était plus la même femme. Elle m'apparut comme transfigurée. Son front s'était épanoui, sa bouche souriait, il y avait dans ses yeux une sorte d'étincellement dans lequel se confondaient la joie et l'attendrissement. Pour la première fois, je voyais du rose sur ses joues pâles. Ainsi, cette chair morte avait senti l'émotion, je n'en pouvais douter ; je la voyais, j'en faisais l'analyse. Sur tout son corps courait un frémissement et je saisissais le contact du cœur et de la pensée. Elle était vraiment belle à ce moment, la pauvre femme. Rien ne saurait rendre la radieuse expression de sa physionomie lorsque, se tournant vers moi, elle me dit :

— C'est Claire, ma petite Claire, je ne veux plus la quitter.

Certes, je me gardai bien de la contrarier.

Elle s'assit près de la jeune fille. Au bout d'un instant elle témoigna le désir de coudre. Claire lui donna une aiguille et un ourlet à faire. Elle exécuta ce travail sous mes yeux, madame la marquise, et cela dans la perfection.

D'une surprise, je tombais dans une autre.

Le soir même, je fis mettre dans la chambre de Claire un lit pour la folle. Depuis ce jour, elles sont presque constamment ensemble.

— Docteur, tout cela est merveilleux, en effet, dit la marquise; mais M<sup>lle</sup> Claire est-elle réellement sa fille?

— Non. Comme j'ai eu l'honneur de vous le dire, Claire est une enfant trouvée; elle a été élevée à Rahay, ce village où votre protégée a été recueillie autrefois par des paysans. La pauvre folle prit la petite Claire en grande affection et eut pour elle une sorte de tendresse maternelle. Elle dirigea ses premiers pas, lui apprit à prononcer les premiers mots qui viennent dans la bouche des enfants et, paraît-il, à coudre et même à lire et à écrire.

— Oh! c'est prodigieux! s'écria la marquise.

— Cela prouve, madame, que la maladie contre laquelle nous luttons en ce moment a eu des phases diverses. La période qui a immédiatement précédé l'entrée chez moi de votre protégée a dû être des plus terribles. Certainement, la maladie s'est encore aggravée après l'enlèvement dont vous m'avez parlé et qui a brusquement séparé la malheureuse femme de l'unique personne qu'elle aime au monde. Une circonstance providentielle a rendu Claire à notre malade et l'heureuse influence de cette jeune fille s'est aussitôt manifestée.

— Docteur, je reviendrai vous voir dans quelques jours, vous me présenterez M<sup>lle</sup> Claire, je veux m'occuper de son avenir.

— Voilà une excellente pensée, madame. L'aimable fille est tout à fait digne du bien que vous voulez lui faire.

La marquise se levait pour se retirer, lorsqu'un domestique vint dire au docteur qu'une femme, paraissant en proie à une grande agitation, demandait à le voir à l'instant même.

— A-t-elle donné son nom? interrogea M. Morand.

— Elle se nomme M<sup>me</sup> Langlois.

— Langlois, je ne connais pas cette dame.

— Elle vient de la part de M. l'abbé Rouvière, ajouta le domestique.

Le docteur tressaillit.

— Serait-il mort! murmura-t-il.

— Docteur, je vous laisse : à bientôt, dit la marquise.

— Non, non, fit vivement M. Morand; asseyez-vous et attendez-moi un instant. Je redoute un grand malheur, un coup affreux qui frapperait cruellement cette jeune fille à laquelle vous voulez bien vous intéresser. Je vous demande quelques minutes, le temps d'écouter la personne que m'envoie l'abbé Rouvière, et je reviens.

Sur ces mots, le docteur sortit précipitamment.

## IX

### LA GRANDE DAME ET L'OUVRIÈRE

La mère Langlois attendait le docteur, debout au milieu du parloir où le domestique l'avait fait entrer. Dès qu'il parut, elle s'élança vers lui.

— Vous êtes M. le docteur Morand? lui dit-elle.

— Oui, madame. Vous venez, m'a-t-on dit, de la part de M. l'abbé Rouvière?

— Oui, monsieur.

— Et vous m'apportez une mauvaise nouvelle? Ce pauvre jeune homme?

— Quel jeune homme?

— Ce malheureux qui a tenté de se suicider.

— André?

— Oui.

— Monsieur le docteur, André va mieux et je crois pouvoir vous assurer qu'il est hors de danger.

— Ah! je respire, fit M. Morand. Mais veuillez me faire savoir ce qui vous amène chez moi.

— Vous avez une lingère qui porte le nom de Claire?

— Ah! c'est de Mlle Claire qu'il s'agit?
— Oui, monsieur, je viens la chercher.
— Vous venez chercher Mlle Claire! s'écria le docteur; pourquoi?
— Pour la conduire chez moi.
— Chez vous? Et vous venez de la part de M. Rouvière?
— J'ai su par lui que Claire était ici.
— Mon Dieu, madame, veuillez m'excuser, mais je ne comprends pas bien, Mlle Claire n'est pas entrée ici comme une ouvrière ordinaire; c'est une jeune fille que l'abbé Rouvière m'a confiée... Avez-vous une lettre de M. l'abbé?
— Non, je n'ai pas de lettre, mais qu'est-ce que cela fait? M. Rouvière avait à penser à autre chose qu'à écrire, et moi-même je n'ai pas songé à cela. Ce matin, je ne connaissais pas monsieur l'abbé; c'est à l'Hôtel-Dieu, près du lit d'André, que nous nous sommes rencontrés tantôt, et c'est alors qu'il m'a dit que Claire était chez vous, à Montreuil. Il vous expliquera tout cela.
— Je ne doute nullement de vos paroles.
— A la bonne heure. Maintenant, où est ma fille?
Le docteur fit deux pas en arrière.
— Votre fille! exclama-t-il.
— Ah! c'est vrai, je ne vous ai pas dit encore que Claire est ma fille.
— Voyons, madame, reprit le docteur, cherchant à vaincre son émotion, vous devez vous tromper? Quelque malentendu...
— Un malentendu! Est-ce que vous ne me croyez pas? Claire est ma fille, monsieur. Attendez, attendez, vous allez voir!
Elle ouvrit son cabas et en tira un papier froissé et jauni qu'elle mit dans la main du docteur. Celui-ci le parcourut rapidement des yeux.
— Ceci est l'extrait d'un acte de naissance, dit-il.
— De ma fille, monsieur.
— Oui, Mlle Henriette Langlois, mais notre lingère se nomme Claire.
— Mais Claire c'est Henriette et Henriette c'est Claire, ma fille!

— Je ne comprends pas, fit le docteur en secouant la tête.
— C'est pourtant bien simple, monsieur le docteur; Henriette est le nom que j'ai donné à ma fille, moi, et Claire est celui qu'on lui a donné à l'hospice des Enfants-Assistés. Il y a là une triste histoire, allez; je l'ai racontée à M. Rouvière, il en avait les larmes aux yeux... Ah! en voilà un brave homme! Vous la saurez aussi, mon histoire, M. l'abbé vous la racontera; vous verrez si ce n'est pas un véritable roman. Maintenant, êtes-vous convaincu?
— Oui.
— Enfin, je vais donc la voir! s'écria-t-elle.
— Dans un instant; je n'ai pas le droit de vous refuser cette satisfaction; mais...
— Qu'y a-t-il encore?
— Vous ne pouvez pas l'emmener.
— Comment, vous vous opposez à ce que j'emmène ma fille ce soir?
— Ma femme ne peut se passer de sa lingère, il faut lui donner le temps de remplacer Mlle Claire.
— Les ouvrières ne manquent pas dans Paris, demain vous en trouverez vingt pour une.
— C'est possible, madame; mais il n'est pas aussi facile que vous le croyez de trouver une ouvrière ayant les précieuses qualités de votre fille.
— Et c'est à moi, sa mère, que vous dites cela! s'écria la mère Langlois enthousiasmée. Ah! vous êtes un brave homme aussi. Tenez, il faut que je vous embrasse.

Et elle sauta au cou du docteur.

— Allons, calmez-vous, reprit M. Morand tout étourdi et fort embarrassé; asseyez-vous, ne vous impatientez pas, dans un instant votre fille sera près de vous.
— Et je l'emmènerai ce soir, n'est-ce pas, monsieur le docteur? fit-elle d'une voix câline.
— Je vais en causer avec Mme Morand; si elle veut absolument vous suivre, nous verrons.
— Elle me suivra, monsieur le docteur, elle me suivra... Je retrouve ma fille, et je l'emmène, c'est tout simple, ça ne peut pas être autrement.

— A tout à l'heure, dit M. Morand.

Et il sortit pour retourner près de la marquise.

Mme de Presle l'interrogea du regard.

— Non, fit-il, on ne venait pas m'annoncer le malheur que je redoutais ; mais il s'agit également de notre jeune fille et vous me voyez dans une grande perplexité. Cette femme, que je viens de voir et qui se présente au nom de M. Rouvière, est la mère de Claire.

— Sa mère !

— Je ne voulais pas le croire, d'abord, mais le fait est réel ; oui, cette femme est bien la mère de Claire. Malheureusement ce bonheur, cette joie, qui attend la lingère de ma femme, peut devenir la ruine complète de nos espérances.

— Comment cela, docteur ? s'écria la marquise.

— Mme Langlois, c'est le nom de cette femme, vient de me déclarer que son intention était d'emmener sa fille aujourd'hui même.

— C'est impossible, docteur, il faut vous y opposer, dit vivement la marquise.

— C'est difficile, madame, une mère a des droits qui priment tous les autres. Et, en supposant que je n'autorise pas le départ de Claire aujourd'hui, sa mère reviendra demain ; je serai forcé de la lui rendre.

— Docteur, il faut absolument que Claire reste ici jusqu'au jour où elle ne vous sera plus nécessaire pour la guérison de notre malade.

— C'est ce que je voudrais. Il faudrait pour cela que la mère y consentît ; je ne l'espère pas.

— Docteur, j'ai une idée ; voulez-vous me laisser faire ?

— De grand cœur, madame, vous êtes ici la maîtresse.

— Merci ! Claire a-t-elle vu sa mère ?

— Pas encore. J'ai voulu vous voir avant de la prévenir.

— Vous avez été prudent, docteur ; eh bien, ayez l'obligeance de faire venir ici Mlle Claire, je veux lui parler. Elle apprendra par moi qu'elle a retrouvé sa mère, et, pour obtenir qu'elle reste chez vous, docteur, je m'adresserai à son cœur, j'invoquerai son affection pour notre malade, la pauvre folle de Rebay, qui, elle aussi, a été sa mère.

— Je vais la chercher moi-même, dit M. Morand.

Un instant après, il revint accompagné de la jeune fille.

— Ma chère enfant, lui dit le docteur, Mme la marquise de Presle, que vous voyez, désire causer avec vous.

En entendant prononcer ce nom de Presle, les joues de Claire se couvrirent d'une subite rougeur et elle regarda avec une sorte de curiosité la grande dame, se demandant pourquoi elle voulait lui parler.

Mais le docteur la rassura aussitôt en ajoutant :

— Mme la marquise s'intéresse vivement à la pauvre insensée, qui a pris soin de votre enfance, et c'est au sujet de cette amie, que vous aimez beaucoup, qu'elle désire vous entretenir.

La marquise s'était levée ; elle prit la main de Claire, l'attira doucement et la fit asseoir à son côté sur le canapé.

Voulant laisser à la marquise toute liberté, M. Morand se retira.

Mme de Presle examinait la jeune fille et convenait en elle-même que le docteur n'avait rien exagéré en disant que Claire était une merveille de beauté.

— Il n'y a pas longtemps que vous êtes ici, mademoiselle Claire, dit-elle, et déjà M. et Mme Morand ont pour vous une vive affection. Oh! je sais que vous la méritez... Le docteur m'a fait de vous le plus grand éloge et, avant de vous avoir vue, je vous aimais déjà ; c'est vous dire que, si vous le voulez, je serai pour vous une amie.

Deux larmes vinrent aux yeux de la jeune fille.

— Madame la marquise, je vous remercie de tout mon cœur de vos bonnes paroles, dit-elle.

— M. Morand vient de vous dire que je m'intéressais à cette pauvre femme, qu'à Rebay, où vous avez été élevée, on appelait la marquise, reprit Mme de Presle, c'est la vérité. Vous savez comment elle a quitté la ferme des Sorbiers ; je n'ai pas besoin de vous dire que j'ai eu le bonheur de la retirer des mains de ses ravisseurs qui, dans un but que j'ignore, voulaient sans doute la faire disparaître. C'est moi qui l'ai placée ici, chez le docteur Morand ; ce que je veux, ce que nous voulons tous, c'est sa guérison. Le docteur ne l'espérait pas ; mais depuis que vous êtes entrée chez lui, depuis que la malheureuse femme vous a reconnue, M. Morand est certain de lui rendre la raison.

— Il me l'a dit, madame.

— Il ne vous a sans doute pas caché non plus que pour cela, il comptait beaucoup, absolument, sur la grande affection que la malade a pour vous, sur l'influence extraordinaire que vous exercez sur elle.

— Oui, M. Morand m'a parlé de cela.

— Eh bien, ma chère enfant, quoi qu'il arrive, votre concours étant si précieux au docteur, il ne faudra pas l'en priver.

— Je ferai tout ce que M. Morand voudra, madame la marquise.

— Je le crois, ma chère enfant, je le crois. Il faut que nous rendions la raison à cette malheureuse femme qui vous a servi de mère; son passé est un mystère que je veux pénétrer. Guérie, la mémoire lui reviendra, elle parlera, nous connaîtrons sa vie, nous saurons qui elle est, et je pourrai la rendre à sa famille. Alors, seulement, j'aurai rempli la tâche que je me suis imposée.

— Ah! ce sera aussi un grand bonheur pour moi! s'écria la jeune fille.

— Ma chère mignonne, reprit la marquise, j'ai dû vous dire tout cela avant d'exiger de vous une promesse.

— Une promesse, madame! laquelle?

— Que vous ne quitterez point la maison du docteur avant la guérison de votre amie?

— Mais je ne songe nullement à m'en aller, madame.

— Oui, en ce moment; mais vous auriez pu changer d'intention, et c'est pour cela que j'ai tenu à vous voir.

— Je vous promets, madame, je vous jure...

— Attendez... je ne veux pas que vous vous engagiez par surprise; votre cœur seul doit diriger votre conduite en cette circonstance. Vous savez ce que vous pouvez faire pour la pauvre insensée, vous savez aussi ce que le docteur et moi attendons de vous. Maintenant, écoutez... Je vais vous apprendre une grande nouvelle; pour vous, c'est une joie, un bonheur inespéré. Vous n'êtes pas sans famille, comme vous l'avez cru jusqu'ici : votre mère existe.

— Ma mère! exclama la jeune fille, j'ai une mère!

Elle s'était levée et se tenait debout devant la marquise. La joie étincelait dans ses yeux, illuminait son front. Mme de Presle vit le rayonnement divin de son regard et la trouva plus belle encore.

— Oui, reprit la marquise, vous avez encore votre mère, qui vous a cherchée bien longtemps et qui vous retrouve aujourd'hui. Elle attend avec impatience l'heureux moment où elle pourra vous voir enfin et vous presser contre son cœur.

— Ah! s'écria la jeune fille, merci à vous, madame, à vous qui, la première, m'avez parlé de ma mère et avez fait entrer dans mon cœur la joie qui l'inonde tout entier. Mais où est-elle celle qui m'a mise au monde et que je n'ai pas connue! Ah! madame, faites mon bonheur complet; dites-moi où est ma mère, dites-moi quand je pourrai la voir?...

— Votre mère est ici, dans cette maison.

— Elle est ici!...

— Oui, et dans un instant, vous recevrez ses baisers, vous pourrez lui témoigner toute votre tendresse.

— Oh! laissez-moi vous quitter, madame, et courir vers elle!

Déjà sa main touchait la porte du cabinet.

— Claire, dit la marquise d'un ton attristé, avez-vous donc oublié déjà la pauvre folle?

La jeune fille se retourna, une vive rougeur colora le satin de ses joues, et elle se rapprocha lentement de la marquise.

— C'est vrai, fit-elle, je ne pensais plus à elle; excusez-moi, madame.

— Je comprends votre impatience, ma chère enfant, répliqua Mme de Presle, elle est si naturelle!... C'est à moi de vous demander pardon de vous retenir encore.

Claire, continua la marquise, votre mère, qui a été si longtemps privée de vos caresses, va vouloir vous emmener; c'est son droit, elle le tient de la nature, de Dieu, et personne n'a le pouvoir de vous retenir dans cette maison contre sa volonté et la vôtre. Or, si vous suivez votre mère, si vous abandonnez votre vieille amie, la pauvre malade, le docteur

Morand, privé de votre concours si précieux, doit renoncer à l'espoir de lui rendre la raison.

La jeune fille baissa les yeux, une émotion forte soulevait sa poitrine et faisait trembler ses membres.

— Voilà la situation, ma chère enfant, poursuivit la marquise, qu'allez-vous décider? Je suis à ce sujet dans une grande anxiété. Interrogez votre cœur, consultez votre raison, et dites-moi votre résolution quelle qu'elle soit.

Claire releva la tête; deux perles humides tremblaient suspendues aux franges de ses paupières.

— Madame, dit-elle sans aucune hésitation, aussi longtemps que M. Morand le jugera nécessaire, je resterai auprès de celle à qui je dois le peu que je suis aujourd'hui.

La grande dame se leva, prit entre ses mains la tête de l'ouvrière et lui mit un baiser sur le front.

— C'est bien, dit-elle, c'est très bien; je n'attendais pas moins de la générosité de votre cœur... Dieu vous récompensera de cet acte de dévouement; et moi je me souviendrai de la grande satisfaction que vous me faites éprouver en ce moment.

— Madame, demanda Claire presque timidement, me sera-t-il permis de revoir ma mère quelquefois, de temps en temps?

— Comment, chère enfant, mais qui donc aurait seulement la pensée de vous priver de ce bonheur?... Votre mère pourra venir vous voir souvent, tous les jours si elle veut, et si le docteur peut, une fois chaque semaine par exemple, vous accorder une heure ou deux de liberté entière, vous pourrez même sortir avec elle. J'arrangerai cela tout à l'heure avec M. Morand.

— Je vous remercie de tout mon cœur, madame.

— Oh! je ne serai jamais quitte envers vous, reprit la marquise vivement. Mais j'ai encore quelque chose à vous demander, une nouvelle exigence.

— Parlez, madame, je suis prête à faire votre volonté.

— Allons, vous êtes tout à fait charmante. Voici de quoi il s'agit: Pour éviter des indiscrétions dont les conséquences pourraient amener d'irréparables malheurs, je vous demande de ne parler à personne, pas même à votre mère, de l'intéressanté malade du docteur Morand. Celle qui vous a servi de mère autrefois a, vous le savez, des ennemis puissants, acharnés que nous ne connaissons pas ; ils sont d'autant plus redoutables. Ils peuvent se rencontrer partout, et une parole, dite imprudemment, qui leur révélerait la présence à Montreuil de notre chère malade, serait un grave danger qu'il faut éviter. La sûreté est dans l'extrême prudence ; voilà pourquoi, ma chère Claire, je vous prie de rester muette au sujet de votre amie.

— Je vous obéirai, madame, répondit la jeune fille ; mais si, comme vous le croyez, ma mère veut m'emmener, que lui dirai-je? Je ne saurai quelle raison lui donner pour lui faire comprendre que je dois rester quelque temps encore chez M. Morand.

— Votre objection n'est pas sans valeur, répliqua la marquise, car vous aurez certainement à lutter contre la volonté de votre mère et son vif désir de vous avoir, dès maintenant, tout à elle. Mais, dans le sacrifice même que vous faites pour votre vieille amie, vous puiserez la force nécessaire pour l'accomplir. Vous direz à votre mère que vous êtes forcée de rester encore à la maison de santé. Évidemment, elle voudra en connaître le motif ; vous lui répondrez que vous ne pouvez parler, qu'il s'agit d'un secret important qu'elle saura plus tard.

— Je ferai de mon mieux, madame, pour justifier la confiance que vous voulez bien me témoigner.

— J'en suis sûre, ma chère Claire ; pour cela vous n'aurez qu'à penser à la prochaine guérison de la pauvre folle, laquelle ne peut être obtenue qu'avec votre concours. Maintenant, je ne vous retiens plus, vous trouverez votre mère au parloir ; allez, charmante et bonne Claire, allez jouir pour la première fois du bonheur de l'étreinte maternelle.

Claire salua la marquise et sortit du cabinet.

À la porte de la salle où elle allait enfin voir sa mère, où une si grande joie l'attendait, son cœur se mit à battre violemment ; son émotion lui fit éprouver un saisissement extraordinaire ; ses jambes fléchissaient sous le poids de son corps, et elle fut obligée de s'arrêter un instant.

Enfin, elle ouvrit doucement la porte et fit trois pas dans le parloir.

Alors, la mère Langlois, qui était assise dans un coin sombre, se leva ; puis courbée, à grands pas, mais très lents, se redressant à mesure qu'elle avançait, elle marcha vers la jeune fille immobile, la couvant pour ainsi dire des yeux.

Arrivée à deux pas de Claire, elle s'arrêta et, ouvrant ses grands bras, elle s'écria :

— C'est elle, c'est ma fille adorée! ma Claire, mon Henriette!...

— Ma mère! répondit la jeune fille dans un cri qui s'échappait de son âme.

Elle n'eut pas le temps de s'élancer, la mère Langlois avait franchi la distance d'un bond, et elle se sentit enveloppée, soulevée de terre par les bras robustes de sa mère.

Plus grande que sa fille, la mère Langlois avait élevé la tête de Claire à la hauteur de la sienne.

Ce fut, pendant quelques minutes, une suite de soupirs prolongés, mêlés à un bruit de baisers délirants et sonores. Ceux de la mère tombaient multipliés et rapides comme une avalanche sur toutes les parties du visage de l'enfant.

On aurait dit qu'elle ne pouvait se rassasier de caresses données et qu'elle voulait y user ses lèvres. La pauvre Pauline prenait un large à-compte sur les dédommagements si bien mérités par sa longue patience.

C'était l'explosion de son amour maternel concentré depuis si longtemps.

Tenant toujours sa fille dans ses bras, pressée contre sa poitrine, et continuant à la couvrir de baisers, elle la porta devant une fenêtre. Là en pleine lumière, elle cessa de l'embrasser pour se livrer au bonheur de la contempler.

Dans les mouvements de sa physionomie et l'éclat de son regard, on aurait pu lire sa satisfaction, sa surprise, son admiration. Comme un peintre qui étudie les traits de son modèle, aucun détail ne lui échappait.

Claire gardait le silence ; elle aussi dévorait des yeux le visage de sa mère et s'enivrait d'amour filial. Elle se berçait délicieusement dans son ineffable ravissement.

— Oh! comme tu es belle, mon adorée! s'écria la mère émerveillée, avec un de ces mouvements d'orgueil qui n'appartiennent qu'aux mères idolâtres de leur enfant ; ah ! comme je vais être fière de toi !... Et c'est moi, Pauline, celle qu'on appelle aujourd'hui la mère Langlois qui ai mis au monde une si belle fille !... Ah ! mais oui, tu es belle, plus belle qu'une princesse, tu es belle comme la fée du bonheur !... Que j'embrasse encore tes jolis yeux si doux, tes magnifiques cheveux, ta petite bouche qui me sourit, et les joues fraîches et parfumées comme une rose !...

Et de nouveaux baisers retentissaient sur le front, les yeux et les joues vermeilles de la jeune fille.

— Ma mère ! ma mère ! ma mère ! répétait Claire palpitante, incapable de prononcer d'autres paroles.

Mais, pour sa mère, ces deux mots disaient tout ; ils résonnaient à son oreille comme la plus suave mélodie, ils lui semblaient divins ; ils remplissaient son cœur et ravissaient son âme.

X

MÈRE ET FILLE

La mère Langlois s'assit, attira doucement sa fille et la fit asseoir sur ses genoux.

Claire pencha sa tête et la laissa tomber doucement sur l'épaule de sa mère ; d'un de ses bras elle entoura son cou, pendant que ses grands yeux humides la regardaient avec une indicible ivresse.

Elles formaient ainsi un groupe charmant, un délicieux tableau digne du pinceau d'un Raphaël ou d'un Rubens moderne.

— Ma fille, mon Henriette chérie, — tu t'appelles aussi Henriette et c'est ton vrai nom, — es-tu contente, es-tu heureuse d'avoir retrouvé ta mère ?

— Si je suis heureuse ! Oh ! ma mère, ma bonne mère, est-ce qu'il y a au monde quelque chose de meilleur qu'une mère ?

— Ainsi tu m'aimeras... beaucoup, n'est-ce pas ?

— Ah ! avant de vous connaître, ne sachant pas si vous

existiez encore, je vous aimais déjà de toute mon âme maintenant... oh! maintenant...

Ses lèvres collées sur la joue de sa mère rendirent l'expression de sa pensée.

— Je n'ai jamais cessé de penser à vous, ma mère, reprit-elle, j'avais la soif ardente de votre tendresse et toujours, toujours j'attendais, j'appelais vos baisers!... Que de fois, la nuit, dans mes rêves, je vous ai vue près de moi! Ne vous connaissant pas, vous m'apparaissiez avec la figure de la vierge ou d'un ange, que j'aimais à voir, le dimanche, dans l'église du village... Mais toujours vous vous penchiez vers moi, souriante et bonne, vous me parliez tendrement, vous me tendiez les bras... Quand je me réveillais après mon doux rêve, et que je me retrouvais seule dans mon isolement, je vous cherchais encore, puis je pleurais en vous appelant... Oh! ma mère, ma mère, comme je vous aimais, comme je vais vous aimer!... Ah! lui aussi vous aimera... Avez-vous vu André, ma mère? Connait-il notre bonheur? Avez-vous embrassé votre autre enfant?

— J'ai vu André, ma chérie, je l'aime beaucoup aussi, mais pas autant que toi ; André n'est pas ton frère!

La jeune fille eut une sorte de tressaillement nerveux.

— Oh! oh! fit-elle.

Et un sanglot s'échappa de sa poitrine oppressée par saisissement.

— Calme-toi, cher trésor, reprit vivement la mère, calme-toi et ne pleure pas. Oui, André n'est pas ton frère ; je sais pourquoi tu t'es éloignée de lui, l'abbé Rouvière m'a tout appris. Va, chère petite, sans honte et sans crainte tu peux l'aimer maintenant, Dieu te le permet et moi aussi.

Claire leva vers le ciel ses beaux yeux pleins d'une reconnaissance infinie ; puis, laissant retomber sa tête, elle cacha sa figure rougissante sur le sein de sa mère.

Celle-ci continua :

— Je ferai de toi la plus heureuse des femmes, dès maintenant ce sera mon unique pensée. J'y emploierai toutes mes facultés et les jours qui me restent à vivre... Tu aimes André, André sera ton mari, je l'ai décidé, je le veux, cela sera. Par exemple, je voudrais bien voir qu'un obstacle s'opposât au bonheur de mon enfant!... Mais je le briserais et le mettrais en pièces comme les vitres de cette fenêtre, dit-elle d'un ton énergique, presque sauvage.

D'ailleurs, poursuivit-elle, il t'aime autant que tu l'aimes toi-même, ton André ; il l'a bien prouvé, le pauvre garçon, quand, dans sa douleur de t'avoir perdue, il s'est jeté dans la Seine.

— Dans la Seine! répéta Claire éperdue, en se redressant.

— Bon! fit la mère Langlois avec un visage contrarié qui lui donna une mine piteuse, j'ai toujours la langue trop longue ; je m'étais pourtant bien promis de ne pas souffler mot de la chose. Mais tant pis, c'est fait et je vas te dire tout : André a donc voulu se noyer ; heureusement on l'a repêché à temps.

— Cher André! murmura Claire.

— Et vois comme tout cela est arrivé par la volonté de Dieu, continua la mère Langlois : j'étais là quand, à force de frictions et de soins, il a rouvert les yeux, et je l'ai vu porter à l'hôpital, à l'Hôtel-Dieu.

— Et maintenant, ma mère, où-est-il?

— Toujours à l'hôpital ; mais il est hors de danger, et dans quelques jours il n'aura plus que le souvenir de sa folie. Je m'étais intéressée, sans le connaître, à ce garçon si jeune et si beau; cela devait être, puisque c'est grâce à lui que je t'ai retrouvée. Donc, tantôt, je suis allée le voir à l'Hôtel-Dieu ; je me suis rencontrée avec l'abbé Rouvière. En s'endormant, André a prononcé ton nom ; tu devines l'effet produit. J'interrogeai l'abbé, c'est lui qui m'a appris que tu étais ici, et je t'assure, mon cher trésor, que je n'ai pas mis longtemps pour venir du milieu de Paris à Montreuil.

— Vous êtes sûre, ma bonne mère, vous êtes bien sûre qu'André ne court plus aucun danger? demanda Claire d'une voix étranglée par l'émotion.

— Je te répète que dans quelques jours il sera complètement rétabli.

La jeune fille poussa un soupir de soulagement.

— Et tout de suite, je m'occuperai de votre mariage, reprit la mère Langlois. Vois-tu, quand le bonheur se présente à nous, il faut s'empresser de le prendre ; nous l'attendons souvent si longtemps qu'il ne faut jamais le faire attendre, lui.

Sois tranquille, ce sera une belle noce, une superbe; tu y verras des robes de soie, des équipages, du monde cossu... Je ne te dis que ça. Mais ma Claire, mon Henriette sera encore la plus belle de toutes avec sa taille fine et flexible comme la tige d'une fleur, sa robe blanche de satin à longue traîne, son grand voile et la couronne de fleurs d'oranger.

La jeune fille ne put s'empêcher de sourire à travers ses larmes.

— Tu souris, ma fille bien-aimée, et quand je te parle d'équipages et de robes de soie, tu te dis sans doute que cela ne va guère avec le bonnet de linge de vingt-cinq sous et le modeste vêtement de ta mère.

— Oh! ma mère, protesta la jeune fille.

— Hé! hé! je ne suis pas si pauvre que j'en ai l'air.... mais si, si, je suis pauvre puisque tout ce que je possède, comme mon cœur et ma vie, tout est à toi... Voyons, est-ce que j'aurais tant désiré ma fille pour la vouer à une existence de travail forcé, de misère peut-être?... Non, non, Dieu ne l'aurait pas permis, Dieu ne l'aurait pas voulu! Ma Claire avec l'espoir qu'un jour tu me serais rendue, j'ai travaillé pour toi pendant vingt ans, le jour et la nuit; c'était pour t'avoir une dot, va; quarante mille francs, bien placés! Cette somme t'appartient, dès aujourd'hui; moi, je l'ai, je n'ai plus besoin d'autre chose.

— O ma mère, ma bonne mère! s'écria Claire émue d'une filiale admiration.

— Ah! ça a été dur à amasser, reprit l'heureuse mère, toutes ces pièces de cent sous, qui sont devenues de beaux louis d'or, puis de bons billets de mille francs de la banque de France!... Bien souvent, dans les longues nuits, ma tête alourdie tombait sur ma poitrine; mes yeux fatigués, brûlants, se fermaient malgré moi et des doigts engourdis s'échappait l'aiguille; mais, tout de suite, je pensais à toi; allons, allons, me disais-je, c'est pour grossir sa dot!.. Alors, ma tête se redressait, je ne sentais plus la fatigue qui me piquait les yeux, je ressaisissais mon aiguille et elle allait, allait toujours... Comme toi, ma fille, j'étais couturière.

L'attention de Claire était suspendue aux lèvres de sa mère, elle l'écoutait, attendrie, osant à peine respirer dans la crainte de l'interrompre.

— Bien souvent aussi, poursuivit la mère Langlois, mes amies, des ouvrières comme moi, me disaient : « Es-tu bête, Pauline, de t'éreinter ainsi! » Je laissais dire, je ne répondais pas et je poussais mon aiguille avec plus d'ardeur encore. J'avais mon idée. Et quand j'étais toute seule, je me répétais ce que je me disais tous les jours : C'est pour ma fille!...

Il fut impossible à Claire de se contenir plus longtemps; elle serra sa mère dans ses bras, éclata en sanglots et dévora ses joues de baisers, pendant que des larmes abondantes coulaient de ses yeux.

— Mâtin, fit la mère Langlois avec une sorte de colère comique, voilà maintenant que je fais pleurer ma fille! J'avais bien besoin de lui dire ainsi toutes mes rengaines! Suis-je assez stupide!... Allons, chérie, ne pleure pas, sèche tes beaux yeux... Non, vois-tu, je ne veux pas que tu pleures !

Et, en lui rendant ses baisers, elle buvait ses larmes et la berçait sur ses genoux, comme un jeune enfant.

— O ma mère, ma bonne mère, disait Claire, je n'aurai pas assez de toute âme pour vous aimer !

— Allons, reprit au bout d'un instant la mère Langlois, maintenant, il faut nous en aller : j'ai pris une voiture, elle nous attend devant la maison.

Claire éprouva une commotion et baissa subitement les yeux.

— Vois-tu, mon trésor, continua la mère, mon bonheur ne sera complet que lorsque je t'aurai installée dans ta petite chambre à côté de la mienne... Une belle chambre, va, meublée à mon goût, arrangée par moi seule et où jamais un étranger n'est entré.

Claire n'avait pu douter, dès le premier moment de l'immense amour maternel qui remplissait le cœur de sa mère; maintenant, chacune de ses paroles lui révélait combien cet amour avait été exclusif, prévoyant, et combien il avait fait éclore, à son intention, de sentiments délicats et exquis. Alors, songeant au chagrin qu'elle allait causer à cette mère si digne d'être aimée, adorée, en refusant de la suivre, elle souffrait réellement.

— Oh! ma tendre et bonne mère, répondit-elle d'une voix vibrante d'émotion, comme vous, je ne serais véritablement et absolument heureuse que lorsque je pourrai vivre près de vous, avec vous; mais ce ne sera que dans quelque temps.

— Dans quelque temps! Que veux-tu dire?

— Je dois encore rester ici.

— Ah! ça, est-ce que M. Morand aurait la prétention de vouloir te garder malgré moi? s'écria la mère Langlois avec violence; par exemple, nous allons voir!

— M. Morand, ma bonne mère, me laisse entièrement libre; c'est moi qui désire, qui veux rester.

— Toi, toi!... Alors tu ne m'aimes pas?

— Oh! ne dites pas cela!

— Pourquoi veux-tu rester ici, pourquoi?

— Je vous dirai tout plus tard, ma mère; il s'agit d'un devoir à remplir et qui s'impose à moi impérieusement.

— Ta, ta, ta, je ne comprends pas cela, et, puisque tu parles de devoir, ton devoir est de suivre ta mère. Tu es assez riche pour te dispenser d'être une personne à gages. Je ne dis pas que tu ne travailleras plus, non, car il faut toujours s'occuper, travailler dans la vie; mais tu choisiras le genre de travail qui te plaira le mieux, et c'est chez toi que tu travailleras, à tes heures.

— Quand nous serons réunies, ma bonne mère, je ferai tout ce que vous voudrez.

— C'est donc bien vrai, tu refuses de venir avec moi?

— Je vous le répète, quelque chose me force à rester ici.

— Mais quoi, quoi?

— Oh! vous le sauriez déjà si je pouvais vous le dire. Mais un jour, bientôt, je vous apprendrai tout; alors, vous comprendrez et vous serez contente; la première, vous me direz : Ma fille, tu as bien agi!

— Elle est pourtant bien jolie, ta petite chambre où je pensais que tu dormirais cette nuit, dit la mère Langlois avec tristesse. Le lit est en palissandre et thuya avec des sculptures; il y a un bon sommier avec un lit de plumes et deux épais matelas tout neufs. En face de la cheminée, où il y a une grande glace, j'ai placé l'armoire à glace, afin que tu puisses te bien voir depuis le haut de ta jolie tête jusqu'au bout de tes petits pieds. Près de la fenêtre garnie de doubles rideaux de guipure semblables à ceux du lit, tu trouveras une mignonne chiffonnière; les chaises et les fauteuils sont recouverts en tapisserie, c'est mon ouvrage.

Sur la cheminée, il y a une pendule en bronze doré de Barbedienne avec ses candélabres, puis deux grands vases de porcelaine où tu mettras des fleurs... Il y a aussi une jolie cage, avec deux grands canaris de Hollande, qui chantent toute la journée à plein gosier, comme des perdus... Ils t'attendent aussi, eux, car chaque jour je leur parle de toi; et quand je leur dis: Elle viendra bientôt, et qu'ils m'entendent prononcer ton nom, ils battent des ailes et, plus joyeux, ils chantent mieux encore.

Elle s'arrêta, suffoquée par les larmes.

Claire pleurait aussi, en lui prodiguant ses plus tendres caresses.

A ce moment, le docteur, qui venait de reconduire Mme de Presle jusqu'à sa voiture, entra dans le parloir. Prévenu par la marquise, il n'eut qu'à voir le visage de la mère de Claire pour comprendre que la jeune fille avait tenu sa promesse.

— Madame, dit-il, votre charmante fille vous a dit sans doute qu'elle désirait rester ici quelque temps encore; pour toutes deux c'est un grand sacrifice, je le sais; pour Claire, madame, c'est un acte de pieux dévouement, dont bientôt vous serez heureuse et fière. Je ferai d'ailleurs tout ce qui dépendra de moi pour adoucir votre peine. Vous pourrez venir voir votre chère fille aussi souvent que cela vous fera plaisir; vous serez toujours ici la bienvenue. Du reste, votre séparation ne sera plus d'une longue durée.

La mère Langlois poussa un profond soupir.

— Je vous remercie, monsieur, dit-elle; mais ce n'est pas ce que j'aurais voulu.

Elle prit sa fille dans ses bras, la pressa avec force sur son cœur, et une fois encore l'embrassa longuement.

Claire et le docteur l'accompagnèrent jusque dans la rue. Là, elle se jeta encore sur sa fille et la couvrit de nouveaux baisers. Puis, éperdue, comme affolée, elle monta dans son fiacre, qui reprit rapidement la route de Paris.

Deux heures plus tard, elle entrait dans le boudoir de Mme Descharmes.

— Je les ai retrouvés! cria-t-elle à la jeune femme.

— Nos enfants! exclama Angèle en s'élançant vers la mère Langlois.

— Oui, tous les deux, Henriette et André!

— Pauline, ma chère Pauline, mettons-nous à genoux et remercions Dieu!

Un instant après, un domestique annonça M. le marquis de Presle.

— Dites à M. le marquis, répondit Angèle, que je suis très souffrante ce soir, et qu'il m'est impossible de le recevoir.

## XI

### GARGASSE SE TIRE D'UN MAUVAIS PAS

Pierre Gargasse, assis sur le banc que connaît le lecteur, à l'ombre du marronnier, fumait mélancoliquement sa pipe. Malgré le souvenir de ce qui lui était arrivé à cette même place, il y revenait chaque jour; c'est sur ce banc qu'il aimait le mieux à fumer sa pipe. Ce que c'est que l'habitude!

Dans la maison isolée, Gargasse, à la solde de Blaireau, était toujours investi des fonctions de geôlier, devenues une agréable sinécure. Il vivait là, tranquillement, comme un bon bourgeois ou un honnête commerçant retiré des affaires, qui, comptant sur son revenu, voit sans souci tomber la pluie, se chauffe au soleil et laisse grossir son ventre.

Boire, manger, dormir, ne rien faire et avoir dans un pot sa provision de tabac aurait dû être pour Gargasse le *nec plus ultra* du bonheur. Eh bien non, cette vie idéale, si calme en apparence, lui pesait. Tant il est vrai que l'homme n'est jamais content! C'est toujours la folie de l'ambition qui cause ses chagrins et le perd souvent. Gargasse n'était pas satisfait parce qu'il désirait autre chose.

Au milieu du nuage de fumée qui s'échappait de ses lèvres, il voyait la petite maison qu'il rêvait d'acheter à vingt ou trente lieues de Paris, au bord d'une rivière, avec un jardin et un champ pour planter ses choux. Il voyait cela et ce n'était toujours qu'un rêve. Pour le réaliser, il fallait que Blaireau, en récompense de ses longs services, lui donnât une trentaine de mille francs : cette somme était nécessaire pour acheter l'immeuble et constituer le revenu suffisant à l'existence calme et modeste de deux personnes.

Deux personnes, lui et une femme déjà vieille. Cette femme, il l'avait aimée autrefois; après l'avoir retrouvée à Paris, dans une profonde misère, il s'était rappelé combien elle lui avait été dévouée, et le cœur du scélérat s'était ému à ce souvenir. Alors, il s'était dit : Pour moi, elle a beaucoup souffert; je l'ai trompée, humiliée, battue; j'ai vécu du travail de ses mains, puis un jour, je l'ai lâchement abandonnée. Aujourd'hui, elle est vieille, laide, dans le dénûment, n'importe! Ensemble nous avons commencé l'existence, ensemble nous la finirons.

Pour expliquer ce phénomène il faut admettre que les plus grands misérables peuvent être touchés par le repentir.

Depuis qu'il avait pris cette résolution, l'idée fixe de Gargasse était de se faire remettre les trente mille francs que, selon lui, Blaireau lui devait.

Il cherchait le moyen de forcer son digne ami à ouvrir sa caisse, lorsque deux coups frappés violemment à la porte du jardin le firent tressaillir. Un instant après, trois autres coups, frappés d'une certaine façon, lui apprirent le nom du visiteur. Alors il courut tirer les verrous de la porte, et Blaireau entra.

— Toi, déjà, si matin! exclama Gargasse étonné.

— Je me lève toujours de bonne heure, répondit Blaireau. Mais nous avons à causer; montons dans ta chambre.

Gargasse remarqua que Blaireau était sombre. Il devint inquiet.

— Saurait-il quelque chose? pensa-t-il.

Toutefois, il suivit docilement son complice. Blaireau s'étant assis, Gargasse en fit autant.

— J'ai appris du nouveau, dit le premier, le préfet de police a eu vent de l'enlèvement de la folle, il y a eu une enquête.

— Ah! fit Gargasse anxieux.

— Mais nous sommes plus malin que la *rousse*; elle a cherché et n'a rien trouvé.

Gargasse commença à respirer.

— Alors? interrogea-t-il.

— Alors la police en a été pour ses frais, et l'enquête s'est arrêtée devant le vide.

— Il ne sait rien, se dit Gargasse.

Et il poussa un soupir de soulagement.

— Maintenant, reprit Blaireau, nous n'avons plus rien à craindre, toute cette affaire est oubliée.

— Enfoncés les mouchards! s'écria joyeusement Gargasse.

— La rue de Jérusalem n'est pas de force pour lutter avec moi, dit Blaireau avec un regard éclatant d'orgueil.

— Ça, c'est vrai, répliqua Gargasse, dans une sorte d'admiration, tu es un homme prodigieux, un génie. Quelle *surhomme*!

Blaireau se mit à rire, satisfait du compliment. Il n'était pas toujours insensible à la flatterie.

— Donc, reprit-il, nous n'avons plus rien à redouter et je ne vois plus la nécessité de nous imposer l'embarras de la folle.

— Que veux-tu dire?

Blaireau eut un regard sinistre.

— Nous ne pouvons pas la garder éternellement, répondit-il; une folle, ça gêne, et puis elle ne nous est plus utile; il faut qu'elle disparaisse.

Gargasse pâlit, il sentit une sueur froide mouiller ses tempes.

Blaireau ne vit rien; tout entier à son idée, il continua :

— Voici ce que j'ai décidé : cette nuit nous nous débarrasserons de la folle. C'est facile, les moyens ne manquent pas; celui que j'ai choisi a du bon, tu vas voir : Tout à l'heure, nous étoufferons la folle, poursuivit le misérable, ce ne sera pas long, car elle n'a qu'un souffle de vie; cela fait, nous l'habillerons avec le costume que j'ai apporté et qui est là, dans ce paquet, un vêtement d'ouvrière, depuis les souliers troués jusqu'au bonnet de linge. J'ai acheté toute cette défroque quarante sous chez une fripière du Temple.

Gargasse le laissait parler. Il se trouvait dans une situation difficile, peut-être dangereuse, et il se demandait avec effroi comment il pourrait en sortir.

— Cette nuit, à une heure du matin, continua Blaireau, je serai ici avec une voiture, nous prendrons la morte et nous l'emmènerons du côté de Suresnes, où nous la jetterons dans la Seine. Si elle est repêchée par des pêcheurs ou des mariniers, on supposera que c'est une pauvre femme qui s'est jetée à l'eau pour échapper à la misère, à la faim. Chaque jour, la faim donne à des gens le désir de boire un grand coup, ajouta-t-il cyniquement. Eh bien, que penses-tu de mon idée?

Gargasse sursauta comme un homme qu'on réveille brusquement, et ses yeux se fixèrent sur Blaireau.

— Réponds-moi donc, fit celui-ci.

Gargasse se mit à rire.

— Tout cela est parfaitement combiné, dit-il; mais, mon cher Blaireau, tu t'es donné une peine bien inutile.

— Hein! pourquoi?

— Parce que la besogne est faite.

— Je ne comprends pas.

— La folle est morte.

— Morte! répéta Blaireau; est-ce bien vrai?

— Puisque je te le dis.

— Et quand cela? Hier, cette nuit?..

— Depuis plus longtemps.

— Et qu'en as-tu fait?

— Drôle de question... Ce que j'en ai fait? Ce qu'on fait d'une morte, je l'ai enterrée.

— Où cela, dans le jardin? demanda Blaireau en jetant sur son complice un regard soupçonneux.

— Pour qu'un jour un coup de bêche maladroit découvre le cadavre! pas si bête!... Là-haut, dans le bois, par une nuit noire, j'ai creusé un trou, et c'est dans ce trou que j'ai enterré la folle.

— Tu as fait cet ouvrage seul?

— Fallait-il aller chercher le commissaire de police?

— Tu as raison, répondit Blaireau dont le regard oblique ne quittait plus Gargasse.

— J'ai les bras assez forts pour manier une pelle et les épaules assez solides pour avoir pu porter seul un cadavre qui ne pesait pas soixante livres, reprit Gargasse.

— C'est certain; mais pourquoi ne m'as-tu pas prévenu?

— Ah! voilà... je ne voulais pas te faire de la peine.

— Ça c'est bien! Excellent Gargasse!

— Dans le temps, tu as eu un faible pour la jolie Léontine; j'ai eu peur pour ta sensibilité.

— Ça cher ami, fit Blaireau d'un ton moitié sérieux, moitié ironique.

— Que veux-tu, c'est peut-être bête, mais je suis comme ça pour ceux que j'aime.

— Le fourbe, pensait Blaireau, il me paiera tout cela en gros.

— Ainsi, reprit-il, c'est par amitié pour moi.

— Ma foi, oui. Pourtant, je ne veux pas mentir; j'avais encore une raison.

— Ah! voyons cette autre raison.

— Je me trouve bien ici, dans ta maison; je m'étais dit : Tant que mon ami Blaireau ne saura pas que la folle est morte, j'y resterai bien tranquille, ne faisant rien et vivant comme un seigneur. Le métier de rentier me plaît.

— J'aime mieux cette dernière raison que la première.

— On ne peut rien te cacher à toi, il faut toujours te dire tout.

— Enfin la folle est morte, nous en sommes débarrassés... Maintenant, mon cher Gargasse, je n'ai plus besoin de toi, et comme j'ai l'intention de vendre cette maison, tu ne pourras plus y rester.

— Voilà ce que je redoutais; mais je te connais, tu ne laisseras pas ton vieux camarade Gargasse dans la peine, tu tiendras la promesse que tu lui as faite.

— Au fait, parlons de ça; de quoi sommes-nous convenus?

Le visage de Gargasse s'épanouit.

— Tu sais mon rêve, répondit-il; une petite maison, un jardinet derrière, et une petite rente... Tu vois, je ne suis pas exigeant.

— Enfin, dis un chiffre.

— Eh bien! une trentaine de mille francs.

— Trente mille francs! s'exclama Blaireau, comme tu y vas! Mais c'est une fortune, cela.

— Pas grasse... j'ai fait mes comptes; il faut bien cette somme.

— Diable, diable! fit Blaireau en se grattant l'oreille.

— Allons, mon petit Blaireau, un bon mouvement, dit Gargasse d'une voix mielleuse.

— Soit, tu auras tes trente mille francs. C'est égal, c'est bien de l'argent, je vais me saigner pour toi.

— Ah! Blaireau, vieux copain! s'écria Gargasse avec émotion; tiens, il faut que je t'embrasse.

— Non, dit Blaireau en se levant, tu ferais éclater ma sensibilité. J'aime mieux que tu allumes la bougie.

— La bougie; pourquoi faire?

Je désire voir la cave.

Gargasse s'empressa d'obéir et tous deux descendirent dans le sous-sol.

Blaireau entra dans le caveau qui avait servi de cachot à Léontine Landais. Prudemment, Gargasse resta à l'entrée, se contentant d'éclairer son complice. Mais, pour le moment, Blaireau n'avait pas d'intention mauvaise. Il se borna à faire l'inspection du caveau. Il voulait probablement s'assurer de la disparition de la folle.

Peu après, en quittant Gargasse, il lui dit :

— Je reviendrai samedi; je t'apporterai tes trente mille francs.

## XII

### UN NUAGE A L'HORIZON

Gargasse était content.

— Tout de même, se disait-il en se frottant les mains, il a bien pris la chose.

Gargasse se trompait. Blaireau n'avait pas été dupe de son

mensonge. Une colère terrible, qu'il n'avait pas voulu laisser éclater grondait dans sa tête.

— C'est certain, la fille n'est plus en ma puissance, se disait-il en reprenant la route de Paris ; qu'est-elle devenue ? Qu'en a-t-il fait ? Ah ! je vois son jeu, le brigand, il veut me faire chanter... Eh bien, il se trompe, ce n'est pas aux vieux singes qu'on apprend à faire des grimaces. Lui donner trente mille francs, ah ! ah ! ah !... Une balle dans la tête ou un bon coup de poignard dans la poitrine, voilà ce qu'il mérite, le misérable !

Ce n'est pas tout, il faut ouvrir les yeux et voir clair. La fille a disparu, voilà le fait. Supposer qu'elle s'est échappée de sa prison toute seule serait absurde. On lui en a ouvert la porte, car j'ai constaté que le trou, qui communique au puits n'a pas été agrandi. Donc Gargasse est un traître. C'est lui qui a enlevé sa prisonnière pour la cacher ailleurs. Ah ! j'aurais dû me défier de lui !...

Après un moment de réflexion, il reprit :

— Je crois que je m'égare dans les chemins de traverse. Gargasse me trompe, c'est évident ; mais s'il avait caché la fille pour me forcer à lui donner de l'argent il me l'aurait dit et n'eût pas inventé la fable qu'il m'a contée. Et puis il est prudent, il ne serait pas resté à Sèvres. Décidément, il y a autre chose. Quoi ? Je cherche dans la nuit.

Tout à coup, il se frappa le front. Il venait de penser à la marquise de Presle. Il savait que l'enquête concernant l'enlèvement de la fille de Rebay avait été faite sur sa demande.

— Mme de Presle a dû jouer un rôle dans l'affaire que je cherche à débrouiller, se dit-il ; alors Gargasse est son associé. Dans ce cas, c'est grave, beaucoup plus grave que je ne le croyais...

Il rentra chez lui en proie à une grande agitation.

Après s'être débarrassé de son paletot, il s'assit à son bureau et écrivit un billet qu'il fit porter immédiatement rue de la Huchette par sa domestique. Il avait aussi l'intention d'écrire au marquis de Presle ; mais, après réflexion, il ne le fit point.

De la rue du roi de Sicile à celle de la Huchette la distance n'est pas grande. La domestique revint au bout d'une demi-heure, accompagnée d'un individu à l'air effronté, qui s'intitulait marchand de lorgnettes, mais qui devait faire, en outre, beaucoup d'autres métiers inconnus plus ou moins avouables. Pour n'en citer qu'un, il était à l'occasion un des espions de Blaireau.

— Ma lettre t'a trouvé chez toi, lui dit celui-ci; il paraît que tu te reposes en ce moment.

— Oui, les affaires ne vont pas. Moi, quand je n'ai pas d'ouvrage je ne flâne pas dans les rues, le nez en l'air, je reste chez moi.

— Cela veut dire que tu as la bourse plate.

— Tant que j'ai un rond, maître, ce n'est pas dans ma niche qu'on me trouve, vous le savez bien.

— Il faut te chercher au cabaret.

— Chez le mastroquet du coin, toujours le même. Mais ce n'est pas pour me faire la catéchisme que vous m'avez appelé, je suppose; de quoi s'agit-il?

— J'ai de la besogne à te donner.

— On la fera, patron, on la fera.

— Je veux te charger d'une petite surveillance. Il faut que je sache où va, chaque fois qu'elle sort, une grande dame qui se nomme la marquise de Presle et qui demeure rue Saint-Dominique.

— Ça, c'est facile.

— Tu n'auras que cela à faire pour le moment; tu vas te mettre immédiatement en campagne, et ce soir j'attendrai ton rapport. Tiens, voilà dix francs pour les premiers frais.

— Alors, je pars.

— Encore un mot: j'aurai peut-être besoin de t'adjoindre, demain ou après-demain, un ou deux camarades.

— Vous n'aurez qu'à parler, patron, je vous les trouverai.

— Je n'en doute pas; mais sais-tu ce qu'est devenu le Mouton?

— Je crois qu'il a quitté Paris.

— Par ordre?

— Non, pour aller voir son pays.

— Il est peut-être revenu?

— Ça m'étonnerait; il serait venu me dire bonjour. Depuis une expédition que nous avons faite ensemble, du côté de Sèvres, nous sommes une paire d'amis.

— Ah! vous avez travaillé par là? fit Blaireau; était-ce bon?

— Excellent!

— Quel genre d'affaire?

— Une escalade, une femme à enlever...

Blaireau tressaillit.

— Oh! oh! fit-il en souriant, c'était difficile! Vous n'avez pas réussi.

— Erreur, patron.

— Ainsi, vous avez pu enlever cette femme? Elle était donc seule dans sa maison.

— Avec son gardien.

— Son gardien! je ne comprends pas.

— Ah! voilà: la femme était enfermée dans une cave; il s'agissait de la délivrer.

— C'est fort intéressant ce que tu me dis là. Et pour le compte de qui travailliez-vous?

— Ça, je l'ignore, Pistache ne me l'a pas dit.

— Qu'importe! vous avez pu enlever la femme; après qu'en avez-vous fait?

— Nous l'avons remise à un homme et à une femme qui nous attendaient au bord de la Seine près du parc de Saint-Cloud.

— Ne m'as-tu pas dit tout à l'heure qu'il y avait un gardien?

— Oui, et un rude gaillard encore!

— Il était avec vous?

— Lui! pas du tout.

— Bah! et ce rude gaillard, comme tu dis, a laissé prendre la femme sans rien dire?

— Oh! il a crié et hurlé, mais il n'a pu faire que cela; nous avions commencé par le lier avec des cordes.

Sur la demande de Blaireau, l'espion s'empressa de lui raconter tout ce qui s'était passé dans la maison de Sèvres le soir de l'enlèvement de la folle.

Enfin, la disparition de la malheureuse Léontine lui était expliquée. Gargasse devenait beaucoup moins coupable qu'il ne l'avait supposé; et, en même temps, il acquérait la presque certitude que la folle avait été remise aux mains de la marquise de Presle. Quel but poursuivait la marquise? Où avait-elle placé la folle? Voilà ce que, avant tout, Blaireau voulait découvrir.

Le soir, à huit heures, son espion, qui portait le nom belliqueux de Tamerlan, vint lui faire son rapport.

Mme la marquise de Presle était sortie à deux heures avec sa fille. Ces dames s'étaient rendues aux magasins du Bon-Marché où elles avaient fait divers achats. Du Bon-Marché elles étaient allées rue de la Paix où Mlle de Presle avait essayé plusieurs bagues chez un joaillier, et examiné avec sa mère un certain nombre de boucles d'oreilles. Tamerlan, n'ayant pas cru devoir entrer dans la boutique du bijoutier, ignorait si un achat y avait été fait.

Mme de Presle et sa fille remontèrent dans leur voiture et donnèrent l'ordre au cocher de les conduire à Montreuil. Il était trois heures. Tamerlan courut place Vendôme, sauta dans une voiture et parvint à suivre le coupé de la marquise jusqu'aux fortifications. Arrivé là, le cheval de louage en sueur, haletant, éreinté, fourbu, refusa d'avancer. Le coupé, qui avait déjà une grande avance, gagna du terrain et disparut.

Toutefois, à tout hasard, Tamerlan se décida à faire à pied le reste du chemin. Il connaissait Montreuil ; il y était venu souvent dans sa jeunesse pour y voler des pêches. Après l'avoir fouillé de son mieux, il se disposait à rentrer bredouille, lorsqu'il aperçut la voiture de la marquise arrêtée devant la porte cochère d'une grande et belle maison banlieusarde. Un paysan qu'il interrogea lui apprit que cette magnifique propriété était la maison de santé du docteur Morand. Il rôda dans les environs pendant une demi-heure, puis la voiture de Mme de Presle ayant repris au grand galop la route de Paris, il se dit qu'il avait suffisamment travaillé et que sa journée était finie.

Ce rapport donnait à Blaireau un renseignement précieux ; mais il ne laissa rien paraître de ses impressions. Cependant il complimenta l'espion, lui mit un louis dans la main et le congédia en lui donnant l'ordre de continuer à surveiller la marquise.

Mme de Presle se rendant à Montreuil dans une maison de santé, cela disait tout. Le doute n'était plus possible. Après avoir fait enlever la toile, elle l'avait confiée aux soins du docteur Morand. Évidemment pour qu'il lui rendît la raison. Restait à savoir si Léontine Landais pouvait être guérie. Il ne se dissimulait pas les conséquences terribles que cette guérison aurait pour lui. Si Léontine retrouvait le souvenir, ses révélations ne pouvaient manquer de lui être fatales. Il savait d'avance que le marquis de Preste l'abandonnerait lâchement.

Au moment où tout lui souriait, alors qu'il possédait cette immense fortune, but unique de sa vie, il se voyait exposé à tout perdre. La terreur s'emparait de lui à cette pensée que la justice, à laquelle il avait su échapper jusqu'à ce jour avec un rare bonheur, pouvait être appelée à regarder dans son existence et à lui demander un compte sévère de toutes les vilenies, de tous les crimes de son passé.

La prudence lui conseillait de prendre tout son or, toutes ses valeurs et de fuir à l'étranger. Mais il fallait abandonner une partie de sa fortune ; et puis, il aimait Paris, le théâtre de ses exploits ; un charme irrésistible, plus puissant que sa volonté, l'y retenait.

D'ailleurs il n'y avait peut-être péril que dans son imagination. Il avait ses appréhensions, mais rien encore ne justifiait ses craintes. Il tâcha de se convaincre qu'il n'avait aucune raison de s'alarmer.

— Au surplus, se dit-il, quand on sait d'où vient le danger il est à moitié conjuré ; s'il existe réellement, — et je le saurai bientôt, — on agira en conséquence.

Et, avec son esprit inventif, si fécond pour le mal, il trouva aussitôt le moyen d'échapper au danger en en faisant disparaître les causes.

## XIII

### BLAIREAU EN CAMPAGNE

Le lendemain, dans l'après-midi, Blaireau vêtu comme un fashionable, ce qui ne l'embellissait pas, au contraire, le ruban de la Légion d'honneur attaché à la boutonnière de sa redingote, se fit conduire à Montreuil et se présenta hardiment à la maison de santé, demandant à voir M. Morand.

Le docteur avait été appelé à Paris pour une consultation et on ne put lui dire à quelle heure il rentrerait. Blaireau éprouva une vive contrariété. Quand il s'occupait personnellement d'une affaire, il n'aimait pas rencontrer un obstacle dès le début.

— C'est bien, dit-il, je reviendrai.

En même temps que lui un individu sortit de la maison.

— Voilà une figure qui ne m'est pas inconnue, se dit Blaireau.

Et immobile sur le trottoir, suivant des yeux l'inconnu qui marchait rapidement, il cherchait à rappeler ses souvenirs.

— Parbleu, pensa-t-il, j'aurai plus vite fait de lui demander son nom.

Il s'élança sur les pas de l'individu et, l'ayant rejoint, il se plaça brusquement devant lui.

L'inconnu laissa échapper une exclamation de surprise, puis il jeta à droite et à gauche un regard inquiet.

— Hé ! hé ! je ne me trompe pas, fit Blaireau en riant, c'est bien le señor Antonio. Du diable si je pensais vous rencontrer à Montreuil ! Est-ce que vous y demeurez ?

— Oui, monsieur Blaireau.

— Depuis longtemps ?

— Bientôt deux ans.

— Une bonne place ?

— Je ne suis pas mécontent. Mais permettez-moi de vous quitter, je n'ai pas une minute à perdre, si je ne veux pas manquer l'omnibus.

— Vous allez donc à Paris ?

— Oui, et j'ai pas mal de courses à faire pour Mme Morand.

— Ah ! fit M. Blaireau, vous êtes employé chez le célèbre docteur ?

— Employé, ce serait beaucoup dire : je ne suis qu'un domestique ; mais on a pour moi quelques égards parce qu'en ma qualité d'Espagnol, je parle aussi l'italien et le portugais.

— C'est trop juste, señor Antonio, et vous les méritez bien, répliqua Blaireau d'un ton railleur. Au fait, puisque vous allez à Paris, je vais vous emmener, j'ai une voiture.

— Oh ! je ne voudrais pas... balbutia l'Espagnol pour qui la perspective de voyager avec Blaireau n'avait rien d'attrayant.

— Laissez donc, l'interrompit celui-ci, je ne suis pas fier, moi. D'ailleurs, j'ai besoin de causer avec vous.

Il fit un signe au cocher, qui s'empressa de les rejoindre.

Moitié de force moitié de bonne volonté, il fit monter Antonio dans la voiture, qui prit aussitôt la direction de Paris.

L'Espagnol était soucieux et visiblement inquiet. Blaireau crut devoir le rassurer.

— Je suis enchanté de la position que vous occupez chez le docteur Morand, lui dit-il, et certes, ce n'est pas moi qui, par certaines indiscrétions, vous ferai perdre une si bonne place. L'histoire de votre coup de couteau est à peu près oubliée, et si la police vous cherche encore, elle ne viendra certainement pas vous pincer dans l'établissement de M. Morand, qui est pour vous un asile sûr.

Au lieu de rassurer l'Espagnol, ce petit discours l'effraya. C'est peut-être ce que voulait Blaireau.

— Mais ce n'est point de tout cela qu'il s'agit, reprit-il. J'étais venu à Montreuil pour voir le docteur Morand et on m'a dit qu'il était absent. J'avais à lui demander plusieurs renseignements que, probablement, vous allez pouvoir me donner.

Les yeux noirs de l'Espagnol se fixèrent sur Blaireau.

— Vous devez savoir, honnête Antonio, qu'une très grande dame de Paris, la marquise de Presle, s'intéresse fort à une pensionnaire du docteur Morand ?

L'Espagnol hésitait à répondre.

Blaireau fronça les sourcils. Et changeant de ton subitement.

— Pas de cachotteries, dit-il durement ; tu sais que vouloir faire le malin avec moi est un jeu dangereux... Te voilà averti. Si je t'interroge, c'est que je veux que tu répondes. Ceci entendu, causons. Du reste, si je suis satisfait de tes renseignements, je te les payerai. Tu n'es pas homme à dédaigner un billet de cent francs.

Ces derniers mots parurent faire une certaine impression sur le domestique.

— Oui ou non, reprit Blaireau, la marquise de Presle s'occupe-t-elle d'une pensionnaire de ton maître ?

— Oui.

— Elle est soumise à un traitement ; le docteur espère-t-il la guérir ?

— Oui.

Ce oui fit sur Blaireau l'effet d'une morsure.

Pourtant il reprit avec un rire forcé :

— Le docteur espère, il le dit, c'est son métier ; mais il ne croit pas à la guérison ?

— Il y croit et il en est sûr, répondit l'Espagnol.

— Il en est sûr ? Tu dis qu'il en est sûr ? exclama Blaireau.

— Tellement sûr que, pas plus tard qu'hier, j'ai entendu qu'il disait à Mme la marquise : Avant quinze jours, madame, votre protégée sera en état de répondre à toutes vos questions.

Un coup de massue n'aurait pas frappé plus rudement. Tout étourdi, Blaireau ferma les yeux. Mais il se remit promptement.

— Il est donc bien fort, ce docteur Morand ? fit-il d'une voix creuse.

— C'est un grand savant. Mais, malgré toute sa science, il ne guérirait pas la folle en question, il le dit lui-même, s'il n'y avait près d'elle une jeune fille dont l'influence est merveilleuse.

— Quelle est cette jeune fille ?

— Une ouvrière, elle se nomme Claire ; c'est la lingère de l'établissement. Il paraît que Mlle Claire connaît la folle depuis longtemps, on dit même dans la maison qu'elle est sa fille ; moi, je sais bien que non. Quoi qu'il en soit, c'est grâce à la lingère que le docteur rendra la raison à sa malade.

— Comment sais-tu cela ?

— J'écoute, répondit modestement le domestique ; c'est une vieille habitude. J'entends un mot le matin, un autre le soir, je les recueille tous ; quand j'en ai un certain nombre, je les mets en ordre dans ma tête, et c'est ainsi que je parviens parfois à savoir ce qu'on ne me dit point.

— Excellent système. Señor Antonio, vous êtes un garçon intelligent !

— Vous me flattez, monsieur Blaireau.

— Nullement, et je me félicite de t'avoir rencontré, car tu vas me rendre un grand service.

— Je peux vous rendre un service, moi ?
— Oui, sans compter un billet de mille francs que tu gagneras.
— De quoi s'agit-il ?
— De la folle. Je ne veux pas que ton docteur lui rende la raison.

L'Espagnol regarda Blaireau avec des yeux effarés.

— Vous ne parlez pas sérieusement ? dit-il.
— Pour ta gouverne, maître Antonio, tu sauras que je ne plaisante jamais. La folle doit rester folle, entends-tu ? Il ne faut pas que le docteur Morand la guérisse.
— Je comprends bien, mais comment l'en empêcherez vous ?
— C'est ce que nous allons examiner. D'abord, pour arriver à ce résultat, je ne serai pas seul, puisque je compte absolument sur le concours du señor Antonio, qui est un garçon plein d'esprit et de talent.
— Je vous assure, monsieur Blaireau, que je ne puis vous être d'aucune utilité.
— Tu parles avant de savoir ce que tu auras à faire, riposta brusquement Blaireau.
— Mais je ne veux pas...

L'Espagnol acheva sa phrase par un cri.

Blaireau avait saisi son bras et le serrait si fort que ses ongles entrèrent dans la chair. En même temps il prononçait sourdement ces paroles :

— Choisis entre me servir aveuglément ou aller pourrir au bagne.

Le domestique frissonna des pieds à la tête.

— Je vous servirai, bégaya-t-il.
— C'est ce que tu as de mieux à faire !
— Pourvu que vous ne me commandiez pas un meurtre, ajouta l'Espagnol.
— Tu n'as pas toujours été aussi scrupuleux, ricana Blaireau. Mais, rassure-toi, il n'y a que les imbéciles qui tuent, un homme intelligent trouve toujours le moyen de faire ses petites affaires sans se compromettre.
— Quelle est votre idée ?
— Il ne faut pas que le docteur guérisse la folle.

— Vous me l'avez dit, mais je ne vois pas...
— Laisse-moi achever. Pour qu'il ne puisse pas lui rendre la raison, il faut qu'elle disparaisse de chez lui.
— Elle n'a nulle envie de s'échapper.
— C'est précisément pour cela qu'il est utile que nous intervenions tous les deux.
— Vous voulez l'enlever? s'écria Antonio.
— Oui.
— C'est impossible !
— Nous allons le voir.
Après avoir réfléchi un instant, Blaireau reprit la parole.
— Le docteur Morand s'absente quelquefois, paraît-il; est-ce qu'il ne va pas de temps à autre à l'Opéra, au Gymnase ou au Français ?
— Très rarement. Mais tous les jeudis, M. et Mme Morand vont dîner et passer la soirée à Paris chez la mère de madame.
— C'est parfait ! Eh bien, señor Antonio, jeudi prochain, à nous deux, nous enlèverons la folle.
L'Espagnol secoua la tête.
— Je vous ai dit déjà que c'était impossible !
— Voyons les difficultés.
— La première est que la grille qui sépare le bâtiment des aliénés de l'habitation du docteur est fermée tous les jours à huit heures.
— Soit, mais tu seras là pour l'ouvrir.
— Je n'en ai pas la clef.
— Qui l'a, cette clef ?
— La concierge.
— Es-tu bien avec elle ?
— Oui.
— Alors tu trouveras le moyen de lui prendre sa clef, que tu lui rendras après t'en être servi. Continue.
— Une autre difficulté, plus grande encore, c'est de pénétrer dans la chambre où couche la folle. A toute heure du jour et de la nuit, il y a toujours deux femmes qui veillent dans le corridor où se trouvent les aliénées, et deux hommes au-dessus, dans le corridor des fous.
— Diable, fit Blaireau devenu soucieux, ils sont bien gardés !

— Sans compter qu'au premier cri d'appel tout le personnel de la maison est aussitôt sur pied.

Nous sommes huit hommes et six femmes.

Blaireau réfléchissait.

— Et ce n'est pas tout encore, poursuivit l'Espagnol, la folle couche dans la chambre de la lingère où le docteur a fait placer un lit pour elle. Or, la jeune fille est une gardienne vigilante ; pour défendre la femme confiée à ses soins et qu'elle aime réellement beaucoup, elle se ferait hacher par morceaux.

— Est-ce qu'elle ne quitte jamais la folle ?

— Quand celle-ci dort, il lui arrive souvent de veiller en travaillant dans la lingerie. Seulement la lingerie se trouve au-dessous de sa chambre, au rez-de-chaussée, et les pièces sont ainsi disposées qu'on ne peut monter dans sa chambre qu'en passant par la lingerie.

— Tonnerre ! fit Blaireau avec dépit, mais cette maison de fous est pire qu'une prison.

— Vous le voyez, monsieur Blaireau, il n'y a rien à faire.

— Rien à faire, rien à faire ! répéta Blaireau avec une sorte de rage. Tu crois cela, toi ?... Il n'y a que les timides et les peureux qui reculent devant les obstacles ; je ne suis pas de ceux-là... Moi, quand j'en rencontre sur mon passage, si je ne peux pas sauter par-dessus, je les brise. Ma folle ne doit pas recouvrer sa raison, je le veux, cela sera ! Voyons, ne peut-on pas l'emporter par la fenêtre ?

— Vous oubliez les barreaux de fer.

Les yeux de Blaireau lancèrent deux éclairs.

— Ah ! oui, toujours comme une prison, fit-il. Cherchons un autre moyen.

Il appuya sa tête dans ses mains et fit appel aux ressources de son imagination.

— Au fait, reprit-il en se redressant et comme se parlant à lui-même peu m'importe qu'elle soit ici ou là, l'essentiel est qu'elle reste folle !... Voyons, continua-t-il en arrêtant sur le domestique son regard d'oiseau de proie, tu m'as dit que la guérison de la folle n'était possible qu'avec le concours de la lingère ?

— C'est vrai.

— Prends garde de t'être trompé et de me tromper moi-même. Ainsi tu es sûr de cela ?

— Absolument sûr.

— Eh bien, ne nous occupons plus de la folle ; c'est la lingère que nous enlèverons.

— Les difficultés sont à peu près les mêmes.

— Elle sort bien quelquefois ?

— Jamais !

— Elle n'a donc pas de parents pas d'amis ?

— Une femme déjà âgée vient la voir souvent, c'est peut-être une parente ; une fois aussi j'ai remarqué qu'un jeune homme accompagnait la vieille dame, Mlle Claire reçoit toujours cette femme dans le petit salon de M. Morand.

— Ainsi elle ne sort jamais ?

— Je vous l'ai dit.

— En ce cas, il ne faut pas songer à la rencontrer hors de l'établissement.

— A moins que ce ne soit un dimanche, quand elle accompagne Mme Morand à la messe.

— La lingerie, dis-tu, est au rez-de-chaussée de la maison ?

— Oui.

— Peut-on y entrer facilement, la nuit, sans éveiller l'attention des domestiques de veille ?

— On le peut en prenant certaines précautions.

— Jusqu'à quelle heure la lingère travaille-t-elle le soir ?

— Généralement jusqu'à dix heures ; mais, quand M. et Mme Morand sortent, elle ne se couche jamais avant leur retour.

— De ce côté tout va bien. Voyons maintenant la concierge. Est-elle mariée ?

— Oui, avec un ancien militaire.

— Quelles sont leurs habitudes.

— Le mari est employé dans l'établissement, la femme soigne son ménage et garde la loge.

— Peut-on les acheter ?

— Ce n'est pas la peine d'y songer.

— Ils sont honnêtes ?

— Et surtout très dévoués à M. Morand.

— Le soir, que font-ils? Se couchent-ils de bonne heure?

— A dix heures, régulièrement, comme tout le monde dans la maison, moins les hommes et les femmes chargés du service de nuit.

— Est-ce qu'ils n'ont pas quelques petits défauts, vos concierges modèles?

— Le mari boit volontiers un coup de trop quand il en trouve l'occasion.

— Et la femme?

— La femme est très sobre, elle ne boit que de l'eau.

— Diable, c'est embarrassant! murmura Blaireau. Donc, tu ne lui connais pas un seul défaut?

— A moins que, pour vous, priser n'en soit un.

Blaireau eut un petit rire sec et nerveux.

— Vilain défaut pour une femme, reprit-il, mais dont nous saurons faire notre profit. Maintenant, écoute-moi : Tu consens à me servir?

— Il le faut bien.

— A la bonne heure, ta sincérité me plaît. J'aime mieux cela que des protestations de dévouement dont tu ne penserais pas un mot. D'ici trois jours tu recevras un petit paquet cacheté dans lequel tu trouveras une petite fiole contenant quelques gouttes d'une liqueur rose pouvant se mêler facilement dans un verre de bordeaux ou de bourgogne.

— Du poison! s'écria l'Espagnol avec terreur.

Blaireau haussa les épaules.

— Ma liqueur est tout à fait inoffensive, dit-il ; elle donne le sommeil, voilà tout.

A la fiole je joindrai une ou deux pincées d'une poudre noire, qui ressemble beaucoup au tabac, autre narcotique infaillible. Avec cela tu t'arrangeras pour faire dormir les pipelets. Naturellement c'est jeudi prochain, en l'absence de M. et de Mme Morand, que tu te livreras à cette expérience sur les moyens de faire dormir les gens malgré eux. Du reste, un écrit que tu liras t'indiquera exactement ce que tu auras à faire. A dix heures et demie, tu pourras ouvrir la porte d'entrée, je serai dans la rue.

— Et après?

— Tu n'auras plus qu'à me montrer la lingerie ; le reste me regarde.

— Oui ; et le lendemain, quand M. Morand apprendra ce qui s'est passé, il me fera arrêter.

— Tu n'as pas, je suppose, l'intention de t'accuser toi-même ?

— Et les concierges ?

— Si tu agis avec adresse, ils ne te soupçonneront point. La disparition de la lingère ne pouvant être expliquée, on admettra facilement qu'elle s'est enfuie de la maison.

— Je ne crois pas cela. Et elle qu'en ferez-vous ?

— Oh ! sois tranquille, je lui trouverai une autre place, répondit Blaireau.

Et un sourire singulier crispa ses lèvres.

— Monsieur Blaireau, voulez-vous connaître ma pensée ?

— Parle.

— Eh bien ! laissez-moi vous dire que vous allez jouer gros jeu.

Un pli se creusa sur le front de Blaireau.

— Je le sais bien, dit-il avec humeur ; mais il le faut, c'est une nécessité fatale, je la subis.

Après avoir traversé la place de la Bastille, la voiture prenait la ligne du boulevard.

— Si vous le voulez bien, dit l'Espagnol, je vous quitterai ici.

Blaireau sonna le cocher. Pendant que le véhicule se rangeait contre le trottoir, Blaireau tira un billet de cent francs de son portefeuille.

— Tiens, voilà pour les renseignements que tu m'as donnés, dit-il en remettant le billet au domestique. Mais, avant de nous séparer, un mot encore : je puis compter sur toi ?

— Oui ; et vous n'oublierez pas ce que vous m'avez promis ?

— Mille francs, c'est convenu ; du reste, je ne m'en tiendrai pas là.

Ces paroles parurent résonner agréablement aux oreilles du domestique, car il y eut comme un éclat de joie dans son regard.

Il ouvrit la portière et sauta sur le bitume. Le coupé de remise reprit sa course.

Certes, pour que Blaireau se montrât si magnifique, il fallait qu'il eût peur réellement.

## XIV

### SUPRA

Maman, ne trouves-tu pas qu'elles me vont bien? disait Mlle Edmée de l'Estin qui, debout devant une grande glace, dans la chambre de sa mère, venait d'accrocher à ses oreilles une très jolie paire de boucles dont les diamants lançaient des feux étincelants.

— Ce bijou est ravissant, répondit la marquise avec un sourire doux et triste; en le choisissant, tu as fait preuve de bon goût.

— Ainsi, chère petite mère, tu penses que Mlle Claire sera contente de mon cadeau?

— Elle ne l'attend certainement pas; mais elle l'acceptera avec bonheur, comme un témoignage d'affection.

— Oh! oui, car je l'aime vraiment beaucoup!

— Et elle le mérite. Chaque jour me fait découvrir en elle une grâce nouvelle, des qualités exquises que je ne connaissais pas encore. Son cœur renferme des trésors inconnus.

— Tu me permettras de rester son amie, n'est-ce pas, petite mère?

— Assurément; c'est parce que j'ai désiré qu'elle devienne ton amie que je t'ai emmenée quelquefois à Montreuil.

La jeune fille détacha les boucles d'oreilles, les remit dans leur écrin; puis, prenant un second écrin, elle l'ouvrit et vint s'asseoir près de sa mère.

— Et la bague, lui dit-elle, comment la trouves-tu?

— Très belle aussi; ce brillant entouré d'émeraudes fines est d'un admirable effet. Ton petit cadeau sera convenable.

— Quand pourrai-je l'offrir à Mlle Claire?

— Quand elle ne sera plus chez le docteur Murand. Elle aura alors l'occasion de s'en servir.

Vivant de plus en plus isolée, voyant à peine son mari une fois par semaine, et son fils rarement aussi, la marquise n'avait d'heureux que les instants qu'elle passait avec sa fille. Elle saisissait ainsi l'occasion d'échapper à ses préoccupations, à ses amères réflexions. Lorsqu'elle se trouvait seule, elle pleurait souvent. Comme épouse, elle n'avait plus rien à espérer; l'existence de son mari était plus bizarre que jamais; il y mêlait les désordres de sa jeunesse, ce qui, pour un homme de son âge, devenait un scandale et devait être suivi fatalement du mépris des gens du monde.

Mme de Presle ne savait pas que le marquis jouait avec frénésie et perdait au jeu des sommes énormes; mais une de ses amies n'avait pas cru devoir lui cacher qu'il se compromettait et se rendait ridicule par ses assiduités et ses couronnements de jouvenceau auprès de Mme Descharmes, une très jolie personne, femme d'un entrepreneur devenu millionnaire, laquelle, d'ailleurs, semblait n'accepter les hommages du marquis que pour se donner le plaisir de le livrer à la curiosité publique et de le mystifier.

Si, depuis longtemps, la conduite de son mari avait abreuvé son cœur de douleurs et de dégoût; si, de ce côté, la marquise avait perdu toute illusion, il lui restait ses enfants, sur lesquels elle avait reporté toute sa tendresse; elle sentait que par eux, par sa fille surtout, elle pourrait avoir encore quelques jours de joie. Ne l'avaient-ils pas déjà consolée? N'était-ce pas à eux qu'elle devait la force d'avoir pu supporter, sans se plaindre, sans révolte, tous les affreux déchirements de son âme?

Mais depuis quelque temps elle était inquiète, tourmentée au sujet de sa fille. Edmée n'était plus la même: sa gaieté d'autrefois, si charmante, si expansive, avait disparu, le carmin de ses joues s'était effacé, son regard n'avait plus le même éclat, son sourire la même suavité. A son enjouement, à sa vivacité succédait une sorte de langueur indéfinissable. Parfois, elle la surprenait plongée comme dans un rêve, les yeux perdus dans l'infini.

Étaient-ce les symptômes d'un mal inconnu capable de tuer son enfant?

Bien des fois, elle lui avait demandé :

— Est-ce que tu souffres?

— Mais non, chère maman.

— Pourtant, je m'aperçois que tu deviens triste, songeuse; tu ne ris plus, toi si gaie autrefois.

— C'est vrai, répondait Edmée en baissant les yeux, je ne sais pas pourquoi.

Ces réponses ne satisfaisaient point complètement l'excellente mère. Après avoir embrassé sa fille, elle se demandait comme un instant auparavant :

— Qu'a-t-elle donc?

Pour la distraire, elle l'avait emmenée à Montreuil. Edmée avait été enchantée de Claire, dès le premier jour, et n'avait pas tardé à éprouver pour la jolie lingère une véritable amitié. Il y eut comme un dérivatif à ses pensées, et la marquise s'applaudissait d'avoir eu l'idée de mettre les deux jeunes filles en présence.

Que se disaient-elles pendant que Mme du Preslé causait avec le docteur? Beaucoup de choses, sans doute. On dut parler de Rebay, de la mère Langlois, d'André et peut-être aussi d'Albert Anculin. Affectueusement interrogée par Edmée, la charmante ouvrière, qui n'avait rien à cacher, lui fit certainement ses confidences de jeune fille, où il y avait tant de joie, tant d'amour et de si belles espérances de bonheur dans l'avenir.

Aussi, heureuse du plaisir qu'elle voulait faire à la jeune ouvrière, Edmée se plaisait à admirer les bijoux qu'elle avait achetés pour sa nouvelle amie.

Cependant, au bout d'un instant, elle referma les écrins et les posa sur un guéridon.

La marquise avait pris un livre.

Edmée devint songeuse et, lentement, sa tête se pencha sur sa poitrine.

— Qu'as-tu donc? lui demanda tout à coup sa mère.

La jeune fille tressaillit et se redressa brusquement.

— Mais il y a des larmes dans tes yeux!... s'écria la marquise en examinant plus attentivement sa fille.

Edmée rougit subitement.

— Voyons, reprit la mère, à quoi pensais-tu? Oh! ce n'est pas la première fois que je te surprends ainsi... Je t'interroge, tu ne me réponds pas... Edmée, je suis inquiète, je m'imagine que tu souffres et que tu me caches ce que tu éprouves pour ne pas m'effrayer.

— Chère maman, je t'assure que je ne souffre pas; tu peux te rassurer.

— Soit, mais pourquoi ces larmes qui viennent de tomber sur tes joues.

— Je ne sais pas, elles sont venues naturellement, malgré tout.

— Non, non, ce n'est pas naturel; il n'y a pas de larmes sans émotions. Tu réfléchissais, à quoi pensais-tu?

— Je pensais à Mlle Claire qui sera un jour bien heureuse.

— Je l'espère et le désire vivement; mais toi aussi, tu seras heureuse, ne l'es-tu pas déjà?

— Auprès de toi, si bonne et si pleine de tendresse, je n'ai rien à désirer. Aussi, je veux ne te quitter jamais.

— Certes, je te garderai, pour moi seule, le plus longtemps possible; mais il arrivera un jour où nous serons séparées forcément, car tu te marieras.

— Me marier! s'écria Edmée, non, maman, je ne me marierai pas.

— Tu ne diras pas toujours cela, répliqua la marquise en souriant. Quand tu aimeras...

— Je veux n'aimer que toi et n'être aimée que de toi seule!

La marquise l'attira, la fit asseoir sur ses genoux et, l'entourant de ses bras :

— Chère enfant! murmura-t-elle en l'embrassant avec amour.

— Comme je suis bien ainsi, près de ton cœur! dit Edmée.

— Oh! oui, tu aimeras, reprit la mère avec exaltation, tu aimeras et tu seras heureuse, et heureux sera aussi l'homme que tu auras choisi, s'il est digne de ton cœur et de ton âme.

Et elle poussa un profond soupir en se rappelant les désenchantements qui avaient presque immédiatement suivi son mariage.

La mère et la fille, échangeant des baisers, restèrent longtemps ainsi dans une étreinte délicieuse.

— Maman, reprit tout à coup Edmée, malgré l'invitation que tu lui as faite, nous n'avons pas revu M. Albert Ancelin; n'est-ce pas bien surprenant?

La marquise eut un mouvement de surprise; elle écarta un peu la tête de sa fille, et le regard plongé dans les yeux de l'enfant :

— Tu n'as donc pas oublié ce jeune homme ? dit-elle.

Edmée ne répondit pas, mais, sans le regard pénétrant de sa mère, elle ferma les yeux. La marquise sentit qu'elle tremblait dans ses bras. La jeune fille n'avait plus à apprendre à sa mère ce qu'elle-même ignorait encore. Mme de Presle venait de découvrir les causes de la langueur, des tristesses et des extases de sa fille adorée. Elle prit la jolie tête de l'enfant dans ses mains et la baisa à plusieurs reprises avec des mouvements fiévreux.

— M. Ancelin a eu sans doute ses raisons pour se tenir éloigné de nous, reprit-elle; mais bientôt, dans quelques jours, je lui écrirai et nous le reverrons ici.

A cela, Edmée répondit par une grêle de baisers; puis, sans savoir pourquoi, elle se mit à pleurer.

## XV

### L'EMPLOI D'UNE JOURNÉE

Mme Descharmes était radieuse.

Sans grands efforts, sans avoir eu besoin d'employer toutes les ressources de la coquetterie étudiée et calculée, arme perfide, qui rend certaines femmes si redoutables, et peut-être même en raison de cette réserve, qui la rendait plus séduisante, plus désirable, elle avait inspiré au marquis de Presle une de ces passions vertigineuses, terribles, qui font de l'homme un esclave, lui enlèvent la conscience de lui-même et le tuent souvent.

Samson livra, avec le secret de sa force, sa tête chevelue aux ciseaux de Dalila.

Une chaîne de fleurs retint Renaud captif dans le jardin d'Armide.

Hercule filait une quenouille de lin aux genoux d'Omphale.

Angèle n'était ni Dalila, ni Armide, ni Omphale; mais, comme ces grandes charmeuses, elle possédait la puissance que donnent la beauté fascinatrice, la magie du regard et du sourire.

D'un signe, elle pouvait faire tomber le marquis à ses pieds, elle n'eût eu qu'à exprimer un désir pour qu'il accomplît aussitôt les actes les plus extravagants.

Elle avait voulu cela. C'était le commencement de sa vengeance.

Sûre, maintenant, de pouvoir frapper le marquis, elle n'attendait plus que le moment de lui jeter au visage sa haine et son mépris.

Toutefois, elle ne trouvait pas que ce fût assez. Ce n'était pas seulement M. de Presle qu'elle aurait voulu atteindre, mais aussi sa femme, sa fille et son fils. Dans sa soif de vengeance, il lui semblait qu'en frappant les innocents elle punirait mieux le coupable. Disons tout de suite qu'elle rencontrait à cela d'insurmontables difficultés et ne voyait point où porter ses coups. Elle avait dans l'âme plus de douleur que de cruauté; née pour aimer et non pour haïr, son esprit répugnait à se livrer aux combinaisons qui ont le mal pour objet.

Pourtant, elle avait cherché, elle cherchait encore surexcitée par la pensée des souffrances de sa sœur; elle ne manquait pas d'idées, des projets d'une réalisation possible se présentaient à son esprit; mais ce qui eût été les délices d'un lâche et d'un pervers la faisait frissonner, et aussitôt qu'une idée lui venait, elle la repoussait avec épouvante.

Depuis un mois, M. Descharmes était en Russie, où il avait dû se rendre afin d'étudier une entreprise colossale que le gouvernement russe voulait confier à des ingénieurs français. Son absence devait se prolonger quelque temps encore.

Angèle lui avait écrit comment Pauline Langlois avait retrouvé l'Enfant du Faubourg ; elle lui demandait, en même temps, de lui dire ce qu'elle devait faire en son absence pour André.

La réponse ne s'était pas fait attendre.

« Dès que je serai de retour à Paris, écrivit l'entrepreneur, je m'occuperai de l'avenir de ce pauvre enfant. En attendant, et pour qu'il soit digne de la position que je veux lui faire, je désire qu'il complète son instruction et son éducation. Qu'il soit avant tout un homme du monde.

« J'approuve d'avance tout ce que fera ma chère Angèle dans l'intérêt d'André, notre fils. »

Comme on le voit, M. Descharmes avait laissé à sa femme, au sujet d'André, toute liberté d'action.

Le marquis de Presle faisait à Angèle une cour assidue et la voyait presque chaque jour. Evidemment, il avait compté sur l'absence du mari pour triompher de ce qu'il croyait être les derniers scrupules d'une femme honnête. Mais Angèle savait le tenir à distance et calmait ses impatiences avec un art infini. Il arrivait plein d'espoir et d'audace, sûr de vaincre. Mais aussitôt en présence de la jeune femme il se sentait dominé, et devenait timide et tremblant comme un collégien. Il sortait de l'hôtel humilié de sa faiblesse, étouffant des cris de rage, mais plus enivré que jamais.

Un jour, il proposa à Angèle de s'enfuir avec lui.

— Je puis, en quelques jours, réaliser la plus grande partie de ma fortune, lui dit-il ; nous irons où vous voudrez, en Amérique, aux Indes, au Japon...

Elle l'interrompit par un éclat de rire.

Puis, presque aussitôt, redevenue sérieuse :

— Nous parlerons de cela plus tard, dit-elle, quand vous m'aimerez comme je veux être aimée.

— Mais vous aimer plus est impossible ! s'écria-t-il ; je vous appartiens comme l'esclave à son maître ; dans la rue, en public, je baiserais la place que votre pied aurait marquée... Je vous ai sacrifié mon orgueil, j'ouvrirais mes veines moi-même pour vous donner tout mon sang ; si vous le demandiez, pour vous posséder je commettrais un crime, je mettrais mon honneur sous mes pieds !...

Certes, M^me Descharmes avait lieu d'être satisfaite de son succès. Aveuglé par l'espoir de cueillir le fruit défendu, le marquis s'offrait lui-même comme victime et, elle n'avait qu'à le vouloir, il devenait l'instrument avec lequel elle pouvait frapper tous les membres de sa famille.

Elle pensait à cela, lorsqu'un domestique lui annonça Albert Ancelin.

— Il me semble que vous m'oubliez un peu, monsieur Ancelin, dit-elle au peintre en lui indiquant un siège près d'elle, il y a plusieurs jours que je n'ai eu le plaisir de vous voir.

— C'est vrai, madame, mais...

— Je devine votre réponse : vous avez beaucoup travaillé. Avez-vous vu André?

— Hier, oui, madame.

— Que vous a-t-il dit? Est-il content?

— Il est encore tout étourdi de sa nouvelle existence, mais il paraît heureux ; sa seule crainte est de ne pouvoir faire assez pour vous témoigner sa reconnaissance et son désir de vous être agréable. La métamorphose est aujourd'hui complète, madame; votre volonté a accompli ce miracle. L'enfant du Faubourg ne se reconnaît plus lui-même; en moins d'un mois, vous avez fait de ce jeune homme un modèle d'élégance, un parfait gentleman. Je l'ai accompagné à la salle d'armes; il m'a émerveillé ; le professeur déclare qu'il est déjà de première force. Au pistolet, son adresse n'est pas moins grande. Il étonne tout le monde. Malgré sa jeunesse, sa distinction et son grand air imposent le respect.

Les yeux de M^me Descharmes étincelaient de plaisir.

— Enfin, madame, continua Albert, une seule chose embarrasse André : c'est qu'il ne sait comment dépenser tout l'argent que vous mettez à sa disposition.

— Je le sais et j'en suis charmée, répliqua-t-elle ; il ne trompe pas ma confiance ; je le soumets à une épreuve dont il sortira vainqueur. Au milieu des séductions et des entraînements, en y résistant, l'homme devient fort et sûr de lui-même ; c'est ce que je veux pour André. Du reste, je ne le perds pas de vue ; heure par heure, je sais ce qu'il fait. Ce ne serait peut-être pas suffisant ; mais il y a dans son cœur l'image de Claire, l'amour est sa sauvegarde. André sera ce que je veux qu'il soit, sans danger pour lui.

— Je le souhaite sincèrement, madame ; mais en invoquant ce titre d'ami que vous m'avez donné, voulez-vous me permettre de vous adresser une question?

— Certainement.

— Vous ne pouvez avoir la pensée de faire d'André un inutile ; alors, je cherche à deviner le but que vous voulez atteindre, et je n'y parviens pas. Quelles sont donc vos intentions?

Un sourire passa sur les lèvres de la jeune femme.

— Non, dit-elle, André ne sera ni un oisif ni un inutile. Ce qu'il fera, je ne le sais pas encore. M. Descharmes a seul le droit de décider.

Le peintre secoua la tête.

— Je ne vous comprends toujours pas, dit-il.

— Oui, vous vous étonnez du rôle que je fais jouer en ce moment à André ; eh bien, je vous ménage d'autres surprises.

— Que voulez-vous dire, madame?

— M. Ancelin, vous allez comprendre : je veux associer André à ma vengeance. On commence à s'occuper de lui dans Paris ; c'est ce que je voulais ; mais on ne sait ni qui il est, ni d'où il vient ; il a des chevaux, un équipage, une maison, on le croit immensément riche ; les uns le prennent pour un jeune prince qui voyage incognito, les autres pour un nabab, nul ne se doute que la main d'une femme le dirige et le conduit. On le voit à l'Opéra, on le rencontre au bois dans son phaéton ou à cheval, toujours seul ; la curiosité du monde est suffisamment surexcitée ; le moment est venu où, pour la première fois, il paraîtra en public avec une femme. Cette femme, c'est moi. Ce soir, à l'Opéra, le marquis de Presle pourra voir dans une loge André Pigaud et madame Descharmes.

— Vous ne craignez pas?...

— De me compromettre?... Hé ! que m'importe le monde, je suis au-dessus de la calomnie, je ne relève que de ma conscience et ne dois compte de mes actes qu'à mon mari.

Je veux rendre le marquis jaloux, continua-t-elle d'une voix sourde, entendez-vous ! jaloux ! Je ne serai contente que quand je le verrai se rouler et se tordre à mes pieds en me demandant grâce... Alors je lui réclamerai ma sœur et lui demanderai compte de cette existence brisée par lui, l'infâme! Ah! je voudrais pouvoir l'étendre sur une claie, tenailler sa chair et enfoncer dans son cœur, d'un seul coup, mille pointes d'acier.

Aucun châtiment, quelque terrible qu'il soit, ne saurait racheter le crime de cet homme, poursuivit-elle en s'animant de plus en plus; pour qu'il sente plus cruellement les coups que je veux lui porter, en même temps que lui, je frapperai tous les siens, la marquise, son fils, sa fille...

Le peintre se dressa d'un bond et son regard effaré s'arrêta sur la jeune femme, qui l'examinait avec étonnement. Elle vit sa physionomie changer d'expression et son visage se couvrir d'une pâleur livide.

— Vous ne ferez pas cela, madame! dit-il d'une voix étouffée, vous ne le ferez pas! Ah! ce serait monstrueux! un semblable projet n'a pu naître dans votre esprit.

— Prenez-vous donc, maintenant, parti pour mes ennemis, monsieur Ancelin?

— Les innocents ne sont pas vos ennemis.

— Soit, mais quel intérêt avez-vous à les défendre?

— Celui de vous empêcher de commettre une action indigne, madame.

— Vous êtes sévère, monsieur.

— Vous m'avez donné ce droit, madame.

— C'est celui de l'amitié, je ne veux point vous le retirer.

— C'est pour cela que je vous dis : Punissez le coupable comme vous l'entendrez, mais respectez les innocents.

La jeune femme resta un moment silencieuse.

— Monsieur Ancelin, reprit-elle, est-ce seulement pour m'empêcher de commettre une mauvaise action que vous prenez si chaleureusement la défense de Mme de Presle et de ses enfants?

— N'est-ce pas une raison suffisante, madame?

— Non, car elle n'explique par votre agitation, votre pâleur...

Le peintre tressaillit.

— Vous connaissez tous nos secrets, reprit Angèle, et vous me cachez le vôtre.

— Eh bien, madame, ce secret, je n'ai plus la force de le

garder, je vous le livre : J'aime mademoiselle Edmée de Preste.

— Ah! je m'en doutais! s'écria la jeune femme en se levant.

Puis, prenant la main du peintre :

— Voilà ce que je voulais savoir, ajouta-t-elle. Monsieur Ancelin, vous épouserez Mlle Edmée.

— Je ne l'espère pas, fit-il tristement.

Comme il allait se retirer, un domestique annonça M. André Pigaud.

Presque aussitôt l'Enfant du Faubourg entra dans le salon. André n'était plus reconnaissable. Transporté brusquement d'un monde dans un autre, il était devenu, pour ainsi dire, un homme nouveau. C'était plus qu'une résurrection. On aurait pu croire qu'il avait été touché par la baguette d'une fée. La fortune l'avait trouvé prêt à la recevoir comme s'il l'eût attendue ; dans sa nouvelle existence, rien ne l'étonnait, il ne s'y était peut-être pas habitué encore, mais elle ne semblait avoir rien d'inconnu pour lui.

Il s'était abandonné docilement aux conseils de Mme Descharmes, et c'est à elle, sans doute, autant qu'aux aptitudes de sa nature, qu'il devait sa rapide transformation.

Elle lui avait dit :

— Vous n'aviez que quelques jours d'existence lorsque mon mari vous a trouvé sur une route, vous êtes notre fils! Vous aimez Claire, la fille de Pauline Langlois, Claire sera votre femme!

C'était lui offrir tout sans lui demander aucun sacrifice.

Il pleura aux genoux d'Angèle et lui répondit :

— Je vous aimerai, vous et M. Descharmes, comme j'aurais aimé mon père et ma mère.

Et il fit tout ce qu'elle voulut.

Elle devint son admiration, il la vénérait, elle était son culte.

Vêtu à la dernière mode, les mains admirablement gantées, l'attitude noble, l'œil fier et le front haut, irradié de bonheur, il présentait le type parfait de l'homme du monde.

Il s'avança vers Mme Descharmes le sourire sur les lèvres.

La jeune femme lui tendit sa main sur laquelle il mit un baiser. Il se tourna ensuite vers le peintre et ils échangèrent un salut amical.

— Maintenant, dit Mme Descharmes d'une voix affectueuse, asseyez-vous là, près de moi, André, et dites-nous comment vous avez employé votre journée.

— Oh! c'est toujours la même chose, répondit-il en regardant Albert, comme s'il eût craint de parler devant lui.

Mme Descharmes devina sa pensée.

— M. Ancelin est un ami dévoué, dit-elle.

— C'est vrai, et c'est parce que j'ai pour lui une amitié sincère, une profonde estime; c'est parce qu'il travaille et qu'il produit, que je suis honteux de faire en sa présence l'éloge de mon oisiveté. Mais vous le désirez, c'est un ordre pour moi. Je me suis levé à sept heures, à sept heures et demie je suis monté à cheval et j'ai fait au bois une promenade de deux heures. Après cela, je suis allé à la salle d'armes. A onze heures, j'ai déjeuné au café Anglais. A midi, je suis rentré chez moi.

— Vous n'y êtes pas resté jusqu'à cinq heures ?

— Mme Langlois est venue me prendre avec un fiacre et je l'ai accompagnée à Montrouil.

— Où vous avez vu Mlle Claire.

— Oui, madame.

— Croiriez-vous, monsieur Ancelin, que Mme Langlois ne m'a pas fait une seule visite depuis quinze jours ?

— Elle paraît m'avoir également oublié, répondit Albert; elle est encore tout au bonheur d'avoir retrouvé sa fille.

— Pauvre mère! nous ne pouvons pas lui en vouloir.

— Je crois devoir vous dire, madame, que la position nouvelle de M. André lui inspire des craintes au sujet de sa fille.

— En vérité! s'écria Mme Descharmes, mais il faut la rassurer.

— Je me suis chargé de ce soin, dit André; elle connaît les intentions de ma chère protectrice, et elle sait que je n'aurais pas voulu accepter vos bienfaits, si j'eusse dû renoncer à l'amour de Claire.

— A la bonne heure ! Sa fille lui sera-t-elle enfin bientôt rendue ?

— Aujourd'hui, Claire a fait espérer à sa mère qu'elle serait libre dans quelques jours.

— Vous êtes passé dans le faubourg, est-ce que vous ne vous y êtes pas arrêté ?

— En revenant de Montreuil, j'ai fait une visite à mes bons amis.

— C'est bien, André ! Vous ne devez jamais oublier ces braves gens.

— L'ingratitude est une monstruosité, madame ; je les aimerai toujours. Je suis allé voir aussi M. le curé de Sainte-Marguerite, qui m'a fait faire ma première communion, et je lui ai remis, au nom de Mme Descharmes, mille francs pour les pauvres petits orphelins de sa paroisse.

— Vous auriez pu faire ce don sans parler de moi, André ; mais je comprends votre intention et je vous remercie. Je suis très satisfaite de l'emploi de votre journée. J'ai fait prendre tantôt ma loge à l'Opéra ; pour vous récompenser, ce soir nous irons ensemble entendre les *Huguenots*.

— Vous me gâtez, madame, répondit André, qui ne cherchait pas à cacher sa joie ; j'ai peur de ne pouvoir jamais payer tant de bontés.

— J'ai encore une question à vous faire, reprit Mme Descharmes ; avez-vous rencontré cette semaine le jeune comte de Presle ?

À ce nom, un éclair s'alluma dans le regard d'André.

— Non, madame, répondit-il, et c'est heureux pour lui comme pour moi, car je ne souffrirais pas qu'il prît vis-à-vis de moi ses airs impertinents ; d'ailleurs, je mets tous mes soins à l'éviter.

— Vous avez raison, André, oui, cela vaut mieux. Quelque raison que vous ayez de détester ce jeune homme, il ne faut pas qu'une querelle éclate entre vous.

Mme Descharmes surprit le regard étonné du peintre.

— Monsieur Ancelin, lui dit-elle, un peu plus tard, André vous apprendra dans quelle grave circonstance il s'est trouvé, la première fois, en face de M. Gustave de Presle.

. . . . . . . . . . . . . . . . . . . . . . . . . . . . . . . . . . .

La mère Langlois voyait sa fille régulièrement tous les deux jours. Faire le trajet de Paris à Montreuil était sa grande joie.

N'importe par quel temps, elle se mettait en route. Elle allait toujours à pied, l'éternel cabas suspendu à son bras; c'est seulement lorsqu'elle emmenait André qu'elle s'offrait le luxe d'un fiacre.

Elle n'était pas plus tôt rentrée à Paris, après avoir embrassé Claire, que son cœur tressaillait de bonheur à la pensée que, le surlendemain, elle pourrait l'embrasser encore.

Sa fille lui faisait oublier ses meilleurs amis, même Ancelin, qu'elle continuait à appeler, pourtant, son fils, son bijou. Mais le peintre n'occupait plus dans son cœur que la troisième place; il y avait maintenant avant lui Claire et André.

Après avoir laissé dans le faubourg André, qui voulait serrer la main au grand Bernard et à quelques autres ouvriers, ses anciens protecteurs, la mère Langlois se fit ramener chez elle.

La concierge la vit passer devant la loge et l'appela:

— Mère Langlois, voilà une lettre pour vous, c'est un commissionnaire qui l'a apportée tantôt. Il a dit que c'était pressé.

La mère Langlois prit la lettre. La suscription était d'une écriture informe.

— Vous ne nous amenez donc pas encore votre demoiselle? reprit la concierge, qui aurait voulu bavarder.

— Non, mais vous la verrez bientôt. Bonsoir, je vais voir vite ce qu'on m'écrit.

Une fois dans sa chambre, la mère Langlois tira de son cabas ses lunettes qu'elle plaça sur son nez; elle se mit devant une fenêtre ouverte et déchira l'enveloppe de la lettre cachetée avec de la mie de pain.

Tant bien que mal elle parvint à déchiffrer ces mots, dont il vous semble intéressant de conserver l'orthographe:

« Ma chair Poline,

« Tune te souvient sang doute plus de moat; mai moat jeu ne té pas oublié. Jé aité bien coupable anver toit et jé bien regretté ton sa. Jeu sui bien malade et jeu ne voudré pas mourire avant que tu meil pardonné. Jeu tan supplit vi in me voare.

Je n'existe rue Corbeau, 8. J'ai à te dire beaucoup de choses qui t'intéressent.

« Ton ancienne amie,
« Marguerite Gillot. »

Le lecteur a déjà reconnu, sans doute, dans cette Marguerite Gillot, la camarade d'autrefois, dont l'amitié avait été si funeste à la jolie ouvrière de la rue Sainte-Anne.

On comprend l'étonnement de la mère Langlois.

Elle fut obligée de relire la lettre plusieurs fois de suite afin d'en bien saisir le sens. Enfin elle y parvint.

— Allons, s'écria-t-elle avec un mouvement de tête en arrière qui lui était familier, des choses qui m'intéressent, maintenant que j'ai retrouvé ma fille!... Elle est bonne, vraiment, cette Marguerite... Claire, André, leur mariage, leur bonheur, voilà tout ce qui m'intéresse et m'occupe... En dehors d'eux Pauline Langlois ne connaît plus rien !

Elle resta un moment silencieuse.

— Pourtant, reprit-elle, la malheureuse m'écrit et m'appelle; j'irai rue Corbeau. Ah ! Marguerite, tu m'as fait bien du mal, et j'avais juré de ne te revoir jamais!... Oui, elle m'a fait beaucoup de mal..., mais je n'y pense plus aujourd'hui. On oublie vite ce qu'on a souffert dès qu'on est heureux. C'est décidé, j'irai la voir, et puisqu'elle me le demande, je lui porterai mon pardon... Si j'étais impitoyable, ma fille m'aimerait moins peut-être. Oui, oui, il faut avoir de la pitié, même pour son plus cruel ennemi ! Qu'est-ce que je suis donc, moi, à côté du bon Dieu qui pardonne aux plus grands coupables?

## XVI

### LA MANSARDE

A deux heures du matin, la mère Langlois, dont le cabas était plus arrondi que jamais, demandait à la concierge de la rue Carbeau de lui indiquer le logement de Marguerite Gillot. Elle monta un escalier étroit, noir et humide, aux marches vermoulues, et arriva sur le palier du cinquième étage où se terminait l'escalier. Elle compta trois portes et s'arrêta devant la quatrième. Elle frappa, une voix grêle répondit : Entrez. La mère Langlois tourna une forte clef qui se trouvait dans la serrure et ayant ouvert la porte ; elle pénétra dans la mansarde.

La misère n'était pas une nouveauté pour la mère Langlois ; elle avait vu des gens malheureux et misérables à tous les degrés ; pourtant, elle ne put s'empêcher de frissonner en entrant dans ce taudis ouvert à tous les vents, où l'on devait geler en hiver et rôtir en été.

Une table ronde boiteuse, deux chaises dépaillées, un autre siège qui avait la prétention de ressembler à un fauteuil, une vieille commode percée à jour, un lit de sangle avec un matelas épais comme la main, composaient le mobilier du galetas. Dans un coin gisaient quelques ustensiles de cuisine bosselés, ébréchés, couverts de rouille. A chaque carreau de la fenêtre manquait un morceau de verre qu'on avait remplacé par un chiffon ou un vieux journal. Le papier peint, à quatre sous le rouleau, enfumé, graisseux, moisi par l'humidité tombait en lambeaux et, de tous côtés, se détachait des murs. Ceux-ci montraient de larges et profondes crevasses au fond desquelles les araignées, les cloportes et autres insectes non moins désagréables, se livraient avec enthousiasme à la multiplication de leurs pareils.

Ce n'était pas seulement douloureux à voir, c'était écœurant.

La maîtresse de cet horrible logis geignait, étendue sur la chose qui ressemblait à un fauteuil.

A la vue de la visiteuse, sa physionomie s'anima et ses yeux éteints, brûlés par les longues insomnies, retrouvèrent un peu d'éclat.

— Pauline, c'est Pauline! s'écria-t-elle.

Elle voulut se lever, la mère Langlois l'obligea à rester assise. La malade s'était emparée d'une de ses mains sur laquelle se collaient ses lèvres décolorées. La mère Langlois se sentit remuée jusqu'au fond des entrailles.

— Tu es bien mal ici, dit-elle. Est-ce que tu n'as personne pour te soigner?

— Si, une voisine m'aide à me lever, à me coucher et me fait mes tisanes.

— A la bonne heure; et pour acheter ce qui t'est nécessaire, où as-tu de l'argent?

— Quelques bonnes gens du quartier m'ont prise en pitié, on m'aide. Et puis, continua-t-elle avec un certain embarras j'ai revu une personne que j'ai connue autrefois; elle m'a laissé une petite somme et m'a promis que je ne manquerais plus de rien si je pouvais me remettre; mais je me sens bien malade...

— Il faut toujours espérer.

— Oui, n'est-ce pas? Il me semble que je vais aller mieux... Ah! Pauline, c'est ta présence qui me produit cet effet-là!

La mère Langlois s'étant assise ouvrit son cabas.

— Tiens, dit-elle en le vidant à moitié, je t'ai apporté une livre de chocolat, du sucre, des confitures, des oranges, des figues et un gâteau.

La malade se mit à pleurer.

— Ah! dit-elle, tu es toujours la même, Pauline, la bonté même... Quand je pense à ce que je t'ai fait, je me trouve bien misérable, va... Ah! ai-je assez regretté ma faute, mon crime!... J'ai pleuré, j'ai souffert cruellement... Dieu est juste, il m'a châtiée comme je le méritais. Regarde-moi et vois ce que je suis devenue. Regarde autour de toi et vois où je suis tombée!... Mais ce n'était pas assez de me repentir, je voulais te voir pour te demander pardon. Et tu es venue, te voilà, tu as eu pitié de moi. Pauline, Pauline, implora-t-elle en joignant les mains, dis-moi que tu me pardonnes!

— Oui, je te pardonne et je veux oublier; du reste, écoute, je peux te le dire, à toi : De mon malheur d'autrefois sont sorties les satisfactions et les joies les plus pures qu'une femme puisse envier. Mais ce pardon que je t'accorde, et que tu as mérité par de longues souffrances, répète bien dans ton cœur que c'est à mon enfant, à ma fille que tu le dois.

Marguerite se redressa sur son siége.

— Ta fille! s'écria-t-elle avec étonnement, tu as une fille?

— Oui, une fille, belle et pure comme l'ange qui la garde! Ah! tu l'ignorais... Je ne suis pas allée crier sur les toits. Je suis mère! Veux-tu tout savoir! Eh bien, Marguerite, ma fille est le fruit de ta trahison!

La malheureuse poussa un gémissement et cacha sa figure dans ses mains.

— Je ne te fais pas de reproche, reprit la mère Langlois; il n'y en a plus à faire après le pardon. Et puis, je te l'ai dit : du mal est sorti le bien, du crime la vertu, et d'un misérable est née la meilleure et la plus charmante créature de Dieu.

— Oh! oui, un misérable, murmura la malade.

— Va, continua la mère Langlois, pour cet horrible passé je suis aujourd'hui pleine d'indulgence. Après m'avoir affreusement éprouvée, le ciel me récompense.

— Est-ce que tu l'as vu? demanda Marguerite.

— Qui?

— Auguste.

— Lui!... jamais!... Est-ce qu'il vit encore?

— Oui.

— Le père de mon enfant existe! s'écria la mère Langlois en bondissant sur ses jambes.

Puis, les bras tendus, elle ajouta avec une expression de joie indicible :

— Mon Dieu, je vous remercie!

Revenant à Marguerite, elle reprit :

— Tu sais où il est, tu vas me le dire.

— Je sais qu'il est à Paris, mais je ne connais pas son adresse.

— Et son nom, le sais-tu?

— Oui, je l'ai appris depuis; il se nomme Auguste Blaireau.
— A-t-il une femme, des enfants?
— Non, il est resté garçon.
— Ah! c'est trop de bonheur à la fois! exclama la mère Langlois.
— Quelle est donc ton intention? demanda Marguerite, qui ne comprenait rien à l'agitation de son ancienne amie.
— Comment, tu ne devines pas?... Je veux qu'il m'épouse, entends-tu! Je veux qu'il m'épouse pour légitimer son enfant et lui donner un nom?
— Il ne le fera pas, dit la malade en secouant la tête.
— Il ne le fera pas, dis-tu? Mais alors, avec mes ongles, je lui arracherai les yeux.
— M. Blaireau a réussi, il a peut-être un million de fortune.
— Eh! cela m'est bien égal son million! En aurait-il dix ou serait-il gueux à porter une hotte et un crochet, que ce serait la même chose : ce n'est pas pour toi et encore moins pour moi que je veux être sa femme; c'est pour ma fille. Mais ce n'est pas tout, Paris est grand, ne peux tu pas m'aider à le trouver?
— Moi, non, mais Pierre te renseignera sans doute.
— Pierre, Pierre Gargasse?
— Oui.
— Il t'est donc resté fidèle?
— Oh! fidèle... soupira Marguerite avec un sourire navrant. C'est de lui que je te parlais tout à l'heure. Il y a un mois, il s'est souvenu de moi, après plus de quinze ans; il a pu découvrir mon adresse, je ne sais comment, et il est venu me voir. Il n'a pas réussi, lui, comme son ami Blaireau; mais il lui a rendu, paraît-il, de grands services, et M. Blaireau doit lui donner trente mille francs, une fortune... Avec cela, il veut se retirer à la campagne et m'emmener avec lui... J'irai, si je peux me guérir ou si je ne suis pas morte!
— Puisque tu vas être heureuse, ce n'est pas le moment de mourir, dit la mère Langlois. Mais tu as raison, Pierre Gargasse me donnera tous les renseignements désirables sur M. Blaireau dont il est resté l'ami.
— Oh! pour ça, j'en suis sûre; Pierre sait bien des choses, et s'il veut parler...

— Sois tranquille, je me charge de lui délier la langue ; mais pour cela, il faut que je le voie. Où est-il ?
— Il ne demeure pas à Paris.
— Dis-moi toujours où il est.
— Est-ce que tu veux y aller ?
— Aujourd'hui, tout de suite ; je ne remets jamais au lendemain les affaires sérieuses.
— C'est un peu loin, il demeure à Sèvres dans une maison qu'il habite seul, près de la route de Versailles. La maison n'a pas de numéro, elle est au milieu des champs ; du reste, Pierre a écrit sur un morceau de papier toutes les indications. Le papier est là sur la cheminée, dans la petite tasse, tu peux le prendre.

La mère Langlois était debout, son cabas au bras. Elle prit le papier de Gargasse, qu'elle remplaça sans rien dire, par une pièce de vingt francs.

— Au revoir, Marguerite ! dit-elle en se dirigeant vers la porte, soigne-toi bien ; il faut que tu te guérisses ; je reviendrai te voir.
— Oh ! oui, répondit la malade ; embrasse ta fille en pensant à moi, ça fera peut-être plaisir au bon Dieu... Tous les jours je prierai pour elle et pour toi.


## XVII

### VISITE A GARGASSE

La mère Langlois ne perdit pas une minute. A onze heures et demie elle frappait à la porte de la maison isolée. Trouvant qu'on ne lui ouvrait pas assez vite, elle ramassa un caillou et s'en servit pour frapper plus fort.

Au bout d'un instant, elle entendit un bruit de pas, et presque aussitôt, une grosse voix enrouée demanda :

— Qui est là ?

— Je viens vous donner des nouvelles de Marguerite, répondit-elle.

Le nom de son ancienne maîtresse parut à Gargasse un mot de passe suffisant. Il ouvrit la porte. Cependant, quand il se trouva en face de la visiteuse, il recula en la regardant avec défiance.

— Ah çà ! on dirait que je vous fais peur, dit la mère Langlois.

Et elle se mit à rire.

Gargasse n'en conserva pas moins son visage sombre.

— Donc, dit-il, vous connaissez Marguerite ?

— Et vous aussi, monsieur Pierre Gargasse ! Voyons, regardez-moi bien, est-ce que vous ne me reconnaissez pas ?... Je suis Pauline Langlois.

— Pauline Langlois ! fit Gargasse, c'est vous, vous ?...

— A la bonne heure, le souvenir vous revient.

— Soit, mais que me voulez-vous ?

— Monsieur Pierre, je suis venue à Sèvres exprès pour vous voir et causer avec vous. Vous n'avez pas oublié, je pense, certaine nuit passée à Saint-Germain ?

Gargasse resta interdit.

— Eh bien, continua-t-elle, je viens vous demander des nouvelles de votre ami, M. Auguste, ou, si vous aimez mieux, de M. Blaireau.

Gargasse jeta du côté de la porte un regard craintif.

— Pas ici, dit-il, venez, suivez-moi.

Il l'emmena dans sa chambre. Là, il reprit toute son assurance.

— Voyons, fit-il, je ne comprends pas bien ce que vous voulez, expliquez-vous.

— Il est pourtant bien naturel que je m'intéresse à M. Blaireau.

Gargasse eut un sourire équivoque.

— Nous allons causer de lui, reprit la mère Langlois, vous me direz comment il va, ce qu'il fait.

— Je n'en sais rien, répondit-il brusquement.

— Vous êtes discret, monsieur Pierre ; mais vous ne me refuserez pas de me donner son adresse.

— L'adresse de Blaireau ! pourquoi faire ?
— Pour aller le voir.
— C'est vous, qui voulez aller voir Blaireau ?
— Moi ! cela vous étonne ?

Gargasse haussa les épaules.

— Vous ferez mieux de rester tranquille chez vous, reprit-il. D'abord, il ne vous recevrait pas, et s'il vous recevait il ne vous reconnaîtrait pas ou ne voudrait pas vous reconnaître.

— Dites-moi toujours où il demeure, le reste est mon affaire.

Gargasse attacha sur Pauline son regard soupçonneux.

— Non, répondit-il d'une voix sourde, je ne vous dirai rien. Vous avez eu tort de venir ici... Marguerite a bavardé, il y a un coup monté, que vous a-t-elle dit ? Que Blaireau est riche. Vous voulez lui demander de l'argent ? Inutile. Il est avare, il garde son or, il ne vous donnera pas un sou.

— Eh ! je me moque pas mal de son or ! s'écria la mère Langlois. Je n'ai besoin, pour vivre, ni de lui, ni de personne. A force de travail je me suis amassé des petites rentes.

— Alors, pourquoi voulez-vous voir Blaireau ?

— A quoi bon vous le dire, puisque vous ne faites rien pour moi ? J'étais venue vers vous pleine de confiance, monsieur Pierre ; d'après ce que m'a dit la pauvre Marguerite, je croyais que vous aviez encore quelque chose là, dans le cœur.

— Je vous répète qu'il n'y a rien à faire avec ce Blaireau. Ah! on voit bien que vous ne le connaissez pas... Moi-même, entendez-vous, moi qui suis son ami, qui lui ai rendu des services, j'ai peur de lui ! C'est un homme terrible ! Il a réussi à tout, lui, et moi à rien. Il est devenu riche, immensément riche, et moi je suis resté misérable. J'ai fait pour lui beaucoup, et il croit que je suis assez heureux de m'être dévoué. Pourtant il m'a promis trente mille francs, Marguerite a dû vous le dire; eh bien, je ne suis pas certain qu'il me les donnera. Ah ! je l'ai bien gagnée, cette somme, qui m'assurerait le repos et peut-être me donnerait l'oubli !

— Pierre, répliqua la mère Langlois, si vous voulez être avec moi, si vous voulez me servir, je vous promets, je vous jure que Blaireau vous donnera les trente mille francs.

— Encore une fois je vous dis que vous ne le connaissez

pas; vous n'avez rien à espérer de lui. Moi seul, parce que je connais sa vie, tous ses secrets...

A ce moment deux coups retentirent à la porte du jardin. L'émotion fit pâlir Gargasse.

— C'est lui, dit-il, je l'attends, il doit m'apporter la somme... Vite, vite, entrez dans ce cabinet noir, la cloison est mince, là, vous pourrez entendre ; si vous voulez voir, vous regarderez à travers la vitre de ce vasistas. Ne bougez pas, ne dites pas un mot. Quand j'aurai l'argent en poche, je sortirai de la chambre en disant : Merci, Blaireau. Ce sera le moment de vous montrer. Alors, vous serez seule avec lui et vous ferez ce que vous voudrez.

Le cœur de la mère Langlois battait à se rompre. Gargasse la poussa dans le cabinet et s'élança hors de la chambre.

La voix de Blaireau, qu'elle reconnut annonça à la mère Langlois que le père de sa fille était près d'elle. Son émotion augmenta encore. Toutefois, elle s'approcha du vasistas et son visage se colla au carreau. Elle vit Blaireau presque de face. Malgré le temps écoulé, les ravages causés par les années et les passions, elle n'eut pas de peine à reconnaître sa figure, car la laideur étrange de cet homme n'était jamais sortie de sa mémoire.

Il avait toujours sa mine de fouine à la recherche d'une proie, le même sourire railleur, qui semblait stéréotypé sur ses lèvres, son regard sillonné de lueurs fauves lui fit éprouver un malaise qu'elle ne put définir. Les deux hommes causaient.

Elle écouta, tout en regardant.

— Je t'avais promis de venir aujourd'hui, dit Blaireau, tu vois que je suis de parole.

— Aussi, je t'attendais. Est-ce que tu m'apportes...

— Ta maison de campagne ? Oui, je l'ai dans ma poche. Que d'argent! Il m'a fallu ces trois jours pour me le procurer. Mais pour un ami comme toi, si fidèle, si dévoué, que ne ferais-je pas ?

— Blaireau, je crois que tu plaisantes.

— Par exemple, jamais je n'ai été aussi sérieux.

— C'est possible, mais je te trouve un air singulier.

— Allons donc ; c'est l'attente des billets de banque qui fait papilloter tes yeux.

Il tira de sa poche son portefeuille remarquable par son embonpoint.

— À propos, reprit-il en riant, es-tu allé porter une couronne d'immortelles sur la tombe de la folle ?

— Es-tu bête ! fit Gargasse qui tressaillit.

— Dame, répliqua Blaireau ironiquement, tu dois avoir le culte des morts.

En parlant, il avait ouvert le portefeuille où il prit un paquet de billets de banque.

Gargasse écarquilla les yeux et tendit la main.

— Tiens, compte, dit Blaireau en jetant le paquet sur la table.

— Oh ! cher ami, excellent Blaireau ! murmura Gargasse palpitant d'aise.

Il se pencha sur la table et, d'une main frémissante, il commença à compter :

— Un, deux, trois, quatre, cinq...

Pendant ce temps, Blaireau, placé derrière Gargasse, avait tiré vivement de dessous son paletot un fort cordon de soie terminé par un nœud coulant tout préparé.

Au moment où Gargasse disait : six, Blaireau, par un mouvement rapide et adroit, lui jeta le nœud coulant autour du cou et serra de toutes ses forces.

Gargasse se dressa comme un bloc en poussant un cri rauque, épouvantable. En même temps, Blaireau bondissait en arrière, tirant violemment la corde. La victime chancela, ses bras battirent l'air et, suivant l'impulsion imprimée à la corde, le malheureux tomba à la renverse en faisant entendre un râle d'agonie. Sa tête rebondit sur le parquet.

Tenant toujours la corde tendue, Blaireau lui mit un pied sur la poitrine afin de serrer plus fort. Le scélérat suait à grosses gouttes, sa bouche grimaçait, ses yeux s'étaient injectés de sang, il était hideux !

Pendant dix minutes il s'acharna sur sa victime qui, par bonds et soubresauts, se tordait au milieu de la chambre dans d'horribles convulsions. Enfin, le malheureux se roidit et resta immobile sur le parquet, les poings crispés, les yeux démesurément ouverts, la face violacée et la bouche ouverte, pleine d'une écume jaunâtre.

Blaireau se jeta sur la table, ramassa avidement ses billets de banque, les palpa avec une sorte de volupté et les fit rentrer précipitamment dans sa poche. Un sourire atroce avait creusé le rictus de ses lèvres.

— En voilà toujours un qui ne me gênera plus, murmura-t-il en contemplant d'un œil féroce et sans même tressaillir son ancien ami étendu à ses pieds.

La mère Langlois avait tout vu. Elle avait voulu crier et s'élancer au secours de Gargasse ; mais, saisie d'épouvante et d'horreur, les cheveux hérissés sur sa tête, aucun son n'avait pu sortir de sa gorge serrée et elle était restée clouée au parquet, sans mouvement, comme pétrifiée, la bouche béante et les yeux hagards, voyant comme à travers un voile sanglant.

Tout à coup, ses oreilles bourdonnèrent, il lui sembla que le plancher s'enfonçait sous ses pieds, la respiration lui manqua ; elle essaya de s'accrocher au mur, impossible : ses ongles rayèrent le plâtre et elle s'affaissa comme une masse.

Au même moment, Blaireau ouvrait la porte de la chambre ; il n'entendit pas le bruit de la chute. Du reste, se croyant bien seul dans la maison isolée, il était sans crainte, et, froidement, ne songeait qu'à achever son œuvre.

Il revint vers le corps, le saisit d'une main par le bras, de l'autre par les cheveux, et le traîna hors de la chambre et ensuite dans l'escalier. Une poignée de cheveux lui resta dans la main, il la jeta avec colère en vomissant un blasphème effroyable. Le hideux scélérat ressaisit la tête qui s'était meurtrie en heurtant la rampe de fer de l'escalier, et continua à traîner sa victime.

Cependant, au bout de quelques minutes, la mère Langlois revint à elle. D'abord, elle regarda autour d'elle avec étonnement, puis elle se souvint de l'épouvantable drame qui venait de se passer sous ses yeux. Alors un frisson glacial pénétra jusqu'à la moëlle de ses os. Elle prêta l'oreille et n'entendit rien. Après plusieurs efforts, elle parvint à se lever et à se tenir sur ses jambes. Secouée par un tremblement nerveux, elle s'approcha du vasistas; ses yeux plongèrent dans la chambre. Il n'y avait plus personne.

Où était Blaireau? Qu'avait-il fait de Gargasse étranglé?

La mère Langlois n'osa point sortir encore. On comprend qu'elle avait peur.

— S'il me trouvait ici, se dit-elle, le monstre me tuerait aussi comme il a tué Pierre !

Le cabinet avait une fenêtre, dont les persiennes étaient fermées; elle s'en approcha et l'ouvrit doucement. Entre les deux persiennes, mal jointes, il y avait un espace suffisant pour permettre de voir au dehors. La mère Langlois regarda : sa vue embrassait une partie du jardin, derrière la maison, et pouvait s'étendre jusqu'à la hauteur du plateau de Bellevue.

Soudain, tout son sang reflua vers son cœur. Blaireau venait d'apparaître dans le jardin armé d'une pelle et d'une pioche.

— Le brigand va creuser un trou pour enterrer le cadavre, pensa-t-elle.

Blaireau, s'étant arrêté à un endroit que rien ne semblait désigner particulièrement, se mit en devoir de remuer la terre, dont il enleva la croûte gazonnée par larges plaques. Il creusa ensuite. A un pied de profondeur, il découvrit une pierre, sorte de dalle carrée, qu'il enleva à l'aide de la pioche. Cela fait, il se mit à genoux, se courba, et son bras s'enfonça dans le trou qu'il venait de creuser.

La mère Langlois ne put deviner ce qu'il venait de faire.

Elle le vit se relever, replacer la pierre et, successivement, par pelletées, toute la terre enlevée. La place avait repris son premier aspect. Blaireau s'éloigna et, bientôt la mère Langlois ne le vit plus; mais elle entendait encore crier sous ses pieds le gravier des allées du jardin. Enfin, ce bruit cessa : un silence complet régna autour d'elle.

Mais Blaireau, pouvait être dans la maison au rez-de-chaussée. Sortir du cabinet était toujours dangereux. La mère Langlois le sentait et, tremblant d'être découverte, elle restait devant la fenêtre, sans oser marcher. Elle regardait au dehors et ses yeux erraient tantôt dans le jardin, tantôt sur le flanc du coteau. Un quart d'heure s'écoula. Tout à coup son regard rencontra un homme qui gravissait le coteau par un sentier à travers champs. Elle reconnut Blaireau.

— Après son forfait, le misérable s'en retourne à Paris, pensa la mère Langlois.

Elle sentit sa poitrine débarrassée d'un poids énorme; elle remplit d'air ses poumons par de fortes aspirations et poussa un long soupir de soulagement.

Sa première idée fut de se sauver à toutes jambes, sans tourner la tête en arrière.

Elle s'élança hors du cabinet. Au bas de l'escalier, elle s'arrêta. Elle venait de se faire cette question :

— Où est le cadavre ?

Cela devait lui importer peu. Mais, par un mirage de la pensée, elle se vit devant un juge d'instruction, obligée à faire connaître toutes les péripéties du drame. Et l'homme de la loi, rigide et sévère comme elle, insistait sur cette question :

— Où est le cadavre ?

La mère Langlois eut un mouvement énergique de la tête et des épaules et remonta l'escalier. Elle parcourut rapidement toutes les pièces du premier et du second étage. Ne découvrant rien, elle redescendit. Dans le corridor, elle vit à ses pieds, une touffe de cheveux grisonnants, les cheveux de Pierre Gargasse arrachés par la main brutale de l'assassin.

Par un sentiment pieux, elle les recueillit et les enveloppa précieusement dans un morceau de journal. En même temps, deux grosses larmes tremblaient au bord de ses paupières.

— Ce sera pour Marguerite un souvenir de l'homme qu'elle a aimé, se dit-elle.

En ramassant les cheveux, elle avait remarqué que la poussière qui recouvrait le carrelage du corridor avait été inégalement balayée. Elle comprit que le corps de Gargasse était passé là. Avec une grande sûreté de jugement, elle devina que Blaireau avait traîné le cadavre par les cheveux. Elle suivit la trace et arriva à l'entrée de l'escalier du sous-sol. Il n'y avait plus à en douter, c'est dans une cave que Blaireau avait jeté le corps de Gargasse.

Elle tira de son cabas une bougie filée, ce qu'on appelle

communément rat-de-cave, et, l'ayant allumée, elle descendit hardiment. Les portes des caveaux étant ouvertes, elle put se livrer facilement à ses perquisitions. Cependant elle en rencontra une qui était fermée. Celle-ci avait une serrure, et, pour l'ouvrir, il fallait la clef.

La mère Langlois faisait cette réflexion lorsqu'il lui sembla entendre un gémissement. Elle tressaillit et tendit l'oreille.

— Non, je me suis trompée, murmura-t-elle, c'est le vent qui souffle dans quelque soupirail.

Tout à coup elle sentit ses pieds humides et s'aperçut qu'elle pataugeait dans une flaque d'eau.

— Qu'est-ce que cela signifie? se demanda-t-elle; est-ce que...

Elle n'acheva pas : une plainte plus distincte, cette fois, une sorte de râlement venait de sortir du caveau que connaissent nos lecteurs. Elle se redressa palpitante, et tout son corps se couvrit de la peau de poule.

Elle heurta violemment à la porte du caveau qui rendit un bruit sourd, mais ne bougea pas. Alors elle cria :

— Gargasse, Pierre Gargasse, est-ce vous ?

Le malheureux, car c'était bien lui, répondit par une sorte de hurlement.

La mère Langlois essaya encore d'ébranler la porte; mais, comme nous l'avons dit déjà elle était solide.

— Au secours, au secours! cria Gargasse, sauvez-moi !... L'eau monte, l'eau monte !

L'eau montait, en effet; la mère Langlois sentit qu'elle en avait plus haut que les chevilles.

Gargasse continuait à pousser des cris rauques, désespérés.

La mère Langlois ne se troubla point, elle regarda encore la porte du caveau, regagna l'escalier en colimaçon et le grimpa rapidement.

— C'est Dieu qui a voulu que je descende dans cette cave; il me laissera le temps de le sauver! s'écria-t-elle avec un geste superbe d'énergie et d'audace.

En enfermant Gargasse dans le caveau, Blaireau s'était peut-être aperçu que sa victime respirait encore. Dans ce cas, il ne crut pas devoir se donner la peine de l'achever. Il avait l'intention d'inonder le sous-sol, et c'est ce travail mystérieux que Pauline Langlois lui avait vu faire.

Dans le jardin, il y avait un vaste réservoir d'eau dont le trop plein était jeté hors de la propriété par un tuyau de drainage. Un autre conduit prenait l'eau à la base du réservoir, mais elle était subitement arrêtée par un robinet fermé, à l'endroit où Blaireau avait creusé. Le robinet ouvert, l'eau se précipitait avec une grande puissance vers le puits dont nous avons parlé ; elle montait rapidement jusqu'à l'ouverture servant de fenêtre ou plutôt de bouche d'air au caveau : alors celui-ci, et bientôt tout le sous-sol étaient inondés ; en moins de deux heures, l'eau pouvait atteindre les voûtes.

Voilà ce qu'avait fait Blaireau après l'effroyable drame de la chambre et avant de reprendre le chemin de Paris.

Gargasse, qui avait échappé pour ainsi dire miraculeusement à la mort par strangulation, était donc menacé d'une autre asphyxie non moins horrible. Si Blaireau l'eût laissé dans le caveau la face contre terre, il eût été complètement étouffé avant d'avoir repris connaissance. Heureusement, il se trouva sur le dos et la tête un peu plus élevée que le reste du corps. L'eau arrivait déjà à sa bouche et à ses yeux, lorsque l'impression produite par son contact le rappela à la vie.

Il se souleva avec peine et parvint à se mettre sur ses genoux. Peu à peu, la mémoire lui revenant, ce qui se passa en lui fut horrible. Il reconnut le caveau, il savait le secret du réservoir, il ne crut pas qu'un secours pouvait lui être envoyé par Dieu. Dieu ! le malheureux n'y croyait pas... Il voyait se dresser devant lui, livide et sans yeux, le spectre décharné et terrifiant de la mort violente.

Pourtant, l'instinct de la conservation dompta son épouvante, il se mit à crier et à appeler au secours. C'est alors que la mère Langlois l'avait entendu.

L'eau montait avec une effroyable rapidité. Il fut forcé de se lever, et comme la voûte était basse, il dut s'arquer en s'appuyant au mur, afin de se tenir sur ses jambes. Mais il était d'une faiblesse extrême, et il sentait venir le moment où, à bout de forces, il disparaîtrait tout entier sous l'eau.

La mère Langlois ne perdit pas une minute. Dans une espèce

de cellier, autrefois une salle de bain, elle trouva la pioche dont Blaireau venait de se servir. Elle cacha son cabas sous un amas de branchages et revint dans le sout-sol. Pour arriver au caveau où Gargasse courait un si grand danger, elle marcha dans l'eau jusqu'au dessus des genoux.

Elle trouva le moyen d'attacher sa bougie au mur, et elle attaqua la porte et la serrure. Cette dernière, frappée à coup redoublés, se détacha peu à peu du bois et finit par tomber. La porte, qui s'ouvrait au dehors, ne pouvant plus résister, fut jetée violemment contre le mur par la masse d'eau qu'elle retenait et qui se précipita dans le passage souterrain avec un grondement de colère.

La mère Langlois faillit être renversée par le choc, mais elle eut le temps de se blottir contre le mur.

Moins heureux que celle qui venait le sauver, Gargasse ne put se tenir en équilibre ; la force du courant détacha ses pieds du sol, il tomba en jetant un cri d'appel désespéré ; il se débattit un instant, croyant pouvoir lutter mais l'eau l'entraîna et le jetta hors du caveau.

La mère Langlois l'arrêta au passage. Avec son aide, le malheureux parvint à se remettre sur ses pieds. Alors avec beaucoup de précautions, pour ne pas être culbutés, et en marchant tout près du mur, qui offrait un point d'appui, ils parvinrent à gagner l'escalier, lui s'accrochant à elle.

Pierre Gargasse était sauvé.

Faible, brisé, meurtri, la mère Langlois dut encore lui donner l'aide de ses robustes épaules pour monter au rez-de-chaussée et ensuite au premier. Quand il fut débarrassé de ses effets dégouttants d'eau, elle l'obligea à se mettre au lit, car tout son corps grelottait.

En même temps, elle allumait un grand feu dans la cheminée, au moyen duquel elle pouvait faire sécher son vêtement, à elle qui était trempé jusqu'au dessus des reins. Le paquet de hardes, apporté par Blaireau quelques jours auparavant, et qu'elle trouva dans un coin, lui permit de quitter momentanément sa robe et ses jupons mouillés. Ensuite, elle songea de nouveau à Gargasse.

Le pauvre diable ne pouvait rien dire, il n'avait pas la force de parler; mais son regard étincelant de gratitude suivait partout la mère Langlois et ne perdait pas un de ses mouvements. A un moment, son émotion fut tellement forte, qu'il se mit à pleurer. Oui, il pleura, lui, Pierre Gargasse, le complice de Blaireau, l'ancien forçat!... Depuis son enfance, cela ne lui était probablement jamais arrivé.

Mais chose étrange, en même temps qu'il pleurait, il y avait de la colère dans ses yeux, et son visage prenait une expression de cruauté sauvage. Évidemment, deux sentiments contraires s'agitaient en lui. A côté de sa reconnaissance pour cette brave femme qui venait de l'arracher à une mort certaine, s'élevait dans son cœur une rage sourde contre son ancien ami, devenu son assassin, et déjà il songeait à lui demander un compte terrible.

Un grand bol de vin chaud bien sucré, que la mère Langlois lui fit prendre, commença à le réchauffer et lui procura beaucoup de soulagement. Peu à peu, la paralysie de la langue cessa, la parole lui revint. Les premiers mots qu'il prononça furent un remerciement adressé à Pauline.

— C'est bon, répondit-elle simplement, j'ai fait ce que j'ai dû.

— Oh! ma vie ne vaut pas grand'chose, reprit-il, la mort d'un gredin de mon espèce n'aurait pas été une perte; mais puisque je suis encore vivant, je pourrai peut-être faire quelque chose pour vous, d'abord, et aussi pour d'autres personnes. Quand je pense à l'emploi que j'ai fait de ma vie, je suis effrayé et je n'ose plus regarder en arrière. Est-ce cela qu'on appelle le remords? Je n'étais pas né avec des instincts mauvais; mais j'ai rencontré Blaireau un jour, c'est le génie du mal; il a pesé sur ma volonté, il m'a entraîné, m'a associé à ses infamies et je suis un misérable!... Je n'ai jamais assassiné, moi; mais j'ai commis d'autres crimes, toujours conduit par la main de Blaireau... Voulez-vous savoir la vérité? Eh bien, j'ai été au bagne, je suis un forçat libéré!

La mère Langlois tressaillit et le regarda avec une sorte d'effroi.

— Quand, jeune, on perd le goût du travail, continua-t-il, comme on veut se procurer des plaisirs à tout prix, on fait argent de toutes les manières, et peu à peu, l'on devient voleur, et cela dure jusqu'au jour où un agent de police vous empoigne au collet et vous ouvre la porte d'une prison. C'est mon histoire. Il ne me manque plus que d'être un assassin. Assassin! poursuivit-il d'une voix rauque, une flamme sinistre dans le regard, je le deviendrai, je le sens; Blaireau aura mon premier coup de couteau, oui, oui, je le tuerai comme un chien enragé, j'ai soif de son sang!...

La mère Langlois frissonna d'horreur.

— Je sais bien des choses, reprit-il, je connais une partie des secrets de Blaireau; je le génais, il a voulu se débarrasser de moi, cela se comprend... Il m'a manqué, tant pis pour lui... Moi, je ne le manquerai pas!... Il pouvait acheter mon silence; pour cela, qu'est-ce que je lui demandais! Trente mille francs, une misère pour lui, la fortune pour moi... Il a trouvé que c'était trop cher; il a préféré user de la corde que vous m'avez enlevée du cou tout à l'heure... Ah! ah! ah! fit-il avec un rire nerveux, il ne se doute guère de ce qui l'attend!...

Ce que je sais, je vous le dirai; on ne sait pas ce qui peut arriver; si je ne réussissais pas à me venger, c'est par vous qu'il recevrait son châtiment, car vous devez le haïr, le lâche!...

— Non, pensait la mère Langlois, rien de ce que j'éprouve en moi ne ressemble à la haine.

Gargasse continua:

— Surtout, ne soyez pas comme moi: j'ai été un véritable imbécile; je me suis laissé jouer, il a voulu m'étrangler, me noyer; sans vous, à l'heure qu'il est, je n'existerais plus... Défiez-vous de lui, Blaireau est une bête venimeuse, ses morsures tuent. Quand vous connaîtrez sa vie, quand vous saurez ses secrets, il sera en votre puissance; si vous savez vous y prendre, il vous donnera tout l'argent que vous voudrez...

La mère Langlois eut un geste de répulsion.

Gargasse ne comprit pas, il poursuivit:

— Tout l'argent que vous voudrez, car ce qu'il aime plus encore que son or, c'est sa liberté, et vous pourrez l'envoyer où il m'a conduit, moi, aux galères! Oui, vous ferez ce que je n'ai pas osé faire; vous n'avez pas peur de la justice, vous, car vous êtes une brave et honnête femme, je le lis dans vos yeux

J'ai eu peur, moi, parce que je suis un forçat en rupture de ban... Eh bien, oui, continua-t-il d'un ton farouche, j'ai peur, peur du cachot, des geôliers et des gardes-chiourme !...

Il resta un instant silencieux, l'œil sombre, le front courbé. Puis il reprit :

Et, pourtant, je suis à peu près sûr qu'on a perdu ma trace, qu'on ne me cherche plus. Depuis un mois, je suis allé à Paris souvent ; je voulais savoir ce qu'était devenue Marguerite, la seule femme au monde qui ait été bonne pour moi et qui m'aime encore, malgré ce que je lui ai fait souffrir... Le hasard m'a servi, et je l'ai retrouvée.

La première fois que j'ai eu la hardiesse de m'aventurer dans les rues de la grande ville, c'était la nuit, pour qu'on ne pût me reconnaître ; un autre jour, j'y suis allé de jour, mais par une pluie battante, pensant bien que je n'avais rien à craindre... Ensuite, je suis devenu plus audacieux : j'ai traversé Paris en plein soleil ; j'ai même fumé un cigare sur le boulevard des Italiens. Ah ! comme cela m'a semblé bon, à moi, un bandit souillé de fange, de me retrouver, pour un instant, au milieu des honnêtes gens !... Je ne me cachais pas, allez ; je levais haut la tête ; je crois même que j'étais fier... Drôle de fierté, n'est-ce pas ? Que voulez-vous, c'est comme ça !

De plus grands scélérats que moi ont aussi leur orgueil... Moi, j'étais content, j'étais fier, parce que, en passant, j'avais presque touché des agents de police, qui ne m'avaient pas reconnu. Et je ne me suis pas trompé, c'étaient bien des hommes de la police : quand pendant des années on a eu affaire à eux, on les flaire de loin, on les reconnaît dans la foule entre mille.

Donc, j'avais lieu d'être rassuré, mais pas complètement. D'ailleurs, je ne pouvais rien sur Blaireau ; il ne m'était pas possible de lui nuire sans me perdre moi-même. Je ne pouvais faire qu'une chose : le tuer... je ne l'ai pas fait ; voilà pourquoi je suis un trembleur et un imbécile !...

— Non, répliqua la mère Langlois, vous n'avez pas commis ce crime odieux, parce qu'il reste en vous quelque chose de bon, et vous ne toucherez pas à Blaireau, d'abord parce que je vous le défends, et ensuite parce que vous n'avez pas le droit de vous venger vous-même. Au-dessus de vous, Pierre

Gargasse, il y a la justice des hommes et, au-dessus de celle-ci, la justice de Dieu! Blaireau sera puni, n'en doutez pas. Quant à vous, Pierre, pensez à Marguerite, dont vous avez brisé la vie, et tâchez d'arriver au repentir sincère afin de mériter l'indulgence des hommes, le pardon du ciel.

Gargasse grommela quelques paroles inintelligibles et baissa la tête.

Deux heures plus tard, la mère Langlois et Pierre Gargasse prenaient une voiture de louage au pont de Sèvres pour les conduire à Paris. Le soir même, Gargasse était installé rue Chaptal dans une chambre meublée. Pauline envoyait aussi, près de Marguerite, pour lui donner les soins que réclamait son état, une femme en qui elle avait une entière confiance.

## XVIII

#### UNE PARTIE DE BÉSIGUE

L'ESPAGNOL que Blaireau se plaisait à appeler señor Antonio, par dérision sans doute, était un Aragonnais que la misère avait jeté en France. Venu à Paris, Blaireau, toujours à la recherche d'hommes sans aveu ou déclassés, disposés à devenir des coquins fieffés, le rencontra, le prit à sa solde et, pendant deux ans, Antonio fut un des mercenaires. Un jour, dans un accès de jalousie, l'Espagnol tua d'un coup de couteau une jeune et jolie ouvrière qui ne voulait pas accepter ses hommages.

Blaireau, qui n'aimait pas que ses employés tombassent entre les mains de la justice, trouva le moyen de mettre celui-ci à l'abri des poursuites, et plus tard, après un séjour de deux années à Rome, Antonio, revenu à Paris, était entré chez le docteur Morand. Chose singulière, sa conduite était exemplaire, ce qui lui avait acquis l'estime des maîtres, et la confiance et l'amitié du personnel de l'établissement.

Le mercredi, il reçut le petit paquet que lui avait annoncé Blaireau, et, en même temps des instructions précises sur ce qu'il avait à faire.

Le lendemain soir, vers quatre heures, M. et Mme Morand partirent pour Paris. A cinq heures, comme toujours, on servit le dîner des pensionnaires. A six heures et demie les domestiques dînèrent tous ensemble, à l'exception de Claire qui, d'ailleurs, n'était plus considérée comme telle, et prenait tous ses repas dans sa chambre en compagnie de Léontine Landais.

A huit heures, au moment où la concierge se disposait à fermer à clef la grille intérieure qui sépare la maison des aliénés des appartements privés du docteur, Antonio entra dans la loge.

— Je ne suis pas de service ce soir, dit-il, et je viens causer avec vous, si ça ne vous gêne pas.

— Du tout, répondit le mari.

— En même temps, nous pourrons vider une vieille bouteille.

— Ma foi, tout de même.

— C'est mon tour de payer, fit l'Espagnol en mettant deux francs dans la main de la concierge, et maman Chapus sera bien gentille d'aller nous chercher la demoiselle au bonnet rose.

— Avec plaisir, monsieur Antonio ; du reste il faut que je sorte, je n'ai plus rien dans ma tabatière.

La concierge alla fermer la grille, rapporta la clef, qu'elle accrocha à un clou, et sortit. Dix minutes après elle était de retour et les deux camarades se disposaient à faire honneur au contenu de ce qu'Antonio appelait la demoiselle au bonnet rose.

— Voyons, maman Chapus, vous ne voulez pas trinquer avec nous ? dit l'Espagnol.

— Je n'ai jamais bu de vin de ma vie, vous le savez bien.

— Vous avez eu tort, je vous assure.

— Du moment que je ne l'aime pas, ce n'est pas une privation.

— Ma femme a ses idées, reprit le mari, ne nous occupons pas d'elle, Antonio, à ta santé.

— A la vôtre, madame Chapus.

Les deux hommes vidèrent leur verre avec des mouvements de tête qui indiquaient leur satisfaction et rendaient justice à la qualité du liquide.

— Tout de même, il est bon, dit le concierge.

— Excellent! amplifia l'Espagnol.

Mme Chapus sortit de sa loge pour jeter un regard dans le préau à travers la grille.

Antonio profita de cette circonstance attendue.

— Si nous faisions une partie de bésigue? dit-il.

— Tiens, tout de même, répondit Chapus.

Il se leva pour prendre les cartes dans un tiroir de la commode. L'Espagnol tira vivement de sa poche le petit flacon de Blaireau et, pendant que le concierge lui tournait le dos, il en versa le contenu dans son verre.

Mme Chapus rentra. La partie commença. A la dernière levée, le concierge compta cinq cents.

— Je n'ai pas de chance, dit Antonio, ayant l'air de mauvaise humeur. Je n'ai même pas pu compter le cent d'as.

— Ce n'est pas étonnant; tu les as jetés pour prendre mes brisques.

— Tu les as jetés aussi, toi.

— Oui, mais c'était pour garder mes deux valets de carreau et ma dame de pique en attendant la deuxième dame, que je viens de lever.

— Combien as-tu?

— Mille vingt.

— Et je n'ai fait que deux cent soixante. J'ai perdu la première; à toi à donner les cartes. Madame Chapus, reprit-il, offrez-moi donc une petite prise, je crois que ça me réveillera.

Sous la table, il venait de prendre dans du papier, entre ses doigts, une forte pincée de poudre noire.

La concierge, non moins confiante que son mari, tendit sa tabatière. Antonio avança la main; plongea ses doigts dans la boîte, dans laquelle il laissa sa pincée de poudre, et les ramena sous son nez, faisant semblant de priser avec délices.

La partie de bésigue continua et les joueurs achevèrent de vider la bouteille.

Un peu avant dix heures, le concierge et sa femme faisaient des efforts inouïs pour résister au sommeil. L'Espagnol paraissait avoir aussi une forte envie de dormir.

— Mes yeux se ferment malgré moi, dit-il en se levant, je ferais bien d'aller me coucher.

— Moi aussi, dit la femme, je tombe de sommeil.

— C'est le temps qui est lourd, fit observer Chapus.

Il se leva, les jambes flageolantes ; sa tête pesante ballotait sur ses épaules.

— Je vas t'ouvrir, dit-il, à Antonio.

La grille ouverte, l'Espagnol passa de l'autre côté ; mais il s'empressa de placer un morceau de bois entre la partie fixe et la partie mobile de la grille ; quand Chapus poussa celle-ci elle rencontra l'obstacle ; il tourna la clef, la pêne sortit de la serrure, mais n'entra pas dans la gâche. Le concierge ne s'en aperçut point. Il souhaita une bonne nuit à son camarade et rejoignit sa femme, qui était déjà couchée et endormie. Un instant après les deux époux ronflaient à l'unisson.

Antonio attendit près de la grille, accroupi dans un coin sombre.

Quand la demie de dix heures sonna, il se dressa sur ses jambes, poussa doucement la porte et se glissa sous le porche. Quand il se fut bien assuré que les époux Chapus se livraient aux charmes d'un rêve d'opium, il entra dans la loge et tira le cordon. La petite porte d'entrée s'ouvrit ! Le docteur, afin de pouvoir entrer et sortir de nuit sans être obligé de réveiller personne, avait seul la clef de cette porte.

L'Espagnol n'était pas sorti de la loge, que deux hommes apparaissaient sous le porche. L'un était Blaireau, opérant lui-même pour plus de sûreté, l'autre, ce soi-disant marchand de lorgnettes au théâtre des Folies-Dramatiques, qui portait le nom fameux, dans l'histoire ancienne de Tamerlan.

— Ne perdons pas une minute, dit tout bas Blaireau à l'Espagnol en lui mettant dans la main le billet de mille francs promis.

Un grognement du domestique infidèle annonça qu'il était content.

Tamerlan, qui avait ses instructions, se plaça en faction contre la grille, prêt à jouer du poignard si besoin en était, pendant que Blaireau entrait dans la première cour à la suite de l'Espagnol. Tous deux marchaient avec précaution, bien qu'ils fussent protégés par l'ombre des acacias et des tilleuls.

Antonio, s'étant arrêté, montra une porte à Blaireau en lui disant :

— C'est là.

A travers les persiennes, on voyait filtrer un jet de lumière.

— Es-tu sûr que la porte n'est pas fermée en dedans? demanda Blaireau.

— Ce serait extraordinaire. La lingère ne pousse les verrous qu'au moment de monter dans sa chambre pour se coucher.

— Nous allons voir. Reste là et attends.

Avec des mouvements de chat, Blaireau s'approcha de la porte contre laquelle il colla son oreille. A l'intérieur, le silence était complet. Alors, il tourna le bouton de cuivre et entr'ouvrit lentement la porte ; prêt à bondir sur sa proie, son regard de vautour plongea dans la lingerie.

Aussitôt un affreux sourire rida ses lèvres.

Près d'une petite table chargée de pièce de lingerie, il voyait la jeune fille endormie. La fatigue avait triomphé de la volonté de Claire, elle venait de s'assoupir. La besogne du misérable était rendue plus facile.

Il ouvrit entièrement la porte, bondit au milieu de la salle, et avant que la jeune fille ait eu le temps d'ouvrir les yeux, il lui avait enveloppé la tête et une partie du buste dans une ample couverture de voyage dont il s'était muni pour la circonstance.

Réveillée en sursaut et ne pouvant se rendre compte de la lâche attaque dont elle était l'objet, Claire poussa un cri d'épouvante ; mais ce cri, étouffé sous les plis de la couverture, n'eut aucun écho. La pauvre enfant se débattit avec fureur. Vains efforts!... Avec une rapidité et une adresse qui révélaient chez Blaireau une grande habitude de ces sortes d'expéditions nocturnes, Claire fut mise dans l'impossibilité d'appeler à son secours et de se servir de ses membres.

Il la prit à bras le corps, tout en soufflant la chandelle qui s'éteignit et l'enleva avec une vigueur qu'on ne lui aurait pas supposée, et, comme un loup ravisseur, s'élança hors de la lingerie, plongée soudain dans les ténèbres.

Entre ses bras, fortement serrée contre lui, Claire avait des soubresauts convulsifs et poussait des gémissements sourds que, malheureusement, on ne pouvait entendre. D'ailleurs, le vent du sud-ouest venait de se mettre à souffler avec une certaine force, annonçant un orage prochain, et son bruit dans les branches feuillues aurait suffi pour couvrir les plaintes de la malheureuse enfant.

Blaireau traversa rapidement la distance qui le séparait de la grille, s'élança sous le porche et en deux bonds gagna la route.

Un coup de sifflet retentit. Une voiture qui stationnait à l'angle de la rue voisine s'ébranla et vint s'arrêter devant Blaireau. Tamerlan avait déjà ouvert la portière et s'était jeté dans la caisse afin d'aider son maître à y faire entrer la jeune fille, qui fut étendue inanimée sur un des sièges.

Blaireau sauta à son tour dans la voiture, la portière se referma sur lui.

Tout cela s'était exécuté en moins de cinq minutes et sans qu'une parole eut été prononcée.

Pendant que la berline filait rapidement emportée par deux chevaux vigoureux, qui bondissaient sous les coups de fouet du cocher, Antonio fermait doucement la porte d'entrée, s'arrêtait un instant devant la loge pleine de ronflements sonores, et à pas de loup, sans être entendu ni vu de personne, remontait dans sa chambre.

## XIX

#### APRÈS L'ENLÈVEMENT

Entre une heure et deux heures du matin, l'orage éclata sur Paris. Des éclairs incessants déchirèrent les nues et incendièrent le ciel. Il y eut de formidables coups de tonnerre.

Les époux Chapus n'entendirent rien. Lorsque la femme se réveilla à cinq heures du matin, elle eût été fort embarrassée si on lui avait demandée à quelle heure M. Morand était rentré la veille. Elle se leva, fort satisfaite d'avoir si bien dormi, d'un seul somme. Elle sortit pour prendre un peu d'air et jeter un coup d'œil dans la cour intérieure. S'étant aperçue que la grille n'était pas fermée, négligence qui pouvait lui coûter sa place, elle rentra précipitamment chez elle, prit la clef et répara la faute de son mari.

Pendant ce temps, ce dernier s'était levé. Comme sa femme il avait bien dormi et se sentait parfaitement reposé. A six heures, il prit son service comme d'habitude, sans avoir aucun soupçon des événements de la nuit.

Il était près de huit heures lorsque Mme Morand, ne trouvant Claire ni à la lingerie, ni dans sa chambre, se décida à la faire appeler et chercher dans la maison. C'est l'Espagnol, qui fut chargé de ce soin. Sur la réponse qu'il vint faire à sa maîtresse que personne dans l'établissement n'avait vu Mlle Claire depuis le coup de cloche du réveil, Mme Morand commença à s'inquiéter et crut devoir avertir le docteur de ce fait étrange.

Tout le monde, alors, se mit à la recherche de la jeune lingère, la maison fut fouillée de fond en comble; enfin il fallut bien se rendre à l'évidence et admettre que la jeune fille avait disparu.

Le docteur ne savait quoi penser. Certes, il ne pouvait lui venir à l'idée que des étrangers s'étaient introduits dans sa maison, malgré portes, verrous et grille et que Claire avait été victime d'un rapt audacieux. Il se perdait en conjectures. Léontine Landais, qu'il interrogea de façon à ne rien lui laisser deviner de son inquiétude, répondit que Claire ne s'était pas couchée la nuit dernière. Le docteur comprit que l'intéressante malade ne savait rien. La disparition de la jeune fille restait incompréhensible pour lui. Il fut naturellement amené à se poser les questions suivantes :

Pourquoi Claire avait-elle quitté l'établissement?
Comment avait-elle fait pour s'échapper?
Où est-elle allée?

A la première question, il ne trouva aucune réponse. Pour

la troisième, il y avait lieu de supposer que la jeune fille s'était rendue chez sa mère. Quant à la deuxième question, M. Morand ne pouvait la résoudre qu'au moyen d'une enquête.

Successivement, tous les employés et domestiques de l'établissement passèrent dans son cabinet et furent interrogés. Tous répondirent qu'ils ne savaient rien, ce qui pour Antonio seulement n'était pas la vérité.

Une femme déclara que, quelques minutes avant dix heures, elle avait vu mademoiselle Claire travaillant dans la lingerie.

L'Espagnol affirma l'avoir vue également à dix heures dans la lingerie.

— C'est donc après dix heures qu'elle est partie, pensa le docteur. Alors ce sont les concierges qui lui ont ouvert les portes.

Chapus fut appelé.

Le malheureux était fort troublé et pâle comme un mort, car il savait la lourde responsabilité qui pesait sur lui. Il se jeta aux genoux du docteur et lui jura sur son honneur et sur sa médaille militaire qu'il n'avait point prêté la main à la fuite de la lingère.

— Ma femme et moi, ajouta-t-il, nous nous sommes couchés tout de suite après dix heures et nous nous sommes aussitôt endormis. J'avais moi-même fermé la grille. Nous n'avons rien entendu.

— C'est bien, dit le docteur de plus en plus soucieux, allez dire à votre femme de venir me trouver.

Mme Chapus était une brave et honnête femme en qui M. Morand avait beaucoup de confiance. Elle n'avait peut-être que le seul défaut de prendre du tabac. La pauvre femme était loin de se douter que, pour avoir offert la veille une prise à l'Espagnol Antonio, elle était en quelque sorte de complicité dans l'enlèvement de la lingère.

Elle comparut à son tour devant le docteur.

— Vous savez pourquoi je vous ai fait appeler? lui dit M. Morand. Cette nuit, notre lingère a disparu; or, ne pouvant supposer qu'elle s'est envolée comme un oiseau ou un papillon, je dois croire qu'elle est sortie par la grille et la porte confiées à votre garde.

La brave femme était toute tremblante et réellement très affligée.

— Oh! certainement, dit-elle en poussant un gros soupir, Mlle Claire n'a pu sortir que par la porte.

— Est-ce que vous lui avez ouvert?

— Monsieur le docteur, répondit-elle, si après huit heures, malgré votre défense, j'avais ouvert la porte à quelqu'un de la maison, je vous le dirais, et je mériterais d'être chassée comme une malheureuse.

— Claire était encore dans la lingerie à dix heures; c'est donc après dix heures qu'elle est sortie. Comment expliquez-vous le fait?

— Monsieur le docteur, hier dans la soirée il a fait une chaleur étouffante, mon mari et moi tombions de sommeil. A peine couchés, nous nous sommes endormis profondément, à ce point que nous ne vous avons pas entendu rentrer et que l'orage, qui est venu après, n'a pu nous réveiller. Oh! c'est bien la vérité, que je vous dis!... Antonio a fait une partie de cartes avec Chapus dans la soirée et il vous dira que, ne tenant plus debout, tellement nous étions fatigués, nous l'avons renvoyé avant dix heures. C'est donc pendant que nous dormions que Mlle Claire est partie, après être entrée dans la loge et avoir tiré elle-même le cordon, sans nous réveiller.

— Et la grille, elle était donc ouverte?

Le visage de la concierge s'empourpra.

— Elle était ouverte, monsieur le docteur, répondit-elle en baissant la tête.

— Et pourquoi ne l'aviez-vous pas fermée? dit M. Morand d'un ton sévère.

La pauvre femme s'efforça de retenir les larmes qui venaient à ses yeux. Pour excuser son mari, elle s'accusa elle-même.

— Je ne puis expliquer ma maladresse, dit-elle; ce matin j'ai trouvé la grille ouverte et j'ai été bien surprise, car je croyais l'avoir fermée hier; j'avais bien tourné la clef, mais n'ayant pas suffisamment poussé la porte, elle ne s'est pas fermée.

M. Morand n'avait aucune raison de croire que la concierge lui mentait, et les choses paraissaient assez vraisemblables pour qu'il pût admettre le concours des circonstances qui semblaient avoir été si favorables à la lingère. Mais, s'il était disposé à accepter la fuite de la jeune fille sans la complicité d'aucune personne de la maison, il ne parvenait toujours pas à découvrir un motif ou même un semblant de raison pouvant justifier à ses yeux l'étrange conduite de Claire. En effet, rien ne pouvait expliquer pourquoi elle s'en était allée, nuitamment, sans rien dire à personne et se cachant comme une prisonnière qui s'évade. Il y avait là un point obscur qui échappait absolument à l'examen et à l'analyse.

Le docteur écrivit une lettre à Pauline Langlois et la confia à Chapus, qui partit immédiatement pour Paris avec ordre de ne faire que le chemin et de revenir avec la réponse de la mère de Claire.

Une heure après le départ du concierge, cette dernière arrivait à Montreuil.

M. Morand courut à sa rencontre avec empressement.

— Eh bien, docteur, lui dit-elle, est-ce aujourd'hui que j'emmène ma fille?

— Votre fille! répondit-il en balbutiant, vous ne l'avez donc pas vue?

— Quand? Où cela, docteur?

— Ainsi, elle n'est pas chez vous?

La mère Langlois le regarda avec surprise, se demandant s'il n'avait pas été atteint subitement de la maladie de ses pensionnaires. On pouvait le croire, en effet, tant son agitation paraissait singulière.

— Mon Dieu! murmura-t-il, où est-elle allée? Qu'est-elle devenue?

La mère Langlois lui saisit le bras, et, d'une voix saccadée :

— Docteur, lui dit-elle, je ne vous comprends pas, expliquez-vous...

— Mais, je ne sais vraiment pas comment vous dire...

— Ah! vous me faites mourir, vous me tuez! s'écria-t-elle avec violence.

— Je vous en supplie, calmez-vous..... il n'y a rien de grave, sans doute, rien de grave.....

En entendant ces paroles, le visage de la mère Langlois se décomposa.

— Vous ne me répondez pas, monsieur, reprit-elle d'une voix étranglée par l'émotion; où est ma fille? Que lui est-il arrivé?

M. Morand l'entraîna dans son cabinet. Là, après l'avoir fait asseoir et lui avoir arraché la promesse qu'elle resterait calme, il lui apprit que Claire avait disparu au milieu de la nuit précédente et comment il avait dû supposer qu'elle avait quitté la maison pour se rendre chez sa mère.

La mère Langlois l'écouta avec une immobilité de statue et, en apparence, très calme; mais, sur sa physionomie tourmentée, le docteur pouvait lire les impressions diverses produites par ses paroles.

Quand il eut fini, la poitrine de la malheureuse mère se souleva, ses yeux fixes, démesurément ouverts, devinrent hagards et un frisson nerveux courut sur tout son corps. D'un seul mouvement elle se dressa debout; elle voulut parler, un cri rauque, affreux, sortit de sa gorge, elle tourna sur elle-même et tomba à la renverse sur le parquet.

— Pauvre mère! gémit le médecin.

Il s'empressa de la relever et de lui donner des soins. Ce n'était heureusement qu'un évanouissement. Au bout de quelques minutes, il parvint à la rappeler à la vie et aussi, hélas! au sentiment de la terrible réalité.

— On m'a volé ma fille, on me l'a volée! exclama-t-elle.

Sa douleur, sa colère et son épouvante trop longtemps contenues firent tout à coup explosion. Elle se mit à pousser des cris effroyables mêlés à des sanglots déchirants.

Une lionne à laquelle on vient de prendre ses lionceaux n'est pas plus terrible.

Ses yeux enflammés avaient des reflets de sang; en proie à une épouvantable crise nerveuse, elle se roulait sur le parquet et se tordait en tous sens avec des mouvements de reptile. Ses ongles se brisaient en rayant le bois du plancher, ou bien, crispés sur sa tête, ses doigts arrachaient ses cheveux. C'est avec peine que M. Morand parvenait à la maîtriser pour l'empêcher de se meurtrir ou de se briser la tête et les membres contre les meubles.

L'horrible crise dura plus d'un quart d'heure. Enfin, brisée sans force, anéantie, vaincue, les convulsions cessèrent. Elle resta étendue, pantelante, n'ayant plus d'autres mouvements que les palpitations de la chair.

## XX

### LES TROIS

Trois jours s'écoulèrent sans qu'on ait rien appris sur le sort de Claire, sa disparition était toujours entourée d'un profond mystère.

La douleur de la mère Langlois était navrante. Les idées les plus folles, les plus noires lui passaient dans la tête. Parfois elle s'imaginait que M. Morand, ne voulant pas lui rendre sa fille, l'avait séquestrée; ou bien c'étaient des ennemis qui l'avaient enlevée et enfermée dans un cloître; ou bien encore elle avait été attirée dans un guet-apens et assassinée... La malheureuse ne cessait pas de gémir et de pleurer; elle n'était plus reconnaissable : sa figure gardait une pâleur de cadavre, et ses yeux, subitement renfoncés sous l'os frontal, avaient dans leur égarement un éclat farouche qui faisait mal à voir. On pouvait craindre qu'elle ne perdît la raison.

Albert Ancelin étant venu la voir pour essayer de la consoler et de lui redonner un peu de courage, fut effrayé des ravages faits en si peu de temps.

Cependant, elle ne s'en était pas tenue à pousser des plaintes et des gémissements inutiles; elle était allée faire sa déclaration au parquet, laquelle avait été confirmée par une déposition analogue du docteur Morand. Les magistrats s'étaient vivement émus, et les plus fins limiers du chef de la police de sûreté avaient été lancés dans tous les quartiers de la ville.

André partageait la douleur et les angoisses cruelles de la mère de sa bien-aimée Claire, et roulait dans sa tête des projets de vengeance terrible. Contre qui ? Il ne le disait à personne, pas plus à la mère Langlois qu'à Mme Descharmes. Il lui était venu à l'idée que le jeune comte de Presle n'était pas étranger à la disparition de sa fiancée et jusqu'à nouvel ordre, il voulait garder pour lui seul le secret de ses sombres pensées. Mais autant il avait pris de soin, jusqu'alors, d'éviter son ennemi, autant, maintenant, il mettait d'ardeur à le rencontrer. A un moment donné, fatalement, les deux jeunes gens devaient se trouver face à face, et une agression était inévitable.

Plusieurs journaux, dont les reporters fréquentent le palais de Justice, avaient raconté dans leurs échos de la ville la mystérieuse disparition de la jolie lingère. Ce fait qui, en définitive, n'intéressait que quelques personnes, prenait peu à peu des proportions importantes.

Pendant ce temps, Mme Descharmes poursuivait son but de vengeance, sans dévier du plan qu'elle s'était tracé. Elle conduisait lentement, mais sûrement, le marquis de Presle au vertige et à l'affolement de la passion.

Un peu de bien-être apporté dans la mansarde de Marguerite Gillot avait produit le résultat espéré. La pêcheresse repentie allait beaucoup mieux, elle revenait à la santé. Les bonnes paroles de Pauline avaient fait plus pour elle que les médications ordonnés par le médecin ; elles avaient rassuré son âme, rendu le calme à son esprit et laissé dans son cœur un rayon d'espoir.

Quant à Pierre Gargasse, ni Marguerite, ni la mère Langlois n'auraient pu dire comment il employait son temps. Devenu plus prudent encore depuis le terrible danger qu'il avait couru, il s'était rendu méconnaissable au moyen d'un déguisement et pouvait courir les rues de Paris sans risquer de perdre sa liberté, dont il avait besoin pour accomplir un projet ténébreux qu'il méditait.

A onze heures, le grand Bernard déjeunait avec deux de ses camarades chez un marchand de vins de la rue d'Aligre. Il avait pris un journal et, selon l'habitude des ouvriers, qui aiment la lecture et n'ont pas une minute à consacrer à cet agrément, il lisait en mangeant, sans se donner la peine de regarder le morceau qu'il portait à sa bouche.

Tout à coup, sa fourchette tomba sur l'assiette et il asséna sur la table un formidable coup de poing qui fit danser les verres et culbuta les deux bouteilles.

Il se leva pâle, les sourcils froncés, l'œil en feu.

Ses compagnons le regardaient avec effarement.

— Savez-vous ce que je viens de lire là, dans ce journal? dit-il. Dans la nuit de jeudi à vendredi, Mlle Claire, la fille de la mère Langlois, la fiancée de l'Enfant du Faubourg, a disparu de la maison du docteur Morand. On ne sait pas ce qu'elle est devenue. Pour la retrouver, on a mis la police sur pieds. Tonnerre, qu'est-ce que cela veut dire?...

Il reprit le journal.

— Oui, c'est bien cela, dans la nuit de jeudi, après dix heures du soir... C'était le jour de la noce de notre camarade Ravier. Tu étais ivre, Brion, tu ne te souviens pas que tu es tombé dans une ruelle et qu'il m'a fallu te porter sur mes épaules. Quelle heure pouvait-il être?

— Ne me le demande pas, dit Brion un peu confus.

— Et toi, Bourguignon, te rappelles-tu?

— Oui, peu après j'ai entendu sonner minuit à l'horloge de Joinville.

— Minuit, n'est-ce pas? c'est ce que je pensais. Tu dois te souvenir aussi que pendant que nous ramassions Brion, une voiture est entrée dans la ruelle.

— Parfaitement. Cela nous a même assez surpris.

— Il y a pour moi un autre sujet d'étonnement auquel je n'ai pas attaché assez d'importance, reprit le grand Bernard. Si j'ai bonne mémoire, voici ce qui s'est passé : La voiture s'arrêta à une quinzaine de pas de nous, un homme en descendit et ouvrit une porte pratiquée dans le mur d'un jardin. Le cocher sauta à bas de son siège et aida un autre individu à sortir de la voiture quelque chose qui devait être assez lourd. Il faisait noir en diable, je n'ai pas pu distinguer l'objet.

— Moi, dit Bourguignon, je crois que c'était une femme.

Le froncement de sourcils du grand Bernard s'accentua encore.

— Et moi, j'en suis sûr maintenant, répliqua-t-il d'une voix creuse. Quand les deux hommes et la femme qui étaient dans la voiture eurent disparu, la porte se referma, le cocher grimpa sur son siège et fouetta ses chevaux qui partirent au galop.

— Le brigand a même failli m'écraser en passant, dit Bourguignon.

— Or, continua le grand Bernard, pendant que la voiture partait, j'ai entendu pousser un cri de l'autre côté du mur et presque aussitôt après ces mots : Ma mère, André, au secours!...

Les deux compagnons se dressèrent d'un bond.

— Oui, poursuivit le grand Bernard, je me souviens très bien de cela, une femme a appelé au secours en nommant André. Eh bien, comprenez-vous? Pour moi, je ne crois pas me tromper; cette femme, c'était Claire.

— Tripes du diable! exclama Bourguignon en serrant les poings, si nous l'avions deviné!

— C'est après dix heures qu'elle a disparu, reprit le grand Bernard; comme on ne sait rien, on suppose qu'elle s'est enfuie de la maison du docteur Morand. Pourquoi se serait-elle sauvée, à moins que ce ne soit pour aller retrouver sa mère? Est-ce assez bête de penser cela? Non, la fiancée d'André a été enlevée... voilà mon opinion.

Pour aller de Montreuil à Joinville avec une voiture il ne faut guère plus d'une heure, même par de mauvais chemins; comme vous le voyez, les heures se rapportent parfaitement.

— C'est vrai.

— Maintenant, ce n'est pas tout ça, il ne s'agit pas de lambiner. André est toujours l'Enfant du Faubourg, n'est-ce pas? notre ami, notre fils!..

— Certainement.

— Eh bien, camarades, aujourd'hui qu'il est dans la peine et qu'il a besoin de la coterie, nous devons être à lui... A la besogne, compagnons, nous allons travailler pour l'Enfant du Faubourg. Je me chargerai d'expliquer la chose au patron. Aujourd'hui, et demain s'il le faut, nous ne toucherons pas au rabot... Bourguignon, retrouveras-tu la ruelle, reconnaîtras-tu la porte du jardin?

— Je le crois.

— Ensemble, tout de suite, vous allez partir pour Joinville. Il faut que vous sachiez qui habite la propriété et, si cela se peut, ce qui se passe dans la maison. Vous regarderez par les fenêtres, vous ferez jaser les voisins, à vous d'être adroits... Vous pourrez avoir besoin d'argent, mettez-en dans vos poches, l'Enfant du Faubourg vous le rendra.

— Et toi, Bernard, que vas-tu faire?

— Moi, je vais d'abord changer de costume et courir ensuite chez André, qui doit être instruit de ce qui se passe.

— C'est juste, où te trouverons-nous?

Le grand Bernard réfléchit un instant.

— Vous ne quitterez pas Joinville, répondit-il. Ce soir, seul ou avec André, j'irai vous rejoindre. Il faut surveiller la maison en question et ne point la quitter des yeux. Surtout, Brion, ajouta-t-il, pas de bêtises, tu entends?...

— Je serai là, fit Bourguignon.

— Si j'ai soif, je boirai de l'eau, dit Brion.

Les trois ouvriers payèrent leur dépense et sortirent du cabaret.

## XXI

### LES DEUX MARQUISES

En apprenant par une lettre du docteur Morand la disparition de Claire, la marquise de Presle éprouva une surprise douloureuse. Toutefois, le docteur la rassurait complètement au sujet de Léontine Landais. Non-seulement la guérison de son intéressante malade n'était plus un doute pour lui, mais encore il désignait le jour où cette cure, à laquelle il attachait, comme savant, une si haute importance, serait un fait définitivement acquis au domaine de la science. Il disait même quelques mots du rapport qu'il allait rédiger pour l'Académie de médecine.

Sa pensionnaire avait retrouvé peu à peu toutes les sensations morales de l'être humain et, une fois encore, il avait pu constater et étudier un des merveilleux phénomènes produits par la sensibilité. Depuis quelques jours, la malade était plongée dans une sorte de tristesse résignée ; elle gardait le silence et semblait recueillie en elle-même. Ceci n'inquiétait nullement le célèbre médecin, au contraire. C'était la crise décisive. La pensée renaissait, l'esprit s'éclairait de lueurs successives. La malade reprenait possession de ces nobles facultés que Dieu a données à l'homme créé à son image.

« J'ai eu, je l'avoue, un instant de crainte, disait encore la lettre de M. Morand, lorsque, étonnée de ne point voir Claire, elle me demanda où elle était. Sa mère est un peu souffrante, lui répondis-je, et maintenant que vous vous portez bien, elle a cru pouvoir s'éloigner de vous pendant quelques jours pour donner ses soins à cette autre mère qui partage avec vous toute sa tendresse.

« Elle fit un mouvement de tête pour indiquer qu'elle comprenait. Puis, au bout d'un instant, après avoir réfléchi :

— « Elle viendra, n'est-ce pas, monsieur? me demanda-t-elle.

— « Certainement et bientôt, me suis-je empressé de répondre.

« La douceur habituelle de son regard s'accentua encore et exprima une tendresse adorable. Un sourire suave passa sur ses lèvres. Elle me prit la main et, la serrant fortement : Merci, monsieur, me dit-elle, vous êtes bon, bien bon pour moi. Puis lentement sa tête se pencha sur son sein, et, comme si je n'eusse plus été près d'elle, elle s'abîma dans ses réflexions. Je m'éloignai sans bruit en essuyant deux larmes, et le cœur plein de reconnaissance envers Dieu.

« Si vous le voulez bien, madame la marquise, ajoutait le docteur en terminant sa lettre, j'aurai l'honneur de vous attendre lundi prochain. Je vous mettrai en présence de notre chère malade, et vous tenterez la dernière et grande épreuve. En suivant docilement mes instructions, ce qu'elle a fait avec une délicatesse exquise, Claire a préparé son amie à fouiller dans le passé lointain, et lui a donné la volonté de se souvenir. Celle-ci, je l'espère, sera en état de causer avec vous et de répondre à vos questions. »

Or, lundi, vers une heure, la marquise sortit à pied de l'hôtel de Presle. Elle était mise très simplement. Elle alla prendre une voiture de remise et se fit conduire à Montreuil.

Le docteur l'attendait. Il la fit entrer dans le petit salon où, lors des précédentes visites, Claire et Edmée restaient souvent seules à causer.

— C'est ici qu'aura lieu votre entrevue avec la chère malade, lui dit-il, nul ne viendra vous déranger.

La marquise poussa un soupir.

— Je suis émue, docteur, dit-elle, je touche à un moment suprême patiemment attendu ; quelque chose de douloureux que je ne puis définir envahit mon cœur... Aurais-je donc peur d'entendre ce qui va m'être révélé.

— Vos appréhensions sont naturelles, madame, vous êtes en face de l'inconnu, qui effraie souvent même ceux qui sont le plus fortement poussés vers lui.

— Oui, l'aspect seul de ce mystérieux inconnu est redoutable, les cœurs les plus vaillants peuvent battre en retraite au seuil de son palais entouré de ténèbres ; mais je m'avancerai hardiment dans cette nuit, docteur ; non, je ne reculerai pas ; devrai-je à chaque pas trébucher dans l'horreur et le crime, je ne m'arrêterai point. Mais, pour elle, ne redoutez-vous rien ? Si vous le croyiez nécessaire, nous pourrions attendre quelques jours.

— Elle est guérie, madame, répondit le docteur en souriant et aussi bien aujourd'hui que demain, que dans quinze jours, elle peut parler. Ce matin, confidentiellement, elle m'a dit son nom.

— Son nom, docteur ! s'écria la marquise.

— Oui, madame. Elle se nomme Léontine Landais.

— Ainsi, elle se souvient... elle se souvient !...

— Si elle a encore quelque défaillance de mémoire, un peu d'obscurité dans la pensée, cela se dissipera. Depuis la lettre que j'ai eu l'honneur de vous écrire, madame la marquise, notre malade n'a point perdu son temps : son esprit a longuement voyagé dans le passé ; elle a travaillé laborieusement à reprendre possession d'elle-même.

— Enfin, docteur, grâce à vous, elle a retrouvé la raison ; mais je n'ai pas achevé mon œuvre, je songe maintenant à la réparation.

— Quand vous le voudrez, madame la marquise, j'irai chercher Léontine Landais.

— Tout de suite, docteur, allez, je suis prête à courber mon front devant elle.

Le docteur sortit et reparut au bout de quelques minutes, tenant Léontine par la main.

Elle portait une robe de cachemire noire qui lui allait délicieusement. Il est bon de dire qu'elle avait été faite par la couturière de Mme de Presle. Le corsage ajusté dessinait admirablement les formes arrondies des épaules et de la gorge, en faisant ressortir l'élégance parfaite de sa taille. Léontine avait elle-même arrangé ses cheveux dans lesquels passait un ruban de velours, qui se terminait par un nœud sur le cou. Des bottines de chevreau chaussaient ses pieds.

La marquise resta un instant immobile de surprise, heureuse de la contempler. Quelle différence entre cette femme jeune et belle encore et la malheureuse créature qu'elle avait rencontré à la ferme des Sorbiers et qu'elle avait vue une seconde fois, presque mourante, lorsqu'on la lui avait amenée près du parc de Saint-Cloud, au bord de la Seine.

Le regard que la marquise jeta sur le docteur, à ce moment, fut toute une action de grâce.

Certes, M. Morand méritait la vive reconnaissance dont il était l'objet : en même temps qu'il ressuscitait l'esprit, il avait rendu la santé, la vie, et mieux, la beauté au corps. Sans doute sur le front et les joues de Léontine, le temps avait marqué son passage ; ses cheveux s'étaient éclaircis et commençaient à grisonner ; mais la taille redressée avait repris sa souplesse gracieuse, le regard son charme inexprimable et le sourire était redevenu ce qu'il était autrefois, adorable.

Si, physiquement, Léontine avait vieilli, son âme et son cœur endormis, comme sa raison, ne s'étaient ni aperçus, ni ressentis de la marche des années. Les meilleurs sentiments, la douceur, la bonté, la tendresse, l'amour aussi, peut-être, toutes les fleurs épanouies dans son cœur restées fraîches et parfumées comme à dix-huit ans.

La marquise s'approcha de Léontine et lui prit la main. Elles se regardèrent silencieusement, et en même temps baissèrent les yeux. Chacune avait sa pensée intime.

— Ah! s'écria Mme de Presle, avec cette spontanéité qui était la grandeur de cette femme admirable, ce n'est pas ainsi que nous devons nous reconnaître.

Et en pleurant, elle jeta ses bras autour du cou de Léontine. Celle-ci, d'abord surprise, comprit bientôt. Elles s'embrassèrent avec effusion.

Le docteur avait profité de cet instant pour se retirer discrètement. Mais il se tint dans une pièce voisine, prêt à accourir au premier appel dans le cas d'un danger imprévu.

Les deux femmes, les mains unies, s'assirent sur un canapé. Après un moment de silence, la marquise prit la parole.

— Léontine, dit-elle, vous souvenez-vous de m'avoir vue déjà?
— Oui, madame, mais je ne vous aurais pas reconnue.
— Ainsi, vous savez mon nom?
— Je sais que vous êtes madame la marquise de Presle. Claire m'a raconté ce qui s'est passé entre nous à Robay, à la ferme où j'ai vécu pendant vingt ans, paraît-il ; si on ne me l'eût pas dit, je ne saurais pas mon âge.

— Pauvre enfant, c'est vrai. Mais, maintenant que je suis près de vous, que vous savez mon nom, est-ce que vous n'éprouvez pas de la colère contre moi?

— Non. Si je pouvais avoir de la colère, ce ne serait pas contre vous, qui ne la méritez point. Claire m'a appris ce que vous avez fait pour moi, madame, et ce matin encore, le bon docteur me l'a répété. Madame la marquise de Presle, continua-t-elle en se laissant glisser sur ses genoux et en joignant les mains, vous m'avez sauvée de la mort et vous avez fait plus encore, grâce à vous la raison m'a été rendue. Ah! soyez bénie, et qu'en votre nom les autres soient pardonnés!...

— Léontine, mon amie, ma sœur, oui, ma sœur, dit la marquise d'une voix entrecoupée, relevez-vous, revenez là, près de moi, plus près encore, appuyez votre tête sur mon épaule, pour ne point vous fatiguer, et nous allons causer, comme deux sœurs qui s'aiment, et vous me direz tout, n'est-ce pas, tout ce qui est revenu dans votre mémoire ?

— Hélas ! madame, j'ai retrouvé ma mémoire trop fidèle, peut-être.

— Non, non, car dans votre intérêt, il faut que je connaisse tout le passé. Tout à l'heure, Léontine, vous avez eu la pensée du pardon ; après le mal qui vous a été fait, après de si longues souffrances, voudriez-vous réellement oublier et pardonner ?

— Oui, oui, je pardonnerai, à une condition...

— Une condition, laquelle ?

— C'est qu'on me rendra mon enfant.

— Votre enfant ! s'écria la marquise stupéfiée, vous avez un enfant ?

— Un fils, madame ; ils me l'ont pris dans son berceau, qu'en ont-ils fait ?

— Ah ! je le saurai, nous le saurons, je vous le jure !... Vous aviez un enfant et il vous l'a volé, l'infâme ! Ah ! il vous le rendra, il vous le rendra !...

— S'ils l'ont laissé vivre !... murmura Léontine.

Et au souvenir de son enfant, elle éclata en sanglots.

La marquise la serrait fiévreusement contre sa poitrine.

Au bout d'un instant, Léontine eut la force de se maîtriser, sa poitrine se dégonfla ; les larmes qu'elle venait de verser l'avaient soulagée. Elle essuya ses yeux en disant :

— S'il n'y avait mon fils, mon petit Gontran, je voudrais avoir oublié ce passé plein de mensonges et de cruautés pour ceux qui m'ont perdue, pour moi plein de douleur et de honte ! C'est cet affreux passé que vous voulez connaître, madame. Eh bien, soit, je vous dirai tout ; à vous seule, j'aurai le courage de ne rien cacher.

— Parlez donc, pauvre âme brisée, et n'oubliez pas que c'est une amie dévouée qui vous écoute.

Alors, simplement, sans phrases ni réticence, sans vouloir excuser sa faiblesse et sa trop grande confiance, sans chercher à accuser le marquis de Presle et ses complices autrement que par les faits, Léontine Landais raconta ce qu'elle savait de sa navrante histoire. Son récit s'arrêtait brusquement à ce jour où elle avait été soudainement frappée de folie après la révélation que lui avait faite Blaireau du mariage du marquis de Presle. A partir de ce moment, elle ne se souvenait plus de rien. Tout ce qui s'était passé autour d'elle depuis vingt années restait enseveli dans une nuit profonde. Ce qu'elle en savait, c'est ce que Claire et le docteur Morand lui avaient appris.

Ainsi, elle ne put dire à la marquise ni comment on lui avait enlevé son enfant, ni comment elle s'était trouvée transportée de Bois-le-Roy dans la Nièvre, sur cette route où elle avait été relevée inanimée par les paysans de Rebay.

Mais d'après les renseignements qui lui avaient été donnés à Rebay, la marquise pouvait supposer facilement que la malheureuse femme s'était enfuie de la maison de Bois-le-Roy et qu'elle avait marché jusqu'au moment où brisée de fatigue, à bout de force et mourant de faim, elle était tombée sur la route à deux cents pas de la ferme des Sorbiers.

En écoutant, la marquise avait plus d'une fois frissonné d'horreur. Son cœur révolté, sa conscience indignée, avaient fait monter à son front le rouge de la honte. Mais elle eut assez d'empire sur elle-même pour imposer silence à ses sentiments; elle voulut rester calme. La tempête était intérieure. Pourtant, elle était à peine étonnée, car elle s'attendait à tout, aux choses les plus épouvantables... Depuis qu'elle avait cessé d'aimer et d'estimer son mari, elle l'avait jugé froidement; elle le connaissait. C'était toujours le même homme sans scrupules; sacrifiant tout à ses passions, se faisant un jeu des choses les plus saintes, et, sans dignité, sans avoir plus de respect pour lui-même que pour les autres, foulant son honneur sous ses pieds et couvrant le blason de ses ancêtres de toutes les souillures.

Cette victime du marquis de Presle, cette malheureuse dont la vie avait été brisée lui parut à ce moment moins à plaindre qu'elle; au moins, pensait-elle, elle ne porte pas un nom déshonoré.

Mais de ce crime odieux de son mari, de cette lâcheté sans nom, un enfant était né. Qu'était-il devenu? La mère privée de sa raison, on lui avait enlevé le pauvre petit, il le fallait, sans doute. La marquise comprenait cela. Mais où avait-il été placé?

A quelles mains avait-on confié son enfance ? Si criminel que fût le marquis, elle ne pouvait admettre qu'il eût abandonné complètement cette innocente créature ou qu'il l'eût fait disparaître pour ne pas avoir à redouter un jour ce témoin de son infamie.

Dans l'idée de la marquise, l'enfant devait exister, il existait. Or, pour achever son œuvre de réparation, il fallait qu'elle retrouvât ce fils illégitime de son mari et le rendît à sa mère.

— Ma chère amie, dit-elle après un moment de silence, j'avais deviné en partie ce que vous venez de me raconter ; cependant je ne supposais pas que certains hommes fussent aussi misérables... Ah! pauvre victime, il n'y a pas de honte pour vous dans votre malheur ; devant les femmes les plus honnêtes et les plus pures, devant moi surtout vous avez le droit de lever haut la tête !... Reprenez courage et espérez ; vous pouvez compter sur Éléonore de Blancheville, marquise de Presle. Quelque chose me dit que votre fils existe ; oui, Dieu qui est juste et bon, vous l'a conservé ; après de si cruelles souffrances, il vous doit le bonheur de la maternité. Votre fils vous sera rendu.

— Oh! si Dieu permet que je retrouve mon fils et que je revoie ma sœur, je ne me souviendrai plus du mal qu'on m'a fait ! s'écria Léontine, en joignant les mains.

— Vous reverrez votre sœur bientôt, je vous le promets ; j'ai quelque raison de croire qu'elle habite Paris ; du reste, demain je verrai une personne qui me donnera des renseignements complets sur votre famille.

Je vais vous quitter, ajouta la marquise en se levant, mais nous nous reverrons bientôt, peut-être demain soir.

Les deux femmes s'embrassèrent.

Un instant après, Léontine Landais rentrait dans sa chambre et la marquise de Presle reprenait la route de Paris.

Edmée l'attendait avec impatience. Elle était à peine rentrée à l'hôtel que la jeune fille accourut près d'elle. La marquise lui mit un baiser sur le front.

— Je devine que tu n'as pas une bonne nouvelle à m'apprendre, dit Edmée tristement.

— Hélas! non, chère enfant, malgré toutes les recherches, on n'a pu rien savoir encore sur le sort de Mlle Claire.

— Elle est peut-être morte, ah! c'est épouvantable!...

— Rassure-toi, ce malheur n'existe pas.

— Mais enfin, chère mère, comment se fait-il qu'on ne puisse pas la retrouver?

— Ce mystère s'éclaircira.

— Pauvre Claire! murmura la jeune fille, sa mère et son fiancé doivent être bien malheureux.

La marquise remit son mantelet et son chapeau dans les mains de sa femme de chambre et revint près de sa fille.

— Sais-tu si ton père est chez lui? demanda-t-elle.

— Il n'y est pas, répondit Edmée dont le visage prit une nouvelle nuance de tristesse.

Mme de Presle étouffa un soupir. Jamais devant ses enfants elle n'avait fait entendre une plainte contre son mari; mais Edmée, la voyant pleurer, avait deviné ses souffrances et la cause de ses larmes. Respectant le silence que gardait sa mère, la jeune fille n'aurait point voulu lui adresser une question indiscrète. Elles s'entendaient du regard, se comprenaient par les yeux.

— Chère mère, reprit Edmée, je dois vous prévenir que Gustave ne dînera pas avec nous; il m'a dit aussi qu'il ne rentrerait pas cette nuit.

Mme de Presle eut un sourire amer.

— Quelque partie de plaisir, sans doute, fit-elle.

— Je ne sais pas. Il est venu en ton absence accompagné de deux de ses amis, M. Edmond de Fournies et M. Arthur de Guerle. Ils paraissaient très affairés; ils ont causé longuement, enfermés dans la chambre de Gustave. J'ai remarqué que mon frère était fort agité, ses yeux avaient un regard singulier, son air soucieux et inquiet m'a presque effrayée. Je lui ai demandé de me dire ce qui le contrariait. Laisse-moi tranquille, me répondit-il d'un ton brusque, les affaires des hommes ne regardent pas les petites filles. J'essayai d'insister, mais il m'a tourné le dos et s'en est allé, suivi de ses amis.

Tout entière à ses pensées, la marquise écouta distraitement les paroles de sa fille et ne leur attacha point l'importance qu'elles méritaient. Un quart d'heure après, elle n'y pensait plus.

Restée seule dans sa chambre, elle écrivit les lignes suivantes à Albert Ancelin.

« Monsieur,

« Dès que vous aurez reçu ce billet, venez ; je vous attends avec impatience. J'ai absolument besoin de causer avec vous. Est-il nécessaire de vous dire qu'il s'agit de cette malheureuse femme que nous avons vue à la ferme des Sorbiers, et à laquelle vous vous êtes si vivement intéressé !

» Si vous ne pouviez venir ce soir même, je vous attendrais demain avant midi.

« Agréez l'expression de mes meilleurs sentiments.

« MARQUISE DE PRESLE. »

Cette lettre mise dans une enveloppe, un coup de sonnette appela la femme de chambre.

— Vous ferez porter ceci immédiatement par un des valets de pied, lui dit sa maîtresse. Pour revenir plus vite, il prendra une voiture. Si la personne ne se trouvait pas chez elle, il laisserait néanmoins la lettre.

La chambrière se retira.

Un instant après, la marquise se retrouva avec sa fille dans la salle à manger. Elles dînèrent en tête-à-tête. Elles sortaient de table lorsque le valet de pied vint rendre compte de sa mission.

M. Albert Ancelin était sorti, et ne devant rentrer que fort tard la soirée, il avait laissé la lettre à la concierge, suivant les instructions de madame la marquise, en lui recommandant bien de la remettre à M. Albert Ancelin aussitôt qu'il rentrerait.

La façon dont Edmée regarda sa mère était une interrogation.

— Eh bien, fit la marquise avec un doux sourire, ne t'ai-je pas annoncé que M. Ancelin nous reviendrait ?

— Parce que tu l'appelles ?
— Il ne pouvait venir que sur une nouvelle invitation. J'ai besoin d'un renseignement que lui seul peut me donner.
— Ah ! c'est pour cela...
— Oui, répondit la marquise, en entourant sa fille de ses bras ; mais, quand j'aurai fait ce que je dois pour les autres, je m'occuperai de ton bonheur.

Edmée tressaillit ; pour cacher sa rougeur, elle laissa tomber sa tête gracieuse sur la poitrine de sa mère.

## XXII

### L'HONNEUR

Le lendemain, un peu avant neuf heures, le marquis était prêt à sortir, lorsque son valet de chambre vint le prévenir que madame la marquise désirait avoir un entretien avec lui, et qu'elle l'attendait dans sa chambre.

Le marquis eut un moment de mauvaise humeur, et c'est avec une visible contrariété et un air ennuyé qu'il se rendit à l'invitation de sa femme.

La marquise, déjà habillée, était prête à le recevoir. Elle portait un vêtement sombre qui faisait ressortir encore sa pâleur diaphane. Sa physionomie calme et pleine de gravité donnait un éclat de plus à sa haute distinction. Les rayons de lumière que lançaient ses yeux empêchaient de voir le nuage qui assombrissait son front.

De la main, elle indiqua un siège au marquis et s'assit en face de lui.

— Je me disposais à sortir lorsque vous m'avez fait demander, dit le marquis ; je n'ai que quelques minutes à vous donner ; faites-moi donc savoir de quoi il s'agit.

— Soyez tranquille, je ne vous retiendrai pas longtemps. Je ne vous aurais point dérangé sans une nécessité absolue. Monsieur le marquis, c'est peut-être aujourd'hui la dernière fois que nous causerons ensemble.

— Que voulez-vous dire ? s'écria-t-il en s'agitant sur son fauteuil.

— Vous le saurez tout à l'heure. Laissez-moi, d'abord, vous parler de notre fils, l'avez-vous vu hier?

— Non.

— Vous ignorez, sans doute que Gustave n'est pas rentré cette nuit.

— Je l'ignore, en effet; mais il n'y a là rien qui doive vous inquiéter.

— Une mère a le droit de s'effrayer de tout, monsieur; c'est la première fois que Gustave ne couche pas ici.

— Il y a un commencement à tout, répondit-il d'un ton léger.

La marquise laissa échapper un soupir.

— Vous devriez savoir, répliqua-t-elle vivement, le danger qu'il y a à accorder aux jeunes gens une trop grande liberté ; c'est leur permettre de se jeter dans une vie de désordre, de se livrer aux passions malsaines qui flétrissent le cœur, dépravent l'esprit, les dégradent et les avilissent. Mon cœur de mère est tourmenté, monsieur; j'ai peur de l'avenir pour Gustave, vous ne veillez pas assez sur lui.

— Mon fils n'est plus un enfant, madame, il est arrivé à l'âge où l'on devient homme, c'est-à-dire au moment où il doit entrer résolument dans la vie pour en faire l'apprentissage. Je ne lui reprocherai certainement pas quelques peccadilles.

— Monsieur le marquis, c'est en fermant les yeux sur ce que vous appelez des peccadilles que la jeunesse de nos jours se perd et souvent se déshonore !

Le marquis haussa les épaules.

— Vous vous êtes éveillée ce matin avec des idées noires dans la tête, fit-il ; est-ce là tout ce que vous aviez à me dire?

Il allait se lever, elle l'arrêta.

— Non, monsieur, non, répondit-elle; seulement, j'ai cru devoir vous avertir au sujet de Gustave, pensant que votre parole aurait plus d'autorité que la mienne. Je vous ai prié de m'accorder ce moment d'entretien, continua-t-elle, pour vous parler de cette pauvre femme que j'ai rencontrée un jour à Rebay, à la ferme des Sorbiers.

Un pli se creusa verticalement sur le front du marquis et les traits de son visage se contractèrent.

— Je croyais vous avoir répondu déjà au sujet de cette femme, dit-il d'un ton irrité.

— C'est vrai; mais vous ne m'avez pas dit alors tout ce que vous saviez.

— Je ne vous comprends pas, madame.

— Ce que vous avez voulu me cacher, monsieur le marquis, je l'ai découvert.

Il crut faire bonne contenance en laissant éclater un rire ironique.

— La folle de Rebay, poursuivit la marquise, a été enlevée par votre ordre; les misérables que vous avez payés pour commettre cet attentat, suite d'un autre crime audacieux et plus horrible encore, l'ont jetée dans un cachot infect et humide; ils l'ont tenue là, séquestrée pendant plusieurs mois, sans air, sans feu et sans lumière, à peine nourrie, couverte de haillons sordides; elle gémissait dans ce trou immonde sur de la paille pourrie.

— Allons donc, fit le marquis avec dédain, vous avez rêvé toutes ces horreurs!

— Oh! pour vous et pour moi, monsieur, je veux croire que vous ignoriez cela... Mais je ne les ai point rêvées, ces horreurs, hélas! elles étaient trop réelles. J'ai eu le bonheur d'arracher la malheureuse à la mort épouvantable qui l'attendait et de la soustraire à la rage de ses féroces ennemis.

— Je vous assure que tout cela ne m'intéresse guère, dit sèchement le marquis.

La marquise eut un sourire douloureux.

— Vous n'avez donc plus rien ni dans le cœur, ni dans l'âme, reprit-elle, puisque de telles atrocités ne peuvent vous émouvoir? Mais vous ne savez donc pas qu'il y a un Dieu pour punir de semblables forfaits?... Marquis de Presle, je vous parle de votre victime!

Il se redressa et un éclair sillonna son regard.

— Ce n'est plus de la pauvre folle qu'il s'agit, continua la marquise avec énergie, mais de mademoiselle Léontine Landais; la folle de Rebay n'existe plus, Dieu lui a rendu la raison et elle a parlé... Ce qu'elle était avant de vous rencontrer, je le sais : jeune et belle, innocente et naïve, elle a été pour vous une proie facile. Ce que vous avez fait pour la perdre et la pousser dans l'abîme, je le sais aussi : on l'appelait la marquise parce que, un jour, elle a cru avoir le droit de porter le nom du marquis de Presle. Vous, un gentilhomme, vous n'avez pas craint de jouer un rôle sacrilège dans une scène infâme, où quelques misérables à votre solde ont cyniquement outragé la plus importante et la plus respectable des lois civiles de votre pays! La malheureuse enfant vous aimait, elle croyait en vous; pouvait-elle vous supposer capable de commettre ce crime inouï devant lequel reculeraient les plus pervers?...

Et c'est ainsi que sans pitié, sans remords, lâchement, vous avez obtenu son amour et ses baisers de jeune fille. Alors vous lui avez donné quelques jours de fortune, peut-être même de bonheur... Ah! elle les a payés bien cher... par vingt ans de folie!...

Le marquis était atterré. Pâle, éperdu, les yeux hagards, pantelant et sans voix, il écoutait. C'était un véritable écrasement.

Quoi! après tant de souffrances et vingt ans de folie, Léontine Landais avait été guérie, elle s'était souvenue!... Dieu avait fait ce miracle... Le sceptique courbait la tête, il sentait la peur s'emparer de lui.

La marquise attendit un instant. Voyant qu'il ne répondait pas, elle reprit :

— Maintenant, monsieur, la malheureuse Léontine Landais, qui pourrait venir vous demander ce que vous avez fait de sa jeunesse, de sa beauté, de son honneur, de son existence tout entière, Léontine Landais, victime immolée par vous, est toute disposée à pardonner et même à oublier; vous entendez, monsieur le marquis, elle pardonne et oublie, mais à une condition...

— Elle veut une somme d'argent, murmura-t-il.

— De l'argent, venant de vous! s'écria la marquise en rejetant sa tête en arrière par un mouvement de fierté superbe; ah! elle le refuserait avec indignation et mépris! Certes, le mal que vous avez fait doit être réparé autant que possible et il le sera. C'est moi, Éléonore de Blancheville, qui me charge de ce soin. Ma volonté assurera l'existence de Léontine Landais et même celle de sa sœur qui, j'ai lieu de le croire, existe encore. Malheureusement, tout ne se rachète pas avec de l'or. Ce qui reste aujourd'hui de la fortune du marquis de Preste ne rendrait pas à Léontine Landais ses illusions disparues, sa vie brisée, son bonheur à jamais détruit... Mais ce n'est point cela qu'elle réclame de vous, monsieur le marquis.

De votre faux mariage avec Léontine Landais, de cet acte monstrueux que vous avez commis, monsieur, est né un enfant, un fils... Qu'en avez-vous fait? Où est-il?

Le marquis s'agita fiévreusement.

— En rendant l'enfant à sa mère, vous aurez le pardon de la victime! Où est cet enfant, votre fils, monsieur le marquis? Répondez, où est-il?

Le marquis regarda sa femme avec effarement et, d'une voix rauque, prononça ce seul mot :

— Mort!

La marquise se dressa d'un bond.

— Mort! s'écria-t-elle, mort, dites-vous; en êtes-vous bien sûr?

Sous le regard qui pesait sur lui, le marquis se troubla et balbutia des paroles inintelligibles.

— Ce n'est pas me répondre cela, continua-t-elle avec une sorte de violence; pouvez-vous jurer que le fils de Léontine Landais est mort? l'avez-vous vu dans son suaire, l'avez-vous, de vos mains, couché dans le cercueil?

— Non.

— Dans ce cas, vous ne pouvez rien affirmer. Lorsque la mère a été subitement atteinte par la folie, un misérable, un bandit du nom de Blaireau, le complice de vos crimes, a fait disparaître l'enfant, je sais cela. Mais rien ne prouve qu'il soit mort, à moins que le scélérat ne l'ait assassiné, ce dont il est capable. Où se cache-t-il, ce Blaireau? ah! je le trouverai, je vous le jure!

A cette pensée que Blaireau mis entre les mains de la justice pourrait faire des révélations dont les suites seraient désastreuses pour lui, le marquis frissonna.

— Je suis sûr que l'enfant est mort, dit-il; je n'ai aucune raison d'en douter. Il fut placé chez de braves gens qui, n'ayant pas d'enfant, l'adoptèrent. Une forte somme leur avait été remise pour l'élever d'une manière convenable et les récompenser de leurs soins. Ils eurent la fatale idée, dans l'espoir de doubler leur petite fortune, de quitter la France et de s'en aller au-delà des mers. Peu de temps après, une lettre d'eux annonça la mort de l'enfant.

Le marquis venait de répéter à sa femme, avec l'accent de la vérité, le conte de Blaireau, qu'il avait accepté avec sa trop facile confiance. La marquise crut également à ce mensonge. Elle poussa un gémissement et se laissa tomber sur son siège en couvrant son visage de ses mains.

Elle ressentait par avance le contre-coup de la douleur qu'éprouverait Léontine en apprenant la mort de son fils.

— Ainsi, je ne pourrai même pas lui donner cette joie qu'elle attend et que je lui ai fait espérer! s'écria-t-elle avec douleur. Pauvre femme! Dieu veut donc qu'elle souffre toujours!...

Après un court silence :

— Monsieur le marquis, reprit-elle, il me reste peu de chose à vous dire; je dois vous faire connaître une grave résolution que j'ai prise : Mon intention bien arrêtée est de vivre éloignée de vous; dans quelques jours, je quitterai l'hôtel de Presle pour n'y rentrer jamais.

Le marquis regarda sa femme avec stupéfaction.

— C'est impossible, vous ne ferez pas cela, dit-il d'une voix creuse.

— Une Blancheville ne revient jamais sur sa décision.

— Il y a des lois pour vous retenir, madame.

— Oh! les lois, répliqua-t-elle avec une ironie mordante, est-ce à vous à les invoquer, à vous qui les avez toujours si bien respectées? En vérité, vous me faites pitié; mais ce sont elles, ce sont les lois qui vous condamnent... Allez, je ne crains point que vous en fassiez usage.

— Pour vos enfants, madame, pour le monde!

— Avant le monde, il y a ma dignité et ma conscience d'honnête femme. Quant à mes enfants, ils me suivront, je l'espère, j'y compte...

Le marquis se leva, frémissant de colère.

— Ainsi, dit-il sourdement, c'est une menace?

— Une menace, non, répondit-elle en le couvrant d'un regard plein de dédain, mais le désir, mais la nécessité cruelle de séparer mon existence de la vôtre. Me plaindre aujourd'hui serait ridicule, le temps des récriminations est passé. Pourtant, il m'est permis de me souvenir de ce que j'ai souffert depuis vingt années... Mon cœur est encore rempli de toutes les amertumes dont vous l'avez abreuvé. Vous m'avez fait supporter toutes les humiliations; sans plus de respect pour la mère que pour l'épouse, vous avez froissé tous mes sentiments. Je n'ai rien dit, j'imposais silence aux révoltes de mon âme. Devais-je vous adresser des reproches? A quoi bon? C'eût été m'humilier moi-même. J'ai demandé à ma fierté, à mon orgueil de me consoler, de me donner le courage et la patience...

Le marquis était livide; un tremblement nerveux secouait ses membres; il mordait ses lèvres jusqu'au sang. Toutefois, il ne cherchait point à interrompre la marquise.

— Depuis longtemps, mon cœur était fermé pour vous, continua-t-elle, et j'ai eu, oui, j'ai eu le regret d'avoir pu vous aimer!... Heureusement, j'avais mes enfants... Les enfants sont la consolation des mères malheureuses, je leur donnai toute ma tendresse, tout mon amour... Maintenant, mon fils s'éloigne de moi, je le vois, je le sens; cela devait être, il a sous les yeux l'exemple funeste de son père! Mais ma fille me reste, toute bonne et toute dévouée; c'est elle, ce sont ses baisers qui ont versé le baume sur les plaies saignantes de mon cœur... Edmée est ma suprême espérance!

Bien que ne vous aimant plus et ayant cessé de vous estimer, poursuivit la marquise en changeant de ton, pour nos enfants, pour le monde, comme vous le disiez tout à l'heure, j'ai pu vivre pendant des années sous le même toit que vous, restant fidèle à mes devoirs de mère, et réussissant à faire envier aux autres un bonheur que je ne possédais point!... Aujourd'hui, monsieur le marquis, la situation n'est plus la même; non seulement je ne vous aime et ne vous estime plus, mais je vous méprise!...

— Madame!...

— Oui, je n'ai plus pour vous que du mépris... Je me sépare de vous, parce que je suis plus soucieuse de mon honneur que vous ne l'avez été du vôtre! Ah! votre honneur, qu'en reste-t-il, maintenant? Le mien est sans tache, je veux le conserver intact!

— Ah! prenez garde, prenez garde! exclama le marquis, l'œil menaçant, en faisant un pas vers sa femme.

— Vous n'auriez pas, je suppose, l'audace de porter la main sur moi, lui dit-elle froidement.

Il resta immobile, les poings crispés, les dents serrées. Le regard de la marquise l'écrasait.

— Du reste, reprit-elle, notre entretien est terminé; je n'ai plus rien à vous dire.

Le marquis se sentait dominé. Malgré la colère qui grondait en lui, il parvint à se contenir.

Il pensa à M<sup>me</sup> Descharmes, ce qui contribua encore à le calmer. Il se rappela ces paroles qu'elle avait prononcées un jour : « Vous avez des enfants, une femme, vous n'êtes pas libre. » Alors il fut comme ébloui. Sa femme le quittait; il allait pouvoir dire à Angèle : Je suis libre ! Il oubliait ses enfants et ne s'inquiétait plus de ce que pourrait supposer et dire le monde.

Semblable à l'ange révolté, frappé de l'anathème de Dieu, il releva audacieusement la tête.

— Eh! bien, soit, dit-il, faites ce que vous voudrez; je ne chercherai point à combattre vos idées; je ne lutterai pas contre votre détermination; oui, faites ce que vous voudrez... Quant au scandale qui résultera de votre folie, il retombera sur vous, car vous l'aurez voulu.

Et d'un ton marquois il ajouta :

— Adieu, madame la marquise.

Lentement, le regard assuré, un sourire forcé sur les lèvres, il se dirigea vers la porte et sortit.

— Pas un remords, pas un mot de regret ou de repentir rien!... s'écria la marquise avec désespoir.

Elle se leva et fit deux fois le tour de sa chambre d'un pas saccadé, fiévreux.

— Mais avec quelle haine a donc été pétri le cœur de cet homme? exclama-t-elle. Ah! mes enfants, mes pauvres enfants!...

Elle tomba sur ses genoux en sanglotant, les mains tendues vers le ciel.

## XXIII

### LE PEINTRE ET LA MARQUISE

La marquise de Presle priait encore, implorant la miséricorde divine, lorsque sa femme de chambre vint lui demander si elle pouvait recevoir M. Albert Ancelin.

Elle se releva vivement.

— Faites entrer M. Ancelin dans le petit salon, dit-elle, je suis à lui dans un instant.

La domestique se retira.

— Avant de songer à ma douleur, à mes chagrins, murmura la marquise, je dois faire ce qui dépend de moi pour le bonheur des autres.

Elle répara un peu le désordre de sa toilette et passa sur son visage et ses yeux rougis un linge mouillé d'eau froide. Cela fait, elle jeta les yeux dans une glace et fit un mouvement de la tête et des épaules qui voulait dire : — Après tout, que m'importe, qu'il s'aperçoive que j'ai pleuré!

Elle souleva une tapisserie, ouvrit une porte et se trouva en face du peintre, qui l'attendait debout au milieu du boudoir.

Elle s'avança vers lui la main tendue.

Le jeune homme fut frappé de sa pâleur et de l'altération de ses traits, mais il ne laissa point paraître sa surprise.

— Ah! fit-elle avec émotion, cela me fait du bien de vous revoir!... Asseyez-vous là, près de moi, sur cette causeuse. Vous savez pourquoi je vous ai appelé, nous allons causer d'elle, la pauvre femme; mais, avant, je veux que vous me disiez tout le mal que vous avez pensé de moi.

— Oh! madame la marquise, proteste-t-il.

— Je vous connais, monsieur Ancelin, un homme de votre caractère juge sévèrement les autres, parce qu'il ne connaît que la justice et la vérité. Avouez-le, vous avez douté de ma sincérité?

— Mais non de votre cœur, madame.

— Ma conduite a dû vous paraître singulière, lorsque plein de confiance vous êtes venu me trouver?

— Après les paroles que nous avions échangées à Relay, je m'attendais, en effet, à un accueil plus cordial.

— Et vous aviez raison. Que vous ai-je dit? Je ne me le rappelle plus; j'étais troublée, nerveuse... Nous nous sommes quittés comme deux personnes qui ne doivent plus se revoir : moi, confuse et malheureuse, vous, étonné et mécontent... Mais ce que vous veniez me demander, monsieur Ancelin, je l'ignorais. Vous le croyez, n'est-ce pas?

— Après réflexion, c'est ce que j'ai pensé, madame. Alors je me suis expliqué votre silence, et par ce que je savais, j'ai compris votre réserve.

— Ainsi vous avez deviné que je soupçonnais mon mari d'être l'auteur de l'enlèvement?

— Oui, madame.

— Ah! me voilà rassurée! ma seule crainte, monsieur Ancelin, était que vous n'eussiez conservé de moi une impression fâcheuse.

— Madame la marquise, dit le peintre d'une voix grave et émue, je n'ai jamais cessé de croire en vous et de vous honorer comme la plus admirable et plus la sainte des femmes.

— Vous êtes bon et généreux, merci. Maintenant, il n'y aura plus d'équivoque entre nous. Bientôt, dans quelques jours, vous connaîtrez mieux encore la marquise de Presle, et j'aurai peut-être le bonheur de vous prouver la considération que j'ai pour votre remarquable talent, mon affection pour vous. Mais pour le moment, ne pensons plus qu'à Léontine Landais.

— Quoi ! madame, s'écria Albert vivement surpris, vous savez son nom ?

— Je connais aussi sa lugubre histoire, dans laquelle — ce n'est pas à vous que je dois le cacher — mon mari a joué un rôle odieux.

— Est-ce donc monsieur le marquis ?...

— Lui ! je n'ai même pas songé à l'interroger.

— Mais alors comment avez-vous appris ?...

— Vous connaissez Mme Langlois ?

— Depuis bien des années, madame ; ah ! la pauvre femme, on pourrait l'appeler, elle aussi, la mère des sept douleurs !

— C'est vrai, car elle a souffert beaucoup.

— Un coup terrible vient encore de la frapper.

— Sa fille disparue ?... Mlle Claire est l'objet d'actives recherches, il est impossible qu'on n'obtienne pas bientôt quelque renseignement.

— Hier soir, je suis passé chez Mme Langlois, je ne l'ai pas trouvée... « Elle est sur les traces de sa fille, » m'a dit la concierge.

— Dieu veuille que ce soit la vérité, monsieur Ancelin.

— Je le saurai bientôt, car en vous quittant tout à l'heure, madame la marquise, mon intention est de me rendre chez Mme Langlois.

— Oh ! mon cœur me dit qu'elle ne tardera pas à revoir son enfant ; tous ceux qui connaissent cette charmante jeune fille partagent les inquiétudes et les angoisses cruelles de la pauvre mère.

— Vous paraissez vous intéresser à Mlle Claire, madame.

— Oui, monsieur Ancelin, beaucoup.

— Est-ce que vous la connaissez ?

— Je la connais, et je puis ajouter que j'éprouve pour cette chère enfant une amitié sincère. Mieux que sa mère, peut-être, j'ai pu apprécier ses admirables qualités, ses sentiments exquis, rares trésors que renferme son cœur. Je lis dans vos yeux votre étonnement; vous pouvez être surpris, en effet, car vous ignorez encore les relations qui ont existé entre Mlle Claire et la marquise de Presle. Monsieur Ancelin, ne vous êtes-vous jamais demandé pourquoi, ayant eu le bonheur de retrouver sa mère, Mlle Claire avait voulu conserver à Montreuil, chez le docteur Morand, sa place de lingère?...

— Une seule fois, madame, j'ai interrogé la mère Langlois à ce sujet; elle m'a répondu que sa fille avait ses raisons pour rester à Montreuil quelque temps encore, mais que ces raisons elle ne les connaissait point. J'ai pensé que Mlle Claire avait contracté un engagement qu'elle tenait à remplir.

— C'était la vérité, Monsieur Ancelin, cet engagement contenait un secret important.

— Un secret?

— Oui. Mais aujourd'hui ce secret n'a plus aucune raison d'exister: c'est à moi que Claire avait fait la promesse de ne pas quitter la maison du docteur Morand; comprimant les élans de sa tendresse filiale, c'est par dévouement qu'elle a refusé de suivre sa mère. Vous ne devinez pas, mais vous allez comprendre... Après avoir retrouvé Léontine Landais et l'avoir arrachée à ses persécuteurs, qui tous avaient intérêt à laisser le passé dans l'oubli, à le couvrir d'ombre, c'est chez le docteur Morand que je l'ai placée...

— Je comprends! s'écria Albert, la reconnaissance a retenu Mlle Claire auprès de celle qui a pris soin de son enfance; elle accomplissait un devoir.

— Plus encore, monsieur Ancelin: son influence sur la pauvre insensée était si extraordinaire, si puissante, que le docteur Morand, dont le savoir est grand, pourtant, n'avait aucun espoir de lui rendre la raison, sans le secours de Mlle Claire.

— Quoi! madame la marquise, s'écria le peintre, est-ce possible? Léontine Landais...

— Est guérie, monsieur Ancelin !

Le jeune homme se redressa comme poussé par un ressort. Il était sous le coup d'une émotion violente. La joie étincelait dans ses yeux.

— Guérie ! guérie ! répéta-t-il dans une sorte de ravissement.

— Oui, monsieur Ancelin, reprit la marquise, Léontine Landais est guérie ; elle a recouvré sa raison et en même temps la mémoire et le souvenir du passé.

— Oh ! je ne vous cacherai pas ce que j'éprouve, madame la marquise, une joie immense inonde mon cœur.

— Hier, continua Mme de Presle, elle m'a raconté ses souffrances, quel récit ! Un tissu d'horreurs et d'infamies ! j'en frémis encore. Victime et martyre, la malheureuse a pleuré dans mes bras, contre mon cœur. Elle m'a parlé aussi de son père tombé au champ d'honneur, de sa mère morte également, trop tôt, hélas ! de sa jeune sœur nommée Angèle. Je me suis rappelé vos paroles, monsieur Ancelin ; vous m'avez dit que vous connaissiez sa famille, est-ce donc de sa sœur que vous vouliez parler ? Elle existe encore n'est-ce pas ?

— Oui, madame. Ah ! puisse le bonheur que vous allez lui donner, chasser la haine de son cœur et la rendre indulgente pour le coupable.

— Monsieur Ancelin, réparation leur est due ; pour la rendre aussi complète que possible, aucun sacrifice ne me coûtera. Malheureusement, il est certaines plaies qu'aucune puissance humaine ne peut cicatriser. Je ferai ce que je pourrai. On évalue ma fortune personnelle à trois millions ; ah ! je bénis aujourd'hui la prévoyance de mon noble père, qui a voulu me marier sous le régime de la séparation de biens. De ma fortune, je ferai trois parts, monsieur Ancelin ; une pour chacun de mes enfants, la troisième appartient, dès maintenant, à Léontine Landais et à sa sœur Angèle. Offerte par moi, elles pourront sans rougir, accepter cette fortune. Le marquis de Presle a fait le mal, la marquise de Presle essaye de le racheter en faisant un peu de bien. Voilà mes intentions, monsieur Ancelin, les approuvez-vous ?

— Oui, madame, car c'est votre âme généreuse qui vous les a

inspirées; mais ce million que vous voulez donner, on ne l'acceptera point.

— Je l'offrirai à genoux, les mains jointes, en suppliant, le front dans la poussière !

— Vous ferez beaucoup plus, madame, quand vous mettrez Léontine Landais dans les bras de sa sœur Angèle, qui la cherche et la pleure depuis plus de vingt années.

— Oh ! ce sera pour toutes deux une grande joie, mais ce n'est pas suffisant, je veux, je dois assurer l'avenir de la malheureuse Léontine.

— La pauvre folle que nous avons vue à Robay, conduisant au pâturage les bestiaux de la ferme des Sorbiers, est riche, immensément riche, madame.

— Que me dites vous, monsieur Ancelin ? s'écria la marquise.

— La vérité, madame. L'héritage des deux orphelines, une trentaine de mille francs, a été la dot d'Angèle Landais...

— Elle est mariée !

— Oui, madame. Le modeste héritage des deux sœurs est devenu la base d'une des plus grandes fortunes industrielles créées depuis quinze ans.

La marquise regardait le jeune homme avec une sorte d'effarement.

— La moitié de cette fortune, qui dépasse sept millions, continua le peintre, appartient à Léontine Landais; Angèle et son mari l'ont décidé. Le nom de ce dernier ne vous est certainement pas inconnu, madame la marquise; c'est celui d'un homme de grand mérite; aussi remarquable par ses qualités personnelles que par son talent.

— Il se nomme ?...

— Henri Descharmes.

La foudre tombant aux pieds de la marquise n'aurait pas produit un plus terrible effet. Elle devint pâle comme une morte.

— Descharmes, Descharmes ! exclama-t-elle d'une voix vibrante. Et la sœur de Léontine Landais est sa femme !... Ah ! malheur ! malheur !...

— Qu'avez-vous, madame? Vous m'effrayez... je ne comprends pas...

— Mais vous ne savez donc rien, monsieur Ancelin, rien? Ah! il ne pouvait pas m'être porté un coup plus cruel... La sœur de Léontine Landais, Mme Henri Descharmes, est la maîtresse du marquis de Presle!

— C'est faux! s'écria le jeune homme avec force: la personne qui vous a dit cela a calomnié Mme Descharmes et vous a indignement trompée!

— Je le voudrais, répliqua Mme de Presle en remuant tristement la tête; mais n'est-ce pas vous, au contraire, qui vous trompez monsieur Ancelin? Vous défendez Mme Descharmes, c'est d'un cœur généreux comme le vôtre. Mais vous ignorez, sans doute, ce que beaucoup de personnes savent.

— J'ai l'honneur de vous répéter, madame la marquise, que Mme Descharmes est calomniée; elle n'a jamais cessé d'être digne du respect de tous!

— Les assiduités du marquis de Presle auprès d'elle sont un scandale.

— Soit, répliqua le peintre avec gravité; mais ce que le monde ne sait pas, je vais vous le dire: Mme Descharmes a découvert que sa sœur a été séduite, deshonorée et rendue folle par M. le marquis de Presle; elle le méprise, elle le hait... Pour venger la victime, elle a voulu faire naître dans le cœur du séducteur une passion insensée, terrible, elle y a réussi: aujourd'hui M. le marquis de Presle est son esclave; elle n'a encore cherché qu'à le rendre ridicule et à torturer son cœur, il faut mieux pour sa vengeance... Quel est son but? Que veut-elle? Je ne sais. La peine du talion, peut-être. Mais vous allez lui rendre sa sœur, madame la marquise; la joie, le bonheur éteindront dans son cœur la haine et les désirs de vengeance, et, grâce à vous M. le marquis de Presle pourra être pardonné!

Mme de Presle poussa un profond soupir, qui répondait à d'autres pensées, puis elle se leva le front rayonnant.

— Vous êtes bien sûr de ce que vous venez de me dire? demanda-t-elle.

— Mme Henri Descharmes veut bien m'honorer de sa confiance, répondit Albert.

— Eh bien, monsieur Ancelin, reprit la marquise, aujourd'hui Mme Descharmes embrassera sa sœur; je vous donne rendez-vous chez elle ce soir à cinq heures. Je m'humilierai devant elle, et, au nom de mes enfants, je lui demanderai grâce pour le marquis du Presle !

## XXIV

### LES RENSEIGNEMENTS

Le grand Bernard n'avait pas perdu une minute. Il était rentré chez lui en sortant du cabaret de la rue d'Aligre, avait changé de vêtement et garni son gousset de quelques pièces de monnaie. Il avait aussi glissé dans une de ses poches un petit revolver, mignon comme un jouet d'enfant, en murmurant :

— On ne sait pas ce qui peut arriver.

Il arrêta dans la rue le premier fiacre vide qu'il rencontra et, tout en ouvrant la portière, il jeta au cocher l'adresse d'André Pigaud.

Pendant ce temps, suivant les instructions qu'ils avaient reçues, le Bourguignon et Brion se dirigeaient vers Joinville-le-Pont par la route de Vincennes.

Il était une heure et demie lorsque le grand Bernard arriva au domicile d'André; il mettait le pied sur la première marche de l'escalier, quand le concierge, un véritable Cerbère, l'arrêta par cette apostrophe :

— Où allez-vous ?

— Chez M. André Pigaud, répondit-il, j'ai besoin de le voir à l'instant.

— Il n'y est pas.

— On pourra me dire, sans doute, où je le trouverai.

— Il n'y a personne chez lui, les domestiques sont sortis.

— Dans ce cas je vais attendre M. André.

— Comme vous voudrez; mais c'est inutile. M. Pigaud est sorti à pied à dix heures en disant, qu'il rentrerait tard dans la nuit.

Le grand Bernard fit une grimace, qui indiquait sa vive contrariété. Il réfléchit un instant en se demandant ce qu'il devait faire.

Certain d'être sur les traces de Claire, il ne pouvait s'arrêter à la pensée de remettre au lendemain l'expédition projetée. Mais, comme tous ceux qui ne sont pas intéressés directement dans une affaire, il voyait des difficultés à agir sans l'enfant du faubourg.

Le contre-temps était fâcheux. Le brave ouvrier se trouvait très embarrassé.

Soudain, le nuage qui assombrissait son front disparut. Il remonta dans le fiacre en donnant l'ordre au cocher de le conduire rue de La Rochefoucauld.

Cette fois, il fut plus heureux, la mère Langlois était chez elle. Elle venait de rentrer après avoir fait une nouvelle visite au chef de la police de sûreté, qui lui répondait invariablement :

— Nous ne savons rien encore, les recherches continuent.

Assise dans un coin, la tête penchée sur son sein et les bras ballants, la pauvre mère Langlois pleurait à chaudes larmes; ses yeux étaient une source intarissable. Comme contraste, dans la chambre voisine, cette chambre dont nous avons parlé déjà, nid charmant destiné à Claire, les canaris chantaient comme des perdus. Un morceau de viande froide sur une table, attestait que la mère Langlois avait eu l'intention de prendre quelque nourriture. En effet, elle s'était mise à table; mais aussitôt le cœur lui avait manqué; elle n'avait pu avaler une bouchée. D'ailleurs, depuis trois jours elle ne mangeait pas, un verre de vin lui suffisait. Grâce à sa robuste constitution, ses forces ne l'abandonnaient point.

Le bruit de la sonnette de son logement l'arracha à ses sombres pensées. Elle se leva et alla ouvrir. A la vue du grand Bernard, qu'elle n'avait vu qu'une seule fois, mais qu'elle reconnut, elle laissa échapper un cri de surprise.

— Madame Langlois, lui dit l'ouvrier, j'avais une communication importante à faire à André; ne l'ayant pas trouvé chez lui, je me suis heureusement rappelé votre adresse, et me voilà. Du reste, ce que j'avais à dire à André, vous intéresse au moins autant que lui.

— De quoi s'agit-il?

— Je sais où se trouve en ce moment Mlle Claire.

— Ma fille, ma fille! vous savez où est ma fille! exclama la mère Langlois.

Impossible de rendre l'expression que prit sa physionomie. Elle saisit le grand Bernard par le bras, l'attira au milieu de la chambre et les yeux étincelants :

— C'est bien vrai, n'est-ce pas? dit-elle, vous savez où est ma fille, la fiancée d'André?

— Oui, Mlle Claire est à Joinville-le-Pont, j'en suis sûr.

Alors ce fut une explosion de joie indicible. La mère Langlois riait et pleurait en même temps. Elle sautait au milieu de la chambre, revenait au grand Bernard, pour lui prendre les mains qu'elle serrait fiévreusement, puis se remettait à bondir. On l'aurait prise pour une folle. Elle fit cinq ou six fois le tour de l'appartement. Enfin elle se calma.

Le grand Bernard put alors lui raconter comment il se trouvait à Joinville le jour de la disparition de Claire et ce que lui et son camarade le Bourguignon avaient vu et entendu dans la ruelle.

Elle l'écouta frémissante, sans gestes et comme suspendue à ses paroles.

— Pour moi, ajouta-t-il, Mlle Claire n'est pas sortie volontairement de chez M. le docteur Morand; elle a été enlevée, il n'y a pas à en douter. Par qui? Je l'ignore. Pour quel motif? Je ne le sais pas davantage. Mais ce soir même, si vous le voulez, nous entrerons ensemble dans cette maison de Joinville où l'on retient votre fille prisonnière.

— Enlevée! murmura la mère Langlois sourdement, enlevée!... Et je n'ai pas deviné... Mais je suis donc tout à fait stupide?... Grand Bernard, vous ne vous êtes pas trompé, c'est bien la voix de ma fille que vous avez entendue!... Ah! les brigands, malheur à eux s'ils ont fait du mal à mon enfant! Avec des paroles, on ne fait rien, grand Bernard; il faut agir. Ma fille pleure, se désespère, elle m'attend, elle nous appelle à son secours; je veux la reprendre, grand Bernard... Vous n'avez pas trouvé André, nous nous passerons de lui. Quand il s'agit de ma fille, j'ai du courage, je suis forte, vous verrez. Ne perdons plus une minute, partons, partons!

Il était près de cinq heures lorsqu'ils arrivèrent à Joinville. Le grand Bernard avait appris à la mère Langlois que deux ouvriers du faubourg les avaient précédés avec mission de recueillir tous les renseignements utiles à connaître. Il modéra aussi son impatience en lui rappelant que l'on ne doit jamais oublier la prudence, surtout quand on ne sait pas à quelle sorte de gens on a affaire. Il l'installa dans un salon d'un des restaurants près du pont et la quitta pour se mettre à la recherche de ses camarades.

Il les trouva à vingt pas de la maison qu'ils étaient chargés de surveiller, buvant un bock à la porte d'un café et causant avec une jeune servante à la mine éveillée. Il passa près d'eux sans s'arrêter. Les deux ouvriers se levèrent aussitôt, payèrent leur consommation et s'empressèrent de le rejoindre.

— Eh bien? fit le grand Bernard tout en marchant, et après s'être assuré qu'aucune oreille indiscrète ne pouvait entendre.

— Je t'assure que nous n'avons pas perdu notre temps, répondit le Bourguignon; et pourtant nous ne savons presque rien. Comme tu as pu le voir en passant, la maison est bâtie au milieu du jardin.

— J'ai remarqué, en effet, une maison dont tous les volets sont fermés, est-ce celle-là?

— Oui.

— On la croirait inhabitée.

— Il n'en est rien, elle reçoit le jour par les fenêtres de la façade opposée, qui regarde le midi. Elle est occupée par une femme seule qu'on appelle Mme Solange, une vieille rentière, disent les voisines. — Mais on ne sait ni d'où elle vient, ni ce qu'elle a été. Elle vit très retirée, d'une façon assez mystérieuse, et ne se montre dans la rue que pour faire ses achats journaliers. Elle ne parle à personne, ce qui ne doit pas faire plaisir aux curieux. Depuis environ cinq ans qu'elle est à Joinville, elle n'a pas un seul ami; elle n'inspire, d'ailleurs, aucune sympathie. On ne lui connaît pas de parents, mais de temps à autre, elle reçoit des visiteurs qui viennent de Paris : des jeunes femmes, généralement très jolies, en superbes toilettes, que des hommes d'un certain âge accompagnent. Ces jours-là, la maison prend un air joyeux et de silencieuse devient bruyante. La dame Solange, fort alerte encore pour son âge, va et vient très affairée. Elle achète, en payant sans compter, tout ce qu'il y a de mieux chez les fournisseurs. Les gens qu'elle reçoit aiment à faire bonne chère. Le soir toutes les fenêtres s'illuminent et jusqu'à une heure avancée de la nuit, des cris, des chants et des éclats de rire retentissent dans la maison. Ce qui se passe ensuite, nul ne le voit, mais on le devine et on le dit tout bas.

Le grand Bernard avait écouté, le front soucieux, le rapport du Bourguignon.

— Tout cela nous intéresse médiocrement, dit-il ; je préférerais savoir si la jeune fille, que je crois être mademoiselle Claire, est toujours dans cette maison.

— Nous n'avons rien pu apprendre à ce sujet.

— Ils sont capables de l'avoir déjà conduite ailleurs, murmura Bernard, les sourcils froncés.

— Moi, dit Brion, j'inclinerais à croire que la femme enlevée est toujours là ; ce qui le prouve, ce sont les provisions que la vieille achète tous les matins.

— Soit, répliqua le Bourguignon, mais on nous a dit aussi qu'un individu dont on ne sait pas le nom, venait voir la vieille femme tous les jours. Ce pourrait être également pour cet inconnu qu'elle achète plus que d'habitude.

— Vous pouvez avoir raison tous les deux, intervint le grand Bernard; mais, avant que nous quittions Joinville, nous saurons de quoi il retourne, je vous le promets. Sais-tu, Bourguignon, si l'individu dont tu viens de parler est venu aujourd'hui ?

— Il doit être actuellement dans la maison, car il est arrivé vers quatre heures et demie.

— C'est bon à savoir; on prendra ses précautions en conséquence; qui peut être cet homme? Celui qui a enlevé la fiancée d'André, probablement. Ah! le brigand, si nous pouvions le pincer!... Aussi vrai que je m'appelle Bernard, je lui ferais passer un mauvais quart d'heure... Mais il ne s'agit pas de cela pour l'instant. Camarades, êtes-vous disposés à me suivre et à me seconder?...

— Ordonne, nous ferons ce que tu voudras.

— C'est bien; je sais que vous avez du courage. Pourtant, je dois vous prévenir qu'il y aura des difficultés.

— Tant mieux.

— Peut-être du danger.

— Nous le braverons.

— A la bonne heure, vous êtes de bons compagnons, mes amis, et je vois que je peux compter sur vous.

— Pour toi et pour l'Enfant du Faubourg, je me ferais écharper, dit le Bourguignon.

— Grand Bernard, mets-moi à l'œuvre et tu verras ce que je saurai faire, ajouta Brion.

— En deux mots, voici mon idée, reprit Bernard : il faut, dès la nuit venue, que nous entrions dans la maison en question.

— Nous y entrerons, fit Brion d'un ton résolu.

— Mme Langlois, la mère de Mlle Claire, sera avec nous. Elle vaut un homme.

— Et André?

— Je ne l'ai pas trouvé chez lui. Qu'importe! nous sommes quatre.

— Cela suffit, dit le Bourguignon.

— Je ne suppose pas qu'on nous ouvrira gracieusement la porte. Nous serons peut-être obligés de faire le siège de la maison.

— Par la porte ou par les croisées nous entrerons, répondit le Bourguignon.

— N'oubliez pas que je suis un peu serrurier, fit observer Brion.

— Nous avons examiné le mur du jardin sur la ruelle, reprit le Bourguignon; l'escalader n'est pas difficile.

— C'est par cela que nous commencerons, dit Bernard.

— Dans tous les cas, je vais me mettre à la recherche d'un taillandier, annonça Brion.

— Nous avons encore une grande heure devant nous, reprit Bernard; vous aurez le temps de dîner; quand l'estomac est bien garni, on a les poignets plus forts et le cœur plus solide. Nous nous retrouvons au moment de nous mettre à l'œuvre. Je vous donne rendez-vous dans la ruelle, près de la porte du jardin, à huit heures et demie.

Sur ces mots, le grand Bernard quitta ses camarades et s'empressa de rejoindre la mère Langlois qui l'attendait avec une impatience fébrile.

## XXV

### LA PRISONNIÈRE

Enfermée et retenue prisonnière dans une chambre, Claire ignorait absolument où elle se trouvait et ce qu'elle avait à redouter. On l'avait enlevée violemment de la maison du docteur Morand. Pourquoi? Elle cherchait vainement à se l'expliquer.

D'abord, elle avait pensé que ses ravisseurs étaient des hommes payés par le fils de la marquise de Presle, dont l'audace lui était connue; mais rien n'était venu justifier ce premier soupçon. Alors elle s'était égarée dans toutes sortes de suppositions, qui, tout en l'éloignant de la vérité, versaient dans son cœur des terreurs continuelles.

Après avoir transporté la jeune fille dans la chambre préparée pour la recevoir et l'avoir confiée à la Solange, créature entièrement dévouée à ses intérêts, Blaireau avait disparu.

La douleur de Claire, surexcitée par l'épouvante, éclata en sanglots et en cris déchirants. Pendant plus d'une heure, elle eut des spasmes affreux auxquels succéda une prostration complète.

La vieille femme s'assit près d'elle et chercha à l'amadouer par son patelinage. Claire n'écoutait pas, ne voulait rien entendre. Elle restait indifférente à toutes les sollicitations de Mme Solange. Celle-ci l'engagea à se coucher ; un lit, dans la chambre, l'invitait également à prendre du repos. La jeune fille n'eut pas l'air de comprendre. Fatiguée par les discours de la vieille, elle finit par lui dire avec colère :

— Laissez-moi.

Comprenant qu'elle devait, pour le moment, renoncer à l'apprivoiser, Mme Solange se retira en grommelant.

Claire passa le reste de la nuit blottie dans un fauteuil. Au moindre bruit qu'elle entendait, un tremblement convulsif secouait ses membres, son cœur battait à se briser et une sueur froide baignait son front. Ses appréhensions et ses alarmes l'empêchèrent de dormir ; on le comprend.

Le jour vint. Elle le salua avec un soupir de soulagement. Elle courut à la fenêtre et l'ouvrit avec l'intention de s'enfuir ; elle regarda en bas et fut effrayée de la distance qui la séparait du sol. Elle aurait pu crier et appeler à son secours, mais elle ne vit personne. A travers les arbres, elle apercevait les toits pointus de quelques maisons, dorés par les premiers rayons du soleil. Ces maisons étaient éloignées ; elle aurait eu beau crier, sa voix ne pouvait être entendue.

En pensant à sa mère, à André et à son amie de Montreuil, elle pleura encore. Toutefois, l'espérance, qui n'abandonne jamais les malheureux, rendit un peu de courage à la pauvre désolée.

La Solange entra dans sa chambre, elle lui apportait un bol de café au lait avec une tranche de pain grillé.

— Pourquoi ne vous êtes-vous pas couchée ? lui dit-elle. Vous n'êtes pas raisonnable, ma mignonne ; regardez-vous dans la glace, vous verrez comme vous avez la figure fatiguée et pâlotte, les yeux battus... Quand on est jolie à croquer comme vous, il faut soigner sa beauté. C'est précieux la beauté ; c'est un trésor, voyez-vous. Je vous avais bien dit, pourtant, que vous n'aviez rien à craindre, qu'on ne vous voulait pas de mal, au contraire. Je suis chargée d'avoir soin de vous ; si vous le voulez, je serai pour vous une amie, car, moi, j'aime la jeunesse... Je vois que vous m'écoutez, à la bonne heure ; ce n'est pas comme cette nuit... Enfin, je comprends, vous étiez effrayée. Mais, je vous le répète, vous n'avez rien à craindre. Tout à l'heure vous avez ouvert la fenêtre, je vous ai entendue. Est-ce que vous vouliez vous sauver par là ? Vous avez vu que ça n'est pas possible. Cependant, il ne faudrait pas essayer, parce que je serais obligée de vous mettre dans une autre chambre où vous seriez moins bien que dans celle-ci. Si vous êtes raisonnable et bien gentille, je ferai tout au monde pour vous être agréable.

— Eh bien, laissez-moi m'en aller ; riposta brusquement la jeune fille.

— Ça, c'est impossible, ma belle ; vous devez bien comprendre que si vous êtes ici, c'est qu'on ne veut pas que vous soyez ailleurs.

— Mais enfin que veut-on faire de moi ?

— Vous garder pendant quelques jours.

— Et après ?

— On vous rendra la liberté, je suppose.

— Quels sont ces hommes qui m'ont amenée ici ?

— Sans mentir, je puis vous répondre que je ne les connais pas.

— Vous ne les connaissez pas ! fit la jeune fille avec surprise. Ce n'est point admissible.

— Et pourtant, c'est la vérité. Ils étaient deux, le maître et un autre, j'ai vu celui-ci, cette nuit, pour la première fois.

— Et celui que vous appelez le maître ?

— Je ne sais pas son nom.

La jeune fille eut un regard d'incrédulité.

— Eh bien, moi, dit-elle, sans mentir et sans craindre de me tromper, je puis vous dire que c'est un misérable !

Mme Solange hocha la tête en souriant.

— Le maître, répliqua-t-elle, est un homme très riche et très puissant ; il est bon de l'avoir pour ami ; c'est un conseil que je vous donne, ma belle.

— Cette maison où nous sommes est à lui ?

— Non, vous êtes ici chez moi.

— Ainsi, dit Claire avec amertume, vous faites de votre maison une prison, au service d'un homme dont vous ne savez même pas le nom.

— Le maître ordonne, j'obéis.

La jeune fille resta un instant pensive.

— Comment appelez-vous ce pays ? demanda-t-elle.

La vieille s'attendait sans doute à cette question, car elle répondit sans hésiter :

— Mais nous sommes à Paris.

— A Paris, répéta Claire étonnée ; il y a dans Paris de ces grands jardins plantés d'arbres ?

— Certainement, mais pas dans tous les quartiers.

— Permettez-moi de vous adresser encore une question, reprit la jeune fille. Le maître, puisque c'est le nom qu'on lui donne ici, m'a enlevée violemment, je puis même ajouter brutalement, d'une maison dans laquelle il a dû pénétrer en employant la ruse ou la force ; toute ignorante et simple que je sois, je crois avoir le droit de dire qu'il s'est rendu coupable d'un crime ; or, quand un crime lui est connu, la justice ne le laisse jamais impuni.

— Le maître ne craint rien, riposta la Solange.

— Vous m'avez dit, en effet, qu'il était très puissant. Mais je ne puis admettre que, en ce qui me concerne, il n'ait pas agi pour le compte d'un autre. La vieille garda le silence.

— Il ne me connaît pas, il ne m'avait jamais vue, savait-il seulement que je fusse au monde ?... Non, non, votre maître, madame, s'est fait l'exécuteur de l'œuvre d'un plus riche et plus puissant que lui.

— Cela pourrait être, mais je ne le crois pas.

— Connaissez-vous le jeune comte Gustave de Presle?

— Autrefois, il y a vingt-cinq ans, j'ai souvent entendu parler du marquis de Presle.

— Le comte Gustave est son fils.

— Je ne le connais pas.

— Alors vous êtes sûre qu'il ne viendra pas ici?

— Sa visite ne m'est pas annoncée.

— C'est étrange, murmura Claire; je ne comprends plus... Pourtant, il y a une raison. Laquelle?

— Je crois que vous vous mettez inutilement l'esprit à la torture, ma belle enfant.

— J'ai beau chercher, en effet, je ne puis découvrir le motif qui a fait agir mes ravisseurs. Pourquoi ai-je été amenée chez vous, madame? Vous devez le savoir, dites-le moi. Cela me tranquillisera, je serai plus calme. Celui que vous appelez le maître ne peut pas être mon ennemi, je n'ai jamais fait de mal à personne. Je ne suis qu'une pauvre fille, une ouvrière; il y a quelques mois, j'étais encore loin de Paris, dans un petit village, bien isolée, bien seule, ne portant ombrage à personne, qui donc pourrait m'en vouloir? Je ne suis rien, je ne puis gêner, et puis je tiens si peu de place dans la vie!... Si j'avais commis quelque faute, on pourrait avoir l'intention de me punir; mais je ne suis pas coupable, je vous le jure. On m'a peut-être prise pour une autre; oui, il y a erreur, ceux qui m'ont arrachée à mon existence paisible, heureuse, le reconnaîtront. Oh! je vous en supplie, madame, rassurez-moi, dites-moi tout ce que vous savez. Si je suis menacée de quelque danger, ne me le cachez pas; quel qu'il soit, je préfère le connaître; j'aurai moins peur; c'est l'incertitude, ce sont les appréhensions qui m'épouvantent.

La jeune fille s'interrompit, suffoquée par les larmes.

— Je vous l'ai dit déjà, ma mignonne, répondit la Solange d'une voix doucereuse, qu'elle essayait de rendre sympathique, je ne sais rien; je ne suis pas la confidente du maître et il n'entre pas dans ses habitudes de raconter ses affaires. C'est un homme discret et il serait bien habile celui qui devinerait sa pensée. J'ignore absolument quel est son projet, quelles sont ses intentions. Allons, ne pleurez pas ainsi, à quoi bon vous désoler? C'est bien inutile. Attendez. Le maître viendra tantôt.

La jeune fille se redressa.

— Ah! il viendra, fit-elle.

— Oui, et vous le verrez; vous causerez avec lui; peut-être vous apprendra-t-il ce que vous désirez savoir.

Claire essuya ses yeux.

— C'est bien, dit-elle, je l'attends, je serai contente de le voir; s'il me cache sa pensée, j'aurai moins de réserve, il connaîtra la mienne tout entière; il saura ce que je pense de lui et de ses pareils.

La vieille femme secoua la tête.

— Ma mie, reprit-elle, je vous conseille la prudence; soyez pour lui douce, gentille, gracieuse, vous avez tout à y gagner. N'oubliez pas ce proverbe qui dit que ce n'est pas avec du vinaigre qu'on prend les mouches.

— A vous entendre, répliqua la jeune fille avec dédain, il semblerait que je lui dusse des remerciements, à votre maître. Il est riche, il est puissant, dites-vous; qu'est-ce que cela me fait à moi. Vous lui obéissez, il vous courbe sous sa volonté, parce qu'il est votre maître. Il n'est pas le mien. Je ne puis voir en lui qu'un méchant homme, et, si j'en juge par ses actes, c'est un malfaiteur.

— Vous êtes injuste envers lui, ma belle; quand il vous aura parlé, je suis persuadée que vous penserez autrement.

Claire haussa légèrement les épaules.

— Du moment qu'il ne vous veut pas de mal, continua la Solange, c'est qu'il vous veut du bien. Dame, vous êtes jeune, jolie... Qui sait? vous êtes peut-être sur le chemin de la fortune. Hé, hé, hé, ajouta-t-elle avec un sourire singulier, qui laissa voir quatre dents jaunes sous le rictus de ses lèvres grimaçantes, on a vu des choses plus étonnantes que ça.

La jeune fille devina sans doute la pensée de la vieille femme, car un éclair, qui s'éteignit aussitôt, sillonna son regard.

Après un court silence, Mme Solange reprit:

— Plus je vous regarde, plus je vous trouve charmante et

plus je vous admire; j'en suis convaincue, vous êtes née pour vous faire servir, et non pour être la domestique des autres.

— Vous pouvez vous dispenser de me faire des compliments, répondit Claire d'un ton sec.

La Solange se mordit les lèvres. Elle comprit qu'elle s'était trop avancée déjà, et qu'un mot de plus pouvait effaroucher la jeune fille.

— Celle-ci serait-elle une vertu? pensa-t-elle.

Puis, à haute voix, elle reprit en changeant de ton :

— Oh! ce que je vous dis là, c'est seulement pour causer. Vous êtes jolie comme une princesse, il n'est pas défendu de vous le dire puisque c'est la vérité.

— Voulez-vous me donner une plume, de l'encre et du papier? demanda Claire.

— De l'encre, du papier, pourquoi faire?

— Ce qu'on fait habituellement de ces objets, pour écrire.

— Qu'est-ce que vous voulez écrire, une lettre?

— Oui, une lettre !

— A qui?

— A M. le docteur Morand et aussi à ma mère pour la tranquilliser.

— Tiens, fit la vieille avec surprise, vous avez donc une mère?

— Ah! ça, répliqua Claire impatientée, est-ce que vous croyez que je suis venue au monde toute seule sous un chou?

— Non, sans doute, mais je croyais... on m'avait dit...

— Achevez, que vous a-t-on dit ?

— Que vous étiez un enfant de l'hospice, que vous n'aviez jamais eu de parents.

Les yeux de la jeune fille se voilèrent et le souvenir du passé lui arracha un soupir.

— Autrefois, madame, c'est vrai, dit-elle, mais Dieu a eu pitié de moi, il m'a rendu ma mère.

— Alors je comprends pourquoi vous désirez écrire; malheureusement, je ne puis vous le permettre.

— Pourquoi cela, madame?

— Le maître l'a défendu.

Claire les yeux étincelants, se dressa comme poussée par un ressort.

— Mais c'est donc un monstre, cet homme! s'écria-t-elle avec colère.

Ainsi que Mme Solange l'avait annoncé à Claire, Blaireau arriva à Joinville, le jour même, vers trois heures de l'après-midi.

Il eut une assez longue conversation avec la vieille femme, qui s'empressa de lui faire connaître les faits et les gestes de la jeune fille.

Il écouta sans prononcer un mot, les sourcils froncés et réfléchissant, puis il se leva en disant :

— Je vais la voir.

Quand il entra dans la chambre de la prisonnière, celle-ci, debout près de la fenêtre, était en contemplation devant le paysage. Un merle chantait caché dans les branches d'un sycomore et elle enviait sa joie et sa liberté.

Elle se retourna brusquement, vit Blaireau, et faisant trois pas vers lui :

— Ah! c'est vous, monsieur, dit-elle, je vous attendais avec impatience.

Blaireau resta immobile, sans voix, comme ébloui.

La nuit précédente, préoccupé par de sombres pensées, il n'avait point remarqué l'éclatante beauté de la jeune fille. A ce moment elle lui apparaissait dans toute sa splendeur. L'animation des traits, la rougeur des joues, produites par l'émotion y ajoutaient un charme nouveau.

Blaireau passa successivement de l'admiration au ravissement et du ravissement à l'extase. Il se sentit sous le coup d'une fascination étrange. Pour la plupart des hommes, la beauté de la femme est une puissance qui les domine. Dans son trouble, il ne put immédiatement se rendre compte des sensations diverses qu'il éprouvait. Mais à des tressaillements intérieurs il reconnut certaines émotions de sa jeunesse, depuis longtemps oubliées. Et cet homme déjà vieux, presque un vieillard, endurci dans le mal, dont le cœur s'était refroidi, atrophié, cristallisé, devenu par ambition l'esclave d'une passion unique, celle de l'or, se sentait redevenir jeune en présence de cette belle jeune fille qui rougissante, tremblait sous son regard.

Ce qu'il ressentait avait quelque chose de délicieux. Son cœur qu'il croyait insensible à toute autre émotion que celle du bruit métallique ou du froissement du papier Garat, se reprenait à battre doucement. Une chaleur vivifiante circulait, rapide, dans tous ses membres. C'était une action magnétique. Il s'enivrait des effluves de cette beauté rayonnante, qui s'offrait à ses yeux émerveillés sans apprêt, sans voile, et par cela même plus provoquante encore.

En un instant, avec la rapidité de l'éclair, ou du coup de foudre, il se sentit réveillé.

Le vieil homme transformé retrouvait les ardeurs du passé.

L'avarice battait en retraite, repoussée par les désirs luxurieux. Mais ce n'était là qu'un étourdissement momentané produit par la surexcitation des sens. L'amour de l'or, le plus effroyable de tous, est un cancer dont on ne guérit jamais.

Dominé, vaincu par les sensations matérielles, Blaireau convoitait déjà la possession de Claire. Partout et toujours, sur tous les échelons du mal, Blaireau restait un scélérat.

Cependant, faisant un effort sur lui-même, il s'approcha de la jeune fille.

— Ainsi, lui dit-il d'une voix nazillarde en essayant de sourire, vous m'attendiez?

— On m'a annoncé votre visite, monsieur, répondit Claire. Il me tarde de savoir quel sort vous me réservez.

— On a dû vous dire que vous n'aviez rien à craindre.

— Cela ne m'a point rassurée, monsieur. J'ai été l'objet d'une violence inouïe, et j'ai plus d'une raison de m'effrayer. On me tient sous clef dans cette chambre, j'interroge, on ne me répond pas; je désire écrire une lettre, on ne le veut pas. Enlevée audacieusement et brutalement par vous, privée de ma liberté, séquestrée, gardée à vue par une femme qui, sous des apparences d'honnêteté, de bienveillance et de bonté, cache des sentiments qu'il me répugne de qualifier et évidemment hostiles, ai-je le droit de me plaindre, monsieur, dites, en ai-je le droit? Enfin, quel but poursuivez-vous? Quels sont vos projets? Je veux le savoir.

— Il y a là un secret que vous ne devez pas connaître, mademoiselle. Sans vous en douter, vous touchez de près à de graves intérêts desquels dépendent la tranquillité, la fortune et peut-être l'honneur de plusieurs familles. Vous ne pouviez rester plus longtemps chez le docteur Morand, on a dû employer la force pour vous en faire sortir. Croyez-le, c'était nécessaire, les circonstances l'exigeaient.

Claire regardait Blaireau avec ahurissement.

— Mais je ne suis rien! s'écria-t-elle, rien qu'une pauvre fille; comment pourrais-je nuire à quelqu'un?

— Vous ne pourriez comprendre, répliqua Blaireau en souriant; plus tard, on pourra peut-être vous le dire.

— Est-ce que vous espérez me retenir ici longtemps, malgré moi?

— Oh! le moins possible. Mais à part la liberté qui ne peut vous être rendue, je vous prie de considérer cette maison comme la vôtre; vous êtes ici la maîtresse et Mme Solange est votre servante.

— Ma geôlière, riposta amèrement la jeune fille.

— Parce que vous voulez absolument vous croire prisonnière. Quoi que vous pensiez de moi, mademoiselle, loin d'être votre ennemi, je serai, si vous le voulez, votre meilleur ami, et le plus dévoué de tous, je vous le jure. Je regrette maintenant vivement la violence que j'ai employée à votre égard. Mais je vous l'ai dit, il le fallait.

Un sourire ironique effleura les lèvres de la jeune fille.

— Je ne connais que quelques personnes à Paris, reprit-elle, des amis qui s'intéressent à moi et que ma disparition doit inquiéter sérieusement, me sera-t-il au moins permis de leur écrire pour les tranquilliser?

— Nous verrons cela dans quelques jours; pour le moment il y aurait du danger.

Claire ne put se contenir plus longtemps.

— C'est abominable, c'est monstrueux! exclama-t-elle. Prenez garde, monsieur, prenez garde! si puissant que vous soyez, il y a une justice pour tous, elle sait trouver le coupable et, tôt ou tard, elle châtie le crime ! je ne me laisserai pas abuser par vos paroles hypocrites; on veut me tendre un piège, je le sens, je le devine; oui, vous méditez quelque infamie ! Mais Dieu ne m'abandonnera pas, il me donnera la force, et devrais-je me tuer sous vos yeux, me tuer, entendez-vous, je vous échapperai !...

Blaireau eut un haussement d'épaules.

— A votre âge on tient à la vie, dit-il, on veut connaître une partie des joies que promet l'avenir. Mais je veux bien vous le répéter, vous n'avez rien à craindre, aucun piège ne vous sera tendu ; seulement, ne vous laissez pas aller à la violence, ce qui serait inutile, soyez soumise. Hier, vous pouviez être un danger pour moi et pour d'autres, vous êtes en ma puissance aujourd'hui, c'est vous dire que lorsque mon intérêt l'exige, je ne recule devant rien, c'est vous dire aussi que rien ne peut fléchir ma volonté. Maintenant, voici le conseil que je vous donne : résignez-vous.

— Jamais ? cria-t-elle avec énergie, je ne veux pas rester plus longtemps dans cette maison où tout ce que j'entends, tout ce que je vois m'inspire l'épouvante et l'horreur !

Elle se leva frémissante, l'œil en feu, et bondit vers la fenêtre.

Blaireau avait deviné son intention, il fut assez tôt près d'elle pour la saisir à bras le corps et l'empêcher de se précipiter dans le vide.

Claire poussait des cris désespérés.

Blaireau la traîna à l'autre extrémité de la chambre où elle tomba affaissée sur le parquet.

Aux cris poussés par la jeune fille, la Solange avait entr'ouvert la porte. Blaireau lui fit signe d'entrer, il alla fermer la fenêtre, puis il revint près de Claire qui se tordait dans une horrible convulsion.

— Elle a voulu se jeter par la fenêtre, dit-il à sa complice.
— Ce matin elle en a eu déjà la pensée, répondit la Solange.
— Alors elle n'est pas bien dans cette chambre ?
— J'ai compris.

La vieille s'approcha du mur, fit jouer un ressort caché dans la boiserie et une porte secrète tourna lentement sur ses gonds rouillés. Cette porte était l'unique entrée d'une petite pièce carrée, meublée seulement d'un lit, de deux chaises et d'un fauteuil. Elle recevait le jour par une lucarne pratiquée dans la toiture.

Malgré ses cris et une vigoureuse résistance, Claire fut portée dans cette pièce presque noire, qui ressemblait plus à un cachot qu'à une chambre.

— Vous êtes si peu raisonnable, lui dit Blaireau, que vous me forcez à prendre des précautions pour vous protéger contre vous-même. Vous seriez capable de faire quelque folie, je ne le veux pas.

— Je vous avais bien recommandé, pourtant d'être gentille, ajouta la Solange en manière de consolation.

Claire leur répondit par un regard de suprême dédain.

Ils la laissèrent seule. Le visage de Blaireau s'était assombri, il paraissait en proie à une agitation extraordinaire. La vieille le regardait avec étonnement.

— Vous êtes contrarié, lui dit-elle.

— Je ne sais ce que j'éprouve, répondit-il, cette petite a produit sur moi une impression étrange.

La Solange se mit à rire. Un regard dur de Blaireau étouffa cette gaieté qui n'était pas de circonstance.

— Oh! elle me sera fatale, murmura-t-il d'une voix sourde. Elle a une énergie, une volonté...

— Bah! vous en avez dompté de plus farouches.

Blaireau eut un regard si terrible que la Solange effrayée fit deux pas en arrière.

— Qu'a-t-il donc ? grommela-t-elle entre les dents qui lui restaient.

Tout entier à ses préoccupations nouvelles, Blaireau réfléchissait. Cependant, au bout d'un instant, la vieille crut devoir lui demander si quelque chose devait être changé dans les ordres qu'il lui avait précédemment donnés au sujet de la jeune fille.

— Non, répondit-il. Mais n'oubliez pas que vous devez la

traiter avec beaucoup de douceur et avec le plus grand respect.

## XXVI

### LE TRÉSOR

Il était déjà tard lorsque Blaireau quitta Joinville ; il avait l'esprit inquiet, toutes sortes de pensées fourmillaient dans son cerveau. Lorsqu'il rentra chez lui, la nuit était venue. Sa vieille domestique l'attendait prête à lui servir son dîner :

— Je ne mangerai pas, lui dit-il, je n'ai pas faim.

Il entra dans son cabinet où il s'enferma. Depuis une heure, une idée fixe s'était emparée de lui et il songeait à l'éxécution rapide du plan qu'il venait de concevoir.

Il fit glisser dans ses rainures le panneau qui cachait la porte de fer de sa caisse secrète. Il regarda autour de lui et tendit l'oreille comme s'il eût craint d'être surpris. Il n'entendait que le bruit des pas de sa domestique allant et venant dans la pièce voisine. Alors il ouvrit la porte de fer et il resta un instant immobile, palpitant, en contemplation devant le coffre large et profond qui gardait son trésor. Son front s'éclaircit, ses traits s'animèrent ; des éclairs fauves s'allumaient dans ses yeux. Soudain, il eut un petit rire sec, nerveux, aigu comme un sifflement.

— Tout cela est à moi, à moi, à moi ! murmura-t-il.

Et il plongea en même temps ses deux bras dans la caisse. Quand il se redressa, une de ses mains tenait un énorme sac d'or et l'autre un monceau de billets de banque. Il enleva la ficelle qui retenait ceux-ci et les éparpilla sur la moitié de son bureau ; à côté il vida le sac d'or. Puis, plusieurs fois de suite il retourna au coffre-fort ; il le mit à sec. Toutes ses richesses étaient maintenant étalées sur le bureau. Il y avait de tout : de l'or en lingots, de l'or monnayé de tous les pays : louis de tous les pays : louis de France, guinées d'Angleterre, roupies des Indes, sequins de l'Orient, etc..., des actions et des obligations de nos chemins de fer, de nos grands établissements financiers ; des pierres fines d'une grosseur et d'une beauté merveilleuse ; diamants, rubis, topazes, émeraudes, améthistes qui scintillaient, étincelaient, ruisselaient sous la lumière pâle de la lampe.

C'était une montagne de billets de banque et de valeurs mobilières ; l'or et les pierreries formaient une rivière éblouissante.

L'avare semblait ne pouvoir rassasier sa vue. Il se mirait dans l'or et les pierres précieuses au-dessus desquels il passait, sans y toucher, ses mains frémissantes. Tout à coup il se mit à rire comme un insensé en battant des mains ; il était enivré, pris par le vertige.

— Oui, répéta-t-il d'une voix rauque, tout cela est à moi, à moi !..

Le dos voûté comme un arc, pour voir de plus près ses richesses, il fit plusieurs fois le tour de la table avec des soubresauts et des bonds d'épileptique. Il riait toujours, ou bien c'était comme un râle qui sortait de sa gorge.

Et cela dura au moins une heure, une heure de folie étrange, épouvantable !

A le voir ainsi, seul au milieu de cette chambre à peine éclairée, ses rares cheveux hérissés sur son crâne, le visage jauni par les reflets de l'or, rugissant, grinçant des dents, se démenant comme un possédé, l'œil enflammé et respirant avec un bruit de soufflet de forge, on l'eût pris pour un démon ou un être fantastique.

Enfin, il se calma, mais les lueurs sombres de son regard ne s'éteignirent point. Il s'assit à son bureau, son trésor devant lui, le couvant et le caressant des yeux. Il enfonça ses mains dans le tas d'or, comme s'il eût voulu les y baigner ; il remua et fit sonner le métal jaune avec une ineffable volupté. Il avait des tressaillements singuliers comme si un fluide électrique eût, de l'extrémité de ses doigts, passé dans son corps tout entier.

Quand il se fut bien égayé à faire rouler l'or dans ses mains, qu'il eût réjoui ses oreilles à son tintement et rassasié sa vue, il commença à compter ses richesses. Il le fit avec soin, comptant jusqu'à trois fois, afin de s'assurer qu'il ne se trompait point; il écrivait chaque chiffre sur une feuille de papier à quatre colonnes; la première était pour l'or, la seconde portait la valeur approximative des pierres fines, les billets de banque occupaient la troisième, la dernière était réservée aux valeurs industrielles et autres.

Sa fortune comptée en détail, il additionna le produit des colonnes. Le total général donna ce chiffre majestueux : deux millions trois cent mille francs. Et ces deux millions étaient le produit du crime et de nombreuses exactions ! L'avare n'avait reculé devant rien pour s'enrichir et grossir son trésor. Il ne pensait guère aux malheureux qu'il avait dépouillés, aux misères, aux douleurs semées sur son passage, aux pleurs qu'il avait fait couler, aux souffrances, au désespoir, à l'agonie de ses victimes. Il était parvenu au but poursuivi avec acharnement; que lui importait le reste?... Il ne pensait pas davantage au châtiment mérité par le criminel. Trop longtemps impuni, il pouvait considérer la justice des hommes comme impuissante et se dire hors de ses atteintes ; quant à celle de Dieu, il n'y croyait point.

Blaireau ayant replacé son trésor dans le coffre-fort, revint s'asseoir devant son bureau et se mit à écrire. Le jour parut. Les premiers rayons du soleil le surprirent la plume à la main, grinçant encore sur le papier. Il avait écrit une vingtaine de lettres, qui étaient prêtes à être expédiées. Il les porta lui-même au bureau de poste, avant la première levée des boîtes. Il rentra, gourmanda sa servante, qui ne se dépêchait pas assez selon lui, se fit servir froid le dîner auquel il n'avait pas touché la veille, mangea précipitamment et sortit de nouveau en disant qu'il rentrerait vers une heure et qu'il faudrait faire attendre dans le salon les personnes qui viendraient pour lui parler.

Pendant cette journée et celle du lendemain, Blaireau déploya une activité extraordinaire. Il opéra d'importantes rentrées d'argent ; deux joailliers de sa connaissance lui échangèrent ses lingots d'or et ses pierres précieuses contre de beaux billets de la banque de France. Ceux-ci furent à leur tour transformés en excellentes valeurs anglaises et allemandes. Son or lui-même eut le même sort, son or, qui était devenu son adoration !... Il ne conserva que deux mille cinq cents louis, dont il n'eut ni la force, ni le courage de se séparer. Il vendit à la Bourse, au comptant, tout ce qu'il possédait de valeurs mobilières, dont la négociation à l'étranger pouvait présenter quelque difficulté.

Évidemment, Blaireau, ayant réfléchi, songeait sérieusement à quitter la France.

Le lundi, à deux heures, les sommes qu'il avait en caisse et en portefeuille, le tout sous clef, dans son coffre-fort, dépassaient trois millions. Il lui restait encore à réaliser, ultérieurement, plusieurs centaines de mille francs. Son notaire était chargé de ce soin.

Malgré ses occupations et le peu de temps dont il pouvait disposer, il trouva cependant le moyen de faire le samedi et le dimanche une courte apparition dans la maison de Joinville. Claire l'attirait. La jeune fille continuait à exercer sur lui une sorte de fascination magnétique qu'il subissait, bien qu'il cherchât à lui échapper.

Pourtant, soit timidité, soit crainte ou tout autre sentiment auquel il obéissait, il n'osa point se présenter devant elle. Mais Mᵐᵉ Solange lui donnait de ses nouvelles, il était sous le même toit, une porte seulement les séparait, il se trouvait satisfait.

D'après les renseignements donnés au grand Bernard par ses camarades du faubourg, nous savons que ces derniers, chargés de surveiller la maison, y avaient vu entrer un homme qui, au dire des voisins, faisait d'assez fréquentes visites à la dame Solange. Cet homme, dont personne ne savait le nom à Joinville, c'était Blaireau. Il venait ce jour-là avec une idée bien arrêtée, plein de résolution et disposé, s'il le fallait à prendre un parti extrême. Mais à peine entré dans la maison, son assurance disparut. Il semblait qu'il n'eût plus de volonté. Une puissance mystérieuse le dominait.

Ainsi, cet homme audacieux et sceptique, habitué à se faire un jeu des sentiments les meilleurs et les plus purs, pouvait éprouver une émotion, il se sentait vaincu, terrassé. Vainement il essayait de réagir contre lui-même, il s'accusait de lâcheté et dévorait sa rage impuissante.

Il ressemblait au lion qui montre ses dents formidables et rugit de colère en se roulant aux pieds du dompteur.

La veille, il avait prévenu la Solange qu'il lui ferait l'honneur de dîner avec elle; celle-ci avait fait, le matin, ses provisions en conséquence et préparé pour le maître trois ou quatre mets qu'elle savait de son goût.

Blaireau aimait la table et était gourmand à ses heures. La Solange le savait depuis longtemps, aussi mettait-elle tous ses soins à justifier sa réputation de bonne cuisinière. Il faut dire que Blaireau, peu difficile dans le choix de ses relations et de ses amis, l'avait connue dans sa jeunesse, alors qu'elle portait le cordon bleu dans la maison d'un grand seigneur russe.

Mais, depuis quelque temps, Blaireau manquait d'appétit. Au grand étonnement de la vieille femme, il mangea à peine. En revanche, il but un peu plus que d'habitude. Les vins vieux de nos bons crus de Bourgogne étaient délicieux et les liqueurs du meilleur choix. Blaireau buvait pour se donner du cœur, s'égayer un peu et retrouver la hardiesse et l'audace qui, pour la première fois, lui faisaient défaut.

Il se leva de table avec un commencement d'ébriété. Il avait le visage enluminé et ses petits yeux ronds brillaient comme des escarboucles.

Cependant il fut pris d'un léger tremblement lorsqu'il entra dans la chambre de sa captive. Claire achevait de dîner, elle était assise près de la table sur laquelle la Solange lui avait servi son repas du soir. Mettant tout son espoir en Dieu et ne comptant plus que sur un secours inattendu du ciel, la jeune fille avait suivi le conseil de Blaireau, elle était résignée. L'espoir est d'essence divine, il lutte contre l'adversité et suave des défaillances, il est la ressource suprême des malheureux et des opprimés.

En voyant paraître Blaireau, Claire fit un mouvement brusque, mais elle resta assise. Leurs regards se croisèrent, l'un ardent, presque tendre, l'autre froid, plein de mépris.

Blaireau prit une chaise et vint s'asseoir près d'elle. Puis, longuement, il la regarda, hésitant à parler. Claire se sentit gênée sous son regard et se recula.

— Oh! non, non, dit-il vivement, ne vous éloignez pas de moi.

Il se rapprocha.

— J'éprouve en ce moment une joie indéfinissable, reprit-il en adoucissant sa voix, cela me fait du bien de vous regarder. Il me semble que je vous connais depuis longtemps... Cela ne peut pas être pourtant, vous êtes si jeune!... Ce sont vos beaux yeux noirs qui me troublent l'esprit. J'ai vu, oui j'ai vu, déjà ce regard plein de défiance et de colère, et ce sourire railleur, qui passe en ce moment sur vos lèvres roses. Où? quand? Je vous ai causé un chagrin et vous m'en voulez, vous m'en voulez beaucoup.

— Je n'ai pas encore appris à haïr, répondit Claire, et j'espère ne jamais connaître ce sentiment mauvais; mais si ce n'est point de la haine que vous m'inspirez, c'est assurément un profond mépris.

Il passa la main sur son front et murmura :

— Cela devait être.

Après un moment de silence, il reprit :

— Vous me traitez durement, Claire, mais je l'ai mérité, je n'ai pas le droit de me plaindre. Pourtant, je vous le jure, je donnerais tout au monde pour votre bonheur.

— Donnez-moi donc ma liberté, s'écria-t-elle.

— Nous parlerons de cela tout à l'heure.

— Je n'ai jamais menti, monsieur ; si vous me laissez sortir de cette maison, je vous promets d'oublier aussitôt vos actes de violence. Il y a quatre jours que je suis retenue ici; ces quatre jours, je les retrancherai de mon existence et jamais je n'en parlerai à personne. Ce sera un secret qui restera enseveli au fond de mon cœur.

— Oui, vous avez le cœur généreux, vous garderiez le silence; mais je suis sans crainte, aucune accusation ne pourrait m'atteindre. D'ailleurs, demain je quitterai Paris, la France, peut-être pour toujours. Je n'ai plus vingt-cinq ans, j'ai besoin de repos; n'espérant pas le trouver ici, je veux aller le chercher à l'étranger. Oui, je suis à la veille de mon départ, et il m'est venu dans l'idée de vous emmener avec moi.

Claire le regarda avec stupeur.

— Je me suis imaginé que vous consentiriez à me suivre, ajouta-t-il.

— Vous êtes fou! vous êtes fou! exclama la jeune fille effrayée.

— Non, j'ai toute ma raison. Claire, écoutez-moi: Depuis quatre jours, ce qui se passe en moi est inexplicable; je suis pris d'un étourdissement continuel, les hommes et les choses ne m'apparaissent plus tels que je les voyais autrefois. Il me semble que j'ai subi une transformation. S'il y a un miracle, c'est vous qui l'avez fait. Suis-je devenu meilleur? Je ne sais. Mais à coup sûr, je ne me sens plus de force pour le mal. Par vous, une femme, un enfant, j'ai été vaincu!... Et vous n'avez rien fait pour cela... Si, vous m'avez regardé, comme vous me regardez, encore... Oh! ce regard, il me pénètre et passe dans tout mon être comme un rayon de feu! D'où vient donc ce pouvoir redoutable que vous avez sur moi? J'en ai eu peur et j'ai voulu lutter contre lui. A quoi cela m'a-t-il servi? A constater ma faiblesse. Depuis longtemps habitué à faire trembler les autres, c'est moi, aujourd'hui, qui tremble devant vous.. Claire je suis devenu votre esclave.

La jeune fille écoutait cet étrange discours avec une surprise croissante.

— Depuis quatre jours, continua-t-il, je n'ai pas eu une pensée qui ne soit pour vous. Hier et avant-hier, on a dû vous le dire, je suis venu demander de vos nouvelles, je sentais le besoin impérieux de me rapprocher de vous. J'aurais pu vous voir, la hardiesse m'a manqué. Suis-je assez changé! Je ne me reconnais plus moi-même.

Ce que j'éprouve pour vous est extraordinaire, cela ne ressemble à aucun des sentiments qu'il m'a été donné de connaître. C'est une sorte de tendresse passionnée, irrésistible. Je n'ai pas essayé de faire analyse de ce sentiment, convaincu d'avance que je n'y parviendrais point. Quelle corde de mon cœur avez-vous donc fait vibrer? Mais ce n'est pas seulement mon cœur, c'est aussi mon âme que vous avez atteinte. Si j'étais plus jeune, je croirais qu'un violent amour s'est emparé de moi, mais non, ce n'est pas cela..., à mon âge, ce serait ridicule.

Claire sursauta sur son siège; à son étonnement succédait une curiosité avide. Elle se demandait si les paroles qu'elle venait d'entendre pouvaient sortir de la bouche d'un homme jouissant de toutes ses facultés intellectuelles. Un peu plus elle l'aurait pris en pitié.

Insensiblement, il s'était avancé tout près d'elle, ils se touchaient presque. Il voulut lui prendre la main. Elle la retira vivement avec un geste d'effroi.

— Claire, reprit Blaireau d'une voix vibrante, enfant de l'hospice, vous êtes pauvre et sans avenir, une vie de tourments et de misère vous attend... Eh bien, si vous le voulez, j'ouvrirai devant vous un autre avenir et je le ferai resplendissant. Autant le premier est incertain et sombre, autant celui que je vous offre sera sûr et radieux... Sous vos pieds plus d'épines, des fleurs; plus de larmes dans vos jolis yeux, rayonnements de joie; sur vos lèvres, le rire et la chanson. Plus de souci du lendemain, une quiétude complète. De même que vous êtes la plus belle, la plus parfaite, je vous ferai la plus heureuse et la plus enviée !... Rien ne me retient plus à Paris, demain nous partirons ensemble.

Claire, rouge d'indignation, se dressa d'un seul mouvement. Son regard chargé d'étincelles pesa lourdement sur Blaireau et l'enveloppa tout entier. Ce fut comme un choc qu'il reçut en pleine poitrine.

## XXVII

### UN MONSTRE

Debout, droite et roide, les lèvres contractées, les narines frémissantes, Claire ressemblait à la Diane courroucée.

— Ah ! exclama-t-elle avec une colère contenue, une semblable proposition est bien digne de vous, elle devait être dans votre pensée, elle devait sortir de votre bouche ; c'est bien le langage qui vous convient... mais je le préfère à vos paroles hypocrites de tout à l'heure... Ainsi, ce n'est pas assez de m'imposer votre odieuse présence, il faut encore que vous m'insultiez !...

Il fit un geste de protestation.

— Oui, continua-t-elle avec violence, que vous m'insultiez !... Vos projets sont infâmes, monsieur ; mais toute faible que je suis je saurai me défendre contre vous, non, je ne vous crains pas... Si vous tentiez seulement de me toucher, ce que je considérerais comme un outrage, aussi vrai que je suis une honnête fille et que vous êtes un misérable, je me briserais la tête contre l'un de ces murs !

— Vous vous méprenez sur mes intentions, répondit-il avec une émotion qui força la jeune fille à l'écouter malgré elle. Je ne veux point commettre contre vous une nouvelle violence et moins encore vous outrager. Vous êtes pauvre, Claire, je veux vous faire riche. Et pour cela, je ne vous demande qu'une chose : consentir à vivre près de moi. Je ne me suis jamais marié, je suis sans parents, sans famille et j'ai près de quatre millions de fortune... Entendez-vous, Claire, quatre millions !..

— Qu'est-ce que cela me fait, à moi ? répondit-elle sèchement.

— Venez avec moi et toute ma fortune sera pour vous, oui, vous serez mon héritière... Je vous couvrirai de soie, de dentelles, de diamants ; rien ne me semblera assez beau pour vous. Je vous entourerai d'un luxe à rendre jalouse une reine. Si vous l'exigez, je ne serai pas autre chose pour vous qu'un ami, un ami sincère et dévoué; mais vous serez près de moi, je pourrai vous voir tous les jours, à chaque instant. Empressé à vous satisfaire, je vous aimerai, je vous admirerai. Quelle ivresse! J'aurai pour vous la tendresse d'un père, la passion d'un amant, vous serez mon idole !

Claire écoutait, stupéfiée de ce qu'elle entendait.

Cela lui paraissait si monstrueux et en même temps si burlesque, qu'il lui semblait qu'elle faisait un mauvais rêve, qu'un horrible cauchemar la tourmentait.

Si elle eût été libre, si elle n'eût pas été au pouvoir de cet homme, qui, dans un accès de fureur ou de démence, pouvait se livrer contre elle aux dernières extrémités, elle aurait certainement éclaté de rire.

— Mon Dieu, se disait-elle en frissonnant d'effroi, en quelles mains suis-je donc tombée? Qu'est-il, ce misérable, pour oser me parler ainsi? Si ce hideux vieillard n'est pas insensé, s'il a vraiment sa raison, le cynisme de ses paroles est épouvantable !

Blaireau interpréta en sa faveur le silence et le calme apparent de la jeune fille. Adorateur du veau d'or, le Dieu unique de sa vie honteuse, n'ayant guère connu que des âmes vénales et perverses, aux instincts bas et vils, et jugeant les autres d'après lui-même, il crut avoir réussi à éblouir Claire par le mirage des merveilles pompeusement offertes à son imagination de jeune fille. D'ailleurs, comme la plupart de ces êtres misérables, dont la difformité physique égale la laideur morale, il ne se voyait point tel qu'il était, c'est-à-dire un objet de répulsion et de terreur.

— Claire, charmante Claire, reprit-il avec un accent étrange, par vous je me sens rajeuni, vous achèverez votre œuvre...

Pris de bonne heure par une vie de lutte et de travail, je n'ai pas eu de jeunesse, je la trouverai près de vous. Un jour, plus tard, quand vous serez habituée à moi, quand je vous aurai prouvé combien votre bonheur m'est cher, vous consentirez peut-être à devenir ma femme... Ma femme!... Ah! si vous me donniez seulement cet espoir, vous m'ouvririez le ciel!...

En achevant ces mots, sous le coup d'une émotion indicible, ses yeux se fermèrent.

— Ah! c'en est trop! s'écria Claire avec emportement, moi vous suivre, vivre près de vous! moi votre femme! Votre esprit en démence pouvait seul vous donner cette illusion. Si vous ne savez pas vous arrêter dans vos insultes, la patience a ses limites, monsieur. Mais dans quelle fange avez-vous donc vécu pour parler ainsi à une malheureuse qui ne vous demande qu'une chose : lui rendre la liberté que vous lui avez ravie. Quelle idée avez-vous donc de ce qui est juste, de ce qui est bien? Je ne connais de vous que vos actes, ils sont infâmes!... vieillard, vous n'avez jamais su mériter le respect auquel ont droit les hommes de votre âge! Ah! pour le mal que vous m'avez fait, à moi, victime de je ne sais quel calcul monstrueux, et plus encore pour celui que vous avez dû faire à bien d'autres, soyez maudit!

Vous voulez me retenir ici ; eh bien, soit, j'y resterai et je me laisserai mourir de faim! Mais avant de mourir, j'aurai appelé sur vous toutes les colères du ciel, les plus effroyables vengeances!... Si les murs de cette prison sont trop épais pour que ma voix puisse les percer et se faire entendre des hommes, elle sera assez puissante pour arriver jusqu'à Dieu... Et c'est Dieu, misérable, c'est Dieu qui vous punira comme vous le méritez!...

Allez-vous-en, débarrassez-moi de votre odieuse présence, allez-vous-en!... Vous m'inspirez plus d'épouvante et d'horreur que le plus hideux reptile!

Et, superbe de colère et d'énergie, Claire, toute tremblante, le bras tendu, lui montrait la porte.

Un double éclair jaillit des yeux de Blaireau, ses traits se contractèrent affreusement et son visage, sur lequel apparaissaient de larges taches rouges, prit une expression horrible. En même temps, un rire strident éclata entre ses lèvres crispées.

Ses instincts mauvais, toute sa brutalité, venaient de se réveiller. Un instant domptée, la bête malfaisante reparaissait en lui plus féroce que jamais.

Il se leva. Claire recula avec terreur.

— Misérable fille ! hurla-t-il d'une voix sourde, qui n'avait plus rien d'humain, je voulais te faire riche... Tu l'as dit toi-même, j'étais un insensé, un fou!... Tu me demandes ta liberté, jamais!... Tu t'es trouvée sur mon passage, tant pis pour toi. Tu es un obstacle, un danger, tu peux me nuire, je te brise!... Tu ne sortiras plus d'ici, cette chambre sera ton tombeau!... Tu as choisi toi-même le genre de mort que tu préfères; tu mourras de faim!

Claire se sentit glacée jusqu'à la moelle des os.

— Lâche! lâche! lui cria-t-elle.

Blaireau eut un regard de tigre suivi d'un nouveau rire sardonique.

Il ouvrit la porte.

A ce moment, les cris : « Au secours! à moi! au secours! » retentirent dans la maison.

C'était la voix de Solange. Ils la reconnurent. Blaireau dressa la tête comme un peau-rouge à l'approche d'un ennemi inconnu.

Après s'être introduits dans le jardin par la porte de la ruelle, la mère Langlois, le grand Bernard et ses deux camarades s'étaient approchés de la maison avec précaution, sans bruit, en se glissant le long d'un des murs de clôture. Les fenêtres du rez-de-chaussée comme celles des deux étages étaient fermées et les volets tirés. La maison était silencieuse. Aucune lumière n'apparaissait à l'intérieur.

Le grand Bernard montra à Brion une porte. Celui-ci comprit. Il marcha vers la porte, pendant que les autres restaient en arrière, cachés derrière un massif d'arbustes.

A l'aide de l'instrument qu'il s'était procuré une heure auparavant, l'ouvrier força la serrure et la porte s'ouvrit.

Mme Solange, toujours si prudente, avait probablement oublié de la verrouiller à l'intérieur.

Brion fit un signe et entra le premier; les autres s'élancèrent hors de leur cachette et pénétrèrent à leur tour dans la maison.

Ils étaient dans un corridor au milieu duquel s'appuyait l'escalier; mais, dans les ténèbres, ils ne pouvaient rien distinguer.

— Allume ton rat-de-cave, dit à voix basse Bernard au Bourguignon.

Il n'eut pas le temps d'obéir à cet ordre.

La Solange se montra dans l'escalier, un flambeau à la main.

Les visiteurs nocturnes se tapirent contre le mur.

La vieille femme, qui se trouvait dans sa chambre au premier étage, ayant entendu un bruit dont elle ne se rendait pas compte, descendait au rez-de-chaussée pour en découvrir la cause.

Elle avait encore trois ou quatre marches à descendre lorsque le grand Bernard, se redressant brusquement, lui sauta à la gorge, en lui arrachant son flambeau. A leur tour, le Bourguignon et Brion se jetèrent sur elle et la terrassèrent. C'est à ce moment qu'elle avait rempli la maison de ses cris désespérés.

Cela ne dura pas longtemps. Un mouchoir passé dans sa bouche et solidement noué derrière la nuque étouffa sa voix.

Laissant la Solange entre les mains des deux compagnons, le grand Bernard, suivi de la mère Langlois, dont le cœur battait à se briser, grimpait l'escalier.

La vieille femme se débattait avec fureur, cherchant à se débarrasser de son bâillon.

— La vieille coquine commence à devenir gênante, grommela le Bourguignon; on ne sait pas ce qu'il y a là-haut, et je ne veux pas que la maman et Bernard visitent seuls ce repaire de brigands.

— C'est vrai; mais si nous abandonnons celle-ci, elle est capable de nous jouer un mauvais tour. Il faudrait l'enfermer quelque part.

— C'est assez mon avis.

— Seulement, il y a l'endroit à trouver.

— Je vais le chercher, dit le Bourguignon en allumant son rat-de-cave.

Il ouvrit une porte et disparut. Il revint au bout d'un instant en disant :

— J'ai trouvé la cage qui convient à cette vilaine chouette : une espèce de cuisine dont la fenêtre a des barreaux de fer; comme cela nous pourrons être tranquilles et sûrs que l'oiseau ne s'envolera pas.

Malgré sa résistance, la Solange fut traînée dans la salle où les deux ouvriers l'enfermèrent.

Au moment où Blaireau se disposait à fermer la prison de Claire, pour s'élancer ensuite au secours de sa complice, la jeune fille voulut faire un dernier et suprême effort pour échapper à son persécuteur et reprendre sa liberté.

Elle bondit vers la porte. Blaireau tenta de la repousser; elle s'accrocha à ses vêtements. Alors, une lutte acharnée, sauvage, s'engagea entre eux. L'espoir de la délivrance triplait les forces de Claire. Aux cris poussés par la Solange, tout son être avait tressailli de joie; quelque chose lui disait que le secours si ardemment demandé à Dieu lui arrivait, elle attendait son libérateur.

Elle avait saisi Blaireau et ne le lâcha point, malgré les efforts musculeux de ce dernier pour se dégager. Cela durait trop. Le misérable, ivre de vin et de rage, ne se connaissant plus, leva le poing et la frappa.

Elle jeta un cri de douleur.

A ce cri, une voix éclatante répondit par ces mots :

— Ma fille ! ma fille !

Blaireau n'entendit pas. Le sang bourdonnant dans ses oreilles le rendait sourd.

Il frappa une seconde fois.

La jeune fille, étourdie, chancela, lâcha prise et tomba sur ses genoux.

Au même instant, une porte s'ouvrit avec fracas et le grand Bernard parut sur le seuil.

## XXVIII

### LE PÈRE DE CLAIRE

A la vue de cet homme d'une taille de géant, qui lui était inconnu, Blaireau comprit qu'un effroyable danger le menaçait. Il pensa à s'enfuir, mais le grand Bernard gardait la porte. Ouvrir la fenêtre et s'élancer dans le jardin était un saut périlleux redoutable à son âge. Et pourtant, à tout prix il fallait qu'il s'échappât.

Il poussa un rugissement de fauve acculé dans son antre et bondit vers la porte pour forcer le passage.

Le grand Bernard étendit le bras et le canon de son revolver se trouva à la hauteur des yeux de Blaireau.

De blême qu'elle était, la figure du misérable prit une teinte violacée, les veines de son cou se gonflèrent et ses yeux farouches s'injectèrent de sang. Terrifié, il se jeta en arrière en faisant entendre un nouveau rugissement de détresse.

La mère Langlois se montra derrière l'ouvrier qui, sans quitter Blaireau des yeux, s'effaça pour la laisser entrer. Son œil avide plongea dans la chambre, faiblement éclairée par une petite lampe. Elle aperçut Blaireau, qu'elle ne reconnut pas d'abord; puis, affaissée dans un coin, la tête appuyée contre le mur, elle vit Claire. En deux bonds elle fut près d'elle.

— Maman! maman! cria la jeune fille en lui tendant les bras.

La mère Langlois ne pouvait rien dire, elle sanglotait.

Elle prit sa fille dans ses bras et la releva. Ensuite, l'étreignant fortement contre sa poitrine, elle couvrit ses joues, son front, sa bouche et ses yeux de baisers délirants. On n'entendit pendant quelques minutes que le bruit des baisers, des soupirs et des sanglots.

Rien ne pourrait rendre la joie et l'ivresse de la mère et de la fille.

Pendant ce temps, éperdu, chancelant et tremblant de peur, Blaireau s'était retiré jusqu'au fond de la chambre, et cherchait à se blottir dans l'endroit le moins éclairé. Peut-être espérait-il qu'on l'oublierait et que les libérateurs de la jeune fille se contenteraient de l'avoir retrouvée et de l'emmener.

Mais le grand Bernard, tenant son arme terrible à la main, ne le perdait pas de vue. Il put même s'avancer jusqu'au milieu de la chambre, car, maintenant, le Bourguignon et Brion, deux solides gaillards, aussi, gardaient la porte.

Cependant, la mère Langlois cessa de sangloter et retrouva la parole.

— Nous avons cru tous que tu avais quitté volontairement la maison du docteur Morand, dit-elle à Claire; j'ai su ce soir seulement que nous nous trompions et que tu avais été enlevée par des brigands. C'est vrai, n'est-ce pas, c'est bien vrai?

— Oui, ma mère, répondit Claire en frissonnant.

— Ah! les scélérats, ils seront punis tous, quand je devrais les traîner moi-même devant les juges, avec mes dents, si je n'ai pas assez de mes deux bras!

— Non, ma mère, laissez-les; mais emmenez-moi d'ici, partons tout de suite... j'ai peur!...

— Quand je te tiens dans mes bras, près de mon cœur, quand ces braves enfants du Faubourg sont là, près de nous!... Tu ne sais pas encore que c'est grâce à eux que ta pauvre mère désolée depuis quatre jours a le bonheur de t'embrasser en ce moment. Ce sont des amis de ton André; celui-ci, tu le connais de nom : c'est le grand Bernard.

— Ah! monsieur Bernard, merci! s'écria Claire avec émotion; merci à vous aussi, messieurs, qui êtes également les amis d'André.

— Et les vôtres, mademoiselle Claire, répondirent ensemble les ouvriers.

— C'est bien, reprit gravement la mère Langlois, nous nous dirons des gentillesses plus tard; pour l'instant, nous avons autre chose à faire. Je veux d'abord savoir pourquoi ces scélérats t'ont enlevée. Ma fille, tu vas tout me dire.

— Mais je ne sais rien, ma mère.

— Tu ne sais rien? ce n'est pas possible. Tu n'oses peut-être pas parler... Ah! malheur, malheur à eux, si tu as été maltraitée, outragée! Allons, ma fille, parle, on ne t'a pas enlevée sans motif, que t'a-t-on fait? Je veux le savoir.

— Chère mère, je vous assure qu'on ne m'a point maltraitée, on a même eu pour moi certains égards...

— C'est bien la vérité, tu ne cherches pas à tromper ta mère?

— Si j'eusse été maltraitée, ma mère, je vous le dirais, je vous le jure !

— Allons, murmura la mère Langlois, nous sommes arrivés à temps.

Pourtant, continua-t-elle en élevant la voix, tout à l'heure tu as jeté des cris, et tu as même crié assez fort pour que, d'en bas, j'aie pu reconnaître ta voix. Que se passait-il donc?

— Chère mère, j'avais la pensée que quelqu'un venait me délivrer. Je voulus m'échapper, m'enfuir de cette chambre qui est là, où j'étais enfermée. L'homme essaya de me faire rentrer de force, alors j'ai crié...

— Cet homme est-il celui qui t'a enlevée?

— Oui, ma mère.

— Ah! le brigand, nous le tenons !... Il me payera les larmes qu'il t'a fait verser, car tu as beaucoup pleuré, j'en suis sûre.

— Oh! oui, beaucoup.

— Mes amis, reprit la mère Langlois en s'adressant aux ouvriers, gardez bien la porte ; vous, grand Bernard, ayez toujours l'œil sur cette canaille.

— Soyez tranquille, répondit celui-ci, s'il essayait encore de se sauver, avant qu'il soit près de la porte, je lui aurais logé une balle dans la tête.

Blaireau, dans son coin, tremblait de tous ses membres.

A ce moment la mère Langlois s'aperçut qu'il y avait des taches de sang sur la robe et les mains de sa fille.

— Du sang ! s'écria-t-elle, du sang ! Claire, tu es blessée ?
— Non, ma mère.
— Mais ce sang, d'où vient-il ?
— Tout à l'heure j'ai un peu saigné du nez.
— Ah ! je comprends, tu n'as pas voulu me le dire, cet homme t'a battue, dis-le, ma fille, dis-le, il t'a frappée !

Claire resta silencieuse. Elle craignait les suites de la colère de sa mère et n'osait pas accuser son ennemi.

Mais la mère Langlois était convaincue.

— Ah ! le lâche, il a osé porter la main sur mon enfant ! exclama-t-elle, je serai sans pitié pour lui !

Elle fit asseoir Claire dans un fauteuil, puis elle lui dit :

— Reste là un instant, regarde et écoute, ce ne sera pas long.

Elle se redressa le regard fulminant.

Elle marcha vers Blaireau, le saisit violemment par le bras et le tira près de la table sur laquelle était placée la lampe. Le visage de Blaireau se trouva en pleine lumière.

Aussitôt la mère Langlois poussa un cri rauque et recula avec horreur.

— Lui ! lui ! fit-elle, lui ! Blaireau !

Ce mot passa entre ses lèvres comme une flèche et frappa le misérable en plein cœur.

Il fut pris d'un tressaillement nerveux et ses yeux glauques, aux regards hébétés, se fixèrent avec terreur sur cette femme inconnue, qui venait de le nommer.

Elle croisa ses bras sur sa poitrine, se rapprocha et, toujours menaçante, se campa devant Blaireau, bien en face.

— Infâme, lui dit-elle d'une voix rauque, je ne pensais guère te rencontrer ici. Ah ! c'est le Dieu vengeur qui te livre à moi !... Tu me regardes... est-ce que tu ne me reconnais pas ?

— Non, je ne vous connais pas, balbutia-t-il.

— Lève donc la tête davantage, tu me verras mieux.

— Non, je ne vous connais pas, répéta Blaireau.

— Vraiment, fit-elle avec une ironie mordante, en ce cas, tu perds facilement la mémoire de tes crimes, Auguste Blaireau.

Il tressaillit encore et s'écria :

— Mais qui êtes-vous donc ?

— Je suis une femme que pendant vingt années tu as fait souffrir; par toi j'ai connu toutes les tortures... Regarde-moi bien, Blaireau, et souviens-toi de Saint-Germain... Je suis Pauline Langlois !

— Pauline, vous, vous !...

— Ah ! tu me reconnais maintenant !... Tu me croyais morte, sans doute, et tu ne pensais guère qu'un jour ta victime se dresserait devant toi, terrible et implacable comme la justice de Dieu ! Ah ! le ciel m'est témoin que je ne te cherchais pas !... Oui, je suis Pauline Langlois, l'ouvrière de la rue Sainte-Anne, l'ancienne amie de Marguerite Gillot, et toi, tu es Auguste Blaireau, le lâche Auguste Blaireau le voleur, le bandit, le plus vil scélérat que la terre ait porté !... Va, tu ne commettras plus d'infamies ; tu iras au bagne, et c'est moi, entends-tu ? moi qui t'y enverrai !...

Et encore j'aurai un grand regret; c'est que le châtiment sera trop doux pour l'expiation.

— Pauline ! Pauline ! implora-t-il saisi d'épouvante.

— Ah ! ah ! ah ! fit-elle en ricanant, tu demandes grâce !... De la pitié pour toi, jamais !... Est-ce que tu as eu pitié de tes victimes ?... Tiens, monstre, regarde cette enfant : tu l'as enlevée, emprisonnée et frappée il y a un instant; eh bien, c'est ma fille et c'est la tienne !...

Blaireau se sentit écrasé, il laissa échapper un cri sourd et sa tête tomba sur sa poitrine.

— Claire, reprit la mère Langlois d'une voix saccadée, je t'ai dit d'écouter parce que tu as le droit de tout entendre ; seulement ne fais pas de jugement téméraire... A ton tour, regarde cet homme ; il se nomme Auguste Blaireau et il est ton père !...

— O mon Dieu, mon Dieu ! gémit la jeune fille.

— Ma fille, continua la mère avec exaltation, je te raconterai ma triste histoire, qui est en même temps le récit du crime de cet homme ; alors, seulement, tu pourras juger ta mère !.. Va, Claire, je ne crains pas de porter haut la tête, je sais que je n'aurai pas à courber le front et à rougir devant ma fille !

Claire se mit à pleurer, la figure cachée dans ses mains.

La mère Langlois se tourna vers le grand Bernard, et lui montrant Blaireau, qui paraissait pétrifié :

— Ce misérable appartient à la justice, dit-elle ; vous irez prévenir le commissaire de police.

Ces paroles menaçantes tirèrent Blaireau de sa torpeur.

— Non, non, cria-t-il, grâce !... Je suis un misérable, c'est vrai... Pauline, je vous ai lâchement outragée, mais je m'en repens, oh ! oui, je me repens ! Je vous en supplie, laissez-moi m'en aller.

— Auguste Blaireau, tu sortiras de cette maison entre deux agents de police ou deux gendarmes !

— Pauline, au nom de votre fille, grâce !...

Elle détourna la tête avec dégoût.

Il y eut comme un sanglot dans la gorge de Blaireau.

Alors, Claire se leva lentement, pâle et le visage inondé de larmes.

— Ma mère, dit-elle, ne soyez pas impitoyable ; Dieu nous ordonne d'oublier les injures, le Christ a pardonné à ceux qui, après l'avoir couronné d'épines et flagellé, l'ont attaché sur la croix et mis à mort ! Ma mère, moi aussi je vous demande grâce pour ce malheureux.

— Jamais ! exclama la mère Langlois avec violence.

— Mais il est mon père ! s'écria la jeune fille avec un accent déchirant.

Blaireau fit quelques pas, courbé en deux, se traînant, et vint tomber haletant aux pieds de Claire. Il leva ses yeux vers elle, il lui tendit ses mains tremblantes.

— Ah ! vous êtes bonne, vous, murmura-t-il ; vous me l'avez dit, il n'y a pas de place pour la haine dans votre cœur... Vous êtes ma fille... c'est la vérité puisque Pauline vient de le dire... Ma fille ! Et ce qui se passe en moi depuis quatre jours ne me l'a pas fait deviner... Ah ! si j'avais su cela plus tôt... Ma fille ! comme je l'aurais aimée !... Je le sens, je serais devenu meilleur ; oui, oui, il eût été temps encore, j'aurais racheté le passé.

Des spasmes lui coupèrent la voix. Il se tordit dans d'atroces convulsions, se frappant le front, se meurtrissant le visage, s'arrachant les cheveux.

La mère Langlois, les sourcils froncés, les yeux secs et ardents, se tenait debout à quelques pas, immobile comme une statue. Rien sur son visage n'indiquait qu'elle éprouvât la moindre émotion.

Immobiles comme elle, graves et silencieux, les trois ouvriers attendaient ses ordres.

Blaireau, brisé, anéanti, fou de terreur, continuait à pousser des gémissements affreux.

— Ma mère, ma mère, dit Claire d'une voix suppliante, ayez pitié de lui.

La mère Langlois secoua la tête.

— De la pitié, je n'en ai plus, répondit-elle.

— Ma mère, ma mère chérie, j'implore son pardon !

— Si le châtiment le lui fait mériter, c'est de Dieu seul qu'il peut l'obtenir. Ah ! ma fille, si tu le connaissais, au lieu d'élever ta voix en sa faveur, tu le fuirais avec épouvante !... Ce n'est ni le remords ni le repentir qui l'agitent en ce moment, c'est la peur !... Il y a des choses que sait ta mère et que tu dois ignorer toujours. En ta présence, Claire, je n'ose pas lui jeter à la face tous ses crimes.

Malgré son trouble et ses angoisses, une pensée put éclore dans la tête de Blaireau. Il y vit une branche de salut, et comme le malheureux qui se noie, il s'y cramponna avec l'énergie du désespoir.

Il fit un effort, et sans le secours de Claire, qui lui tendit la main, il parvint à se mettre sur ses genoux.

— Pauline, dit-il, le repentir est entré en moi, je vous le jure! En ce moment, pour prix du mal que je vous ai fait, je donnerais tout mon sang. Mais si vous le voulez, Pauline, il n'est pas impossible de le réparer.

— Hein, que dit-il ? fit la mère Langlois

— Pauline, continua-t-il d'un ton pénétré, j'ai plus de trois millions de fortune, consentez à devenir ma femme... Claire sera légitimée, votre fille... notre enfant aura un nom !

Elle lui lança un regard terrible, tout en frissonnant d'horreur.

— Auguste Blaireau, répliqua-t-elle d'une voix creuse, ma fille n'a pas besoin de porter un autre nom que le mien, qui est le nom d'une honnête femme, et ni elle, ni moi, ne voudrions le changer contre celui d'un scélérat ! Quant à tes millions, Blaireau, ils me tentent moins encore. Où les as-tu pris, ces millions ? Est-ce le travail qui te les a donnés ?... De l'or comme celui-là doit brûler les mains de ceux qui le touchent, rendre aveugles ceux qui le regardent !... Si, comme tu le dis, — mais je ne le crois pas — le repentir est entré en toi, eh bien, pour commencer à mériter le pardon des infamies et des crimes qui ont souillé ta vie, dès demain, rends cet or à ceux à qui tu l'as volé !

Maintenant, écoute : Il y a quelques jours, je ne pensais pas comme en ce moment. En apprenant que tu existais encore, que tu habitais à Paris, je me mis à ta recherche... Oh ! ce n'était pas pour moi, mais pour ma fille ! Alors, je voulais qu'elle fût reconnue par son père et c'est à genoux, entends-tu, Blaireau, à genoux, humiliée et tremblante, que je t'aurais supplié de me prendre pour femme !... On m'avait dit aussi que tu étais riche ; mais je ne songeais pas à ta fortune... Pas plus pour ma fille que pour moi, je n'aurais voulu accepter de l'argent de toi. Claire se mariera un jour, bientôt je l'espère ; sa dot est prête, tout ce que je possède lui appartient. Il ne s'agit pas de millions, mais elle a une petite fortune honnêtement acquise, que le travail de sa mère a gagnée. Cet argent-là fructifie toujours, parce qu'il est béni par le bon Dieu, tandis que ton or, à toi, Blaireau, est de l'or maudit !

Eh bien, oui, poursuivit-elle avec animation, il y a quelques jours j'aurais accepté avec joie, avec reconnaissance la proposition que tu viens de me faire de m'épouser. Mais aujourd'hui ta vue me glace d'effroi, tu me fais horreur !... Ah ! plutôt que d'être ta femme, je préférerais perdre l'amour de ma fille ! Claire, tu entends, je refuse d'épouser cet homme, qui nous offre à toutes les deux son nom et ses millions !... Mais à toi, mon enfant bien-aimée, je ne refuserai pas la première chose que tu me demandes. Ta voix suppliante a fait tressaillir mon cœur, devant tes larmes s'est éteinte ma colère... Je le prends en pitié, puisque tu le veux, et je lui pardonne le mal qu'il nous a fait. Malheureusement, nous ne sommes pas ses seules victimes; s'il n'a pas le repentir sincère, il n'obtiendra pas le pardon de Dieu, plus sévère que nous.

— Ah! Pauline, Pauline, s'écria Blaireau, c'est donc vrai, bien vrai, vous me pardonnez?

Il se traîna sur ses genoux jusqu'à elle.

— Auguste Blaireau, relève-toi, lui dit-elle d'un ton plein de gravité; je voulais te livrer à la justice; ma fille me le défend, je ne le ferai point, j'aurai peut-être à regretter d'avoir été si indulgente; mais je ne veux pas que Claire me dise un jour: « Il avait le repentir et vous l'avez fait condamner; il pouvait revenir au bien et racheter ses crimes par une vie plus honnête, et vous l'avez fait frapper par la main des hommes! »

Blaireau s'était levé, il tremblait encore; mais la joie étincelait dans ses yeux.

— Tu es libre, reprit la mère Langlois; mais, avant de te laisser partir, il faut que tu nous dises pourquoi tu as enlevé Claire de la maison du docteur Morand. Surtout, pas de mensonge. Parle?

Il hésitait à répondre.

La mère Langlois lui mit la main sur l'épaule et, le secouant violemment :

— Parle donc, lui dit-elle rudement, en le couvrant d'un regard de feu.

Blaireau comprit cette menace muette et se décida à répondre.

— Il y a chez le docteur Morand une folle, dit-il.

— Il n'y a rien d'étonnant à cela, puisque c'est une maison d'aliénés, fit la mère Langlois.

Claire avait tressailli. Elle se rapprocha pour mieux entendre.

Blaireau reprit :

— J'ai appris que, grâce à une influence extraordinaire que Mlle Claire exerçait sur la folle, le docteur avait l'espoir de lui rendre la raison. Le retour à la raison de cette malheureuse amènerait la révélation d'un secret terrible, qui compromettrait un grand nom et couvrirait de honte une famille tout entière. Il faut que cette femme reste folle! Il y avait donc nécessité d'empêcher la guérison; il le fallait à tout prix. Je compris, d'après ce qu'on m'avait dit, qu'il était urgent de la séparer de Mlle Claire.

— Alors, tu as enlevé ma fille.

— Et c'est pour cela... Oh! c'est horrible! s'écria la jeune fille.

Blaireau baissa la tête.

— Claire, demanda la mère Langlois, crois-tu qu'il ait dit la vérité?

— Oh! oui, ma mère, je le crois, je le crois!

Et elle fondit en larmes en murmurant :

— Pauvre amie! pauvre Léontine!

— Léontine, dis-tu, Léontine Landais! exclama la mère Langlois.

— Oui, ma mère, ma bonne amie de Rebay, la pauvre folle qui a pris soin de mon enfance, qui m'a tant aimée, se nomme Léontine Landais.

Blaireau ouvrit de grands yeux hébétés ; il ne comprenait pas.

La mère Langlois était sous le coup d'une joie immense.

— Le jour où vous m'avez retrouvée, ma mère, reprit la jeune fille, on m'a dit : « Claire, si vous voulez que votre pauvre amie de Rebay, celle qui a été votre première mère, recouvre sa raison, il faut que vous restiez près d'elle, pendant un mois encore. » C'était un devoir à remplir, ma mère; j'ai promis de rester et c'est pour cela que je n'ai pas voulu vous suivre.

— Ah! Dieu soit loué! s'écria la mère Langlois en levant ses yeux vers le ciel, la pauvre Léontine est retrouvée aussi! Vont-ils être heureux tous !...

Elle entoura sa fille de ses bras et la serra fortement contre son cœur.

— Ah! murmura-t-elle avec ivresse, je ne savais pas encore que ma fille eût un pareil cœur!

— Ma mère, reprit Claire d'une voix entrecoupée par les sanglots, vous allez me reconduire chez le docteur Morand, près de ma pauvre amie.

— Oui, mais pas ce soir, demain ; le docteur nous attendra, car le grand Bernard ira le prévenir que nous l'avons retrouvée.

Blaireau écoutait avec une stupéfaction croissante. Pour que Claire sût le nom de la folle, il fallait que celle-ci eût parlé. Elle avait donc eu déjà des éclairs de raison ? De ce côté, le danger restait le même. Il le sentait. La pensée de s'enfuir, de quitter immédiatement la France lui revint plus ardente. Pauline Langlois, elle aussi, paraissait connaître la folle. Y avait-il donc entre ces deux femmes, ses victimes, autre chose de commun que les souffrances causées par lui ? Il ne pouvait le deviner, mais il le pressentait, et c'était pour lui un autre sujet de terreur.

Après l'avoir oublié un instant, la mère Langlois revint à lui.

— Blaireau, dit-elle, dans l'intérêt du docteur Morand et pour ma propre satisfaction, il me reste une chose à savoir : Qui donc te renseigne si bien sur ce qui se passe dans la maison de Montreuil ?

— Une personne de l'établissement.

— Je le pensais bien. Est-ce un domestique ?

— Oui.

— Son nom ?

— Antonio.

— L'Espagnol ! s'écria Claire ; ah ! le misérable hypocrite !... Il est peut-être le seul serviteur de la maison que M. Morand n'aurait pas soupçonné d'une aussi odieuse trahison.

— Voilà le malheur de la plupart de ceux qui se font servir, murmura la mère Langlois, ils nourrissent près d'eux des espions et des traîtres !

Blaireau, reprit-elle en élevant la voix, cet Antonio a-t-il été aussi ton complice dans l'enlèvement de ma fille ?

— Oui, c'est lui qui m'a ouvert les portes.

— Vous avez entendu, grand Bernard, vous vous chargerez d'édifier le docteur sur le dévouement et la fidélité de son domestique espagnol.

Elle se tourna de nouveau vers Blaireau.

— Si ton âme n'est pas morte, s'il te reste encore un peu de conscience, lui dit-elle d'un ton sévère et plein de dignité, regarde dans ton passé, et si tu le peux, fais le total de toutes tes infamies.... Alors tu connaîtras le remords, tu reverras toutes tes victimes; celles-ci, les yeux éteints par les larmes; celles-là, pâles, amaigries par la misère ; d'autres devenues cadavres, couchées dans la tombe, te montreront leur suaire taché de sang. Toutes te poursuivront de leurs plaintes, de leurs gémissements, de leurs cris d'agonie... Tu les entendras sans cesse, à toute heure du jour et de la nuit... Haletant, épouvanté, tes chairs frissonnantes, tu voudras fuir les horribles visions ; mais toujours elles se dresseront devant toi avec leurs voix lugubres! En vain tu fermeras les yeux et tu te boucheras les oreilles, toujours tu les verras, toujours tu les entendras. Ces victimes seront pour toi ce que tu as été pour elles, impitoyables! Et cela durera jusqu'au jour où, écrasé, fou de terreur et repenti, tu tomberas à genoux et, la face dans la poussière, tu demanderas pardon à Dieu!

Tu m'as vue aujourd'hui pour la seconde et dernière fois, je l'espère. Au nom de ma fille, écoute le conseil que je te vais donner : Tu vas sortir d'ici libre; mais ne perds pas une minute, quitte Paris immédiatement, sauve-toi! Passe la frontière de France, traverse les mers et cache-toi si bien que je n'entende plus parler de toi... Si, demain, en se levant, le soleil te trouve à Paris, il sera trop tard pour t'enfuir... Auguste Blaireau tu es prévenu. Maintenant, va-t'en!

Blaireau se redressa, poussa un cri de joie et se dirigea vers la porte.

Le Bourguignon et Brion s'écartèrent pour le laisser passer. Mais au moment de s'élancer dans l'escalier, il se retourna brusquement et les bras tendus, marcha vers Claire.

La mère Langlois se jeta devant lui, les yeux pleins d'éclairs,

— Arrière, misérable, arrière! cria-t-elle ; toi embrasser ma fille, jamais!... Va-t'en, va-t'en !...

Et magnifique de colère, d'un geste impérieux elle lui montra la porte.

— Ah ! murmura-t-il d'une voix étranglée, je l'aime, pourtant, je l'aime !

Un sourd gémissement s'échappa de sa poitrine ; sous le regard dominateur de la mère Langlois, il recula jusqu'à la porte et descendit précipitamment l'escalier.

## XXIX

### L'ARRESTATION

Derrière Blaireau, Brion était descendu pour aller chercher la voiture qui avait amené le grand Bernard et la mère Langlois à Joinville et que celle-ci avait eu l'excellente idée de conserver.

Un quart d'heure après, enlacées dans les bras l'une de l'autre, la mère et la fille prenaient la route de Paris.

La pauvre Pauline n'avait peut-être pas encore éprouvé une semblable ivresse.

— Enfin, disait-elle à Claire ravie en la pressant contre elle, pour la première fois, tu vas donc dormir dans ce lit qui t'attend depuis si longtemps !

— Oui, répondit la jeune fille, mais demain vous me mènerez à Montreuil, vous me l'avez promis.

— Oui, cher trésor, oui, nous irons à Montreuil, il faut bien que le bon docteur guérisse ta bonne amie, la pauvre Léontine Landais ! Ah ! je l'aimerai bien aussi, celle-là, va, qui toute petite t'a tenue dans ses bras, que tu as appelée ta mère et qui t'a appris à aimer... Et toi aussi tu l'aimeras toujours, toujours, je te le permets, je ne serai pas jalouse !...

. . . . . . . . . . . . . . . . . . . .

Les trois ouvriers étaient encore dans la maison. Le grand Bernard se frottait les mains.

— Vous me croirez si vous voulez, dit-il à ses camarades, je n'ai jamais été aussi heureux de ma vie ; notre expédition de ce soir a été une vraie partie de plaisir, et je puis vous dire comme le général en chef d'une armée après la bataille gagnée : « Soldats, je suis content de vous ! »

— L'aventure fera du bruit, dit le Bourguignon, on en parlera longtemps dans les ateliers du Faubourg.

— Si vous voulez suivre mon conseil, camarades, nous nous tairons sur cette affaire. Cela amuserait certainement nos amis ; mais on pourrait faire aussi des suppositions malveillantes, et je ne veux pas, vous entendez, je ne veux pas qu'on touche à la réputation de Mlle Claire.

— Pas plus qu'à l'honneur d'André ; tu as raison Bernard, approuva Brion.

— Dites donc, que pensez-vous de Mme Langlois?

— Oh ! c'est une vraie femme, celle-là.

— Quelle' gaillarde !

— Hein, comme elle vous a raboté le vieux Blaireau !

— Blaireau, un drôle de nom !

— C'est celui qui lui convient, fit le Bourguignon, un nom de bête !...

— Féroce ? interrogea Brion en riant.

— A peu près, répondit le Bourguignon qui, dans ses moments de loisir, s'occupait d'histoire naturelle, le Blaireau est un peu de la famille des ours, *Ursus meles*.

Les autres se mirent à rire.

— Assez causé, reprit le grand Bernard, vous savez que je dois aller à Montreuil cette nuit : c'est l'ordre de Mme Langlois. Il n'est guère plus de dix heures ; en marchant bien, j'y serai avant minuit.

— Ne veux-tu pas que nous t'accompagnions ? demanda le Bourguignon.

— Si cela vous fait plaisir, je ne demande pas mieux.

— Avant tout, fit observer Brion, il serait bon, je crois, de rendre la liberté à la vieille coquine que nous avons emprisonnée tout à l'heure. Personne ne s'aviserait de venir la délivrer et nous n'avons aucune raison de vouloir qu'elle meure de faim ou soit dévorée par les rats.

— Va donc lui ouvrir la porte, dit le grand Bernard.

La Solange n'avait pas eu de peine à se débarrasser de son bâillon; revenue de la frayeur que lui avait causée la brusque attaque des ouvriers, qu'elle prit pour des voleurs, elle eut un accès de rage épouvantable. Depuis une heure, elle tournait et bondissait autour des murs de sa prison, comme une hyène furieuse dans sa cage de fer, cherchant vainement une issue pour s'échapper.

Elle était loin d'être calmée quand Brion vint la mettre en liberté. Elle s'imagina sans doute que, après l'avoir volée, on voulait l'assassiner. Elle s'élança, affolée, hors de la salle basse, en poussant des cris effroyables, parmi lesquels on distinguait ces mots :

— Au voleur! à l'assassin!

— Elle est folle, archi-folle, dit le grand Bernard, laissons-la crier à son aise et allons-nous-en.

Au même instant, on frappa violemment à la porte de la rue.

La Solange avait perdu la tête ; elle cria plus fort encore.

Les coups frappés contre la porte redoublèrent. Puis une voix sonore se fit entendre, disant :

— Ouvrez au nom de la loi, ouvrez !

— Bon, fit le grand Bernard, voilà la police qui s'en mêle ; au fait, ce n'est peut-être pas un mal.

La voix de la rue reprit, sur un ton plus élévé :

— Si vous n'ouvrez pas, nous enfonçons la porte.

— Brion, tu vas aller ouvrir, ordonna le grand Bernard; vous resterez tous les deux pour répondre ; moi, je file en passant par le jardin, j'irai seul à Montreuil. Si demain matin, à six heures, vous n'êtes pas chez moi, je reviendrai ici savoir ce qui se passe.

Il échangea une poignée de main avec ses camarades et disparut.

Brion courut ouvrir la porte que les agents se disposaient à enfoncer. Ils étaient trois : deux sergents de ville et un agent de police de sûreté.

— Au voleur! à l'assassin! cria encore la Solange, arrêtez-les.

Un sergent de ville saisit Brion au collet.

— Oh! ce n'est pas la peine de me tenir, dit-il en souriant ; c'est pour vous faire entrer et non pour me sauver que j'ai ouvert la porte.

— Nous ne sommes pas des voleurs et encore moins des assassins, dit alors le Bourguignon, en s'avançant vers les agents.

— Il ment, ce sont des voleurs, ils étaient trois, l'autre s'est sauvé, arrêtez-les, glapit la vieille femme.

— Vous, commencez d'abord par vous taire, lui dit durement l'un des sergents de ville.

L'agent de sûreté intervint.

— Si vous n'êtes pas des voleurs, fit-il en s'adressant au Bourguignon, ce que je veux bien admettre, qui êtes-vous ?

— Nous sommes deux ouvriers ébénistes du faubourg Saint-Antoine.

— Ah! vous êtes ouvriers, soit. Mais comment expliquez-vous votre présence dans cette maison ?

Le Bourguignon et Brion échangèrent un regard qui n'échappa point à l'agent.

— Vous voyez bien que ce sont des voleurs, dit la Solange.

— Cette femme prétend que vous étiez trois, est-ce vrai ? demanda l'agent.

— Oui, nous étions trois et même quatre.

— Où sont vos complices ?

— Oh! complices, ce n'est peut-être pas le mot qui convient ; mais n'importe, ils étaient plus pressés que nous, et ils sont partis.

En répondant ainsi, le Bourguignon, on le voit, aggravait encore sa situation et celle de son ami.

— C'est bien, fit l'inspecteur de police, nous les retrouverons.

— Ce ne sera pas difficile, riposta Brion en souriant.

— Je vous arrête, reprit l'agent, suivez-nous.

— Où cela? demanda le Bourguignon.
— Chez le commissaire de police.
— Décidément vous nous prenez pour des voleurs?
— Je connais trop bien ces gens-là pour m'y tromper, répondit l'agent; je suis convaincu que vous êtes, comme vous le déclarez, deux ouvriers; mais nous vous trouvons dans cette maison, qui ne jouit pas précisément d'une bonne réputation, et il est utile qu'on sache ce que vous êtes venus faire.
— A la bonne heure, vous êtes un malin, vous, approuva Brion.
— Nous ne demandions pas autre chose que d'être conduits devant M. le commissaire de police, dit le Bourguignon, nous sommes prêts à vous suivre. Seulement, vous ferez bien, je crois, de prier madame de nous y accompagner.

Un sourire singulier passa sur les lèvres de l'agent. Il fit un signe aux sergents de ville, qui se placèrent aux côtés de la Solange.

La vieille se mit à trembler de tous ses membres.
— Pourquoi m'emmener? dit-elle, je suis vieille, j'ai besoin de repos, laissez-moi me coucher.
— Il faut que vous fassiez votre plainte.
— Mais je vous l'ai faite, je n'ai pas autre chose à dire. Ces hommes-là sont entrés dans la maison, je ne sais comment; ils se sont jetés sur moi, ils m'ont mis un mouchoir dans la bouche, pour m'empêcher d'appeler au secours, et m'ont enfermée dans une chambre. Pourquoi? Pour me voler, je ne peux pas dire autre chose.
— Eh bien, vous le répéterez au commissaire. Il sera, du reste, très content de vous voir, car depuis longtemps il désire faire votre connaissance.
— Allons, messieurs, emmenez cette femme, reprit l'agent de la sûreté, en s'adressant aux sergents de ville.

Voyant la mauvaise tournure que les choses prenaient pour elle, la Solange comprit combien elle avait été imprudente et mal avisée en jetant ces cris insensés qui avaient amené les agents; sottement, elle s'était perdue elle-même.

Profitant d'un instant où les agents n'avaient pas l'œil sur elle, elle bondit en arrière avec l'intention de leur échapper, mais ils la saisirent en même temps par les deux bras.

Alors elle tomba sur ses genoux, blême de frayeur. Une sueur froide couvrait son front, ses dents claquaient.

— Je suis une pauvre vieille femme, dit-elle d'une voix chevrotante, je ne peux plus marcher, ayez pitié de moi.

Les agents ne purent s'empêcher de rire.

Elle sentit qu'elle n'avait rien à espérer d'eux. Cependant, elle crut encore pouvoir les attendrir en simulant une attaque de nerfs. Elle se roula par terre en poussant des plaintes et des cris lamentables. Tout cela fut inutile.

— Ma soirée a été bonne, murmura l'inspecteur de police, en regardant la Solange, qui se tordait comme une possédée, celle-là est de bonne prise.

Les sergents de ville, indécis, attendaient ses ordres.

— Ne voyez-vous pas que cette vieille femme nous joue une comédie de sa façon? leur dit-il. Le temps passe ; allons, en route !

Il fallut traîner la Solange jusque dans la rue.

Pour expliquer la présence à Joinville, à cette heure de la nuit, de l'agent de la sûreté, et aussi son attitude vis-à-vis de la Solange, il est bon de dire que, par suite de plaintes portées par les voisins, la maison mystérieuse était surveillée depuis quelque temps. La police savait très bien que la dame Solange recevait fréquemment des visiteurs aux allures étranges et qu'elle donnait des fêtes qui duraient toute la nuit. Mais elle ignorait encore quel était le véritable motif de ces réunions nocturnes. Ce pouvait être une maison de jeu clandestine, ou aussi bien un lieu de débauche honteuse ; mais, avant d'agir dans l'intérêt de la tranquillité et de la morale publiques, la police tenait à savoir s'il y avait réellement à réprimer des infractions à la loi.

Voilà pourquoi, depuis un mois environ, elle faisait surveiller la maison par un agent spécial, aussi actif qu'intelligent.

On comprend la satisfaction qu'éprouva ce dernier lorsque, par ses cris, la Solange lui offrit l'occasion d'entrer dans la maison, et avec quelle joie et quel empressement il la conduisit chez le commissaire de police qui, heureusement, était encore au bureau du commissariat.

Après avoir entendu le rapport des agents, le magistrat se tourna vers la Solange et l'invita à faire sa déposition.

D'une voix tremblante, presque éteinte, elle répéta ce qu'elle avait déjà dit aux agents.

Quand elle eut fini, le commissaire jeta un regard sévère sur les deux ouvriers.

— L'accusation est nette, dit-il, qu'avez-vous à répondre ?

XXX

CHEZ LE COMMISSAIRE

Ce fut le Bourguignon qui prit la parole.

— Monsieur le commissaire, repondit-il, mon camarade, que voilà, se nomme Jules Brion et moi Edmond Blaisois, dit le Bourguignon, parce que je suis né natif de Dijon, Côte-d'Or. Comme Brion, je suis ébéniste de mon état et nous travaillons au faubourg dans le même atelier. Au premier ouvrier qu'on rencontre dans le quartier, de la colonne de Juillet à la place du Trône, on n'a qu'à demander s'il connaît Brion et le Bourguignon. Tout de suite il répondra : « Brion, le Bourguignon, les deux inséparables ? Mais qui ne les connaît pas ? Ce sont de vrais *zigues*, ceux-là, et la preuve qu'ils valent quelque chose, c'est qu'ils sont les amis du grand Bernard, le roi des ouvriers. » — Donc, monsieur le commissaire, voilà ce que nous sommes.

Madame nous appelle voleurs; ça lui est facile à dire, mais difficile à prouver. Par exemple, ce qui est la vérité, c'est que l'ami Brion a forcé la porte à s'ouvrir pour nous faire entrer. Nous nous sommes dispensés de frapper, parce que nous étions sûrs d'avance que madame n'aurait pas l'amabilité de nous ouvrir. Ce qui est encore vrai, c'est que nous l'avons empoignée, bâillonnée, pour l'empêcher de crier, et mise précieusement sous clef, afin de nous débarrasser momentanément de sa présence, et aussi pour qu'elle n'ait point la fantaisie de courir les rues la nuit, ce qui est généralement dangereux, même pour les femmes de son âge.

Sans cette précaution, que nous avons prise, continua-t-il en accentuant son ton gouailleur, je suis persuadé que madame n'aurait pas le plaisir d'être en ce moment en notre compagnie.

Le commissaire de police écoutait et prenait des notes.

— Je vous assure, monsieur le commissaire, poursuivit le Bourguignon, que nous n'avions nullement l'intention de venir vous déranger ce soir. Nous allions nous retirer tranquillement, après avoir rendu la liberté à madame, lorsqu'elle eut la singulière idée d'appeler ces messieurs. Je crois qu'elle s'en mord les doigts maintenant; mais cela ne change en rien sa situation : elle vous fait ce soir la visite qu'elle vous aurait faite demain.

Le magistrat leva lentement la tête, et son regard scrutateur se fixa sur le visage honnête et franc de l'ouvrier.

— Enfin, dit-il, vous vous êtes introduits nuitamment dans une maison habitée; il y a eu effraction et violation de domicile. Si ce n'était pour commettre un vol, quel mobile vous a fait agir?

— Ah! voilà... Nous n'avons pas l'intention de vous cacher la vérité, monsieur le commissaire; mais, tout de même, je regrette que le grand Bernard ne soit pas ici, il vous dirait cela mieux que moi.

— Ce grand Bernard était avec vous, c'est un de ceux qui ont pris la fuite?

— Le grand Bernard ne s'est point sauvé, monsieur le commissaire; c'est lui qui nous a ordonné de rester et d'ouvrir la porte à ces messieurs. Il n'est pas ici avec nous parce qu'il a pensé que ça lui prendrait trop de temps. Il avait une commission pressée à faire à Montreuil, chez M. le docteur Morand, et de Joinville à Montreuil il y a du chemin.

En entendant prononcer le nom du docteur, le magistrat fit un brusque mouvement.

— Nous parlerons tout à l'heure de celui que vous appelez le grand Bernard, dit-il; il faut, avant tout, que je sache dans quel but vous vous êtes introduits dans la maison.

— Oh! tout simplement pour délivrer une jeune fille qu'on y retenait malgré elle.

Le commissaire bondit sur son fauteuil.

— Continuez, continuez, fit-il avec agitation.

Les agents s'étaient vivement rapprochés du Bourguignon.

— Mais, c'est tout, monsieur le commissaire, répondit l'ouvrier; comme nous le pensions, nous avons trouvé mademoiselle Claire...

— Claire, dites-vous, Claire! exclama le magistrat.

D'une main fiévreuse il ouvrit un dossier dans lequel il prit une feuille, qu'il parcourut rapidement des yeux.

C'était une note, qu'il avait reçue de la Préfecture de police trois jours auparavant. Elle était relative à la disparition de Claire, ouvrière lingère de l'établissement du docteur Morand, et donnait le signalement de la jeune fille.

— C'est bien cela, murmura-t-il, c'est bien cela.

Puis, d'un ton calme, s'adressant au Bourguignon :

— Est-ce que vous la connaissiez, cette demoiselle Claire? demanda-t-il.

— Pas précisément, mais le grand Bernard connaissait sa mère.

— Depuis combien de temps la cherchiez-vous?

— Depuis ce matin après avoir lu le journal en déjeunant. Avant, nous ne savions rien.

— Pouvez-vous me dire où demeurait mademoiselle Claire?

— A Montreuil, chez M. le docteur Morand.

Le visage du commissaire devint rayonnant.

— Plus de doute, dit-il, c'est bien cette jeune fille dont la disparition mystérieuse avait motivé cette note.

Il se tourna brusquement vers la Solange qui, affaissée sur un siège, plus pâle qu'une morte, jetait autour d'elle des regards effarés.

— Comment cette jeune fille est-elle venue chez vous? lui demanda-t-il d'une voix sévère.

Quelques sons rauques sortirent de la gorge de la vieille femme.

— Je ne vous entends pas, parlez plus haut surtout plus distinctement. D'abord, levez-vous.

Elle essaya d'obéir, mais elle ne put se tenir sur ses jambes défaillantes, elle retomba lourdement sur son siège.

— Allons, parlez, je vous écoute.

— On me l'a amenée.

— Ah! on vous l'a amenée! Qui?

— Mon maître.

— Je croyais que vous habitiez seule votre maison, bien que vous y receviez souvent nombreuse et joyeuse compagnie. Comment se nomme-t-il votre maître?

— Blaireau.

— Est-ce qu'il demeure avec vous?

— Non.

— Où demeure-t-il?

— A Paris.

— C'est son adresse que je vous demande.

— Je ne sais pas.

— Allons donc, ce n'est pas admissible.

— Je vous jure, monsieur le commissaire, que je n'ai jamais su dans quelle rue il demeurait.

— Soit, nous saurons plus tard si vous cherchez à égarer la justice. Votre maître vous a-t-il dit comment et dans quelle circonstance il avait rencontré la jeune fille.

— Il ne m'a rien dit, je ne sais rien, je le jure.

— Si monsieur le commissaire le permet, je puis lui donner ce renseignement, dit le Bourguignon.

— Je vous écoute.

— Le docteur Morand et aussi M<sup>me</sup> Langlois, la mère de Claire, croyaient que la jeune fille était sortie volontairement de la maison de santé. Ils se trompaient. M︎ⁱˡᵉ Claire a été enlevée par Blaireau.

— Oh! oh! un rapt suivi d'une séquestration! s'écria le magistrat; l'affaire est grave, très grave! Ce Blaireau est un grand scélérat; il faut absolument que nous mettions la main sur lui.

Maintenant, Blaisois, dites-nous comment vous avez découvert que M︎ⁱˡᵉ Claire était à Joinville.

— Oh! bien volontiers, dit le Bourguignon.

Il raconta ce que le grand Bernard et lui avaient vu et entendu dans la ruelle le soir de la noce de M︎ⁱˡᵉ Ravier, la fille d'un de leurs camarades d'atelier; l'effet produit sur eux par l'article du journal; son arrivée à Joinville accompagné de Brion et ce qu'ils avaient appris avant que le grand Bernard et la mère de Claire ne vinssent les rejoindre. Quand il parla de Blaireau et de ce qui s'était passé dans la maison, peut-être allait-il dire que M︎ᵐᵉ Langlois avait reconnu Blaireau qui se trouvait être le père de Claire. Mais un coup de coude de Brion lui fit comprendre assez tôt que, dans l'intérêt même de la jeune fille, il devait garder ce secret. Il se borna à ajouter que Blaireau ayant demandé grâce on l'avait laissé partir.

— Quant au grand Bernard, acheva-t-il, il est allé dire à M. Morand que M︎ⁱˡᵉ Claire est retrouvée et le prévenir en même temps qu'il a chez lui un domestique espagnol du nom d'Antonio, qui est un fieffé coquin; c'est lui qui a prêté la main à Blaireau dans l'enlèvement de M︎ⁱˡᵉ Claire.

Aux plis qui s'étaient creusés sur son front, à son attitude sévère, il était facile de voir que le commissaire de police se trouvait sous le coup d'une vive contrariété.

Adossé au chambranle de la porte, les yeux à demi fermés, l'agent de la sûreté paraissait réfléchir profondément.

— Je ne doute pas que votre récit ne soit l'exacte vérité, dit enfin le commissaire de police; mais il me démontre que vous avez agi avec une grande imprudence et que votre conduite à tous est très blâmable. Sans doute, le but que vous voulez atteindre excuse vos actes; mais on n'a pas le droit de pénétrer ainsi dans une habitation close. Votre devoir était de prévenir un commissaire de police et de vous faire accompagner par lui. Pourquoi ne l'avez-vous pas fait?

— En effet, monsieur le commissaire, vous avez raison; c'est notre ami Bernard qui a tout conduit, et, bien certainement, il n'a point pensé à cela, pas plus que M⁽ᵐᵉ⁾ Langlois. Nous étions pressés, nous craignions d'arriver trop tard, il y avait tout à redouter. Que voulez-vous? dans ces quarts d'heure-là on ne réfléchit pas.

— Aussi, qu'est-il arrivé? Par suite d'une faiblesse inqualifiable et que rien ne justifie, le principal coupable s'est dérobé... Qui sait si, pendant longtemps encore, il ne parviendra pas à échapper à la main de la justice? Si seulement nous avions son adresse, en agissant promptement, peut-être pourrions-nous l'atteindre avant qu'il ait eu le temps de prendre ses dispositions pour se soustraire aux recherches qui seront dirigées contre lui.

L'inspecteur de police releva brusquement la tête.

— Monsieur le commissaire, dit-il, ce n'est pas aujourd'hui la première fois que j'entends prononcer ce nom de Blaireau; nous sommes sur la piste d'un certain nombre de malfaiteurs; l'un d'eux est à Montreuil chez M. le docteur Morand; celui-là sait peut-être où demeure Blaireau; il me paraît urgent de s'en assurer. Je vais prendre une voiture et me rendre immédiatement à Montreuil. Si, comme je l'espère, j'obtiens du domestique en question le renseignement que nous désirons, je reviendrai ici. Dans le cas contraire je me mets aussitôt en campagne et le susdit Blaireau sera bien fin s'il nous échappe.

— Allez, répondit le commissaire.

L'agent s'élança hors du cabinet.

— Vous pouvez vous retirer, dit le commissaire aux deux ouvriers, dès qu'on aura besoin de vous on vous appellera.

Quant à vous, reprit-il en s'adressant à la Solange, je vous maintiens en état d'arrestation.

La vieille eut un cri étouffé et cacha sa figure dans ses mains.

Le commissaire la montra aux sergents de ville, en disant:

— Emmenez cette femme.

Pendant que ceci se passait à Joinville-le-Pont, le grand Bernard arrivait à Montreuil.

Au nom de la mère Langlois toutes les portes s'ouvrirent devant lui et il fut immédiatement introduit près du docteur.

M. Morand resta stupéfié en apprenant que Claire avait été victime d'un enlèvement, et que l'un de ses serviteurs, en qui il avait toute confiance, était un des misérables auteurs de ce crime.

Il envoya prévenir le commissaire de police de Montreuil, qui arriva dix minutes après.

Antonio fut arrêté aussitôt. Il nia d'abord énergiquement sa complicité dans l'enlèvement; mais, quand on lui eut dit que Blaireau lui-même l'avait dénoncé, il fit des aveux complets.

Le grand Bernard avait rempli sa mission. Porteur d'une lettre du docteur Morand adressée à la mère Langlois, le cœur joyeux et ne se ressentant même pas des émotions et des fatigues de la journée, il reprit tranquillement la route de Paris.

## XXXI

#### SOUVENIR D'UN AMI

Blaireau, aiguillonné par la terreur et croyant sentir encore peser sur lui le regard menaçant de Pauline Langlois, avait traversé Joinville au pas de course. Il arriva à Vincennes sans avoir ralenti sa marche, mais ses jambes étaient à bout de forces. Heureusement, il rencontra un cocher maraudeur qui, au premier signe, arrêta son cheval.

— Vous me descendrez rue de Rivoli, près de l'Hôtel-de-ville, lui dit Blaireau en ouvrant la portière de la voiture.

Et il se fourra dans le coupé.

A onze heures et demie il était à la porte de sa maison.

La concierge allait se coucher. Elle s'empressa d'ouvrir le vasistas de sa porte vitrée pour dire à son locataire :

— Monsieur Blaireau, il est venu un monsieur pour vous voir ; il avait sans doute des choses importantes à vous dire, car il vous a attendu pendant deux heures au moins. Voyant que vous ne rentriez pas, il s'en est allé en me disant qu'il reviendrait demain.

— C'est bien, merci, répondit Blaireau.

— Comme il a l'air drôle ce soir, se dit la concierge en refermant son carreau mobile.

— Qui donc a pu venir ? se demanda Blaireau en montant l'escalier, enjambant deux marches à la fois ; c'est singulier, je n'attendais personne.

Il entra chez lui ; dans l'antichambre, sur un guéridon, il trouva comme d'habitude, quand il rentrait tard, une lampe allumée.

— Je n'ai pas une minute à perdre, pensait-il, il faut que je ne sois plus à Paris dans une heure ; j'irai à pied jusqu'à Creil, où j'attendrai le premier train, et demain soir, à cinq heures, je serai à Londres.

En traversant le salon, il entendit, venant de la chambre de sa gouvernante, un bruit qui ressemblait à une plainte.

— La vieille brute dort comme une taupe, murmura-t-il, et ronfle comme une toupie d'Allemagne.

Il ouvrit la porte de son cabinet et s'y précipita plutôt qu'il n'y entra.

L'or avait sur cet homme une telle puissance d'attraction que, à peine dans le sanctuaire consacré à son idole, il oublia ses angoisses, les dangers qu'il avait courus et la menace encore suspendue sur sa tête. Il se redressa plein d'énergie, les yeux étincelants, le front irradié. Un sourire, indice révélateur d'un effroyable orgueil, fit frissonner sa lèvre lippue.

Tout en lui semblait dire :

— J'ai des millions, je suis le maître du monde !

Il marcha droit à son coffre-fort.

À force de poser les doigts sur le bouton qui mettait en mouvement le ressort du panneau mobile derrière lequel la caisse était cachée, une tache noire de la grandeur d'une pièce de deux francs s'était formée sur la boiserie. Mais Blaireau n'avait pas besoin de ses yeux pour mettre la main sur le bouton. La nuit, sans lumière, comme en plein jour, son doigt le trouvait du premier coup.

Blaireau ayant touché le bouton du ressort, le panneau monta lentement en démasquant le coffre-fort.

Tout à coup, l'avare poussa un cri rauque, horrible.

Le corps penché en avant, bouche béante, les bras ballants, il resta immobile comme un bloc de marbre. Ses yeux, démesurément ouverts, et qui sortaient de leur orbite, avaient pris une fixité effrayante.

Blaireau pouvait bien être terrifié; il venait de voir la porte de sa caisse enfoncée, un trou noir dans le mur.

Quelques minutes s'écoulèrent dans un silence de mort.

Enfin, Blaireau fit un pas, il allongea les bras, ses mains touchèrent le coffre-fort. Il ne s'en rapportait peut-être pas complètement au témoignage de ses yeux, il voulait que ses mains lui confirmassent la terrible vérité. Il fut convaincu que ses yeux ne l'avaient pas trompé. Il n'était pas le jouet d'un moment d'hallucination.

Alors il poussa un cri, tomba sur ses genoux, et, avidement, les deux mains dans le coffre, il chercha partout.

Rien, rien, il n'y avait plus rien... Blaireau était volé ! L'or, les billets de banque, les actions, les obligations, tout avait disparu !... Oui, Blaireau était volé, Blaireau était ruiné, ruiné !..

Et il doutait encore et il ne voulait pas le croire, et de bas en haut, dans tous les tiroirs, tous les compartiments du coffre, ses doigts crispés cherchaient toujours. Sans s'en apercevoir, il grattait le bois et le fer, qui grinçaient sous ses ongles.

À la fin il se lassa. Son bras s'enfonça une dernière fois jusqu'au fond de la caisse et il se redressa tenant dans sa main une corde.

D'abord, il la regarda stupidement, comme un homme qui n'a plus de pensée ; puis, saisi d'un effroi subit, il se mit à reculer lentement. On aurait dit qu'une bête venimeuse le menaçait de sa morsure. Son dos rencontra le mur; il ne pouvait plus reculer. Un frisson l'enveloppa tout entier, et il lui sembla que de la glace circulait dans ses veines à la place du sang. Il eut dans la gorge un râlement prolongé, affreux : et comme s'il se fût aperçu tout à coup qu'il tenait dans sa main un serpent, il lança de toute sa force, à l'extrémité de la chambre, la corde, objet de son épouvante.

Éperdu, chancelant, livide, du sang dans les yeux, il fit quelques pas et alla s'affaisser sur une chaise auprès de son bureau.

Une sorte de petit paquet, placé en évidence sur le bureau, frappa son regard.

Cela ressemblait à une lettre, sans en avoir les dimensions ordinaires.

Sur l'enveloppe blanche, écrits en grosse bâtarde, il lut ces mots :

### SOUVENIR D'UN AMI

Ces caractères, aux jambages gras et allongés, brûlèrent ses yeux comme des lettres de feu !

Il prit le mystérieux paquet et ses doigts nerveux déchirèrent l'enveloppe...

Elle contenait une poignée de cheveux gris.

De même qu'il avait reconnu la corde, il reconnut les cheveux.

C'était la corde dont il s'était servi pour étrangler Gargasse.

Les cheveux étaient ceux de Gargasse; il les lui avait arrachés en le traînant du haut en bas de l'escalier de la maison de Sèvres.

Comme s'il avait eu du soufre enflammé au bout des doigts, il secoua ses mains avec rage et bondit en arrière avec un rugissement étrange, semblable à ceux qu'on entend la nuit au milieu des jungles indiennes.

La sueur coulait de son front comme si on lui eût jeté sur la tête une cuvette d'eau.

Il avait la poitrine oppressée, la respiration haletante, sa gorge serrée repoussait l'air. Ses jambes ployèrent sous le poids de son corps; il chercha un appui, qui lui manqua, et il tomba lourdement, comme une masse, tout de son long sur le parquet.

Quand il revint à lui, le jour commençait à paraître. L'huile usée, la lampe s'était éteinte.

Il se souleva péniblement et parvint à se dresser sur ses jambes.

Le misérable n'était plus reconnaissable, on l'eût pris volontiers pour un spectre échappé du tombeau.

A plusieurs reprises il passa la main sur son front, il ressaisissait sa pensée. Soudain deux éclairs s'allumèrent au fond de ses yeux caves. Il se souvenait. Il y avait de quoi devenir fou, sa raison résistait cependant.

Ainsi, tout cela était vrai. La main d'un voleur avait vidé son coffre-fort; il avait tenu la corde, instrument d'un de ses derniers crimes; enveloppés dans un papier, il avait vu les cheveux de Gargasse!

Le souvenir faillit le foudroyer une seconde fois; mais il se roidit avec une énergique volonté et resta debout.

Alors une rage insensée s'empara de lui, son visage prit une expression hideuse, des lueurs horribles sillonnèrent son regard et, avec un mouvement féroce, il leva au-dessus de sa tête ses poings crispés.

— Volé! volé! cria-t-il d'une voix sourde, saccadée, je n'ai plus rien, je suis ruiné!... Et c'est Gargasse, Gargasse qui a fait le coup!... Ah! le lâche!... Ah!... le chien!... mais je l'ai tué, pourtant, je l'ai tué!... Je l'ai vu à terre, immobile, roide, sans souffle, mort, cadavre!... Imbécile, je n'ai pas assez serré la corde! Mais le puits, le puits... l'eau a monté, j'en suis sûr. J'y suis allé le lendemain, l'eau remplissait les caves... Eh bien, s'il n'était pas tout à fait mort, l'eau devait l'achever... Et il n'a pas été noyé .. J'avais fermé la porte du caveau... deux tours de clef... La clef, je l'ai mise dans ma poche, et le soir, en passant sur un pont, je l'ai jetée dans la Seine. Ah! l'eau, l'eau... à quoi donc sert-elle, puisqu'elle n'a pas noyé Gargasse?...

Je ne comprends pas .. je ne comprends pas... Est-ce que je deviens fou? Non, je ne veux pas, je ne veux pas! il faut que je retrouve ma fortune, mon or... il faut que je me venge!... Gargasse... je devais lui plonger un couteau en plein cœur, j'ai été lâche... j'ai eu peur du sang... imbécile!... Ah! Gargasse, voleur, je te retrouverai!... Mais qui donc est venu à son secours? Qui donc? Est-ce l'enfer?...

Il vomit un effroyable blasphème, qui fut suivi d'un éclat de rire satanique.

— Ainsi, reprit-il avec un redoublement de colère et de rage, Gargasse a pu entrer chez moi; Catherine, la vieille coquine, lui a ouvert la porte et l'a laissé faire... La misérable l'a peut-être aidé à me voler...

Il bondit sur la porte de son cabinet, l'ouvrit avec violence et appela :

— Catherine, Catherine?

Un gémissement lui répondit.

Il traversa le salon d'un pas rapide et entra dans la chambre de la vieille servante. Une masse inerte que rencontrèrent ses pieds le fit trébucher. C'était Catherine. Elle était enveloppée tout entière dans une couverture de laine et entourée de liens solides, qui lui ôtaient complètement l'usage de ses membres. Arrangée ainsi elle avait rongé la couverture et ouvert devant sa bouche un trou suffisant pour respirer.

Blaireau coupa les liens et déroula la couverture.

Catherine essaya de se relever, elle ne le put; ses membres engourdis n'avaient plus de force. Blaireau dut lui prêter son aide.

Plus de dix minutes s'écoulèrent avant qu'elle pût répondre aux questions de son maître. Enfin elle retrouva la parole, et voici ce qu'elle lui raconta :

— Hier, j'ai dîné à six heures comme d'habitude. J'avais plusieurs raccommodages à faire, je m'installai dans la salle à manger avec l'intention de vous attendre. Il pouvait être sept heures et demie lorsque j'entendis frapper à la porte. D'abord, je ne bougeai pas, j'avais le pressentiment de ce qui devait m'arriver. On frappa de nouveau. Alors je me suis levée, et allant à la porte j'ai demandé : Qui est là? — Je suis un ami de M. Blaireau, me répondit une voix d'homme, j'ai une communication très importante à lui faire et il faut absolument que je le voie ce soir.

— M. Blaireau est sorti, lui dis-je, revenez demain.

— Demain, il serait trop tard; puisqu'il est sorti, je l'attendrai, vous pouvez être sûre qu'il en sera enchanté.

Voyant qu'il insistait tant, je pensai malheureusement que ce qu'il avait à vous dire était, en effet, d'une grande importance pour vous. Et puis, je crus aussi que ce visiteur pouvait être un de ceux que vous m'aviez donné l'ordre de recevoir ces jours derniers.

J'ouvris la porte. L'homme entra. A la lumière de la lampe je regardai sa figure et je le reconnus aussitôt. Je me rappelai l'avoir vu ici plusieurs fois. Ne doutant pas qu'il ne fût réellement votre ami, comme il le disait, je me sentis complètement rassurée.

— Puisque vous voulez attendre M. Blaireau, lui dis-je, je vais allumer une lampe dans le salon.

Il me suivit. J'avais posé ma lampe sur la table et, sans défiance, je me disposais à en allumer une seconde quand, tout à coup, l'homme se jeta sur moi, me saisit par le cou et me serra à m'étrangler. Le cri que je voulus pousser me resta dans la gorge.

La porte de ma chambre était ouverte, le brigand m'y traîna, me renversa sur mon lit et se mit en devoir de me rouler dans la couverture. Je tentai vainement de me défendre et de le repousser; j'avais affaire à un hercule. Il parvint, non sans difficulté, cependant, à me mettre dans la couverture et à me lier tout le corps avec des cordes qu'il avait sur lui. Auparavant, j'avais pu jeter deux ou trois cris; mais ils ne furent entendus de personne, puisque l'on n'est pas venu à mon secours.

Quand le brigand fut bien sûr que je ne pouvais plus remuer ni les bras, ni les jambes, ni même crier, il sortit de ma chambre dont il eut encore la précaution de fermer la porte.

Ce qui s'est passé ensuite, je ne le sais pas; mais j'ai compris que, sachant que vous aviez de l'argent chez vous, il était venu pour vous voler... Il est entré dans votre bureau et j'ai entendu qu'il y faisait beaucoup de bruit. Il est resté longtemps, au moins deux heures. Si seulement vous étiez rentré plus tôt, si vous l'aviez surpris... Mais votre argent était bien caché, n'est-ce pas? Il ne l'a pas trouvé...

Blaireau, silencieux et sombre, avait écouté avec toute l'attention que son esprit troublé pouvait avoir.

— Ah! ah! ah! fit-il avec un rire étrange et d'un ton guttural, mon argent était bien caché... Gargasse ne l'a pas trouvé... Tu crois cela, toi, misérable femme, tu le crois?... Oui, c'est à Gargasse, à un voleur, que tu as ouvert ma porte; oui, mon argent était bien caché, mais Gargasse a de bons yeux... Il a découvert le secret de la boiserie, il le connaissait peut-être depuis longtemps; il a brisé la porte du coffre... Ma fortune, mes richesses, mon trésor, le fruit de ma peine et de mon intelligence, tout ce que j'ai amassé, enfin, pendant trente ans de ma vie, était là, dans le coffre... Comprends-tu? tout... Eh bien, maintenant, le coffre-fort est vide, je n'ai plus rien, je suis ruiné!... Le voleur, le brigand a tout emporté, tout, tout!...

Il fut pris d'un nouvel accès de rage.

— J'ai soif de sang, hurlait-il, il faut que je le tue!...

Les talons de ses souliers martelaient le parquet, il se frappait avec fureur le front et la poitrine. Il s'arrachait les cheveux et ses ongles labouraient la peau de son crâne. Puis, tout à coup, sans larmes, la tête sur ses genoux, il sanglota.

La vieille servante le regardait avec des yeux effarés.

Maintenant, il faisait grand jour, le soleil piquait de ses flèches d'or les fenêtres des maisons.

Soudain, un bruit de pas lourds retentit dans l'escalier, et presque aussitôt on heurta violemment à la porte.

La femme tressaillit. Blaireau se redressa comme si une tarentule l'eût mordu.

Singulière illusion ou folie bizarre, l'avare eut l'idée que Gargasse avait été arrêté dans la nuit et qu'un ami inconnu lui rapportait ses millions.

A pas de loup, il alla jusqu'à la porte contre laquelle on recommençait à frapper. Il ouvrit un judas et regarda. Il vit plusieurs hommes sur le palier. L'un d'eux portait en sautoir les insignes de la magistrature judiciaire : l'écharpe aux trois couleurs nationales.

Blaireau recula avec terreur, frissonnant de la tête aux pieds. Alors il se souvint de la menace de Pauline Langlois. Il avait été dénoncé, on avait découvert son adresse, on venait l'arrêter.

— C'est bien inutile de frapper, dit une voix, il n'ouvrira pas et nous perdons un temps précieux.

— Allez donc chercher un serrurier, répondit une autre voix.

Un des hommes descendit rapidement l'escalier.

Blaireau songea à fuir, s'il en était temps encore. Dans son épouvante, le misérable oubliait qu'il ne possédait plus que quelques pièces de monnaie, l'argent qu'il avait sur lui.

Il écarta les rideaux d'une fenêtre et regarda dans la rue. Il y vit un rassemblement de curieux parmi lesquels il distingua des képis de sergents de ville, des uniformes de soldats. Il s'élança dans son cabinet, dont la fenêtre ouvrait sur une cour intérieure. Mais, là aussi, il y avait des soldats et des agents de la préfecture de police.

Toutes les issues étaient gardées, il ne pouvait plus se sauver, il était perdu!

Ses traits se contractèrent horriblement, sa figure se décomposa. Deux fois, en rugissant, il fit le tour de la chambre. Soudain, il s'arrêta et tendit l'oreille. La porte d'entrée venait d'être ouverte. Le commissaire de police et les agents pénétraient dans l'appartement. Il entendit des piétinements dans l'antichambre, puis les pas résonnèrent au milieu du salon.

Il avait fermé la porte du cabinet, il la barricada avec des meubles.

Les agents trouvèrent la domestique tremblant de tous ses membres, suffoquée par la peur.

— Où est votre maître? lui demanda le commissaire de police.

Elle répondit d'une voix presque éteinte :

— Je ne sais pas.

Pendant ce temps, les agents ouvraient toutes les portes et fouillaient l'appartement. Une seule porte résista, celle du cabinet.

— Monsieur le commissaire, l'homme que nous cherchons

est là, sûrement, dit l'inspecteur de police que nous avons déjà vu à Joinville.

Le lecteur se souvient qu'il avait pris une voiture pour se rendre à Montreuil. Il y était arrivé un quart d'heure après l'arrestation de l'Espagnol, et celui-ci lui avait livré l'adresse de Blaireau.

Le commissaire de police s'approcha de la porte indiquée.

— Je suis représentant de la loi, dit-il, je vous somme d'ouvrir.

Blaireau ne répondit pas.

Le magistrat se tourna vers le serrurier en lui disant :

— Ouvrez.

Le serrurier crocheta la serrure, fit jouer le pêne, mais la porte ne s'ouvrit point.

— Elle est verrouillée en dedans, dit-il.

— Eh bien, qu'on enfonce, ordonna le commissaire.

Un agent d'une force peu commune se rua contre la porte, les ais craquèrent ; mais solidement assise sur ses gonds, la porte resta fermée. Trois fois il recommença l'épreuve sans plus de succès. Mais un autre agent se présenta tenant une hache qu'il avait trouvée dans la cuisine. Du premier coup, une planche vola en éclats. Une minute suffit pour mettre la porte en pièces.

Alors les agents se précipitèrent dans le cabinet, renversant la barricade de meubles qui défendait le passage.

Ils virent Blaireau debout, livide, grimaçant, hideux...

Au même instant une double détonation se fit entendre, et Blaireau s'abattit au milieu de la chambre, la face sur le parquet.

Le misérable venait de se faire justice lui-même. De son crâne fracassé, ouvert au-dessus du front, avaient jailli des morceaux de cervelle.

Les agents l'entourèrent, les pieds dans le sang qui coulait, comme de deux sources, de deux trous aux tempes.

Le commissaire de police le toucha, la chair était encore pantelante ; mais, déjà, Blaireau n'était plus qu'un cadavre !

## XXXII

### L'OR MAUDIT

A LA même heure, le grand Bernard entrait chez la mère Langlois.

— Silence, lui dit-elle, parlons bas..., elle dort.

Puis, lui montrant une porte:

— C'est là qu'elle est, dans sa chambre. Avait-elle besoin de dormir, mon Dieu, en avait-elle besoin! Moi, je ne me suis pas couchée, j'ai passé le reste de la nuit, les yeux ouverts, étendue sur ce tapis en travers de sa porte. Est-ce bête ; croiriez-vous, grand Bernard, que j'avais peur qu'on ne vînt me la prendre encore?... Vous êtes allé à Montreuil?

— Oui. Le docteur a fait arrêter son domestique, il a tout avoué, je l'ai vu emmener au poste.

— Voyez-vous, grand Bernard, il faut être sans pitié pour les scélérats; le « qu'il aille se faire pendre ailleurs » n'est pas de la pitié, c'est de la faiblesse, de la lâcheté... Quand après un premier crime on laisse aller le coupable, il en commet vingt autres. Les honnêtes gens doivent se protéger mutuellement, c'est un devoir. Tenez, grand Bernard, je n'ai pas fait mon devoir la nuit dernière, je devais livrer Blaireau à la justice.

— Madame Langlois, ce n'était pas possible puisqu'il est le père...

— Taisez-vous, taisez-vous, je ne sais pas ce que je donnerais maintenant pour que ma fille ne connût pas ce secret fatal; mais j'ai parlé... Ah! c'est bien à cela qu'il doit de ne pas être en prison à l'heure qu'il est. Je ne veux plus entendre prononcer son nom, je ne veux plus penser à ce monstre. Il faut que ma fille l'oublie et croie qu'elle a fait un rêve épouvantable.

Mais parlons de choses moins lugubres : que vous a dit le docteur Morand ! Il attend Claire, n'est-ce pas ? Oh ! nous irons... mais, d'abord, je veux que ma fille dorme son content... Un poignard sur la poitrine, on ne me forcerait pas à la réveiller. Hein, il ne s'attendait pas à la bonne nouvelle, le docteur ; il a été bien surpris !

— Et surtout trèsheureux, madame Langlois. Quand je lui ai dit que Mlle Claire avait témoigné le désir de revenir promptement chez lui, il s'est mis à sourire en me regardant, et je l'ai entendu murmurer : « Adorable enfant ! »

— Tout le monde aime ma chère Claire ! fit la mère enthousiasmée.

— Au lieu de me dire, comme je m'y attendais : « Que Claire revienne vite, je l'attends, » il ne m'a rien dit du tout. Il n'est pas causeur, M. Morand. Il a pris une plume et s'est mis à écrire. Enfin, il m'a remis pour vous la lettre que voilà.

— Ah ! une lettre... Je n'ai pas mes lunettes, grand Bernard ; d'ailleurs tu es plus savant que moi, lis-moi ça.

Le grand Bernard ouvrit la lettre et lut les lignes suivantes :

« Chère madame Langlois,

» Merci mille fois de m'avoir fait savoir tout de suite que votre chère enfant est retrouvée. Je partage votre joie. Empressez-vous de rassurer Claire au sujet de sa vieille amie, et dites-lui bien, que grâce à son généreux dévouement, elle est aujourd'hui guérie. Je n'ai pas à le cacher, c'est à Claire que je dois la plus belle cure de ma vie.

» Mme Morand regrettera plus d'une fois sa charmante lingère ; mais nous espérons qu'elle viendra nous voir souvent accompagnée de sa mère.

» Vous serez toujours accueillies par deux amis bien sincères.

» Je termine ma lettre comme je l'ai commencée en vous disant encore : Merci.

» Votre tout dévoué,

« D' MORAND. »

La mère Langlois ne chercha pas à cacher le contentement qu'elle venait d'éprouver en écoutant la lecture de la lettre du docteur.

— C'est superbe, dit-elle ; cette lettre sera pour ma fille, à son réveil, une heureuse surprise. Elle ne me quittera plus, elle va rester près de moi. Ah! cette fois, elle est bien à moi, toute à moi ! Et Léontine Landais, la folle de Rebay, retrouvée et guérie, n'est-ce pas un miracle ? Quelle joie pour madame Descharmes ! Cette nuit, en rentrant, je voulais lui écrire, Claire me l'a défendu ; elle prétend que, pendant quelques jours encore, je ne dois rien dire. Il paraît que la moindre indiscrétion pourrait causer un grand malheur. Je ne comprends pas cela, moi, mais Claire le veut, je ne dirai rien.

Quand le grand Bernard fut parti, la mère Langlois entr'ouvrit doucement la porte de la chambre de sa fille, puis, avançant la tête, elle regarda. Claire dormait toujours. C'était le sommeil tranquille de l'innocence et de la jeunesse.

Gracieusement appuyée sur un bras et entourée de son cadre de cheveux noirs, la tête charmante de la jeune fille ressortait sur l'oreiller blanc avec un relief d'une vigueur extraordinaire. L'autre bras, d'un modelé ravissant, à la peau satinée et estompée d'un fin duvet, pendait au bord du lit, nu jusqu'à la chute de l'épaule. A ce moment, Claire devait faire un rêve délicieux, car sa bouche aux lèvres roses était souriante. L'ange des rêves, assis à son chevet, venait-il de soulever pour elle le voile derrière lequel se cache l'inconnu, et de lui faire lire dans un ciel étoilé la page du livre merveilleux dans lequel une main divine écrit d'avance la destinée de tous les hommes ?

La mère Langlois contemplait sa fille dans une sorte d'extase.

Que de tendresse et d'amour dans son admiration !

Au bout d'un instant, elle referma la porte sans bruit.

— J'aurais pourtant bien voulu l'embrasser, se dit-elle ; mais j'aurais troublé son sommeil, je me dédommagerai à son réveil.

Marchant à petits pas et ne touchant les objets qu'avec précaution, elle s'occupa du ménage.

Pour qu'ils n'empêchassent point Claire de dormir, elle avait placé les deux canaris dans sa chambre, à elle. Ils semblaient étonnés d'entendre si peu de bruit et ils imitaient leur maîtresse en modulant leurs chants sur un ton bas et très doux.

Son ménage fini, les meubles devenus luisants et tout remis en place, la mère Langlois se demandait à quelle occupation elle allait se livrer, lorsque deux coups frappés discrètement lui annoncèrent une visite.

— C'est sans doute André, pensa-t-elle.

Elle s'empressa d'ouvrir. Un homme entra. C'était Pierre Gargasse.

La mère Langlois se plaça devant lui pour l'empêcher d'avancer.

— Qu'est-ce que vous voulez ? lui dit-elle d'un ton brusque, les sourcils froncés, je ne peux pas vous recevoir.

— C'est fâcheux, répondit-il, mais vous me recevrez tout de même, il faut que nous causions sérieusement.

— Je n'ai pas le temps.

— On voit bien que vous ne vous doutez pas de ce qui m'amène, repliqua-t-il.

En disant cela, il referma la porte, puis il se dirigea vers la commode sur le marbre de laquelle il jeta un paquet assez volumineux qu'il apportait enveloppé dans une toilette de percaline verte.

— Qu'est-ce que c'est que ça ? demanda la mère Langlois.

— Vous allez le voir, répondit-il en riant.

Il dénoua la toilette et fit tomber sur le marbre, en les éparpillant, une avalanche de titres de rentes, d'actions, d'obligations et de billets de banque.

La mère Langlois était stupéfaite, elle croyait rêver.

— Qu'est-ce que c'est que ça ? fit-elle encore.

— Vous le voyez bien. Hein, y en a-t-il? Cela doit faire une belle somme ; mais je n'ai pas compté.

— Brigand, où as-tu volé ça? s'écria la mère Langlois en le saisissant à la gorge.

Il eut un petit rire sec, aigu.

— Vous ne devinez pas? fit-il.

— Si, si, je devine que tu as encore fait un mauvais coup, canaille, et que tu vas retourner aux galères!

— Pour cela, il faudrait me dénoncer, me faire arrêter, et vous ne le ferez pas.

— Je ne le ferai pas... Ah! vraiment, tu crois cela... Eh bien, tu te trompes, Pierre Gargasse, tu te trompes! En te sauvant la vie, j'ai cru bien faire... Ah! ai-je été assez bête!

— Non, prononça-t-il sourdement, puisque, en me vengeant, je vous ai vengée aussi.

— Hein, que dis-tu?

— Écoutez donc. Tout cela appartenait à Blaireau, c'est lui que j'ai volé... Hier soir, en son absence, sachant qu'il devait dîner en ville, je suis entré chez lui. J'ai brisé la porte de son coffre-fort et tout ce qui était dedans je l'ai pris, je vous l'apporte.

La mère Langlois le regardait ahurie.

— Ah! ah! continua-t-il, il ne s'attendait guère à cela... Après avoir volé tout le monde, il a été volé à son tour... volé par moi, Gargasse, qu'il croyait mort!... Ah! ah! ah! je voudrais bien voir la grimace qu'il fait en ce moment. Pauline, tout cela est à vous, tout cela vous appartient, votre fille sera riche... Tiens, c'est bien le moins qu'une fille hérite de son père!

Pour ne pas me donner trente mille francs, Blaireau a voulu m'assassiner ; sans vous, Pauline, Gargasse serait en train de pourrir au fond d'une cave comme une bête crevée... Je ne suis pas ingrat, moi ; je veux que vous soyez riche. Gardez tout cela, c'est pour vous, c'est à vous!... Avec ces valeurs, dans le coffre-fort, il y avait aussi de l'or... cinquante mille francs...

Il écarta son paletot, et la mère Langlois put voir, collée à son flanc, une sacoche de cuir au ventre énorme.

— L'or, reprit-il, l'or, je le garde, c'est la part que je me suis faite, ce n'est pas la plus grosse, celle du lion, comme on dit. D'ailleurs, Blaireau me doit bien ça, et il est juste que je sois payé. C'est pour lui que je suis allé à Cayenne. Cinquante mille francs... ah! je les ai bien gagnés!

Dans une heure, je ne serai plus à Paris, je pars à pied, je vais me mettre à la recherche du petit coin de terre bien tranquille et bien caché où je respirerai à l'aise. Je changerai de nom, personne ne saura ce que j'ai été, et je vivrai inconnu, ignoré, sans souci du lendemain, cultivant mon jardin comme un brave et honnête paysan.

Marguerite va beaucoup mieux, dans huit jours elle sera sur pied et elle pourra venir me rejoindre. Voilà mes idées, Pauline, qu'en dites-vous, est-ce bien calculé, ai-je bien arrangé ma vie?

La mère Langlois, les bras croisés sur la poitrine, l'avait laissé parler, mais sa patience était à bout. Toutefois, elle fut assez maîtresse d'elle-même pour contenir sa voix et empêcher son indignation et sa colère d'éclater avec trop de violence.

— Et dire que j'ai failli me noyer pour sauver ce misérable, fit-elle d'un ton amer et ironique. Ah! le bel échantillon de la race humaine que j'ai rendu à la société! Pour ce magnifique cadeau, on me votera une couronne civique...

Ah! çà, brigand, reprit-elle en le foudroyant du regard, tu n'as donc plus rien ni dans le cœur ni dans l'âme? Et moi, qui croyais que tu pourrais redevenir un honnête homme... Ah! tu n'es pas ingrat... Elle est belle ta reconnaissance, tu viens m'insulter chez moi!

Quoi, continua-t-elle, c'est à moi, Pauline Langlois, que tu apportes ce que tu as volé, croyant sans doute que je vais te féliciter, te remercier! Va, tu étais digne de servir Blaireau, ton ancien ami, vous vous valez tous les deux. Ainsi, tu as osé penser que j'accepterais ces valeurs, qui représentent un million, deux millions, peut-être plus?... Eh bien, Pierre Gargasse, tu t'es trompé, la mère Langlois n'est pas une voleuse! L'argent que j'aime, c'est celui que j'ai gagné honnêtement, en tirant mon aiguille : je peux le donner, le jeter par la fenêtre, si cela me plaît, il est à moi. Le plaisir qu'il peut procurer est doux à prendre, le pain qu'il achète n'est pas dur à manger... Quant à celui-ci, Gargasse, que tu as volé à Blaireau, sais-tu de quelles mains il est sorti?... Sais-tu combien il a coûté de larmes aux malheureuses victimes de ton ancien maître et complice? S'il te restait un peu de conscience, Gargasse, sur chacun de ces billets de banque, sur chacun de ces titres, tu verrais une tache de sang et, comme moi, tu frémirais d'horreur!

Entends-moi bien, l'argent de Blaireau est de l'argent maudit. Souillé d'infamies, il ne peut appartenir à personne, à toi moins qu'à tout autre, jusqu'à ce qu'il ait été purifié. Tu ne comprends pas ce que je veux dire, mais sois tranquille, j'ai mon idée...

— C'est vrai, je ne comprends pas, dit Gargasse sourdement; qu'est-ce que vous voulez faire? Rendre tout cela à Blaireau? Si je le savais, tout de suite, là, dans la cheminée, j'en ferais un feu de joie.

Et les yeux étincelants, il porta la main sur les valeurs.

— Ne touche pas à cela, je te le défends! lui dit la mère Langlois en le repoussant rudement. D'ailleurs, rassure-toi, il ne rentrera rien dans la caisse de Blaireau. Le voleur a été volé, c'est bien; c'est le commencement du châtiment... Aussi, je serai indulgente pour toi, Gargasse, et je t'excuserai; à une condition, pourtant, c'est que tu laisseras ici tout ce que tu as pris à Blaireau.

Gargasse eut un grognement dans la gorge.

— Tu m'as comprise, reprit la mère Langlois avec autorité, tu vas me remettre les cinquante mille francs que tu as sur toi.

Il prit un air farouche et fit trois pas en arrière.

— Non, je ne veux pas, grommela-t-il entre ses dents, l'or est à moi, je l'ai gagné!

— Il n'est pas à toi, puisque tu l'as volé; allons, donne-moi le sac.

— Non, je ne veux pas, dit-il en reculant.

La mère Langlois prit une attitude menaçante.

— Prends garde, Gargasse, prends garde, dit-elle; si tu t'en vas avec l'or, aussi vrai que je t'ai fait sortir de la cave inondée, je te livre à la justice.

Gargasse comprit que ce n'était pas une vaine menace.

— Mais vous voulez donc que je meure de faim! s'écria-t-il avec colère.

— Tu travailleras, répliqua-t-elle.

— Oh! travailler, moi!...

— Pourquoi pas?

— Parce qu'un ancien forçat ne trouve pas de travail ; on ne lui tend pas la main, on le chasse à coups de bâtons !

— Est-ce que moi, je ne te l'ai pas tendue, la main? L'autre jour, quand j'ai vu qu'il y avait encore en toi quelque chose de bon, je me suis dit que je ne t'abandonnerais pas ; mais encore faut-il que tu mérites le bien que je veux te faire. J'ai pardonné à Marguerite et je m'occuperai de votre avenir à tous deux. Je ne veux pas te dire : je ferai pour vous ceci ou cela, mais je te promets que tu seras satisfait.

Gargasse avait baissé la tête.

— Allons, reprit impérieusement la mère Langlois, donne-moi ces cinquante mille francs.

Il hésitait encore. Mais la mère Langlois lui avait sauvé la vie, et, comme elle le disait, tendu la main ; il n'osait pas se révolter contre elle.

Dans sa manière de parler, où sous l'irritation se cachait tant de pitié et de bienveillance, la mère de Claire avait produit sur son esprit un effet plus grand que les plus beaux sermons du monde.

Non dans la crainte de voir s'ouvrir de nouveau devant lui la porte noire d'un cachot, mais parce qu'une volonté puissante le dominait, Gargasse se sentit vaincu.

Il releva brusquement la tête.

— Vous le voulez, dit-il, eh bien, j'obéis.

Et la sacoche d'or passa de ses mains dans celles de la mère Langlois.

— A la bonne heure, dit-elle. Pierre Gargasse, après avoir été un scélérat, tu redeviens un homme.

Elle ouvrit un des tiroirs de la commode, et à la place du linge qui s'y trouvait et qu'elle enleva, elle mit le sac de cuir et les autres valeurs. Cela fait, elle revint à Gargasse, qui était resté immobile au milieu de la chambre.

## XXXIII

### HEUREUSE MÉMOIRE DE GARGASSE

J'ai un renseignement à te demander lui dit-elle; tu dois savoir cela, et, si tu le sais tu me le diras.

— De quoi s'agit-il?

— Je vais te le dire. Quand nous sommmes allés ensemble à Saint-Germain, connaissais-tu Blaireau depuis longtemps?

— Depuis cinq ou six ans.

— Alors, tu as dû entendre parler d'une jeune fille nommée Léontine Landais?

A ce nom de la malheureuse femme, qui lui rappelait un de ses crimes, qu'il avait vue la première fois au château de Presle si jeune et si belle, et retrouvée depuis dans un état si misérable, Gargasse tressaillit et ses yeux se fixèrent avec inquiétude sur la mère Langlois.

Celle-ci reprit :

— J'en étais sûre, tu sais quelque chose. Allons, parle.

— Est-ce que vous l'avez connue? demanda-t-il.

— Oui.

— Eh bien, aujourd'hui elle est folle.

— Je le sais.

— Ah! vous savez?

— Qu'elle est dans une maison de fous. Mais c'est autre chose que je veux savoir.

— Quoi?

— Léontine Landais est aussi une victime de Blaireau, n'est-ce pas?

— Oui.

— Ah! le misérable, je l'avais deviné! Ainsi, il l'a séduite, puis abandonnée lâchement et elle est devenue folle?

Gargasse remua la tête.

— Ce n'est pas cela, dit-il.

— Si ce n'est pas cela, c'est donc plus abominable encore.

— Oui.

— Gargasse, il faut que tu me dises tout; pourquoi Léontine Landais est-elle devenue folle?

— Parce que, comme vous l'avez pensé, l'homme qu'elle aimait l'a abandonnée. Oh! ce n'était pas Blaireau... Allons donc, Blaireau! La belle Léontine n'aurait pas voulu de lui pour être son valet! Celui qu'elle aimait était jeune, beau, riche... un marquis ; il existe encore. Je connais toute l'histoire... Léontine Landais était sage, le marquis ne réussit pas à la séduire. Alors il s'adressa à Blaireau, et Blaireau fit croire à la pauvre petite que le marquis allait l'épouser. Un jour, devant quatre témoins, un maire fit le mariage. Vous comprenez bien, Pauline, que c'était un mariage pour rire, une invention de Blaireau... Le maire, les témoins étaient des gredins payés par lui avec l'or du marquis, pour jouer cette comédie.

Pendant plus d'un an, Léontine Landais se crut mariée, on l'appelait Mme la marquise de Presle.

— De Presle? répéta la mère Langlois comme un écho.

— Oui, de Presle c'est le nom du marquis.

— Continue, Gargasse, continue.

— Eh bien, voici ce qui arriva : le marquis se maria pour de bon, et c'est Blaireau qui se chargea de dire à Léontine qu'elle n'avait été, en réalité, que la maîtresse de M. le marquis de Presle.

Je me souviens de tout cela comme si c'était d'hier. Or, sur l'ordre du marquis, Blaireau quitta Paris, en m'emmenant avec lui. C'était peu de jours après notre promenade à Saint-Germain. Nous allâmes nous installer à Bois-le-Roi. C'est dans ce petit village que demeurait Léontine, et Blaireau voulait avoir l'œil sur elle afin de l'empêcher de faire quelque coup de tête, qui aurait pu ne pas être agréable au marquis. Mais Blaireau avait une chance inouïe, tout lui réussissait. En apprenant la vérité, c'est-à-dire qu'elle était une marquise à la façon de Carabas, Léontine pouvait s'emporter, crier, faire un esclandre ; eh bien, non, elle devint folle.

La mère Langlois, l'œil ardent, l'écoutait avec une attention et un intérêt croissants.

— Blaireau, poursuivit Gargasse, avait à lui remettre, de la part du marquis, une somme importante ; naturellement, il l'a gardée. Il m'affirma plus tard qu'il l'avait rendue à M. de Presle ; mais je le connaissais, je ne l'ai pas cru.

Ce n'est pas tout, Pauline, écoutez encore : Léontine Landais venait de mettre au monde un enfant, un petit garçon, je crois... oui, oui, c'était bien un garçon.

— Un garçon ! fit la mère Langlois d'une voix étranglée par l'émotion ; continue, Gargasse, continue.

— La mère, devenue folle, il fallait s'occuper du petit, le faire disparaître... Blaireau voulait le tuer... Moi, je n'ai pas voulu. Un matin, il a pris l'enfant dans son berceau et il l'a emporté.

— Ah ! il l'a emporté ! s'écria la mère Langlois ; et sais-tu ce qu'il en a fait ?

— Oui. Je me défiais de lui ; sans qu'il s'en doutât je l'ai suivi sur la route.

— La route de Bois-le-Roi à Melun, n'est-ce pas ?

— Oui.

— Et tu ne l'as pas perdu de vue ?

— Je me défiais de lui, vous dis-je ; couché à plat ventre dans un fossé, j'ai vu ce qui s'est passé. Il y avait derrière nous, venant je ne sais d'où, un homme à cheval.

— Alors ?

— Alors Blaireau coucha l'enfant au bord de la route, et courut se cacher dans un bois.

— Ah ! c'est cela, c'est bien cela !... L'homme à cheval arriva près du pauvre petit, il le vit et mit pied à terre.

— On dirait vraiment que vous étiez là aussi, Pauline.

— Il prit l'enfant dans ses bras, et, après un moment d'hésitation, il se décida à l'emporter.

— C'est étonnant comme vous devinez les choses!

— Il remonta sur son cheval, et, un instant après, tu le vis disparaître dans la direction de Melun?

— C'est exact, Pauline, parfaitement exact!

— Depuis, ni Blaireau, ni toi, n'avez su ce que l'enfant était devenu?

— Nous n'en n'avons plus jamais entendu parler.

La mère Langlois se redressa plus fière qu'une jeune reine qu'on vient de couronner. Une joie infinie éclatait dans son regard. Son front était rayonnant. Elle courut à son armoire, l'ouvrit, et dans un coffret de bois elle prit une brassière et une petite chemise d'enfant. Elle regarda un instant ces objets avec attendrissement, puis elle les porta à ses lèvres en versant des larmes abondantes.

Gargasse la regardait avec étonnement; il eût cru volontiers qu'elle perdait la raison.

— Gargasse, lui dit-elle en se rapprochant, regarde ce que je tiens : c'est cette petite chemise et cette brassière que l'enfant de Léontine Landais avait sur lui le jour où Blaireau l'a abandonné sur la route de Melun. Aujourd'hui, l'enfant trouvé est un homme, il s'appelle André. Je lui dirai que tu as eu pitié de lui et que tu as arrêté la main meurtrière de Blaireau, prête à le frapper; je lui dirai cela, Gargasse, et à son tour André te protégera. Je lui dirai aussi que c'est toi qui m'as révélé le secret de sa naissance, resté jusqu'à présent impénétrable. Il te devra de connaître sa mère. Ah! il doit lui ressembler, car, j'en réponds, il vaut mieux que son père!... Tu ne te doutes pas de ce que j'éprouve en ce moment, Pierre Gargasse, c'est plus que de la joie, c'est du délire.

Écoute; tu vas rentrer chez toi et tu y resteras jusqu'à nouvel ordre. Avant la fin de cette semaine tu sauras ce que Pauline Langlois aura fait pour toi. Tu n'as peut-être plus d'argent... Tiens, prends ceci, cinquante francs, c'est plus qu'il ne te faut pour le moment.

Maintenant, tu peux t'en aller.

Elle l'accompagna jusqu'à la porte.

Gargasse sortit sans prononcer une parole. La surprise l'avait rendu muet.

La mère Langlois allait refermer sa porte lorsqu'elle reconnut la voix d'Albert Ancelin, qui causait dans la cour avec la concierge.

Celle-ci, répondant à la question du peintre : « La mère est-elle chez elle? » lui apprenait que la mère Langlois était rentrée tard dans la nuit, mais après avoir retrouvé sa fille.

Le jeune homme poussa un cri de joie et s'élança dans l'escalier.

Il tomba dans les bras de la mère Langlois, qui l'attendait sur le carré, les bras ouverts.

— Ainsi, c'est bien vrai, dit-il, elle est retrouvée?

— Oui, bijou, et elle est ici, dans sa chambre. Mais, entrons, j'ai bien des choses à t'apprendre?

— J'ai fait aussi, ce matin, une heureuse découverte, dit Albert en s'asseyant.

— Ah! un millionnaire qui t'achète tous tes tableaux.

— Vous savez bien que, maintenant, mes tableaux sont vendus d'avance. Ma découverte intéresse particulièrement Mme Descharmes.

— Eh bien, Albert, ce que j'ai à t'apprendre intéresse aussi particulièrement Mme Angèle.

— S'agirait-il de sa sœur?

— Oui.

— Je comprends, Mlle Claire vous a dit...

— Ce que ma fille m'a raconté a certainement son importance, mais ici, tout à l'heure, j'ai encore appris une chose que personne ne sait.

— Quoi donc?

— Je te dirai cela dans un instant. Mais, d'abord, parlons d'André, l'as-tu vu ce matin?

— Non, je suis sorti de chez moi de très bonne heure?

— Et hier!

— Hier, vers neuf heures du matin, il est venu me serrer la main, il sortait de chez vous, m'a-t-il dit.

— C'est vrai, il m'a fait sa visite habituelle. Pourquoi n'est-il pas déjà venu aujourd'hui? Albert, cela m'inquiète.

— Vous êtes toujours la même, mère Langlois, un rien vous préoccupe, vous tourmente... André viendra, soyez-en sûre.

— Il ne sait pas encore que Claire est retrouvée. Si j'eusse su qu'il tarderait tant à venir, je lui aurais envoyé un mot par un commissionnaire.

— Si vous le voulez, je ferai la commission ; je vais passer chez moi pour prendre mes lettres, s'il y en a, et j'irai chez André.

— C'est cela, et tu lui diras qu'il sera grondé, oh! mais là, grondé très fort. S'il n'est pas ici dans un instant, quand Claire se réveillera, tant pis pour lui, elle ne sera pas contente. Maintenant, bijou, dis-moi ce que tu as découvert.

— Vous le savez en partie, puisque Mlle Claire vous a appris que la sœur de Mme Descharmes était à Montreuil chez le docteur Morand ; mais ce qu'elle n'a pu vous dire, attendu qu'elle l'ignore, c'est que Léontine Landais est aujourd'hui complètement guérie.

— C'est vrai, Albert, ma fille ne m'a pas dit cela ; mais je le savais tout de même. Tiens, lis cette lettre de M. Morand, que j'ai reçue ce matin, et tu comprendras.

Le jeune homme lut la lettre et la rendit en disant :

— Vous savez tout, je n'avais rien à vous apprendre.

— Tu te trompes, Albert, car il ne m'est pas indifférent de savoir comment tu t'es procuré ces renseignements.

— Je les tiens d'une très grande dame que j'ai vue ce matin même. Je puis vous dire aussi que cette dame porte à votre fille un vif intérêt. Est-ce que Claire ne vous a jamais parlé de Mme la marquise de Presle?

La mère Langlois ouvrit de grands yeux.

— La marquise de Presle! fit-elle ; non, ma fille ne m'en a point parlé... Et c'est cette grande dame?...

— Elle-même.

— C'est étrange, bien étrange! murmura la mère Langlois. Albert, reprit-elle avec animation, connais-tu bien cette marquise de Presle? Dis, es-tu sûr d'elle?

— Comme de moi-même, répondit-il.

La mère Langlois resta un moment pensive, mais elle reprit :

— Sait-elle pourquoi Léontine Landais est devenue folle ?

— Oui.

— Et toi, Albert, le sais-tu ?

— Je le sais.

— Et tu crois que la marquise ne veut pas de mal à cette pauvre femme dont la vie a été brisée par son mari ?

— Non-seulement je crois cela, mais je puis affirmer encore que Léontine Landais n'a pas d'amie plus sincère et plus dévouée que Mme la marquise de Presle. Mais vous connaissez donc, vous aussi, la douloureuse histoire de la malheureuse Léontine ?

— Oui, depuis un instant. Un homme qui a été mêlé à toute cette intrigue, un coupable qui se repent, m'a tout raconté. Albert, la marquise de Presle ne t'a pas laissé ignorer, sans doute, que Léontine Landais avait eu du marquis un enfant, un fils ?...

Le jeune homme sursauta sur son siège et sa physionomie changea d'expression.

— Un enfant ! s'écria-t-il, il y a un enfant ?

— Ah ! tu ne sais pas tout... Tu le vois, Albert, tu le vois, la marquise de Presle ne t'a pas parlé de l'enfant.

— Elle ne sait pas cela, répliqua vivement le peintre.

— C'est possible, mais je le sais, moi... L'enfant est né à Bois-le-Roi, entends-tu, à Bois-le-Roi ?... Un matin, un misérable payé par le marquis, prit le pauvre innocent dans son berceau et le porta sur la route, entre Bois-le-Roi et Melun, et l'y abandonna.

Le jeune homme bondit sur ses jambes.

— André ! exclama-t-il, c'est André !...

— Albert, prends garde, tu vas réveiller ma fille.

Il reprit en baissant la voix :

— Et la preuve de cela, l'avez-vous ?

— La preuve ? J'en ai dix, j'en ai vingt... J'ai conservé la brassière et la petite chemise qu'il avait sur lui quand Henri Descharmes me l'a apporté rue Sainte-Anne ; sa mère reconnaîtra ces objets. Va, le doute n'est pas possible : André est bien le fils de Léontine Landais et du marquis de Presle, le neveu de Mme Henri Descharmes.

A ce moment la porte de la chambre de Claire s'ouvrit et la jeune fille, vêtue d'un peignoir blanc, les cheveux dénoués, tombant en cascade sur ses épaules, apparut sur le seuil.

Un rayonnement divin éclairait son regard.

— Ma mère, s'écria-t-elle, j'ai tout entendu !

En deux bonds elle s'élança au cou de la mère Langlois.

— Ah ! laisse-moi pleurer de joie sur ton cœur, lui dit-elle.

Et elle éclata en sanglots.

## XXXIV

### LA JALOUSIE

Albert Ancelin trouva chez son concierge une lettre, qu'un domestique avait apportée le matin, un instant après son départ. Il la décacheta en montant l'escalier et voici ce qu'il lut :

« Mon cher Albert,

« Je me bats en duel aujourd'hui avec M. Gustave de Presle. L'heure du rendez-vous a été fixée hier soir très tard. La rencontre aura lieu à quatre heures au bois de Vincennes. Ma chère protectrice ne sait rien. Mme Langlois non plus ; je me priverai du bonheur de les voir ce matin dans la crainte de me trahir.

« Mon cher Albert, je ne vous ai pas prié d'être un de mes

témoins pour ne point mettre votre amitié à une trop cruelle épreuve. Albert, j'ai pu lire dans votre pensée parce que nos deux âmes sont sœurs, excusez-moi d'avoir deviné le secret de votre cœur.

» Claire reste introuvable ; si je ne dois plus revoir ma chère bien-aimée, si elle est perdue pour moi, ma dernière heure peut sonner ce soir, la mort me sera douce.

» Votre malheureux ami,

« ANDRÉ. »

Dès la première ligne, Albert Ancelin avait pâli. Cependant, malgré l'émotion qui le serrait à la gorge, il put lire la lettre jusqu'à la fin.

Il était consterné. Il entra chez lui comme un fou, la tête en feu.

— Mais ce duel est impossible ! s'écria-t-il avec un accent douloureux, ce serait une monstruosité... Les malheureux !... Les insensés !... Ils ne savent pas... Ils ne savent rien... Deux frères.... Oh ! c'est horrible !... Mon Dieu, mon Dieu, que faire ? Où sont-ils ? où les trouver ?

Il marchait à grands pas en proie à une agitation fébrile.

Au bout d'un instant, il se laissa tomber sur un siège, et la tête dans ses mains, pressant son front brûlant, il chercha à mettre de l'ordre dans ses idées.

. . . . . . . . . . . .

M<sup>me</sup> Descharmes avait poursuivi son œuvre de vengeance avec une énergie et une volonté implacables, suivant exactement le programme qu'elle s'était tracé.

Toutes ses actions, d'ailleurs, étaient calculées et protégées par une prudence extrême. La médisance, toujours à l'affût du scandale, n'avait pu encore lancer ses traits perfides. Ne pouvant rien préciser, mesdames X..., Z... et autres se bornaient à chuchoter derrière les éventails ou à causer tout bas en petit comité.

La réputation d'Angèle était établie sur des bases tellement solides, que les plus hardis n'osaient s'aventurer à l'attaquer.

Autant le marquis de Presle éprouvait de satisfaction à faire parade devant le public de sa passion pour Angèle, autant Mᵐᵉ Descharmes mettait de soin à s'effacer et à éviter tout ce qui aurait pu la compromettre sérieusement aux yeux du monde.

On devinait, du reste, que le marquis en était toujours au préambule. On voyait très bien aussi, que si Mᵐᵉ Descharmes acceptait ses assiduités, elle savait lui imposer le respect que tout homme doit à la femme honnête.

C'est ce qui faisait supposer à beaucoup de personnes que, dans un but inconnu, Mᵐᵉ Descharmes jouait avec le marquis un rôle de coquette, et que la fin de cette aventure serait pour M. de Presle une cruelle mystification.

Sacrifiant tout à son amour-propre et à sa vanité, le marquis, sans se douter de rien, se couvrait de ridicule, tandis que Mᵐᵉ Descharmes, grâce à son habileté, restait inattaquable et un objet de curiosité presque bienveillante.

Aveuglé par sa passion, n'écoutant point les conseils de ses amis, plus soucieux que lui-même de sa dignité et de son honneur, le marquis de Presle ne vit point le piège que lui tendait Angèle.

— Il m'aime, s'était dit celle-ci, c'est bien, mais ce n'est pas assez : je veux qu'il soit jaloux.

Dès lors, entre Angèle et lui, le marquis trouva constamment André.

Cet adolescent lui causait une impression étrange qu'il ne pouvait définir. Chaque fois que leurs regards se rencontraient, il ressentait une commotion intérieure. Il mit cela sur le compte de la contrariété qu'il éprouvait en voyant toujours André attaché aux pas d'Angèle. Il se demanda ce que pouvait être cet inconnu, qui apparaissait tout à coup, comme sortant d'une boîte à surprise.

Etait-ce un rival ?

Tout en se disant que ce jeune homme n'avait pas l'air bien redoutable, il commença à s'inquiéter. Bientôt il s'aperçut que, lorsqu'il regardait Mᵐᵉ Descharmes, les yeux de l'adolescent pétillaient de joie et d'admiration. D'un autre côté, Angèle parlait toujours à André avec une douceur infinie ; sa voix prenait des inflexions charmantes où l'on sentait toutes les nuances de la tendresse. Tout cela était bien un peu prémédité chez M#&ie; Descharmes; mais André, sans le savoir et de bonne foi, jouait merveilleusement le rôle de jeune premier dans ces petites scènes intimes. C'était une raison pour que le marquis s'y trompât. Il fut convaincu qu'André était un rival mais un rival beaucoup plus dangereux qu'il ne l'aurait cru d'abord.

— Quel est donc ce jeune homme? demanda-t-il à Mme Descharmes, un jour qu'il se trouva un instant seul avec elle.

— Est-ce qu'il vous intéresse, monsieur le marquis?

— Beaucoup.

— Son père, qui habite en province, bien qu'il soit dix fois millionnaire, est un ami d'enfance de M. Descharmes ; il nous a vivement recommandé son fils unique en l'envoyant à Paris pour y achever son éducation de futur millionnaire et d'homme du monde.

— Ah! c'est fort bien!

— Pour un provincial il a l'air très distingué, n'est-il pas vrai?

— C'est votre grâce qui rayonne sur lui.

— J'accepte le mot flatteur, mais avouez que M. André est un jeune homme charmant.

— Un prodige! dit il avec ironie.

— Peut-être, monsieur le marquis, répliqua Mme Descharmes en souriant.

— Il est vrai que je n'ai pu encore apprécier toutes ses perfections ; mais je vous crois. Sa cause est gagnée d'avance.

— Décidément, le pauvre garçon n'a pu conquérir vos sympathies.

— C'est vrai.

— Il vous déplait?

— Oui.

— Pourquoi?

— Pourquoi! Parce que toujours, chez vous ou ailleurs, je le trouve entre vous et moi, parce qu'il vous suit comme votre ombre.

— Monsieur le marquis, vous êtes jaloux!
— Eh bien, oui, oui, je suis jaloux!
— Oh! d'un enfant! fit Angèle railleuse.
— Je le serais d'une fleur dont vous respireriez le parfum.
— C'est absurde!
— L'amitié que vous lui témoignez ne s'explique pas.
— Elle serait inexplicable, en effet, s'il ne le méritait point.

L'arrivée d'André interrompit la conversation.

Le marquis eut beaucoup de peine à cacher son dépit. Un quart d'heure après il se leva pour se retirer.

— Au revoir monsieur le marquis, à bientôt, lui dit gracieusement Mme Descharmes.

Il sortit dans un état d'exaltation extraordinaire; une rage sourde, dont il sentait l'impuissance, grondait en lui et faisait bouillonner son sang. Le triomphe d'Angèle était complet. La jalousie avait versé dans le cœur du marquis ses terribles poisons, et ses impitoyables morsures le livraient à des emportements fiévreux, à des tortures sans nom.

Un soir Mme Descharmes était à l'Opéra. Comme toujours, André l'avait accompagnée. Pendant le deuxième entr'acte, une amie d'Angèle étant venue lui faire une visite, André, par discrétion, sortit de la loge et entra dans le foyer. Il se trouva tout à coup en face de Gustave de Presle. Le jeune homme s'arrêta brusquement devant lui, et le lorgnon à l'œil, un sourire moqueur sur ses lèvres, il le toisa insolemment des pieds à la tête. André blêmit de colère; il eut, toutefois, assez d'empire sur lui-même pour se contenir. La présence de Mme Descharmes dans la salle lui imposait comme un devoir d'éviter tout scandale. Il se contenta de hausser dédaigneusement les épaules en jetant sur Gustave un regard froid, clair et perçant comme l'acier, puis il continua tranquillement sa promenade.

Si rapide qu'eût été cette scène muette, elle avait été remarquée par quelques personnes, entre autres par le marquis de Presle, qui entrait dans le foyer au moment où son fils s'arrêtait devant André.

Il y eut des regards étonnés et des sourires moqueurs suivis de chuchotements. Sans avoir une bien grande importance aux yeux des indifférents, ce fait était de nature à donner lieu à bien des commentaires.

Le marquis s'approcha de son fils, que cinq ou six jeunes gens entouraient, lui prit le bras, et ils sortirent ensemble du foyer.

— J'ai vu le moment où tu allais t'attirer une affaire désagréable, dit le marquis à son fils; qu'est-ce que cela signifie? Est-ce que tu connais ce jeune homme?

— Oui.

— C'est toi qui l'as provoqué, pourquoi?

— Je le hais!

Le marquis tressaillit. Son fils était l'écho de sa pensée.

— Que t'a-t-il fait?

— Oh! c'est un vieux compte à régler entre nous.

— Tu le connais depuis longtemps?

— Oui.

— Alors tu dois savoir que M. Henri Descharmes lui porte un vif intérêt.

— Vous voulez dire Mme Descharmes, mon père, dit Gustave avec intention.

Ces paroles étaient cruelles : le marquis les reçut comme un coup de poignard dans la poitrine.

— Je suis en relations d'affaires avec la maison Descharmes, reprit-il, et je serais désolé si, par ta faute, elles venaient à être rompues.

Gustave eut un sourire équivoque, que le marquis aurait eu le droit de considérer comme fort irrespectueux.

— Tu dois savoir aussi, continua le marquis, que ce jeune homme que tu hais, je ne sais pourquoi, est le fils unique d'un ancien ami de M. Descharmes, un homme considérable, plusieurs fois millionnaire.

— Lui, le fils d'un millionnaire, allons donc, c'est un bâtard!

— Ce que tu dis là est impossible; tu te trompes, tu le prends pour un autre.

— Nullement. Oh! je le connais bien! Il n'y a pas encore un an qu'il était un modeste employé de M. Dartigue votre banquier.

— Tu es sûr de cela?

— Parfaitement sûr.

— Comment alors expliques-tu sa fortune actuelle?

— Vous ne comprenez pas?

— Non.

— Eh bien, mon père, son appartement, ses chevaux, ses domestiques, l'argent qu'il dépense, son luxe et jusqu'aux habits qu'il porte sur lui, tout cela est payé par Mme Descharmes ou, si vous le préférez, par la caisse de son mari.

— Tu mens! dit sourdement le marquis.

— Non, je ne mens pas, et vous pouvez me croire, car je suis bien renseigné.

Sur ces mots, Gustave quitta son père et rejoignit ses amis aux fauteuils d'orchestre.

Le rideau venait de se lever. Le troisième acte commençait.

Le marquis était atterré, un tremblement convulsif le secouait comme un arbre que le vent déracine. Livide, la sueur au front, il se dirigea d'un pas inégal vers le grand escalier. Il étouffait. Il avait besoin d'air. Il sortit du théâtre.

En un instant, la jalousie venait de faire dans son cœur d'effroyables ravages.

Cette nuit-là, M. le marquis de Presle perdit au jeu quarante mille francs.

Le lendemain, le marquis se trouva beaucoup plus calme. Il avait suffisamment réfléchi pour parvenir à se convaincre que les paroles de son fils n'avaient pas le sens commun.

Évidemment, Gustave se trompait et prenait le protégé de M. Descharmes pour un autre. M. de Presle voulait que cela fût. Pouvait-il croire, en effet, que ce jeune homme, véritablement très distingué, eût été un simple commis de banque? En admettant comme vrai le récit de son fils, il fallait douter d'Angèle, la dépouiller du prestige qu'elle avait à ses yeux, lui enlever son auréole de femme supérieure et la ranger dans la catégorie des femmes vulgaires.

Non, Mme Descharmes avait trop de fierté et de grandeur dans l'âme pour se dégrader en descendant si bas. Non, le doute n'était même pas permis. Angèle était son idole; il la voulait voir toujours sur le piédestal où il l'avait placée, belle et pure, et entourée de rayons lumineux.

D'ailleurs, si le jeune André recevait des mains de Mme Descharmes des sommes importantes, ce ne pouvait être qu'avec l'assentiment de M. Descharmes. La comptabilité de la maison — il le savait — se tenait avec une exactitude rigoureuse, et les dépenses personnelles d'Angèle, comme toutes les autres, étaient régulièrement inscrites au grand livre. Aucune somme ne pouvait sortir de la caisse sans contrôle et sans la justification de son emploi. Donc, sur l'ordre de M. Descharmes, lui-même, un compte avait dû être ouvert à André. C'est ainsi que le marquis de Presle réduisait à néant les assertions de Gustave.

Mais, en dépit de tous ses raisonnements, il ne pouvait se délivrer des fureurs de la jalousie, qui continuait en lui son action dévorante.

## XXXV

### LA PROVOCATION

Le surlendemain de la rencontre de Gustave et d'André au foyer de l'Opéra, ce dernier apprit que Claire avait disparu. Ce fut un coup de foudre. Sa douleur fut terrible; il passa la journée et la nuit suivante dans un affreux désespoir. Ni l'amitié d'Albert Ancelin, ni les douces paroles de Mme Descharmes n'eurent le pouvoir de le consoler.

Le souvenir de ce qui s'était passé à Rebay, dans la maison habitée par Claire, devait le conduire naturellement à soupçonner Gustave de Presle de ne pas être étranger à la disparition de la jeune fille.

Ne lui avait-il pas tendu un piège ? il l'en savait capable. Mais, le doute venu, il fallait acquérir la certitude.

— Oh ! si c'est lui, se dit-il, si c'est lui, je le tuerai !...

Il retrouva subitement toute son énergie.

Pendant deux jours, le samedi et le dimanche, il s'attacha aux pas de Gustave, le suivit partout sans le perdre de vue un instant. Mais rien, dans les allures du jeune comte, ne vint confirmer ses soupçons.

Le lundi matin, en sortant de l'atelier d'Albert Ancelin, il rencontra, rue Blanche, un de ses nouveaux amis, dont le père était depuis longtemps associé aux grandes entreprises de M. Henri Descharmes.

— Est-ce que vous connaissez Gustave de Presle ? demanda-t-il à André, après un échange de quelques paroles amicales.

— Oh ! à peine.

— Vous n'avez jamais rien eu ensemble ?

— Non, rien, répondit André.

— C'est assez singulier.

— Pourquoi ?

— Parce qu'il ne paraît pas vous aimer.

— Que voulez-vous, on ne peut pas plaire à tout le monde.

— C'est vrai. Mais je dois vous dire que Gustave de Presle se déclare ouvertement votre ennemi.

— Ah ! fit André en souriant.

— Je ne vous cacherai pas non plus, qu'il tient sur votre compte des propos qui peuvent vous faire beaucoup de tort.

André sentit le sang lui monter violemment à la tête. Cependant il resta calme, et, d'un ton de voix très naturel, il demanda de quelle nature étaient les propos que M. Gustave de Presle se permettait de tenir sur lui.

— Je ne puis vous en dire davantage, lui répondit son ami. J'ai pensé que je vous rendais service en vous faisant connaître un ennemi, en vous signalant un danger. Vous êtes prévenu, tenez-vous sur vos gardes.

— Je vous remercie sincèrement, répliqua André ; je ne suis pas insensible à ce témoignage d'intérêt ; mais le service d'ami que vous voulez me rendre ne sera complet que si vous me faites connaître le danger dont je suis menacé; le connaissant, je pourrai l'éviter.

Le jeune homme hésitait.

— Je vous en prie! insista André.

— C'est extrêmement délicat et je ne voudrais point vous froisser.

— N'ayez pas cette crainte. D'ailleurs, qu'importe, l'amitié donne le droit de tout dire et permet de tout entendre.

— Eh bien, le comte de Presle affirme que vous n'avez pas de famille, que le nom que vous portez ne vous appartient pas.

— Ensuite?

— Il dit que la source de votre fortune est inavouable, que vous la devez aux libéralités peu scrupuleuses de la femme d'un millionnaire, qu'il ne nomme pas, mais qu'on reconnaît aussitôt.

André devint pâle comme un mort.

— Il a dit cela en public? interrogea-t-il d'un ton bref.

— Hier, au cercle, en présence d'une dizaine de ses amis.

— Oh! le lâche! murmura André en serrant les poings.

— Mon cher André, reprit le jeune homme, jusqu'à présent, les insinuations de Gustave de Presle n'ont pas eu beaucoup d'écho; mais il faut peu de temps à la calomnie pour parcourir une grande distance. Vous ferez bien, je crois, de mettre vos amis dans la possibilité de répondre au comte de Presle et à tous ceux qui oseraient répéter ses paroles en prenant énergiquement votre défense.

— C'est un conseil que vous me donnez. Merci.

Ils se séparèrent.

André s'éloigna, la poitrine oppressée, le cœur déchiré.

Sans le vouloir, sans doute, son ami venait de lui montrer le mauvais côté de sa situation. Il était forcé de s'avouer qu'elle pouvait donner lieu à toutes sortes d'interprétations malveillantes. Aveuglément soumis aux désirs et à la volonté de M. Descharmes, il avait accepté ces bienfaits avec une docilité reconnaissante, sans penser que sa fortune nouvelle susciterait des jalousies, et que son existence paraîtrait équivoque aux yeux de ce monde qu'il ne connaissait pas, dont il était inconnu, et dans lequel il allait entrer.

Mais, tout en faisant ces réflexions, les colères amassées contre Gustave de Presle, et contenues avec peine jusqu'alors, se réveillaient et grandissaient sourdement. La mesure était pleine. Le vase débordait. Son irritation grandit et devint de la fureur.

Il savait que tous les jours, dans la matinée, Gustave passait une heure à la salle d'armes. Il était à peu près sûr de le rencontrer là entre dix et onze heures. Dix heures allaient sonner.

La salle d'armes que fréquentait Gustave de Presle se trouvait rue du Faubourg-Saint-Honoré. Il passa chez lui, prévint qu'il rentrerait tard le soir, et se rendit aussitôt rue du Faubourg-Saint-Honoré.

Comme il l'avait prévu, Gustave venait d'arriver. Une douzaine de jeunes gens attendaient le professeur d'escrime pour commencer les exercices.

André entra dans la salle et salua, tenant son chapeau à la main.

Aucune des personnes présentes ne lui rendit son salut. Les visages prirent une froideur glaciale. Il remarqua des regards échangés dont il sentit l'ironie. L'attitude de ces messieurs était visiblement hostile.

Le cœur d'André cessa de battre un instant. Mais, aussitôt, un éclair s'alluma dans son regard, et, le front haut, il marcha vers Gustave.

— Monsieur le comte de Presle, dit-il d'une voix qui trembla légèrement, j'ai une explication à vous demander.

Gustave, qui lui tournait le dos et causait avec un de ses amis, n'eut pas l'air d'avoir entendu.

André fit encore un pas en avant et reprit d'une voix forte :

— Monsieur le comte de Presle, c'est à vous que je m'adresse.

Interpellé pour la seconde fois, Gustave se retourna brusquement.

— Je ne vous ai pas autorisé à m'adresser la parole, répondit-il d'un ton hautain.

André blêmit et trembla de colère.

— Soit, monsieur, dit-il ; mais cette autorisation, je la prends.

— Enfin, monsieur, que me voulez-vous ?

— Hier, à votre cercle, devant plusieurs personnes, il vous a plu de parler de moi dans des termes que je ne veux pas qualifier encore. Je viens vous demander et, s'il le faut, vous ordonner de rétracter vos paroles, ou bien de les répéter à l'instant même, ici, devant moi.

Gustave eut un haussement d'épaules dédaigneux. Puis se tournant vers ses camarades :

— Vraiment, dit-il, je ne sais pas si je dois répondre à ce monsieur.

— Monsieur de Presle, prenez garde! s'écria André.

Gustave se campa fièrement devant lui.

— Vous osez me menacer! dit-il sourdement.

— Comte de Presle, je réponds à votre insolence.

— S'il y a un insolent ici, c'est vous, qui êtes entré dans cette maison, où l'on ne vous connaît pas, pour me provoquer. Je pourrais ne pas vous répondre, mais, pour mettre fin à cette scène ridicule, je vais vous satisfaire.

Ce que j'ai dit hier au cercle, je puis le répéter ici et partout ailleurs, si cela me convient. J'ai dit que vous étiez un enfant trouvé et que vous n'aviez pas de nom; c'est la vérité. J'ai dit que, étant encore, il y a un an, employé dans une maison de banque, à quinze ou dix-huit cents francs d'appointements, il y avait lieu d'être surpris de votre changement de fortune; c'est la vérité. J'ai dit que votre train de maison et vos domestiques accusaient environ trente mille francs de rente; c'est la vérité. J'ai dit que vous deviez cette superbe position aux libéralités d'une femme du monde; c'est encore la vérité.

Les yeux d'André jetèrent des flammes; trop longtemps contenue, sa colère éclata comme un coup de tonnerre.

— Monsieur le comte Gustave de Presle, répliqua-t-il d'une voix frémissante, à mon tour :

Je dis, prêt à le répéter partout, que vous êtes un misérable, un lâche! et c'est la vérité.

Gustave bondit sous l'insulte en poussant un cri de rage. Hors de lui, il s'empara d'une épée de combat dont la pointe menaça la poitrine d'André.

Les amis du comte se précipitèrent sur lui.

— Je veux me venger, criait-il, laissez-moi, je veux me venger!

Malgré sa résistance, ils parvinrent à lui arracher l'arme des mains.

— Bâtard, tu me rendras raison! exclama-t-il en montrant le poing à André : c'est ton sang, c'est ta vie qu'il me faut.

— Monsieur le comte Gustave de Presle me trouvera à ses ordres aussitôt qu'il le voudra, dit froidement André.

Il s'inclina légèrement, remit son chapeau sur sa tête et sortit de la salle d'armes.

. . . . . . . . . . . . . . . . . . . . . . . . . . . . . . .

Après être resté un instant absorbé dans de sombres pensées, Albert Ancelin se décida à agir.

S'il en était temps encore, il devait mettre tout en œuvre afin de prévenir un malheur irréparable. C'était son devoir.

D'un autre côté, son amitié pour André, autant que son amour pour Edmée, lui commandait impérieusement de se placer entre les deux frères et d'empêcher la lutte fratricide.

Il relut le billet d'André, qu'il tenait toujours dans sa main.

— Oui, murmura-t-il, c'est bien aujourd'hui, à quatre heures.

Il jeta un regard sur la pendule.

— Une heure et demie! s'écria-t-il.

Il prit son chapeau et s'élança dans l'escalier, qu'il descendit en bondissant, au risque de faire une chute et de se briser la tête.

Il courut prendre une voiture de remise et se fit conduire au domicile d'André.

On lui répondit que le jeune homme était sorti le matin, vers neuf heures, en prévenant qu'il ne rentrerait pas avant la nuit. Il remonta dans son coupé en ordonnant au cocher de suivre les boulevards et de s'arrêter devant le passage Jouffroy, où il savait que l'Enfant du Faubourg déjeunait habituellement. Il parcourut les salons du restaurant, interrogeant les garçons de salle.

On n'avait pas vu André depuis deux jours.

Le peintre comprit qu'il perdait inutilement un temps précieux. Il ne savait plus où trouver celui qu'il cherchait. André lui échappait. Alors il pensa à Gustave. Peut-être réussirait-il mieux de ce côté.

Un passage Jouffroy il se fit conduire rue Saint-Dominique-Saint-Germain à l'hôtel de Preste.

— Monsieur Gustave de Preste? demanda-t-il au domestique qui vint le recevoir à la porte de l'antichambre.

— Monsieur le comte est absent.

— Puis-je voir, alors, madame la marquise?

— Madame la marquise est sortie.

— Et monsieur le marquis?

— Également.

C'était une nouvelle déception. Et le temps s'écoulait avec une effrayante rapidité.

Albert allait se retirer, lorsqu'une porte s'ouvrant tout à coup, livra passage à Mlle de Preste.

A la vue du jeune homme, elle eut un mouvement de surprise et ses joues s'estompèrent de carmin.

Le domestique s'était respectueusement écarté.

— Vous veniez pour voir maman, monsieur Ancelin? dit la jeune fille.

— Oui, mademoiselle, oui, je venais… je désirais voir madame la marquise.

— C'est bien contrariant pour vous; il y a un quart d'heure, vous l'auriez trouvée. Elle vient de sortir pour aller à Montreuil, ajouta-t-elle en baissant la voix.

— Oui, c'est vrai, madame la marquise me l'a dit ce matin; je l'avais oublié.

— Mon Dieu, monsieur Ancelin, comme vous êtes pâle! s'écria Edmée; qu'avez-vous? Apportez-vous donc à maman une mauvaise nouvelle?

— Mais non, mademoiselle, mais non, je vous assure, balbutia le peintre dont le trouble augmentait.

— Monsieur Ancelin, reprit vivement la jeune fille, pour ne pas m'effrayer, sans doute, vous cherchez à me cacher la vérité, je vois cela dans votre regard… Vous êtes agité, vous tremblez… Il est arrivé malheur à quelqu'un que nous aimons. Oh! mon Dieu, Claire, il s'agit de Claire!…

— Rassurez-vous, mademoiselle, ah! je ne songeais pas à vous le dire : Mme Langlois a retrouvé sa fille.

— Claire est retrouvée! s'écria Edmée avec une joie impossible à rendre. Ah! monsieur Ancelin, comme vous me rendez heureuse!

Mais, reprit-elle aussitôt d'une voix émue, ce n'est point pour annoncer cette bonne nouvelle que vous êtes venu ; il y a autre chose que vous voulez me cacher.

Le peintre ne put supporter la fixité de son regard ; il baissa la tête.

— Monsieur Ancelin, continua-t-elle subitement attristée, est-ce que je ne mérite pas votre confiance?

— Oh! mademoiselle, dit-il d'un ton affligé, c'est à moi, à moi que vous dites cela !

— Monsieur Ancelin, pardon !... Depuis hier, je ne sais pas pourquoi, je suis inquiète : c'est comme si une grande douleur allait m'atteindre.

Le jeune homme tressaillit.

— Éloignez de vous cette pensée, mademoiselle, répondit-il, rassurez-vous ; des cœurs dévoués veillent sur votre bonheur. Vous avez deviné que quelque chose de grave me préoccupait ; si je garde le silence, c'est que je ne puis parler ; mais ne voyez en cela qu'une preuve nouvelle de mon dévouement et de mon profond respect. Pour éloigner de vous un malheur quelconque, croyez-le, mademoiselle, je donnerais avec ivresse jusqu'à la dernière goutte de mon sang. Ah! Dieu me garde de troubler jamais votre tranquillité! Si, par ma faute, je faisais tomber de vos yeux une larme, ce serait pour mon cœur une blessure inguérissable. Mais je suis obligé de vous quitter, mademoiselle, adieu !...

Il prononça ce dernier mot d'une voix éteinte.

— Adieu! je n'aime pas ce mot-là, monsieur Ancelin, dit Edmée.

— Eh bien, mademoiselle, au revoir!

— Oui, au revoir, monsieur Ancelin!

Il s'inclina profondément et s'élança hors de l'appartement.

La tête de la jeune fille se pencha sur son sein, et, lentement, rêveuse, des larmes lui venant aux yeux, elle rentra dans sa chambre.

En sortant de l'hôtel de Presle, Albert Ancelin regarda sa montre. Les aiguilles marquaient deux heures quinze minutes.

Il pensa à Mme Descharmes et l'idée lui vint de la prévenir de ce qui se passait. Il entra dans un café, se fit donner de l'encre, une plume et du papier et il écrivit rapidement les lignes suivantes :

« A la suite d'une provocation, dont j'ignore encore la cause, André et M. Gustave de Presle se battent en duel aujourd'hui à quatre heures. Une découverte nouvelle et inattendue, faite ce matin par Mme Langlois, dévoile le secret de la naissance d'André. L'enfant trouvé sur la route de Melun par M. Descharmes et élevé depuis par l'initiative charitable des braves ouvriers du faubourg, est le fils du marquis de Presle et de votre sœur. André est votre neveu. Ce sont les deux frères que la fatalité met en présence les armes à la main ! Dieu veuille que le châtiment mérité par le marquis ne soit pas dans la mort de l'un de ces malheureux !

» Je n'ai pas trouvé André chez lui ; je sors de l'hôtel de Presle où je n'ai pas rencontré M. Gustave de Presle. Je suis tourmenté par d'horribles angoisses !

ALBERT ANCELIN. »

Sur l'enveloppe, après avoir écrit l'adresse, il ajouta les mots : « Très pressé. »

Il mit un franc dans la main du garçon et sortit du café.

Un peu plus loin, au coin de la rue, il y avait un commissionnaire, portant, attachée à sa veste ronde de droguet, la plaque de cuivre de la préfecture de police.

Albert lui remit la lettre à porter boulevard Malesherbes.

Ensuite il rejoignit sa voiture.

— Nous allons au bois de Vincennes, dit-il au cocher ; mais je ne sais pas où nous devrons nous arrêter. Nous chercherons l'endroit le plus solitaire du bois. Il est de toute nécessité que nous allions très vite. Je doublerai le prix de l'heure et je vous promets dix francs de pourboire. Pour que vous puissiez me seconder plus efficacement encore je ne vous cacherai pas que deux de mes amis doivent se battre en duel ce soir et que je désire arriver à temps sur le terrain choisi par ces messieurs, pour empêcher le combat.

— J'ai compris, monsieur, répondit le cocher, j'ouvrirai l'œil.

— Maintenant, partons, dit le peintre; nous n'avons pas une minute à perdre.

Une minute après, le cocher lançait son cheval à fond de train, et les quatre roues de la voiture brûlaient le pavé des rues.

## XXXVI

### LE DUEL

Quand l'automédon arrêta son cheval, haletant et couvert de sueur, ils étaient en vue de la porte de Fontenay. Quatre heures sonnaient à l'horloge de cette paroisse.

Le cocher se pencha vers le peintre, qui avait la tête à la portière du coupé.

— Je n'ai rien vu, dit-il.

— Nous avons évidemment fait fausse route, répondit Albert.

Le cocher tourna à droite, et ils se trouvèrent bientôt dans cette partie du bois de Vincennes comprise entre la plaine de Saint-Maur et le polygone, vaste terrain plat affecté aux manœuvres et exercices de la garnison du fort de Vincennes.

Les promeneurs étaient rares: de loin en loin un ou deux

soldats qui cheminaient mélancoliquement, arrachant de temps à autre une feuille aux branches.

La voiture n'allait plus qu'au pas, et chaque fois qu'un militaire apparaissait sous bois, le cocher le hélait pour lui demander s'il n'avait pas rencontré sur son chemin plusieurs jeunes gens marchant de compagnie. Ils répondaient invariablement :

— Non.

Cependant le cocher finit par obtenir une réponse plus satisfaisante d'un jeune caporal qui se promenait sentimentalement, tout au bord des taillis, ayant à son bras sa payse, toute fière et toute réjouie d'être passée de protectrice du béluí de Mme Trois-Étoiles, un mauvais garnement qui piaillait sans cesse, sous la protection d'un brave défenseur de la patrie.

Dix minutes auparavant, dans une direction qu'il indiqua, le caporal avait vu trois jeunes gens fort bien mis descendre d'une voiture.

Albert Ancelin sauta sur la route et remercia le caporal, non moins obligeant que galant, du renseignement qu'il venait de lui donner.

Les deux amoureux s'éloignèrent, rapprochant leurs deux têtes, les rubans du bonnet de la payse caressant les franges vertes de l'épaulette du joli chasseur.

— Je vais marcher maintenant, dit Albert au cocher, vous irez m'attendre au bout de l'avenue.

Comme nous l'avons dit, quatre heures étaient sonnées.

Les deux adversaires, accompagnés de leurs témoins, étaient arrivés presque en même temps au rendez-vous. Toutefois, André avait devancé le comte de Presle de quelques minutes.

Toutes les conditions du combat, arrêtées d'abord par les témoins, avaient été soumises et acceptées par les intéressés. L'arme choisie était le pistolet. Les adversaires devaient être placés à cinquante pas de distance, marcher l'un vers l'autre à un signal donné, et tirer à volonté, n'importe à quelle distance.

En arrivant, les témoins de Gustave de Presle saluèrent André et ses témoins, qui s'empressèrent de répondre à cette marque de politesse. Seul, le comte, hautain et dédaigneux, crut devoir garder son chapeau sur sa tête. Il se contenta de saluer les témoins d'André par un mouvement de la main.

Il était très pâle et dans un état de surexcitation extraordinaire. Il n'avait point écouté le conseil de ses amis, qui, pourtant, ne s'étaient point privés de lui répéter que dans un duel le calme était absolument nécessaire.

Comme lui, André était pâle ; mais rien dans son attitude et ses mouvements ne trahissait la moindre agitation. Pourtant, depuis vingt-quatre heures, il avait fait de bien douloureuses réflexions.

Les pistolets, apportés par les témoins du comte, furent chargés sous les yeux des autres témoins.

Pendant ce temps, adossé à un arbre, André songeait le regard noyé dans l'infini. Il pensait à Mme Descharmes, à la femme inconnue qui l'avait mis au monde, à ses bons amis du faubourg, à tous ceux enfin qu'il avait aimés et qu'il aimait toujours, et à Claire, à Claire surtout, dont il ignorait la destinée, et à tous son cœur envoyait un dernier adieu.

A quelques pas de lui, Gustave mordait fiévreusement ses moustaches et son pied impatient battait le sol.

Les pistolets chargés, M. Edmond de Fournies, premier témoin du comte, mit le pied contre un arbre et partit de là en comptant ses pas jusqu'à cinquante. Alors il s'arrêta et appela Gustave qui vint occuper la place qu'on lui désignait.

En même temps, sur un signe de ses témoins, André alla prendre la sienne.

Aussitôt, les deux adversaires furent armés.

Alors, les quatre témoins se réunirent et se placèrent un peu en arrière de la ligne tracée à une distance à peu près égale des deux champions.

— Messieurs, dit Edmond de Fournies, avant de donner le signal, avez-vous des observations à faire sur la position des deux adversaires?

— Aucune, répondit le premier témoin d'André ; nous n'avons pas de soleil et les deux positions sont également favorables.

M. de Fourmies se découvrit et, élevant son chapeau, il prononça ce mot :

— Marchez !

Depuis quelques minutes, Albert Ancelin parcourait le bois dans une agitation croissante, prêtant l'oreille et plongeant son regard à travers les arbres dans la profondeur des taillis.

Tout à coup, une détonation se fit entendre.

Albert poussa un cri d'épouvante et éperdu, fou de douleur, il prit sa course en bondissant à travers les halliers.

Au mot « marchez », dit par Edmond de Fourmies, Gustave et André commencèrent à s'avancer lentement l'un vers l'autre.

Les témoins, attentifs et sans mouvements, les regardaient. Ils étaient péniblement émus, car ils sentaient que le sang allait couler, et qu'ils assisteraient, peut-être, à la mort de l'un des adversaires.

Ceux-ci n'eurent bientôt plus entre eux qu'une vingtaine de pas de distance.

Gustave de Presle s'arrêta, visa et son coup partit.

La balle siffla à l'oreille d'André sur laquelle se montra une goutte de sang.

Voyant que son ennemi restait debout et continuait d'avancer, Gustave devint livide, son cœur cessa de battre, et il sentit son sang se figer dans ses veines.

Les témoins, glacés de terreur, suivaient des yeux André, qui avançait toujours.

A dix pas du comte, il s'arrêta.

Gustave se vit perdu. C'est la mort qu'il avait devant lui. Pour ne pas la voir, il ferma les yeux.

L'œil sûr, tenant le pistolet d'une main ferme, André visait au cœur.

Cependant, il ne tirait pas, il hésitait. Pourquoi ?

Il pensait à la marquise de Presle, dont il avait souvent entendu parler comme d'une noble et sainte femme ; il pensait à Mlle Edmée de Presle, jeune, innocente et belle, que son meilleur ami, Albert Ancelin, aimait. Il croyait entendre les gémissements d'une famille en deuil ; il voyait une mère et une sœur désolées, à genoux, prosternées, sanglotant sur un cercueil!

Voilà pourquoi il ne tirait pas.

— Monsieur le comte, prononça-t-il d'une voix grave et lente, si vous disiez à vos amis qui sont là et qui nous regardent, que vous regrettez vos paroles, je ne vous tuerais pas!

Gustave resta silencieux. Peut-être n'avait-il pas entendu.

Deux éclairs jaillirent des yeux d'André.

A ce moment, au milieu du silence qui régnait autour d'eux, une voix se fit entendre criant à André :

— Arrête, malheureux, arrête, tu vas tuer ton frère!

Et Albert Ancelin, tête nue, les cheveux hérissés, les habits en désordre, apparut dans la clairière.

Le pistolet s'échappa de la main d'André et tomba à ses pieds.

Le peintre s'élança à son cou et le serra dans ses bras. La joie l'étouffait. Il pleurait comme un enfant.

Le comte restait à la même place, immobile, les yeux hagards et frappé de stupeur.

Les quatre témoins s'étaient approchés.

Albert se tourna vers eux :

— Messieurs, leur dit-il, je me nomme Albert Ancelin, je suis artiste peintre et, avant tout, l'ami d'André. J'ignore encore la cause qui a armé ces messieurs l'un contre l'autre, pouvez-vous me la faire connaître?

Edmond de Fournies se chargea de répondre et il le fit noblement, sans chercher à excuser son ami, sans vouloir même atténuer ses torts.

Alors Albert s'approcha de Gustave et lui dit d'une voix émue :

— Monsieur le comte de Presle, si vous aviez réfléchi, si vous aviez examiné la chose de plus près, vous n'auriez point porté, j'en suis sûr, un jugement qui est une odieuse calomnie. André est le neveu de M. Henri Descharmes. Et vous devez demander pardon à André, monsieur le comte, à André, le fils de votre père!

En ce moment même, continua-t-il en raffermissant sa voix, Mme la marquise de Presle, votre mère, conduit chez Mme Descharmes une malheureuse femme dont vous avez peut-être entendu parler à Rebay... C'était alors une pauvre folle qu'on appelait la marquise. Cette femme, monsieur le comte, voulant réparer autant que possible le mal que lui a fait le marquis de Presle, votre mère l'a guérie, votre mère la rend à sa sœur!

— Et cette femme, Albert, cette femme?... demanda André d'une voix tremblante.

— C'est ta mère!

André jeta un cri et s'appuya contre un arbre pour ne pas tomber.

Gustave de Presle restait silencieux, frémissant, la tête baissée, les yeux fixés sur la terre, à ses pieds.

Edmond de Fourmies lui prit la main.

— Gustave, dit-il d'un ton affectueux, mais plein de gravité, il est beau et souvent il est grand de reconnaître ses torts; tu dois une réparation, que vas-tu faire? Je ne te conseille rien. Interroge ton cœur, ta conscience et ton honneur!

Le comte tressaillit, puis, relevant brusquement la tête, il marcha vers André.

— Monsieur André, dit-il, vous êtes mon ainé, je vous demande pardon!

— Monsieur le comte de Presle, je vous pardonne! répondit André.

Et il se jeta en pleurant dans les bras d'Albert Ancelin.

Les témoins de Gustave le félicitèrent, approuvant sa conduite, puis tendirent la main à André.

Un instant après on rejoignait les voitures pour retourner à Paris.

## XXXVII

### LA CHAMBRE D'ANGÈLE

Mme Descharmes venait de donner des ordres à son maître d'hôtel, en lui annonçant l'arrivée de M. Descharmes qui, dans une lettre reçue le matin, prévenait sa femme qu'il arriverait le soir même à Paris.

Elle rentra dans son boudoir et jeta un regard sur la pendule, marbre blanc et or massif ciselés, une merveille de l'art moderne. L'aiguille avançait vers quatre heures.

— Il ne peut tarder longtemps à venir, murmura-t-elle en agitant le cordon d'une sonnette.

Un domestique parut.

— J'attends M. le marquis de Presle, lui dit-elle, dès qu'il se présentera, vous le ferez entrer ici. Il peut se faire que M. Descharmes, qui arrive ce soir, m'envoie une dépêche; dans ce cas, vous me la remettriez immédiatement.

Le domestique s'inclina et se retira.

Mme Descharmes se plaça entre deux glaces et resta un instant en contemplation devant son image.

Jamais, peut-être, sa beauté n'avait été aussi resplendissante. Quelque chose de décidé, de résolu, de fier y ajoutait un charme inexprimable.

Sa luxuriante chevelure, d'un blond idéal doucement teinté d'or, roulée en torsades épaisses, formait sur son front un superbe diadème duquel s'échappaient, pour tomber sur le cou, des bouquets de cheveux en spirales.

Sa robe de soie légère, d'un joli bleu de ciel, était sans ornement ; mais le corsage serré à la taille, ajusté et ouvert sur la poitrine, laissait voir deux rangs de magnifique dentelle d'Angleterre sous laquelle se voilaient les trésors d'une gorge adorable.

Ses petits pieds étaient emprisonnés dans des mules de satin, de la même couleur que la robe, sur lesquelles deux nœuds de rubans étaient retenus par des boucles d'argent.

Sa manche large, à volants, permettait de voir l'avant-bras aux contours exquis, terminé par une main blanche aux ongles roses, finement attachée et d'un modelé admirable.

Angèle, ce jour-là, s'était faite belle avec intention.

Était-ce pour son mari qu'elle attendait, ou pour le marquis de Presle qui allait venir ?

Pour tous les deux peut-être.

Elle s'assit sur sa causeuse, releva légèrement sa robe de façon à montrer le bout de ses pantoufles, puis, ayant pris un livre sur un guéridon placé à portée de sa main, elle l'ouvrit.

Elle tenait ce livre probablement pour se donner une contenance, car elle ne lisait point. La tête penchée, les yeux à demi fermés, elle réfléchissait.

Un bruit de pas qu'elle entendit lui fit pousser un soupir ; mais elle ne bougea pas.

Elle conserva la même attitude, ayant l'air d'être absorbée dans sa lecture.

Une porte venait de s'ouvrir doucement, le marquis de Presle était dans le boudoir, tout imprégné de ces délicieux parfums qui font reconnaître, partout où elle passe, la femme aimée.

Saisi d'admiration devant le ravissant tableau qu'il avait sous les yeux, il se livra pendant quelques secondes à une extase indicible.

Enfin, il fit deux pas en avant, et d'une voix douce, émue, le corps frissonnant, prononça un seul mot.

— Angèle !

La jeune femme feignit d'être surprise et leva languissamment ses beaux yeux sur le marquis.

— Est-ce que vous ne m'attendiez pas ? demanda-t-il.

— Je vous attendais, monsieur le marquis, mais je ne vous espérais plus.

— Ce matin, quand je suis venu, vous m'avez fait répondre que vous me recevriez ce soir, à quatre heures. Regardez...

Il n'avait pas achevé, que la pendule sonnait quatre heures.

— C'est vrai, fit Angèle; il paraît que j'ai trouvé le temps bien long.

— Ah! vous êtes adorable! s'écria le marquis.

Un sourire imperceptible effleura les lèvres de la jeune femme.

Elle fit un signe au marquis, qui s'assit près d'elle sur la causeuse.

— Nous allons causer sérieusement, reprit-elle; pour que nous ne soyons pas dérangés, j'ai voulu vous recevoir ici...

— C'est la première fois que vous permettez qu'on ouvre devant moi ce nid charmant, élégant, coquet, parfumé, mystérieux, qui est le temple de votre beauté; oh! merci, merci! Enfin, aujourd'hui, nous sommes seuls; je vais donc pouvoir vous exprimer tout l'amour qui remplit mon cœur et le déborde sans qu'une oreille indiscrète soit là, tendue pour m'entendre?... Oh! comme vous êtes belle, et comme vous faites bien comprendre le culte qu'avaient les anciens pour la beauté! Ils élevaient la femme au rang de déesse, celle-ci avait partout des temples, des prêtres, des prêtresses et des adorateurs. Comme les païens de l'antiquité, Angèle, je vous ai placée au-dessus de toutes les femmes, vous êtes devenue ma divinité... Votre temple est dans mon cœur où brûle, devant votre autel, un feu sacré qui ne s'éteindra qu'avec ma vie!... Nous sommes seuls, Angèle ces murs et ces tentures nous dérobent aux yeux importuns, laissez-moi vous admirer dans votre gloire, pendant que votre regard me versera l'ivresse!

Il lui prit la main, qu'elle retira aussitôt avec un tressaillement.

— Ainsi, monsieur le marquis, fit-elle souriante, vous n'êtes plus jaloux?

— Ne le croyez pas, Angèle, le mal funeste est toujours en moi, plus sombre et plus terrible! Vous seule pourriez le tuer, peut-être, dans un premier baiser!.. Si vous saviez les offroyables tortures que j'ai endurées depuis quinze jours, vous auriez pitié de moi!

— Et c'est André, un enfant...

— Ne me parlez pas de ce jeune homme, ne m'en parlez pas, prononça le marquis d'une voix creuse.

— Vous avez raison, nous avons à nous occuper de choses plus intéressantes. Il faut que je vous dise, d'abord, que mon mari m'a annoncé son retour très prochain.

Un nuage passa devant les yeux du marquis, dont le visage s'assombrit.

— Quel jour arrive M. Descharmes? demanda-t-il en bégayant.

— Dans deux ou trois jours, répondit Angèle avec intention.

Il y eut un moment de silence, qui révélait de part et d'autre un embarras extrême.

Le marquis ne voyait pas sans effroi se dresser devant lui la figure imposante de l'ingénieur. Cette fois, ce n'était plus André, un enfant, comme se plaisait à le dire Mme Descharmes, mais le mari avec tous ses droits ayant à faire respecter et à défendre son honneur.

Quant à Angèle, elle était tourmentée par la crainte que cette entrevue avec le marquis, qu'elle avait désirée, provoquée, et qui devait être la dernière, ne fût pas suivie du résultat qu'elle espérait.

— Angèle, dit enfin le marquis d'une voix altérée par l'émotion, vous ne m'avez jamais fait entendre ces mots, que j'attends toujours, divins dans la bouche d'une femme : « Je vous aime! » S'ils sont restés sur vos lèvres, je les ai lus dans l'éclat de vos yeux; oui, vous n'avez pu être insensible à l'amour ardent, je puis même dire à la passion que vous avez fait naître en moi. A vous voir, à vous entendre, à vous admirer, à respirer près de vous l'air que vous respirez, j'ai jusqu'à présent mis mon bonheur. Ce que j'ai souffert de votre calme, de votre froideur, de vos pudiques réserves, je ne vous l'ai pas dit, vous ne le saurez jamais!... Je vous voulais telle que vous avez été, telle que vous êtes, pleine de fierté et de dignité pour tous, pour moi grande et belle! Vous eussiez été autrement, j'aurais pu vous aimer, mais pas comme je vous aime!

De mes désirs comprimés, de mes ardeurs contenues, de mes souffrances, enfin, je me suis fait encore une joie, un bonheur... Ah! j'ai compris les machinations que le faux tissu inspire à certains hommes! Et le respect dont je vous ai entourée, Angèle, est encore une preuve de mon amour!

Mais M. Descharmes votre mari revient, Angèle, le temps est précieux, nous n'avons plus que quelques heures pour prendre un parti.

— C'est vrai, murmura la voix de Mme Descharmes.

Le marquis crut que la pensée de la jeune femme répondait à la sienne.

Il continua :

— Je vous sais l'âme trop fière et trop noble pour avoir pu supposer que, ayant donné votre amour à un autre, vous resteriez sous le toit de votre mari... Un front comme le vôtre, Angèle, ne doit jamais rougir! Il y a des contrées lointaines embaumées par des fleurs inconnues, où chantent des oiseaux merveilleux, où le soleil resplendit, où les nuits étoilées sont tièdes et parfumées... Angèle, l'Amérique ou les Indes, l'Inde plutôt, nous promet une retraite délicieuse; il faut partir immédiatement pour ce pays ensoleillé et fleuri, lieu béni, créé pour enchanter la vue et bercer l'amour!

— Et votre femme, monsieur le marquis? dit Mme Descharmes.

Il passa rapidement la main sur son front.

— Un jour, reprit-il, vous m'avez fait comprendre que la marquise de Presle était un obstacle entre vous et moi. Eh! bien, cet obstacle n'existe plus.

— Que voulez-vous dire? s'écria Angèle.

— Je veux dire que j'ai rompu ma chaîne!

— Expliquez-vous!

— Ce matin même, à la suite de paroles d'une certaine violence échangées entre la marquise de Presle et moi, nous avons compris l'un et l'autre qu'une séparation complète était devenue nécessaire.

— Quoi! la marquise de Presle a consenti?...

— Demain ou après-demain, la marquise quitte l'hôtel de Presle pour se retirer probablement dans une de ses terres.

Mme Descharmes ressentit comme une douleur au cœur. Cette désunion, elle l'avait souvent rêvée, dans ses heures de fièvre, comme faisant partie de sa vengeance, et maintenant que cette satisfaction lui était donnée, elle se sentait émue de compassion pour la marquise de Presle.

Mais le souvenir de sa sœur chassa vite cette impression.

— Depuis bien des années, poursuivit le marquis, nous vivions, la marquise et moi, étrangers l'un à l'autre; il ne fallait qu'un éclat pour briser sans grands efforts le faible lien qui nous rapprochait encore. C'est ce qui est arrivé ce matin, comme je viens de vous le dire.

— Ainsi, la séparation est décidée?

— Et déjà effective, répondit-il, puisque la marquise se dispose à quitter l'hôtel de Presle.

— Vous n'avez pas craint le scandale? Vous ne pensez pas à ce que dira le monde?

— Je ne pense qu'à vous, vous êtes tout pour moi... Ce que j'ai fait, Angèle, c'est pour vous! Le monde, je le dédaigne, et je place mon amour au-dessus de toute considération humaine. Mais pour vous aucun sacrifice ne me coûterait : je vous donnerais mon sang, ma vie, mon honneur, peut-être!

— Lui en reste-t-il encore? pensa Mme Descharmes.

Elle se redressa, les yeux étincelants, un sourire singulier sur les lèvres.

— Ah! je ne doute plus! s'écria-t-elle; c'est bien ainsi que je voulais être aimée!

Il prit ces paroles pour l'exaltation d'une ardeur qui répondait à la sienne; la flamme qui sillonnait le regard d'Angèle le brûla comme s'il eût été devant un brasier.

Il ne vit point que le sourire de la jeune femme était une crispation des lèvres; il ne vit point que, s'il y avait dans l'éclat de ses prunelles la joie du triomphe, il s'y montrait plus de colère encore. Non, il ne vit pas cela!

Éperdu, suffoqué, ébloui, il tomba aux genoux de Mme Descharmes.

— Angèle, dit-il, rien n'est comparable au charme de votre voix, à l'enchantement de votre regard : l'un et l'autre m'enivrent! Oh! comme je vous aime, comme je vous aime!... Nous allons partir, n'est-ce pas? Il faut que demain soir nous soyons loin de Paris... Mais, dès aujourd'hui, Angèle, le bonheur peut être à nous... Angèle, je t'adore!...

Il l'entoura de ses bras et elle sentit sur ses lèvres son souffle embrasé.

Elle se dégagea par un mouvement brusque et se trouva debout.

— Prenez garde, monsieur le marquis, dit-elle avec un effort peut-être réel, on pourrait nous surprendre.

Elle s'élança vers une tapisserie, la souleva et disparut.

Le marquis se releva triomphant.

— Sa chambre! murmura-t-il.

Il eut un mouvement de tête superbe et, à son tour, il souleva la tapisserie.

Mme Descharmes avait eu le temps de tirer les grands rideaux de soie des fenêtres, et des flots de lumière inondaient la chambre.

Le marquis la vit debout, immobile, l'attendant. Il bondit vers elle, mais un regard froid, acéré, l'arrêta à l'entrée de la chambre.

Mme Descharmes n'était plus la femme gracieuse, idéale, aux yeux doux et limpides, au sourire charmant. Si elle restait toujours élégante et plus belle encore dans sa colère, son attitude hautaine et sévère était menaçante; son regard sombre et terrible avait de sinistres lueurs. On ne saurait mieux représenter ou personnifier la haine ou la vengeance.

Le marquis la regardait avec une surprise mêlée de stupeur. Mais il n'eut pas le temps d'avoir une pensée.

Mme Descharmes marcha vers lui, saisit son bras, l'entraîna et, le plaçant en face du portrait de sa sœur :

— Monsieur le marquis de Preste, dit-elle en lui montrant du doigt le tableau, regardez !

Il regarda. Aussitôt, ses traits se contractèrent, et ses yeux prirent une fixité effrayante.

— Monsieur le marquis, connaissez-vous cette femme ?
— Non, non, balbutia-t-il.
— Cette peinture a été faite dans un petit village de la Nièvre qu'on nomme Relay ; regardez, monsieur le marquis, regardez... C'est le portrait d'une folle !
— Une folle ! répéta-t-il sans savoir ce qu'il disait.

La sueur commençait à perler sur son front, son visage livide prenait une expression de terreur étrange.

— Ce n'est pas tout, monsieur le marquis, je vais vous dire comment on appelait autrefois cette malheureuse, lorsque jeune fille, heureuse, chaste et belle, plus que moi, monsieur le marquis, elle demeurait rue de Savoie. Écoutez, on l'appelait Léontine Landais !

Un son rauque s'échappa de la poitrine du marquis et il fit trois pas en arrière.

— Monsieur le marquis, reprit Mme Descharmes d'une voix éclatante, c'est Léontine Landais, c'est ma sœur !

Le marquis chancela.

— Regardez encore, monsieur le marquis, cette physionomie douce et résignée, charmante toujours, qui porte l'empreinte de toutes les douleurs, de toutes les souffrances... Regardez ces yeux éteints, sans regards, sans vie, sans pensée... C'est la Léontine Landais d'aujourd'hui, et voilà ce qu'elle est devenue, une folle !... Un misérable, un infâme l'a précipitée dans ce néant, dans cette nuit éternelle de l'esprit, et Dieu, si juste toujours, ne l'a pas encore vengée !... Marquis de Preste, ce misérable, cet infâme, c'est toi !... Qu'as-tu fait de ma sœur ?

Le front haut, le buste légèrement en arrière, la poitrine haletante, elle était vraiment admirable. Le marquis, écrasé sous son regard fulminant, secoué par un tremblement convulsif, était incapable de répondre.

Mme Descharmes reprit avec une nouvelle violence :

— Après ma sœur flétrie, brisée, devenue folle de désespoir, je vois Éléonore de Blancheville, marquise de Presle, une noble femme, dédaignée, humiliée, abreuvée de douleurs... Épouse et mère insultée !... Deux victimes! Ce n'était pas assez, il t'en fallait une troisième, moi ! Insensé !... Comment as-tu pu croire, qu'ayant l'honneur de porter un nom respecté et partout honoré, je serais capable d'oublier mes devoirs ?... Entre le marquis de Presle et Henri Descharmes, quelle distance !... Le noble est petit, l'homme du travail est grand ! Ah! ah! il n'a pas vu cela, le marquis de Presle, non il n'a pas compris que j'admirais, que j'adorais mon mari !

Elle s'arrêta pour reprendre haleine.

— Marquis de Presle, poursuivit-elle d'une voix frémissante, tu m'aimes et moi je te méprise, je te hais, entends-tu ? Je te hais! Ah! comme toi, j'ai impatiemment attendu ce jour où je pourrais te dire que tu es un misérable, un infâme, un lâche ! et te jeter en pleine figure l'horreur que tu m'inspires, le dégoût que j'ai pour toi !

Loin de se redresser sous l'insulte, le marquis se courba plus encore.

Mme Descharmes continua :

— Marquis de Presle, par ton ordre, des scélérats ont été prendre Léontine Landais à la ferme des Sorbiers.

Où est-elle?

Qu'as-tu fait de ma sœur?

Il la regarda avec effarement.

— Répondez donc, monsieur! exclama-t-elle ; je vous demande ma sœur, je la réclame, je la veux !...

Des mots inintelligibles passèrent entre ses lèvres comme un bruissement.

— Il ne répondra pas, il ne veut pas répondre, s'écria-t-elle, en se tordant les bras de douleur. Ma sœur, ma pauvre sœur !... Ah! je poursuivrai cet homme de ma haine, sans cesse, jusqu'à ce que tu sois vengée !... Je serai sans pitié, implacable dans ma vengeance! Il faut que ce misérable expie son crime !

Tournée vers le portrait, elle lui tendait ses bras tremblants.

Une porte s'ouvrit et un domestique entra dans la chambre.

tenant à la main un petit plateau d'argent, sur lequel il y avait une lettre.

— Une lettre pressée pour madame, dit-il.

Angèle prit la lettre.

Le domestique sortit.

Le marquis ne voyait rien, n'entendait rien. Immobile, les bras pendants, on l'aurait cru pétrifié.

Mme Descharmes déchira l'enveloppe de la lettre et lut rapidement ce que lui écrivait Albert Ancelin.

Elle poussa une exclamation qui fit tressaillir le marquis et parut le rappeler à lui-même.

— Marquis de Presle, s'écria Mme Descharmes en se plaçant devant lui, vous ne savez pas ce qui se passe, je vais vous le dire. A l'heure qu'il est, votre fils, le comte de Presle se bat en duel avec André !...

Il se redressa, les yeux hagards.

— Oh! ce n'est pas le plus terrible pour vous, continua-t-elle sourdement; marquis de Presle, ce sont les deux frères qui se battent ensemble, André est le fils de Léontine Landais!

## XXXVIII

### LE CHATIMENT

Le marquis jeta un cri rauque, porta ses deux mains à son front couvert d'une sueur froide et s'affaissa lourdement sur un siège.

Comme elle venait de le dire, Mme Descharmes était sans pitié. Elle reprit d'une voix mordante :

— André Pigaud, celui qu'on appelle encore aujourd'hui l'Enfant du Faubourg, est votre fils, monsieur le marquis de Presle.

Abandonné à peine âgé de quelques jours et trouvé sur une route, ce fils d'un grand seigneur a dû son existence à la charité publique... Pendant que le marquis de Presle allait à ses plaisirs, de simples ouvriers, mais de braves cœurs, recueillaient son enfant!... Pendant que le noble marquis donnait des fêtes splendides, montait à cheval, se pavanait au bois dans sa calèche armoriée ou dans sa loge à l'Opéra, semant partout l'or à pleines mains, les ouvriers du faubourg, des pères de famille, s'imposaient des privations et prenaient sur leur salaire de la semaine pour donner du pain à son enfant!... Que pensez-vous de cela, monsieur le marquis? C'est beau, n'est-ce pas? C'est là de la haute morale!

L'enfant trouvé a grandi; il est devenu un homme, ayant le cœur haut placé, un homme intelligent, rempli de distinction; cela se comprend... le fils d'un marquis!... Et son père, son père lui a fait l'honneur d'être jaloux de lui !... Et qui sait? Ah! Dieu me pardonne d'avoir cette pensée, c'est peut-être le père qui a armé la main d'un de ses fils pour frapper l'autre!... N'est-ce pas là encore une belle morale, monsieur le marquis?

Le malheureux eut un râlement plaintif.

— Mais André est fort, brave, adroit et plein de courage, continua impitoyablement Mme Descharmes, ce n'est pas lui qui sera frappé, j'en suis sûre, mon cœur me le dit!... Ah! tout à l'heure, j'ai eu tort de douter de la justice de Dieu!...

Tout à coup, derrière elle un bruit se fit entendre. Elle se retourna vivement.

Devant elle, à l'entrée de la chambre, près de la porte, qui venait de s'ouvrir, elle vit deux femmes pâles, également vêtues de noir.

L'une, tremblante, les yeux baignés de larmes, s'appuyait sur l'épaule de sa compagne.

Mme Descharmes eut d'abord un mouvement de surprise, qui fut suivi d'un cri de joie délirante.

Elle venait de reconnaître celle qu'elle pleurait depuis si longtemps.

— Ma sœur! s'écria-t-elle, en avançant les bras ouverts.
— Angèle!

Et Léontine tomba palpitante et sans force dans les bras de Mme Descharmes.

Ce fut une étreinte délicieuse, passionnée, pleine d'ivresse. Elles étaient sans voix; mais les soupirs et les baisers avaient plus d'éloquence que les paroles.

— Le marquis s'était levé, grelottant comme s'il eût été saisi par un froid d'hiver.

Son attitude, son regard, ses gestes, sa physionomie, tout en lui exprimait l'épouvante.

La marquise, immobile, le regardait avec une tristesse navrante. Albert Ancelin l'avait prévenue; ce qui s'était passé dans cette chambre, avant son arrivée, elle le devinait.

Cependant, Mme Descharmes s'aperçut qu'elle oubliait trop longtemps le marquis de Presle et la personne inconnue, qui lui ramenait sa sœur.

— Oh! madame, dit-elle, en se tournant vers la marquise, qui que vous soyez, vous qui me rendez ma sœur soyez bénie!
— Je vous la ramène aujourd'hui seulement, parce que j'ai voulu vous la rendre guérie, répondit Mme de Presle.

Puis tombant sur les genoux :

— Je suis Éléonore de Blancheville, marquise de Presle, madame, reprit-elle; les mains jointes et suppliante, je vous demande à toutes les deux le pardon de cet homme, le père de mes enfants!...

— Oh! madame la marquise! s'écria Angèle émue jusqu'aux larmes, relevez-vous, je pardonne, oui, je pardonne...

Léontine tendit le bras vers le marquis en disant :

— Monsieur le marquis de Presle, je vous pardonne!...

Il la regarda fixement en se courbant lentement et en allongeant le cou.

Puis il se rejeta brusquement en arrière en criant d'une voix étranglée :

— Ah! la folle! la folle!...

Et il partit d'un éclat de rire bruyant, convulsif, horrible à entendre.

Léontine Landais avait recouvré la raison, le marquis de Presle était fou !

La marquise se tourna vers les deux sœurs et leur dit :

— Vous avez eu pitié du coupable, vous avez pardonné ;... mais Dieu, lui, ne lui pardonne pas !

Elle s'approcha de son mari et prit son bras pour l'emmener.

Devant eux, un homme, qui venait d'entrer, se découvrit et s'inclina avec respect.

C'était M. Descharmes.

La marquise sortit, entraînant son mari qui riait toujours.

— Ah ! Angèle, qu'as-tu fait ? dit M. Descharmes d'un ton douloureux.

— Henri, il m'avait pris ma sœur ! s'écria-t-elle.

Et elle s'élança à son cou en sanglotant.

Un instant après, Mme Descharmes disait à Léontine, assise entre elle et son mari :

— Ma sœur chérie, à force de tendresse et d'amour, nous te ferons oublier le passé et ce que tu as souffert... Tu es ici chez toi, dans ta maison : tes moindres désirs seront satisfaits, tu commanderas, tu ordonneras, et aussitôt tu seras obéie... Pour ma sœur adorée, je redeviens ce que j'étais autrefois : ta petite Angèle, ta fille !... Je n'ai pas oublié les paroles de notre bonne mère à son lit de mort. A toi, elle a dit : « Léontine, je te recommande ta sœur, tu veilleras sur elle, tu la protègeras, tu seras sa mère ! » Elle m'a dit, à moi : « Angèle, tu seras soumise à ton aînée et tu lui obéiras comme à moi-même. » Puis elle a ajouté : « N'oubliez jamais mes paroles ; joie, chagrin, fortune ou pauvreté, partagez toujours. » — Et ce fut tout ; la bouche souriante, elle s'éteignait dans nos bras.

Léontine pleurait à chaudes larmes.

M. Descharmes lui prit la main.

— Ma sœur, dit-il, Angèle m'a souvent répété les paroles de votre mère mourante, et il a toujours été convenu entre nous que, quelle qu'elle soit, vous partageriez notre fortune... C'est votre héritage à toutes les deux que j'ai fait fructifier, c'est pour vous deux que j'ai travaillé... Dès demain, si vous le voulez, ma sœur, vous prendrez votre part...

— L'affection de ma sœur, votre amitié, mon frère, voilà tout ce que je désire, dit Léontine. Si vous ne me trouvez pas embarrassante...

— Oh! que dis-tu? s'écria Angèle.

— Eh bien! vous me garderez près de vous; je ne tiendrai pas beaucoup de place : un petit coin dans votre maison me suffira.

— Oh! oui, tu resteras avec nous, nous ne nous quitterons jamais, dit vivement Angèle. Tu auras ton appartement, la plus belle chambre sera la tienne; tu auras tes domestiques, ta voiture à tes ordres... n'est-ce pas, Henri?

— La volonté de votre sœur a toujours été la mienne, répondit M. Descharmes en s'adressant à Léontine.

— Non, non, répliqua-t-elle; soyez heureux, car vous le méritez, et jouissez de la fortune que vous devez à votre travail... Je vous le répète, je ne demande qu'un petit coin près de vous, une retraite profonde où je pourrai prier, pleurer et me souvenir!

— Mais je veux, au contraire, que tu oublies! s'écria Angèle en l'entourant de ses bras.

— C'est impossible! jamais!...

— Tu l'entends, Henri? s'écria Angèle en se levant, et tout à l'heure tu as eu pitié du marquis de Presle!

— Angèle, reprit Léontine, ce n'est point du crime de cet homme que je veux me souvenir; je l'ai laissé, cet effroyable souvenir du passé, dans la nuit d'où je viens de sortir... Mais il y a autre chose, je veux vous le dire, à vous, comme je l'ai dit à Mme de Presle... J'ai mis au monde un enfant, un fils... cet enfant, on me l'a pris... Qu'est-il devenu?... Vous savez maintenant pourquoi je veux pleurer!

— Mon Dieu, mon Dieu, elle ne sait rien, murmura Angèle toute tremblante. Six heures vont sonner et pas de nouvelle encore! Elle se mit à marcher avec agitation.

M. Descharmes, sous le coup de sa surprise, regardait tristement Léontine.

— Que faire, mon Dieu, que faire? se disait Angèle. D'un mot je pourrais changer sa douleur en une joie immense; mais il faudrait lui tout dire... Et si on le ramenait blessé!... mort!...

Elle se sentit frissonner.

— Angèle, tu n'écoutes pas ta sœur, tu ne l'interroges pas, dit M. Descharmes; qu'as-tu donc?

— Ah! une telle anxiété est épouvantable! s'écria-t-elle en s'élançant hors de la chambre.

Elle traversa son boudoir, un autre petit salon, et, dans la salle à manger, elle appela tous ses domestiques, chacun par son nom, d'une voix retentissante.

Trois ou quatre de ces derniers accoururent avec effarement.

— Qu'on prenne à l'instant deux voitures, ordonna-t-elle. L'un de vous ira chez M. Albert Ancelin et reviendra avec lui; un autre se rendra rue Saint-Dominique, à l'hôtel de Presle; si le comte est rentré, il faudra savoir de lui s'il n'est pas arrivé un accident grave à M. André Pigaud; dans le cas où M. Gustave ne serait pas à l'hôtel, il ne faudra interroger personne et revenir immédiatement. Vous, Jean, vous allez courir jusque chez M. André. Allez, mes amis, et revenez vite, sans perdre une minute.

Après l'exclamation de sa femme, suivie de sa brusque sortie, M. Descharmes était resté tout interdit. Mais, pour ne pas effrayer Léontine, il s'efforça de paraître calme et c'est en souriant qu'il lui dit :

— Angèle a oublié, sans doute, de donner un ordre important; je vais me charger de ce soin et lui dire de revenir près de vous; je vous laisse seule un instant.

Il sortit sur ces mots et s'empressa de rejoindre sa femme qui achevait de donner ses ordres aux domestiques.

— Angèle, dit vivement M. Descharmes, tu viens de mettre l'inquiétude en moi, peut-être aussi as-tu effrayé ta sœur; que se passe-t-il donc? Réponds-moi!

Elle lui tendit la lettre d'Albert Ancelin en disant :

— Tiens, lis, Henri, lis et tu comprendras.

M. Descharmes n'avait pas achevé de lire, lorsque Jean, le

domestique chargé d'aller au domicile d'André, rentra dans la salle à manger.

—Madame, dit-il, M. André et M. Ancelin viennent d'arriver ensemble; on les a fait entrer dans le salon.

Madame Descharmes ne put retenir un cri de joie.

— Henri, dit-elle, va recevoir M. Ancelin et notre neveu, notre fils... Moi, je vais préparer ma sœur au bonheur qui l'attend.

C'est en tenant Léontine dans ses bras, serrée contre son cœur, qu'Angèle lui raconta comment son mari avait trouvé, un matin, au commencement du mois d'octobre 1848, un jeune enfant abandonné sur la route entre Bois-le-Roi et Melun.

— Et cet enfant? interrogea avidement Léontine.

— Cet enfant est devenu un grand et beau jeune homme, que j'aimais beaucoup déjà, et que je vais aimer bien plus encore.

— Achève, Angèle, achève, dit Léontine d'une voix tremblante.

— Eh bien, oui, c'est lui, c'est ton fils !...

La pauvre mère poussa un cri et se trouva debout. Mais, aussitôt, ses jambes plièrent sous le poids de son corps, ses yeux se fermèrent et elle tomba inanimée dans les bras de sa sœur.

— Au secours ! au secours ! cria de toutes ses forces Mme Descharmes épouvantée.


## XXXIX

### LES BAISERS DE LA MÈRE LANGLOIS

Quand, au bout d'un quart d'heure de soins empressés et intelligents, Léontine Landais rouvrit les yeux, elle vit à ses côtés, debout, Angèle et M. Descharmes, et à ses genoux, André, qui couvrait ses mains de baisers et de larmes.

Elle le regarda un instant, puis elle leva les yeux vers sa sœur, et son regard l'interrogea.

Mme Descharmes répondit par un mouvement de tête.

Alors, l'amour maternel illumina les yeux de Léontine, irradia son front.

Avec une expression impossible à rendre, elle prononça seulement ces deux mots :

— Mon fils !

Et ses lèvres se collèrent fiévreusement sur le front de son enfant.

— Ma mère, ma mère ! murmurait la voix d'André : tout à l'heure on m'a fait connaître votre douloureuse histoire ; oh ! ma mère, comme je vais vous aimer !...

Angèle et son mari échangèrent un regard et se retirèrent discrètement, sans bruit.

Ah ! leur joie était grande, ils ne l'avaient jamais rêvée aussi complète.

— Qu'est donc devenu M. Ancelin ? demanda Angèle.

— Je l'ai prié d'aller chercher Pauline et sa fille, répondit M. Descharmes.

— Claire est donc retrouvée ? s'écria-t-elle.

— Oui.

— Ah ! tous les bonheurs nous arrivent à la fois !

— Il ne nous reste plus qu'à assurer la tranquillité et l'avenir de ta sœur et de son fils. Je veux que le bonheur d'André soit complet. Ce soir même, pour lui, je demanderai à Pauline Langlois la main de sa fille.

— Comme tu es bon, comme tu es grand, Henri !

— J'ai encore une intention, et si tu ne t'y opposes pas...

— Moi, je contrarierais un de tes désirs ! Tu ne le crois point !

— Si ta sœur y consent...

— Eh bien, Henri ?

— Nous adopterons André, nous lui donnerons un nom, il s'appellera André Descharmes.

— Ah ! tiens, je t'adore ! exclama Angèle en jetant les bras autour du cou de son mari.

L'arrivée de la mère Langlois et de Claire, amenées par Albert Ancelin, fut suivie d'une nouvelle scène attendrissante, provoquée par la brassière et la petite chemise de l'enfant trouvé, que Léontine reconnut comme étant son ouvrage.

Un domestique y mit fin avec ces mots :

— Madame est servie.

On passa dans la salle à manger et l'on prit place à table.

Inutile de dire que la mère d'André fut l'objet des attentions, des prévenances et de la sollicitude de tout le monde. Elle mangea à peine, mais avec quelle tendresse elle regardait son fils, sa sœur et Claire !

Comme il l'avait annoncé à sa femme, M. Descharmes, au moment du dessert, demanda à Pauline Langlois si elle voulait donner sa fille pour femme à André.

Pour le coup, la mère Langlois n'y tint plus, sa joie fit explosion. Elle se leva de table, renversant sa chaise, et déclara qu'elle allait embrasser tout le monde, à commencer par M. Descharmes, ce qu'elle fit incontinent, avec la satisfaction, du reste, de voir toutes les joues se tendre pour recevoir ses gros baisers sonores.

Le repas terminé, elle prit à part M. Descharmes :

— J'ai quelque chose à vous raconter, lui dit-elle, et en même temps un conseil à vous demander.

— Eh bien ! ma chère Pauline, je suis tout à vous.

Elle suivit M. Descharmes dans son cabinet.

L'ingénieur la fit asseoir, et s'assit à son tour, en lui disant :

— Je vous écoute.

La mère Langlois se recueillit un instant, puis elle prit la parole.

— Monsieur Henri, dit-elle, ce que je vais vous confier, je pourrais le dire devant tout le monde, à l'exception de ma fille ; il y a des choses que je veux lui faire oublier, et d'autres qu'elle doit ignorer toujours.

Alors elle raconta à M. Descharmes de quelle façon elle avait appris que M. Auguste habitait à Paris ; comment le misérable, croyant mettre ainsi obstacle à la guérison de Léontine Landais, avait enlevé Claire de la maison du docteur Morand sans se douter qu'elle fût sa fille ; comment, enfin, grâce au concours du grand Renard et de deux ouvriers du faubourg, elle avait retrouvé Claire dans la maison de Joinville-sur-Marne.

— J'ai cédé aux prières de ma fille, continua-t-elle, et j'ai laissé partir Blaireau, au lieu de le livrer immédiatement à la justice. Le misérable avait tout le temps de fuir et de se cacher. Ce matin, quand un commissaire de police escorté de nombreux agents se présenta chez lui pour l'arrêter, il y était encore... Dieu allait faire justice de ce monstre !... Le grand Renard, que j'avais déjà reçu ce matin, est encore accouru chez moi, vers trois heures, pour m'annoncer la fin tragique de Blaireau. Le journal la *Patrie* donne ce soir les principaux détails de l'évènement de la rue du Roi-de-Sicile ; demain, on lira cela dans tous les autres journaux.

La mère Langlois raconta ensuite ce qui s'était passé entre elle et Gargasse, lequel, pendant que Blaireau était à Joinville, avait audacieusement dépouillé son ancien ami de tout ce qu'il possédait.

M. Descharmes ouvrait de grands yeux étonnés.

— L'or et les valeurs sont chez moi, dans mon armoire, poursuivit la mère Langlois. Je ne sais pas quelle somme tout cela représente, je n'aurais pas su en faire le compte ; mais Blaireau a parlé de plus de trois millions... S'il avait cette fortune énorme dans son coffre-fort, c'est donc plus de trois millions que Gargasse m'a remis ce matin.

Or, monsieur Henri, ces millions-là m'embarrassent beaucoup, et c'est à ce sujet que je réclame vos conseils.

— Nous allons voir ce qu'il y a de mieux à faire, dit M. Descharmes ; mais n'avez-vous pas déjà une idée, Pauline?

— Vous pensez bien, monsieur Henri, que je n'ai pas été sans réfléchir longuement. J'ai eu d'abord l'intention de porter tout cela chez le commissaire de police et de lui dire : Faites-en ce que vous voudrez .. Mais j'ai pensé qu'il me questionnerait et m'obligerait à raconter beaucoup de choses que je n'ai pas besoin de confier à tout le monde. Je ne veux pas qu'il se fasse du bruit autour de ma fille.... Ai-je tort, monsieur Henri?

— Non, non, je vous approuve.

— Et puis j'aurais bien été forcée de dire que Gargasse avait volé Blaireau. Le malheureux est à Paris, en rupture de ban, on peut l'arrêter, et au lieu de la protection et de la petite fortune que je lui ai promises, en pensant à vous, monsieur Henri, car moi je ne peux rien, il se serait vu, de nouveau, en cour d'assises, jugé et condamné aux galères!... Déjà il a honte de son passé, le repentir entrera dans son cœur et vous ferez une belle action, monsieur Henri, en arrachant cet ancien criminel au gouffre du mal.

— Cet homme vous a révélé le secret de la naissance d'André, Pauline, nous lui devons beaucoup; je tiendrai la promesse que vous lui avez faite. Vous pourrez lui faire savoir que j'obtiendrai sa grâce, et que je me charge de son avenir.

Voyons, maintenant, ce que vous devez faire des millions de Blaireau. Évidemment, c'est de l'argent en partie mal acquis et qui devrait retourner à ceux à qui il a été volé; mais nous ne les connaissons pas, et je ne vous conseille point de vous mettre à leur recherche. Voulez-vous verser ces millions dans la caisse de l'État? En ce cas, tout en gardant l'anonyme, vous pouvez prendre pour mandataire un notaire ou tout autre personne honorable. L'État acceptera les trois millions, comme il accepte souvent des sommes moins importantes sans se préoccuper de leur provenance.

— Monsieur Henri, j'avais une autre idée, mais c'est peut-être impossible.

— Dites toujours, Pauline, nous verrons.

— Je voudrais que cet argent pût venir en aide au plus grand nombre possible d'infortunes, et qu'il fût comme la réparation du mal que Blaireau a fait pendant toute sa vie.

— Ah! vous avez raison, Pauline, et c'est bien pensé! s'écria M. Descharmes.

— Ainsi, ce n'est pas impossible?

— Nullement. Demain votre désir sera satisfait. Je serai chez vous à huit heures du matin, vous m'attendrez. Nous compterons les valeurs afin de savoir exactement la somme qu'elles représentent.

— Et ensuite?

— Ensuite, Pauline, nous nous rendrons ensemble, avec les millions, bien entendu, chez un grand personnage que j'ai l'honneur de connaître, et c'est lui que vous chargerez de l'exécution de votre volonté.

Ils entrèrent dans le salon.

— Nous vous attendions avec impatience, dit Mme Descharmes, car nous avons tous besoin de repos.

— Je vous prie de m'excuser, répondit la mère Langlois; j'avais quelque chose à confier à M. Descharmes.

— Une affaire très importante, appuya l'ingénieur.

— Oh! nous ne vous faisons pas de reproches, s'empressa de dire Angèle en souriant.

Puis se tournant vers la mère Langlois:

— Ma chère Pauline, reprit-elle, je vais vous demander de nous faire, à ma sœur et à moi, un grand, un très grand plaisir.

— Mais je ne demande pas mieux; que faut-il que je fasse?

— Nous voudrions garder cette nuit votre charmante Claire; elle dormirait près de ma sœur, passerait avec elle toute la journée de demain, et, comme j'espère bien que nous vous aurons aussi une partie de la journée, nous vous rendrions Mlle Claire le soir.

La mère Langlois baissa la tête ; elle ne savait que dire, mais elle avait bien envie de refuser.

— Ma chère Angèle, dit alors M. Descharmes, ta demande ne saurait contrarier Pauline, elle lui est même agréable, attendu que nous devons sortir ensemble demain dès le matin, et que, pour ne pas laisser Mlle Claire seule, nous aurions été obligés de vous l'amener ici.

Ces paroles produisirent l'effet espéré par M. Descharmes.

Le visage de la mère Langlois s'épanouit.

— Je vous suis bien reconnaissante de ce que vous voulez garder ma fille, dit-elle à Mme Descharmes; ah! si j'étais jalouse, ce ne serait pas de votre sœur... Je veux que Claire se souvienne toujours de tous ceux qui l'ont aimée et des baisers qu'elle a reçus. Votre sœur, madame, qui l'a portée dans ses bras, qui a soutenu et dirigé ses premiers pas, qui a séché ses larmes d'enfant, votre sœur est aussi sa mère !

## XL

### CE QUE DEVIENNENT LES MILLIONS DE BLAIREAU

Neuf heures sonnaient à l'Hôtel-de-Ville. Une voiture s'arrêta sur le quai devant une des portes du monument détruit aujourd'hui, et qui était l'entrée particulière des appartements du préfet de la Seine.

M. Descharmes mit pied à terre et offrit sa main à la mère Langlois pour l'aider à descendre.

L'ingénieur portait sous son bras un paquet assez volumineux. La mère de Claire tenait son cabas, toujours plein jusqu'à l'anse, mais qui avait, cette fois, une pesanteur exagérée.

— C'est un peu lourd, dit M. Descharmes en souriant, voulez-vous me donner votre panier, Pauline?

— Oh! monsieur Henri, fi ! elle, cela ferait rire vraiment, si on vous voyait porter le cabas de la mère Langlois!

Après avoir monté un escalier, ils se trouvèrent dans un large corridor, qui précédait les appartements de la Préfecture.

Un huissier vint à leur rencontre.

— Nous désirons voir M. le préfet, lui dit l'ingénieur en lui remettant sa carte, sur laquelle il avait ajouté d'avance le nom de Pauline Langlois.

L'huissier fit entrer les visiteurs dans une antichambre et disparut. Il revint au bout d'un instant, disant :

— M. le préfet vous attend.

Et il introduisit M. Descharmes et la mère Langlois dans le cabinet du haut fonctionnaire, qui travaillait, avec son secrétaire et deux directeurs de l'administration municipale, lesquels connaissaient depuis longtemps M. Descharmes.

Ces messieurs s'étaient levés en même temps que le préfet, qui s'avança au-devant de l'ingénieur en lui tendant la main.

— Je remercie monsieur le préfet d'avoir bien voulu nous recevoir, dit M. Descharmes; du reste l'affaire qui nous amène a une très sérieuse importance.

En entendant ces paroles; le secrétaire et les deux fonctionnaires se disposèrent à se retirer.

— Ce que nous avons à vous dire, monsieur le préfet, ces messieurs peuvent l'entendre, reprit vivement M. Descharmes, et si vous le permettez...

— Restez, messieurs, dit le préfet.

Alors M. Descharmes posa sur la table, devant le préfet, son paquet, près duquel la mère Langlois plaça son cabas.

Une vive surprise se peignit sur le visage des témoins de cette scène.

— Dans ce panier, dit M. Descharmes d'une voix grave, il y a cinquante mille francs en or; ce paquet contient des valeurs mobilières, qui représentent, au cours d'hier, à la Bourse de Paris, la somme de trois millions deux cent quatre-vingt-dix mille francs.

Il y eut une quadruple exclamation.

Et les yeux des auditeurs interrogèrent curieusement M. Descharmes.

Il reprit :

— Cette somme énorme a été remise à cette brave et honnête femme, Mme Pauline Langlois, pour en faire l'usage qu'il lui plairait, par une personne que je vous demande la permission de ne pas vous faire connaître. Mais ce que je ne veux point vous cacher, c'est que cette fortune sort d'une source ténébreuse où l'on trouverait le crime...

Les auditeurs stupéfaits étaient comme suspendus aux lèvres de M. Descharmes.

— L'homme qui a possédé cette fortune, continua-t-il, n'existe plus aujourd'hui; c'est devant Dieu, le juge suprême, qu'il a rendu compte de sa vie passée... Pour des raisons de premier ordre, nous tenons à ce que son nom soit oublié et reste enseveli dans l'ombre. Ses millions doivent servir à une réparation tardive des actes odieux et souvent criminels qui ont souillé son existence.

Ces millions, messieurs, Mme Langlois pouvait se les approprier, sans crainte qu'on vînt jamais les lui réclamer. Elle est venue me demander hier, en m'avouant qu'ils la gênaient beaucoup, de lui indiquer le moyen de s'en débarrasser. Aujourd'hui, monsieur le préfet, elle vous les apporte, avec l'espoir que vous voudrez bien être son mandataire en cette circonstance.

Le préfet s'inclina en signe d'assentiment et adressa à la mère Langlois des félicitations qui la rendirent toute confuse.

— Il me reste à savoir, madame, quelles sont vos intentions, dit-il avec un sourire plein de bienveillance; veuillez nous faire savoir comment vous désirez que cette grosse somme soit employée.

La mère Langlois, rouge comme une pivoine, regarda M. Descharmes comme pour le consulter.

— Ma chère Pauline, lui dit-il, c'est à vous de parler maintenant; faites connaître à M. le préfet quelles sont vos intentions.

La mère Langlois tira son mouchoir de sa poche, toussa légèrement pour avoir la voix plus claire — une coquetterie — et se décida à parler.

— Voici ce que je voudrais, dit-elle : je voudrais qu'il y eût un million pour l'hospice des Enfants-Assistés.

— Attendez, madame, dit le préfet en prenant une plume

Et il écrivit sur une feuille de papier :

Aux Enfants-Assistés : un million.

Puis il fit signe à la mère Langlois de continuer.

— Je voudrais qu'on donnât, pour les autres hospices, cinq cent mille francs.

Aux hôpitaux de Paris ; cinq cent mille francs.

— A l'Assistance publique, pour être partagé entre toutes les Sociétés de secours mutuels de la ville, un million cinq cent mille francs,

— Il reste encore trois cent quarante mille francs dont vous ne déterminez pas l'emploi, fit observer le préfet.

— C'est vrai. Eh bien! je voudrais que cette somme fût versée au Trésor à titre de remboursement.

Le préfet écrivit encore :

Au Trésor, remboursement, trois cent quarante mille francs.

— Madame, dit-il en se levant, ce soir votre mandataire aura exécuté vos volontés.

Après avoir salué, M. Descharmes et la mère Langlois se dirigèrent vers la porte. Mais celle-ci se retourna vivement.

— Ah! je sentais bien que j'oubliais quelque chose, fit-elle; mon cabas.

Elle le vida sur la table et le passa à son bras.

Tout le monde se mit à rire. Mais ce n'était point pour se moquer de la mère Langlois, au contraire ; c'était un témoignage de bienveillante sympathie et d'admiration.

En sortant de la Préfecture, elle dit à M. Descharmes.

— Je n'ai pas pu fermer l'œil la nuit dernière, j'étais bien fatiguée pourtant. Ah! comme je vais bien dormir maintenant...! Vous me croirez, si vous voulez, monsieur Henri, mais je me sens déchargée d'un poids énorme.

— Dame, fit M. Descharmes en souriant, vous portiez tout à l'heure cinquante mille francs en or; c'est lourd... plus de trente livres !...

— Oh! ce n'est pas cela que j'ai voulu dire, vous le savez bien.

M. Descharmes lui prit la main.

— Enfin, Pauline, vous êtes satisfaite!

— Heureuse, monsieur Henri, heureuse comme il n'est pas possible de le dire !

— Maintenant, ma chère Pauline, vous allez rejoindre votre fille, qui doit vous attendre impatiemment. Moi, je vais me rendre chez le ministre de la justice pour lui parler en faveur de votre protégé Pierre Gargasse.

## XLI

### CONCLUSION

Après l'évènement de la rue du Roi-de-Sicile, et sur les indications qu'avait pu donner l'Espagnol Antonio, l'individu qui portait le nom célèbre de Tamerlan, et l'autre complice de Blaireau, dans la nuit de l'enlèvement de Claire, furent arrêtés.

On fit des recherches actives afin de découvrir les antécédents des prisonniers.

Tamerlan et son digne compagnon étaient deux voleurs, repris de justice de la pire espèce, des rôdeurs de nuit, détroussant les passants à l'occasion, et opérant dans les maisons inhabitées de la banlieue de Paris.

Quant à la Solange, ancienne receleuse et associée de Blaireau dans certaines affaires, elle avait fait à Paris, pendant des années, les métiers les plus suspects.

L'instruction de cette affaire, entourée encore de mystère, fut confiée à un des magistrats les plus éclairés du parquet de la Seine. Dès le début, il en vit toute l'importance et comprit combien sa mission allait devenir délicate et difficile.

Il sentit qu'il ne devait avancer qu'avec réserve et les plus grandes précautions dans le dédale des révélations qui lui étaient faites.

L'enlèvement de Claire, qui paraissait être d'abord le fait capital, se trouvait n'être plus qu'un incident secondaire.

Il avait suivi la jeune fille de Montreuil à Joinville, puis ses investigations s'étaient dirigées d'un autre côté. Les réponses des prévenus, mises en ordre et analysées, ouvrirent à son esprit méditatif un vaste domaine à explorer. Avec une lucidité extraordinaire, il parvint à faire sortir de l'ombre et à établir quelques-uns des faits saillants de notre histoire.

Il voyait la folle des Sorbiers emmenée par des individus agissant pour le compte de Blaireau. Il la retrouvait séquestrée dans la maison de Sèvres où elle devait mourir misérablement sans l'intervention de la marquise de Presle, qui la retirait de son cachot pour la confier aux soins du docteur Morand. Il la voyait poursuivie de nouveau par Blaireau, qui enlevait Claire afin d'entraver la guérison espérée par le médecin. Or, il lui était facile de comprendre le but poursuivi par Blaireau : la folle lui ayant échappé, il voulait empêcher sa guérison, dans la crainte des révélations qu'elle pouvait faire. De quelle infamie, de quel crime cette femme avait-elle été victime? Blaireau avait emporté son secret dans la tombe. Ce secret, quel était-il ? Devait-il le chercher? Devait-il le découvrir? Cette pensée le rendit soucieux. Certes, comme représentant de la justice, comme mandataire de la loi, il avait le droit de fouiller partout, de toucher à toutes les plaies, aux choses les plus intimes de la famille. Savoir la vérité est le devoir de tout homme investi du pouvoir de juger les autres. Mais il y a certains voiles que le magistrat lui-même redoute de soulever. Le juge d'instruction sentait qu'à côté de Blaireau, il y avait un autre coupable. Pistache, retrouvé au cours de l'instruction, venait de lui apprendre bien des choses, et il devinait le mobile qui avait fait agir la marquise de Presle. En effet, pourquoi, voulant sauver la folle, s'était-elle servie de Pistache au lieu de dénoncer les faits à la justice? D'un autre côté, après vingt ans de folie, Léontine Landais avait recouvré la raison et elle ne se plaignait pas. Pourquoi? Et cette Léontine Landais était la plus proche parente de M. Henri Descharmes, un homme recommandable entre tous! Ce n'est pas tout, encore : voulant faire rechercher Pierre Gargasse, il avait appris que ce forçat libéré, placé sous la surveillance de la haute police, et qui avait rompu son ban, venait d'obtenir sa grâce pleine et entière. Tout cela le rendait hésitant et très perplexe.

Il crut devoir s'arrêter dans son instruction.

Toutefois, il fit appeler dans son cabinet Mme la marquise de Presle, M. Henri Descharmes et M. le docteur Morand.

Il sut la vérité qu'il voulait connaître; mais il comprit, en même temps, que la justice ne devait pas ouvrir les yeux sur des faits passés, que deux familles avaient intérêt à oublier et surtout à laisser ignorés.

Il termina son instruction en ne relevant que les faits relatifs à l'enlèvement de la lingère.

Les prévenus passèrent en Cour d'assises.

L'espagnol Antonio fut condamné aux travaux forcés à perpétuité.

Tamerlan et son associé, tous les deux, à quinze ans de la même peine.

La Solange, à dix ans de réclusion.

L'enfant du Faubourg s'appelait maintenant André Descharmes.

— Je ne suis plus seulement sa tante, avait dit Angèle à sa sœur après l'adoption, me voilà devenue sa mère!

Le mariage de Claire et d'André fut célébré un mois après, en grande pompe, à l'église Notre-Dame-de-Lorette, qui put à peine contenir la foule des invités, désireux de donner à Henri Descharmes et à sa femme une nouvelle preuve de sympathie et d'amitié.

La mère Langlois était rajeunie de vingt ans. Elle rayonnait.

En entrant dans l'église, elle trouva le moyen de tendre la main à trois ou quatre femmes de sa connaissance en leur disant :

— Hein, y en a-t-il des équipages et des belles toilettes? J'espère que ça peut s'appeler une belle noce!

Un spectacle intéressant et touchant, en même temps, c'était de voir à côté des plus grands personnages, au milieu de femmes élégantes et du meilleur monde, la députation des ouvriers du faubourg composée de cinquante des leurs.

Parmi les invités, beaucoup de personnes savaient ce que ces braves gens avaient fait pour André.

On les regardait avec bienveillance, on leur souriait, on

leur faisait fête en quelque sorte, on se les montrait en parlant d'eux avec admiration.

Entre la comtesse de Fourmies et son fils Edmond de Fourmies, on pouvait voir encore une paysanne portant le costume pittoresque du Morvan.

C'était Mme Desreaux, la fermière des Sorbiers.

Léontine Landais lui avait écrit une lettre affectueuse, et elle était venue à Paris exprès pour embrasser son ancienne servante et assister au mariage.

André Descharmes avait pour témoins le grand Bernard et son ancien patron M. Dartigue.

Ceux de Claire Langlois étaient Albert Ancelin et M. le docteur Morand.

Huit jours auparavant, Claire avait reçu une caisse contenant des étoffes de soie et des dentelles d'un grand prix, avec plusieurs écrins renfermant des bijoux d'une beauté merveilleuse, d'un travail exquis.

C'était le cadeau de noces de Mme la marquise de Presle et de Mlle Edmée.

La marquise et sa fille, vêtues de noir comme des femmes en deuil, et Gustave de Presle assistaient à la cérémonie religieuse.

Après la messe, la marquise et ses enfants suivirent la foule des invités, qui se rendaient à la sacristie pour saluer les mariés.

Leur tour arriva.

Claire se jeta dans les bras de Mme de Presle et ensuite embrassa Edmée.

Gustave, pâle, fortement ému, offrit sa main à André, qui lui tendit la sienne.

A quelques pas, n'osant regarder Edmée, Albert Ancelin baissait les yeux.

La marquise de Presle s'approcha de lui.

— Monsieur Albert Ancelin, lui dit-elle, après le malheur qui nous a frappés, mes enfants et moi, nous n'avons pas quitté Paris immédiatement, parce que nous tenions à assister au mariage de M. André Descharmes et de Mlle Claire Langlois.

Mais nous partons demain pour mon château de Fleurdelle dans l'Avignonnais. Nous y resterons longtemps. Quand nous aurons donné un an à notre douleur, monsieur Ancelin, je vous invite à venir passer quelques jours avec nous à Fleurdelle.

Le jeune homme tressaillit.

Au même instant, son regard rencontra celui d'Edmée qui, tremblante, s'appuyait au bras de son frère.

Une joie ineffable pénétra dans son cœur.

— Au revoir, monsieur Ancelin, ajouta Mme de Presle en lui tendant la main.

— Madame la marquise, dit-il, dans un an j'aurai l'honneur de me présenter au château de Fleurdelle.

— Nous vous attendrons, répondit-elle.

Et un doux sourire se posa sur ses lèvres.

Deux jours plus tard, André Descharmes et sa jeune femme, accompagnés de Léontine Landais et de la mère Langlois, prenaient le chemin de fer pour se rendre en Italie où ils allaient passer un mois.

La promesse faite à Pierre Gargasse par la mère Langlois avait reçu son exécution.

L'ancien forçat avait épousé Marguerite Gillot, un matin, à la mairie du onzième arrondissement, en présence de ses quatre témoins seulement. Puis, avec quinze cents francs de rente, il était parti pour un petit village de la Normandie où M. Henri Descharmes lui avait acheté une maison avec un jardin entouré d'une haie vive. Son rêve!

Depuis quelque temps le docteur Morand avait un nouveau pensionnaire; aucune des personnes attachées à l'établissement ne savait son nom.

Ce fou avait son logement entièrement séparé de ceux des autres aliénés; il prenait ses repas seul et avait un domestique attaché à son service.

Le docteur paraissait avoir pour lui un intérêt particulier. Mais le célèbre aliéniste avait déclaré sa maladie incurable.

La folie de cet homme consistait, principalement, à pousser de grands éclats de rire.

Cette hilarité étrange durait quelquefois pendant plus d'une heure.

Quand le fou, épuisé, hors d'haleine, s'arrêtait enfin, son visage prenait subitement une expression farouche, tout son corps frissonnait, ses lèvres se contractaient, et ses yeux glauques, aux lueurs sombres, s'ouvraient démesurément comme si devant lui, tout à coup, se fût dressée quelque monstrueuse apparition.

Alors, des sons rauques sortaient de sa gorge, ses cheveux se hérissaient sur sa tête, il agitait ses bras comme un homme en détresse ou saisi d'épouvante et, le corps rejeté en arrière, il reculait en criant :

— Ah! la folle, la folle!

# TABLE DES CHAPITRES

### PREMIÈRE PARTIE

### LES DEUX MARQUISES

| | |
|---|---|
| I. — Dans un paysage. | 3 |
| II. — La toile. | 8 |
| III. — Une vraie marquise. | 14 |
| IV. — Le médaillon. | 19 |
| V. — Le marquis de Presto. | 24 |
| VI. — Un lion sans griffes. | 29 |
| VII. — Deux complices. | 34 |
| VIII. — Comment M. Blaireau traite une affaire. | 39 |
| IX. — Les premières armes de M. Gustave. | 44 |
| X. — Les orphelines. | 49 |
| XI. — Le loup et la brebis. | 53 |
| XII. — Un faux notaire. | 58 |
| XIII. — Le mariage. | 63 |
| XIV. — A Bois-le-Roi. | 68 |
| XV. — Le coup de foudre. | 73 |
| XVI. — Comment s'enrichissent les coquins. | 78 |

## TABLE DES CHAPITRES

| | | |
|---|---|---|
| XVII. | — L'adoption............................................ | 85 |
| XVIII. | — Une femme est une drague...................... | 91 |
| XIX. | — Confidence.......................................... | 95 |
| XX. | — Le récit d'Henri.................................... | 100 |
| XXI. | — Gloire au travail.................................... | 103 |
| XXII. | — La mère Langlois.................................. | 108 |
| XXIII. | — Claire et Henriette................................. | 113 |
| XXIV. | — Le portrait........................................... | 116 |
| XXV. | — Un allié............................................... | 116 |
| XXVI. | — Pauvre mère......................................... | 130 |
| XXVII. | — C'est lui !............................................. | 135 |
| XXVIII. | — Nouvelle surprise.................................. | 163 |
| XXIX. | — La fraternité........................................ | 145 |
| XXX. | — Révélation........................................... | 150 |
| XXXI. | — L'attentat............................................ | 151 |
| XXXII. | — Un secours inattendu............................. | 159 |
| XXXIII. | — Le départ............................................ | 165 |
| XXXIV. | — Histoire de la mère Langlois.................... | 170 |
| XXXV. | — Recherches.......................................... | 183 |
| XXXVI. | — Le grand Bernard................................. | 189 |
| XXXVII. | — La lettre anonyme................................ | 193 |
| XXXVIII. | — Le rendez-vous..................................... | 199 |
| XXXIX. | — La maison isolée.................................... | 204 |
| XL. | — Une pêche d'un nouveau genre................ | 209 |
| XLI. | — Le docteur Vernier................................ | 214 |
| XLII. | — La soirée............................................. | 219 |
| XLIII. | — Les réflexions de Gargasse...................... | 227 |

## DEUXIÈME PARTIE

## LES EXPLOITS DE LA MÈRE LANGLOIS

| | | |
|---|---|---|
| I. | — Claire et André.............................................. | 232 |
| II. | — Une bonne sœur........................................... | 237 |
| III. | — Le prêtre...................................................... | 247 |
| IV. | — Partie!....................................................... | 253 |
| V. | — Le suicide................................................... | 259 |
| VI. | — Un fait divers.............................................. | 265 |
| VII. | — A l'Hôtel-Dieu............................................ | 270 |
| VIII. | — Le docteur Morand...................................... | 276 |
| IX. | — La grande dame et l'ouvrière........................ | 281 |
| X. | — Mère et fille................................................ | 291 |
| XI. | — Gargasso se tire d'un mauvais pas............... | 298 |
| XII. | — Un nuage à l'horizon................................... | 303 |
| XIII. | — Blaireau en campagne.................................. | 308 |
| XIV. | — Edmée........................................................ | 318 |
| XV. | — L'emploi d'une journée................................ | 322 |
| XVI. | — La mansarde................................................ | 333 |
| XVII. | — Visite à Gargasso........................................ | 337 |
| XVIII. | — Une partie de bésigue.................................. | 351 |
| XIX. | — Après l'enlèvement...................................... | 355 |
| XX. | — Les trois..................................................... | 362 |
| XXI. | — Les deux marquises..................................... | 366 |
| XXII. | — L'honneur................................................... | 376 |
| XXIII. | — Le peintre et la marquise............................. | 384 |
| XXIV. | — Les renseignements..................................... | 391 |
| XXV. | — La prisonnière............................................ | 397 |
| XXVI. | — Le trésor.................................................... | 409 |
| XXVII. | — Un monstre................................................ | 417 |
| XXVIII. | — Le père de Claire........................................ | 423 |
| XXIX. | — L'arrestation............................................... | 435 |
| XXX. | — Chez le commissaire.................................... | 441 |

## TABLE DES CHAPITRES

| | | |
|---|---|---|
| XXXI. | — Souvenir d'un ami | 447 |
| XXXII. | — L'or maudit | 457 |
| XXXIII. | — Heureuse mémoire de Gargasse | 464 |
| XXXIV. | — La Jalousie | 472 |
| XXXV. | — La provocation | 479 |
| XXXVI. | — Le duel | 485 |
| XXXVII. | — La chambre d'Angèle | 494 |
| XXXVIII. | — Le châtiment | 501 |
| XXXIX. | — Les baisers de la mère Langlois | 509 |
| XL. | — Ce que devinrent les millions de Blaireau | 515 |
| XLI. | — Conclusion | 549 |

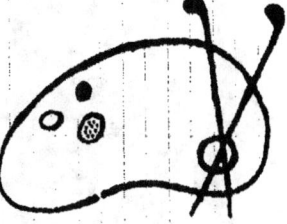

Début d'une série de documents
en couleur

LES DRAMES DE LA VIE

Œuvres
de
Emile Richebourg

LES DRAMES DE LA VIE
N° 148
L'Enfant du Faubourg, n° 5

10° le Fascicule
Jules Rouff et C<sup>ie</sup> Editeurs, Paris.

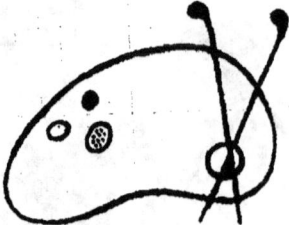

Fin d'une série de documents en couleur

Jules ROUFF et Cⁱᵉ, Éditeurs, Cloître-Saint-Honoré, Paris

# L'OEuvre de Victor Hugo

## A 25 CENT. LE VOLUME

(2 Volumes par semaine)

Comprenant tout ce que le Maître a produit :

**ROMANS — THÉATRE — POÉSIES — HISTOIRE
VOYAGES — CORRESPONDANCE
PHILOSOPHIE ET MÊME SES ŒUVRES POSTHUMES**

**JOLIS VOLUMES - ÉDITION SOIGNÉE - BEAU PAPIER**

Il paraît régulièrement deux volumes par semaine

Paru à ce jour :
Notre-Dame de Paris, en 8 volumes.
Ruy-Blas, en 2 volumes.
Quatrevingt-Treize, en 7 volumes.
L'Art d'être Grand-Père, en 3 volumes.
L'Homme qui rit, en 12 volumes.

L'Œuvre complète de VICTOR HUGO se composera d'environ 300 volumes.

EN VENTE CHEZ TOUS LES LIBRAIRES
LES MARCHANDS DE JOURNAUX ET DANS LES GARES

Corbeil. — Imprimerie Éd. Crété.

# ŒUVRES d'Émile RICHEBOURG

## LES DRAMES DE LA VIE

**Émile Richebourg !!**

Voilà, dans une magnifique édition, l'œuvre admirable du plus grand des romanciers populaires de notre époque.

Les Drames de la vie ! romans vécus qui passionnent profondément, font vibrer tous les cœurs, remuent l'âme dans ses replis les plus mystérieux !!

Chacune des œuvres de l'écrivain de grand talent est un succès sans précédent. Citer : la **Fille Maudite**, les **Deux Berceaux**, **Andréa la Charmeuse**, la **Grand'mère**, la **Dame Voilée**, l'**Enfant du Faubourg**, les **Deux Mères**, le **Fils**, etc., etc., etc., c'est rappeler les sensations profondes que seul Émile Richebourg sait donner à ses lecteurs.

La publication de l'œuvre d'Émile Richebourg, commencée par la *Fille Maudite*, la *Dame Voilée*, en élégants fascicules de 24 pages à 10 centimes, deux fois par semaine, formera successivement de beaux volumes de bibliothèque à un prix exceptionnel de bon marché. Tout le monde voudra collectionner l'œuvre du plus populaire des romanciers de notre temps.

**10 c. le fascicule de 24 pages sous belle couverture**

(DEUX FOIS PAR SEMAINE)

### EN VENTE :

## LA FILLE MAUDITE
## LA DAME VOILÉE
## LES DEUX BERCEAUX
## ANDRÉA LA CHARMEUSE
## DEUX MÈRES
## LE FILS
## L'ENFANT DU FAUBOURG

*Sous presse, pour paraître après l'Enfant du Faubourg.*

## L'IDIOTE

Jules ROUFF et Cⁱᵉ, Éditeurs, Cloître Saint-Honoré, Paris

CORBEIL. — Imprimerie ÉD. CRÉTÉ.

Jules ROUFF et Cie, Éditeurs, Cloître-Saint-Honoré, Paris

# L'OEuvre de Victor Hugo
## A 25 CENT. LE VOLUME
(2 Volumes par semaine)

Comprenant tout ce que le Maître a produit :

**ROMANS — THÉATRE — POÉSIES — HISTOIRE
VOYAGES — CORRESPONDANCE
PHILOSOPHIE ET MÊME SES ŒUVRES POSTHUMES**

**JOLIS VOLUMES - ÉDITION SOIGNÉE - BEAU PAPIER**

Il paraît régulièrement deux volumes par semaine

Paru à ce jour :

Notre-Dame de Paris, en 8 volumes.
Ruy-Blas, en 2 volumes.
Quatrevingt-Treize, en 7 volumes.
L'Art d'être Grand-Père, en 3 volumes.
L'Homme qui rit, en 12 volumes.

*L'Œuvre complète de* **VICTOR HUGO** *se composera d'environ 300 volumes.*

EN VENTE CHEZ TOUS LES LIBRAIRES
LES MARCHANDS DE JOURNAUX ET DANS LES GARES

CORBEIL. — Imprimerie Éd. CRÉTÉ.

# ŒUVRES
## d'Émile RICHEBOURG

### LES DRAMES DE LA VIE

Émile Richebourg !!

Voilà, dans une magnifique édition, l'œuvre admirable du plus grand des romanciers populaires de notre époque.

Les Drames de la vie ! romans vécus qui passionnent profondément, font vibrer tous les cœurs, remuent l'âme dans ses replis les plus mystérieux !!

Chacune des œuvres de l'écrivain de grand talent est un succès sans précédent. Citer : la **Fille Maudite**, les **Deux Berceaux**, **Andréa la Charmeuse**, la **Grand'mère**, la **Dame Voilée**, l'**Enfant du Faubourg**, les **Deux Mères**, le **Fils**, etc., etc., etc., c'est rappeler les sensations profondes que seul Émile Richebourg sait donner à ses lecteurs.

La publication de l'œuvre d'Émile Richebourg, commencée par **la Fille Maudite**, **la Dame Voilée**, en élégants fascicules de 24 pages à 10 centimes, deux fois par semaine, formera successivement de beaux volumes de bibliothèque à un prix exceptionnel de bon marché. Tout le monde voudra collectionner l'œuvre du plus populaire des romanciers de notre temps.

**10 c. le fascicule de 24 pages sous belle couverture**

(DEUX FOIS PAR SEMAINE)

### EN VENTE :

**LA FILLE MAUDITE**
**LA DAME VOILÉE**
**LES DEUX BERCEAUX**
**ANDRÉA LA CHARMEUSE**
**DEUX MÈRES**
**LE FILS**
**L'ENFANT DU FAUBOURG**

Sous presse, pour paraître après l'Enfant du Faubourg :
**L'IDIOTE**

Jules ROUFF et C⁰, Éditeurs, Cloître Saint-Honoré, Paris

Corbeil. — Imprimerie Éd. Crété.

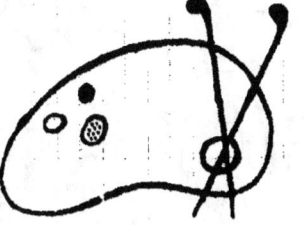

Début d'une série de documents en couleur

LES DRAMES DE LA VIE

Œuvres
de
Emile Richebourg

LES DRAMES DE LA VIE
N° 150
L'Enfant du Faubourg, n° 7

10<sup>c</sup> le Fascicule

Jules Rouff et C<sup>ie</sup> Éditeurs, Paris.

LES DRAMES DE LA VIE

Œuvres
de
Emile Richebourg

LES DRAMES DE LA VIE
N° 151
L'Enfant du Faubourg, n° 8

10 c. le Fascicule

Jules Rouff et C<sup>ie</sup> Éditeurs, Paris.

LES DRAMES DE LA VIE

Œuvres
de
Emile Richebourg

LES DRAMES DE LA VIE
Nº 152

10 c. le Fascicule

L'Enfant du Faubourg. n° 9    Jules Rouff et Cie Éditeurs. Paris.

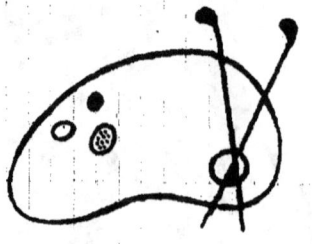

Fin d'une série de documents en couleur

# ŒUVRES d'Émile RICHEBOURG

## LES DRAMES DE LA VIE

**Émile Richebourg !!**
Voilà, dans une magnifique édition, l'œuvre admirable du plus grand des romanciers populaires de notre époque.

**Les Drames de la vie !** romans vécus qui passionnent profondément, font vibrer tous les cœurs, remuent l'âme dans ses replis les plus mystérieux !!

Chacune des œuvres de l'écrivain de grand talent est un succès sans précédent. Citer : la **Fille Maudite**, les **Deux Berceaux**, **Andréa la Charmeuse**, la **Grand'mère**, la **Dame Voilée**, l'**Enfant du Faubourg**, les **Deux Mères**, le **Fils**, etc., etc., c'est rappeler les sensations profondes que seul Émile Richebourg sait donner à ses lecteurs.

La publication de l'œuvre d'Émile Richebourg, commencée par la **Fille Maudite**, la **Dame Voilée**, en élégants fascicules de 24 pages à 10 centimes, deux fois par semaine, formera successivement de beaux volumes de bibliothèque à un prix exceptionnel de bon marché. Tout le monde voudra collectionner l'œuvre du plus populaire des romanciers de notre temps.

**10 c. le fascicule de 24 pages sous belle couverture**
(DEUX FOIS PAR SEMAINE)

### EN VENTE :

**LA FILLE MAUDITE**
**LA DAME VOILÉE**
**LES DEUX BERCEAUX**
**ANDRÉA LA CHARMEUSE**
**DEUX MÈRES**
**LE FILS**
**L'ENFANT DU FAUBOURG**

Sous presse, pour paraître après l'Enfant du Faubourg :

**L'IDIOTE**

Jules ROUFF et Cⁱᵉ, Éditeurs, Cloître Saint-Honoré, Paris

# ŒUVRES d'Émile RICHEBOURG

## LES DRAMES DE LA VIE

**Émile Richebourg !!**

Voilà, dans une magnifique édition, l'œuvre admirable du plus grand des romanciers populaires de notre époque.

Les Drames de la vie ! romans vécus qui passionnent profondément, font vibrer tous les cœurs, remuent l'âme dans ses replis les plus mystérieux !!

Chacune des œuvres de l'écrivain de grand talent est un succès sans précédent. Citer : la **Fille Maudite**, les **Deux Berceaux**, **Andréa la Charmeuse**, la **Grand'mère**, la **Dame Voilée**, l'**Enfant du Faubourg**, les **Deux Mères**, le **Fils**, etc., etc., etc., c'est rappeler les sensations profondes que seul Émile Richebourg sait donner à ses lecteurs.

La publication de l'œuvre d'**Émile Richebourg**, commencée par la **Fille Maudite**, la **Dame Voilée**, en élégants fascicules de 24 pages à 10 centimes, deux fois par semaine, formera successivement de beaux volumes de bibliothèque à un prix exceptionnel de bon marché. Tout le monde voudra collectionner l'œuvre du plus populaire des romanciers de notre temps.

**10 c. le fascicule de 24 pages sous belle couverture**

(DEUX FOIS PAR SEMAINE)

*EN VENTE :*

## LA FILLE MAUDITE
## LA DAME VOILÉE
## LES DEUX BERCEAUX
## ANDRÉA LA CHARMEUSE
## DEUX MÈRES
## LE FILS
## L'ENFANT DU FAUBOURG

*Sous presse, pour paraître après l'Enfant du Faubourg :*

## L'IDIOTE

Jules ROUFF et C<sup>ie</sup>, Éditeurs, Cloître Saint-Honoré, Paris

Corbeil. — Imprim. ÉD. CRÉTÉ.

Jules ROUFF et Cie, Éditeurs, Cloître-Saint-Honoré, Paris

# L'OEuvre de Victor Hugo
## A 25 CENT. LE VOLUME
(2 Volumes par semaine)

Comprenant tout ce que le Maître a produit :

**ROMANS — THÉATRE — POÉSIES — HISTOIRE
VOYAGES — CORRESPONDANCE
PHILOSOPHIE ET MÊME SES ŒUVRES POSTHUMES**

**JOLIS VOLUMES - ÉDITION SOIGNÉE - BEAU PAPIER**

Il paraît régulièrement deux volumes par semaine

Paru à ce jour :
Notre-Dame de Paris, en 6 volumes.
Ruy-Blas, en 2 volumes.
Quatrevingt-Treize, en 7 volumes.
L'Art d'être Grand-Père, en 3 volumes.
L'Homme qui rit, en 12 volumes.

*L'Œuvre complète de* VICTOR HUGO *se composera d'environ* 300 *volumes.*

EN VENTE CHEZ TOUS LES LIBRAIRES
LES MARCHANDS DE JOURNAUX ET DANS LES GARES

# ŒUVRES d'Émile RICHEBOURG

## LES DRAMES DE LA VIE

**Émile Richebourg !!**

Voilà, dans une magnifique édition, l'œuvre admirable du plus grand des romanciers populaires de notre époque.

Les Drames de la vie ! romans vécus qui passionnent profondément, font vibrer tous les cœurs, remuent l'âme dans ses replis les plus mystérieux !!

Chacune des œuvres de l'écrivain de grand talent est un succès sans précédent. Citer : la Fille Maudite, les Deux Berceaux, Andréa la Charmeuse, la Grand'mère, la Dame Voilée, l'Enfant du Faubourg, les Deux Mères, le Fils, etc., etc., etc., c'est rappeler les sensations profondes que seul Émile Richebourg sait donner à ses lecteurs.

La publication de l'œuvre d'Émile Richebourg, commencée par la Fille Maudite, la Dame Voilée, en élégants fascicules de 24 pages à 10 centimes, deux fois par semaine, formera successivement de beaux volumes de bibliothèque à un prix exceptionnel de bon marché. Tout le monde voudra collectionner l'œuvre du plus populaire des romanciers de notre temps.

**10 c. le fascicule de 24 pages sous belle couverture**

(DEUX FOIS PAR SEMAINE)

*EN VENTE :*

**LA FILLE MAUDITE**
**LA DAME VOILÉE**
**LES DEUX BERCEAUX**
**ANDRÉA LA CHARMEUSE**
**DEUX MÈRES**
**LE FILS**
**L'ENFANT DU FAUBOURG**

*Sous presse, pour paraître après l'Enfant du Faubourg :*

**L'IDIOTE**

Jules ROUFF et C¹ᵉ, Éditeurs, Cloître Saint-Honoré, Paris

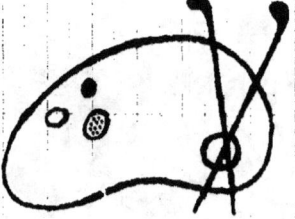

Début d'une série de documents en couleur

LES DRAMES DE LA VIE

Œuvres
de
Emile Richebourg

LES DRAMES DE LA VIE
N° 155

10 c le Fascicule

L'Enfant du Faubourg. n° 12    Jules Rouff et C.ie Editeurs. Paris.

# Œuvres de Emile Richebourg

LES DRAMES DE LA VIE
N° 156
L'Enfant du Faubourg. n° 13   10° le Fascicule
Jules Rouff et C.ⁱᵉ Éditeurs. Paris.

Fin d'une série de documents
en couleur

# ŒUVRES
## d'Émile RICHEBOURG

### LES DRAMES DE LA VIE

**Émile Richebourg !!**

Voilà, dans une magnifique édition, l'œuvre admirable du plus grand des romanciers populaires de notre époque.

Les Drames de la vie ! romans vécus qui passionnent profondément, font vibrer tous les cœurs, remuent l'âme dans ses replis les plus mystérieux !!

Chacune des œuvres de l'écrivain de grand talent est un succès sans précédent. Citer : la **Fille Maudite**, les **Deux Berceaux**, **Andréa la Charmeuse**, la **Grand'mère**, la **Dame Voilée**, l'**Enfant du Faubourg**, les **Deux Mères**, le **Fils**, etc., etc., etc., c'est rappeler les sensations profondes que seul Émile Richebourg sait donner à ses lecteurs.

La publication de l'œuvre d'Émile Richebourg, commencée par la **Fille Maudite**, la **Dame Voilée**, en élégants fascicules de 24 pages à 10 centimes, deux fois par semaine, formera successivement de beaux volumes de bibliothèque à un prix exceptionnel de bon marché. Tout le monde voudra collectionner l'œuvre du plus populaire des romanciers de notre temps.

**10 c. le fascicule de 24 pages sous belle couverture**

(DEUX FOIS PAR SEMAINE)

### EN VENTE :

**LA FILLE MAUDITE**
**LA DAME VOILÉE**
**LES DEUX BERCEAUX**
**ANDRÉA LA CHARMEUSE**
**DEUX MÈRES**
**LE FILS**
**L'ENFANT DU FAUBOURG**

*Sous presse, pour paraître après l'Enfant du Faubourg :*
**L'IDIOTE**

Jules ROUFF et Cⁱᵉ, Éditeurs, Cloître Saint-Honoré, Paris

CORBEIL. — Imprimerie ÉD. CRÉTÉ.

Jules ROUFF et C<sup>ie</sup>, Éditeurs, Cloître-Saint-Honoré, Paris

# L'Œuvre de Victor Hugo
## A 25 CENT. LE VOLUME
(2 Volumes par semaine)

Comprenant tout ce que le Maître a produit :

**ROMANS — THÉÂTRE — POÉSIES — HISTOIRE
VOYAGES — CORRESPONDANCE
PHILOSOPHIE ET MÊME SES ŒUVRES POSTHUMES**

**JOLIS VOLUMES - ÉDITION SOIGNÉE - BEAU PAPIER**

Il paraît régulièrement deux volumes par semaine

Paru à ce jour :

Notre-Dame de Paris, en 8 volumes.
Ruy-Blas, en 2 volumes.
Quatrevingt-Treize, en 7 volumes.
L'Art d'être Grand-Père, en 3 volumes.
L'Homme qui rit, en 12 volumes.

*L'Œuvre complète de VICTOR HUGO se composera d'environ 300 volumes.*

EN VENTE CHEZ TOUS LES LIBRAIRES
LES MARCHANDS DE JOURNAUX ET DANS LES GARES

Corbeil. — Imprimerie Éd. Crété.

# ŒUVRES
## d'Émile RICHEBOURG

### LES DRAMES DE LA VIE

**Émile Richebourg !!**

Voilà, dans une magnifique édition, l'œuvre admirable du plus grand des romanciers populaires de notre époque.

Les Drames de la vie ! romans vécus qui passionnent profondément, font vibrer tous les cœurs, remuent l'âme dans ses replis les plus mystérieux !!

Chacune des œuvres de l'écrivain de grand talent est un succès sans précédent. Citer : la **Fille Maudite**, les **Deux Berceaux**, **Andréa la Charmeuse**, la **Grand'mère**, la **Dame Voilée**, l'**Enfant du Faubourg**, les **Deux Mères**, le **Fils**, etc., etc., etc., c'est rappeler les sensations profondes que seul Émile Richebourg sait donner à ses lecteurs.

La publication de l'œuvre d'Émile Richebourg, commencée par la Fille Maudite, la Dame Voilée, en élégants fascicules de 24 pages à 10 centimes, deux fois par semaine, formera successivement de beaux volumes de bibliothèque à un prix exceptionnel de bon marché. Tout le monde voudra collectionner l'œuvre du plus populaire des romanciers de notre temps.

**10 c. le fascicule de 24 pages sous belle couverture**

(DEUX FOIS PAR SEMAINE)

### EN VENTE :

**LA FILLE MAUDITE**
**LA DAME VOILÉE**
**LES DEUX BERCEAUX**
**ANDRÉA LA CHARMEUSE**
**DEUX MÈRES**
**LE FILS**
**L'ENFANT DU FAUBOURG**

Sous presse, pour paraître après l'Enfant du Faubourg.

**L'IDIOTE**

Jules ROUFF et Cⁱᵉ, Éditeurs, Cloître Saint-Honoré, Paris

Jules ROUFF et Cⁱᵉ, Éditeurs, Cloître-Saint-Honoré, Paris

# L'OEuvre de Victor Hugo

## A 25 CENT. LE VOLUME

(2 Volumes par semaine)

Comprenant tout ce que le Maître a produit :

**ROMANS — THÉÂTRE — POÉSIES — HISTOIRE
VOYAGES — CORRESPONDANCE
PHILOSOPHIE ET MÊME SES ŒUVRES POSTHUMES**

### JOLIS VOLUMES - ÉDITION SOIGNÉE - BEAU PAPIER

Il paraît régulièrement deux volumes par semaine

Paru à ce jour :

Notre-Dame de Paris, en 8 volumes.
Ruy-Blas, en 2 volumes.
Quatrevingt-Treize, en 7 volumes.
L'Art d'être Grand-Père, en 3 volumes.
L'Homme qui rit, en 12 volumes.

L'*Œuvre complète* de VICTOR HUGO *se composera d'environ* 300 *volumes.*

EN VENTE CHEZ TOUS LES LIBRAIRES
LES MARCHANDS DE JOURNAUX ET DANS LES GARES

Corbeil. — Imprimerie Éd. Crété.

Début d'une série de documents en couleur

## LES DRAMES DE LA VIE

# Œuvres
## de
# Emile Richebourg

LES DRAMES DE LA VIE
N° 160
L'Enfant du Faubourg. n° 17

10° le Fascicule

Jules Rouff et C$^{ie}$ Editeurs. Paris.

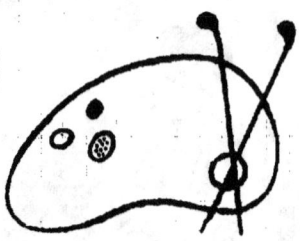

Fin d'une série de documents en couleur

## ŒUVRES d'Emile RICHEBOURG

### LES DRAMES DE LA VIE

Émile Richebourg !!

Voilà, dans une magnifique édition, l'œuvre admirable du plus grand des romanciers populaires de notre époque.

Les Drames de la vie : romans vécus qui passionnent profondément, font vibrer tous les cœurs, remuent l'âme dans ses replis les plus mystérieux !!

Chacune des œuvres de l'écrivain de grand talent est un succès sans précédent. Citer : la Fille Maudite, les Deux Berceaux, Andréa la Charmeuse, la Grand'mère, la Dame Voilée, l'Enfant du Faubourg, les Deux Mères, le Fils, etc., etc., etc., c'est rappeler les sensations profondes que seul Émile Richebourg sait donner à ses lecteurs.

La publication de l'œuvre d'Émile Richebourg, commencée par la Fille Maudite, la Dame Voilée, en élégants fascicules de 24 pages à 10 centimes, deux fois par semaine, formera successivement de beaux volumes de bibliothèque à un prix exceptionnel de bon marché. Tout le monde voudra collectionner l'œuvre du plus populaire des romanciers de notre temps.

**10 c. le fascicule de 24 pages sous belle couverture**

(DEUX FOIS PAR SEMAINE)

### EN VENTE :

**LA FILLE MAUDITE**
**LA DAME VOILEE**
**LES DEUX BERCEAUX**
**ANDRÉA LA CHARMEUSE**
**DEUX MÈRES**
**LE FILS**
**L'ENFANT DU FAUBOURG**

Sous presse, pour paraître après l'Enfant du Faubourg :

**L'IDIOTE**

Jules ROUFF et Cie, Éditeurs, Cloître Saint-Honoré. Paris

Corbeil. — Imprimerie Ed. Crété.

Jules ROUFF et Cⁱᵉ, Éditeurs, Cloître-Saint-Honoré, Paris

# L'OEuvre de Victor Hugo

## A 25 CENT. LE VOLUME

(2 Volumes par semaine)

Comprenant tout ce que le Maître a produit :

**ROMANS — THÉATRE — POÉSIES — HISTOIRE
VOYAGES — CORRESPONDANCE
PHILOSOPHIE ET MÊME SES ŒUVRES POSTHUMES**

**JOLIS VOLUMES - ÉDITION SOIGNÉE - BEAU PAPIER**

Il paraît régulièrement deux volumes par semaine

Paru à ce jour :

Notre-Dame de Paris, en 8 volumes.
Ruy-Blas, en 2 volumes.
Quatrevingt-Treize, en 7 volumes.
L'Art d'être Grand-Père, en 3 volumes.
L'Homme qui rit, en 12 volumes.

L'Œuvre complète de VICTOR HUGO se composera d'environ 300 volumes.

EN VENTE CHEZ TOUS LES LIBRAIRES
LES MARCHANDS DE JOURNAUX ET DANS LES GARES

# ŒUVRES
## d'Émile RICHEBOURG

### LES DRAMES DE LA VIE

**Émile Richebourg !!**

Voilà, dans une magnifique édition, l'œuvre admirable du plus grand des romanciers populaires de notre époque.

**Les Drames de la vie :** romans vécus qui passionnent profondément, font vibrer tous les cœurs, remuent l'âme dans ses replis les plus mystérieux !!

Chacune des œuvres de l'écrivain de grand talent est un succès sans précédent. Citer : la **Fille Maudite**, les **Deux Berceaux**, **Andréa la Charmeuse**, la **Grand'mère**, la **Dame Voilée**, l'**Enfant du Faubourg**, les **Deux Mères**, le **Fils**, etc., etc., etc., c'est rappeler les sensations profondes que seul Émile Richebourg sait donner à ses lecteurs.

La publication de l'œuvre d'Émile Richebourg, commencée par la **Fille Maudite**, la **Dame Voilée**, en élégants fascicules de 24 pages à 10 centimes, deux fois par semaine, formera successivement de beaux volumes de bibliothèque à un prix exceptionnel de bon marché. Tout le monde voudra collectionner l'œuvre du plus populaire des romanciers de notre temps.

**10 c. le fascicule de 24 pages sous belle couverture**

(DEUX FOIS PAR SEMAINE)

### EN VENTE :

**LA FILLE MAUDITE**
**LA DAME VOILÉE**
**LES DEUX BERCEAUX**
**ANDRÉA LA CHARMEUSE**
**DEUX MÈRES**
**LE FILS**
**L'ENFANT DU FAUBOURG**

*Sous presse, pour paraître après l'Enfant du Faubourg :*
**L'IDIOTE**

Jules ROUFF et Cⁱᵉ, Éditeurs, Cloître Saint-Honoré, Paris

Corbeil. — Imprimerie Éd. Crété.

Jules ROUFF et C⁰, Éditeurs, Cloître-Saint-Honoré, Paris

# L'Œuvre de Victor Hugo

## A 25 CENT. LE VOLUME

(2 Volumes par semaine)

Comprenant tout ce que le Maître a produit :

**ROMANS — THÉATRE — POÉSIES — HISTOIRE
VOYAGES — CORRESPONDANCE
PHILOSOPHIE ET MÊME SES ŒUVRES POSTHUMES**

### JOLIS VOLUMES - ÉDITION SOIGNÉE - BEAU PAPIER

Il paraît régulièrement deux volumes par semaine

Paru à ce jour :

Notre-Dame de Paris, en 8 volumes.
Ruy-Blas, en 2 volumes.
Quatrevingt-Treize, en 7 volumes.
L'Art d'être Grand-Père, en 3 volumes.
L'Homme qui rit, en 12 volumes.

*L'Œuvre complète de* VICTOR HUGO *se composera d'environ* 800 *volumes.*

**EN VENTE CHEZ TOUS LES LIBRAIRES
LES MARCHANDS DE JOURNAUX ET DANS LES GARES**

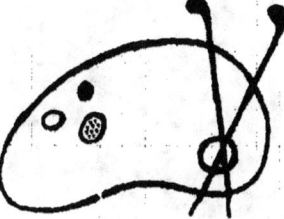

Début d'une série de documents
en couleur

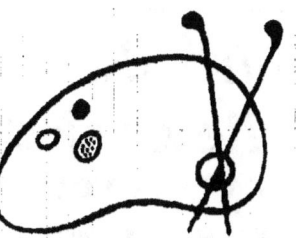

Fin d'une série de documents
en couleur

Jules ROUFF et Cie, Éditeurs, Cloître-Saint-Honoré, Paris

# L'OEuvre de Victor Hugo

## A 25 CENT. LE VOLUME

(2 Volumes par semaine)

Comprenant tout ce que le Maître a produit :

**ROMANS — THÉATRE — POÉSIES — HISTOIRE
VOYAGES — CORRESPONDANCE
PHILOSOPHIE ET MÊME SES ŒUVRES POSTHUMES**

**JOLIS VOLUMES - ÉDITION SOIGNÉE - BEAU PAPIER**

Il paraît régulièrement deux volumes par semaine

Paru à ce jour :
Notre-Dame de Paris, en 8 volumes.
Ruy-Blas, en 2 volumes.
Quatrevingt-Treize, en 7 volumes.
L'Art d'être Grand-Père, en 3 volumes.
L'Homme qui rit, en 12 volumes.

*L'Œuvre complète de* VICTOR HUGO *se composera d'environ 300 volumes.*

**EN VENTE CHEZ TOUS LES LIBRAIRES
LES MARCHANDS DE JOURNAUX ET DANS LES GARES**

Corbeil. — Imprimerie Éd. Crété.

# ŒUVRES
## d'Émile RICHEBOURG

### LES DRAMES DE LA VIE

Émile Richebourg !!

Voilà, dans une magnifique édition, l'œuvre admirable du plus grand des romanciers populaires de notre époque.

Les Drames de la vie ! romans vécus qui passionnent profondément, font vibrer tous les cœurs, remuent l'âme dans ses replis les plus mystérieux !!

Chacune des œuvres de l'écrivain de grand talent est un succès sans précédent. Citer : la Fille Maudite, les Deux Berceaux, Andréa la Charmeuse, la Grand'mère, la Dame Voilée, l'Enfant du Faubourg, les Deux Mères, le Fils, etc., etc., etc., c'est rappeler les sensations profondes que seul Émile Richebourg sait donner à ses lecteurs.

La publication de l'œuvre d'Émile Richebourg, commencée par la Fille Maudite, la Dame Voilée, en élégants fascicules de 24 pages à 10 centimes, deux fois par semaine, formera successivement de beaux volumes de bibliothèque à un prix exceptionnel de bon marché. Tout le monde voudra collectionner l'œuvre du plus populaire des romanciers de notre temps.

**10 c. le fascicule de 24 pages sous belle couverture**

(DEUX FOIS PAR SEMAINE)

### EN VENTE :

**LA FILLE MAUDITE**
**LA DAME VOILÉE**
**LES DEUX BERCEAUX**
**ANDRÉA LA CHARMEUSE**
**DEUX MÈRES**
**LE FILS**
**L'ENFANT DU FAUBOURG**

Sous presse, pour paraître après l'Enfant du Faubourg.

**L'IDIOTE**

Jules ROUFF et Cⁱᵉ, Éditeurs, Cloître Saint-Honoré, Paris

Corbeil. — Imprimerie Éd. Crété.

Jules ROUFF et Cie, Éditeurs, Cloître-Saint-Honoré, Paris

# L'OEuvre de Victor Hugo
## A 25 CENT. LE VOLUME
### (2 Volumes par semaine)

Comprenant tout ce que le Maître a produit :

**ROMANS — THÉATRE — POÉSIES — HISTOIRE
VOYAGES — CORRESPONDANCE
PHILOSOPHIE ET MÊME SES ŒUVRES POSTHUMES**

### JOLIS VOLUMES - ÉDITION SOIGNÉE - BEAU PAPIER

Il paraît régulièrement deux volumes par semaine

Paru à ce jour :
Notre-Dame de Paris, en 8 volumes.
Ruy-Blas, en 2 volumes.
Quatrevingt-Treize, en 7 volumes.
L'Art d'être Grand-Père, en 3 volumes.
L'Homme qui rit, en 12 volumes.

L'Œuvre complète de VICTOR HUGO *se composera d'environ* 300 *volumes.*

EN VENTE CHEZ TOUS LES LIBRAIRES
LES MARCHANDS DE JOURNAUX ET DANS LES GARES

Corbeil. — Imprimerie Éd. Crété.

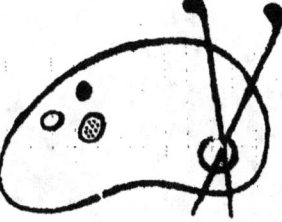

Début d'une série de documents
en couleur

LES DRAMES DE LA VIE
N° 105
L'Enfant du Faubourg. n 22

10° le Fascicule

Jules Rouff et Cⁱᵉ Éditeurs, Paris.

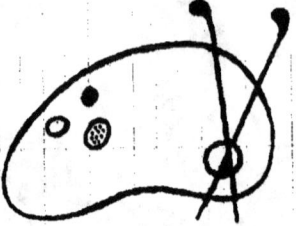

Fin d'une série de documents
en couleur

# ŒUVRES d'Émile RICHEBOURG

## LES DRAMES DE LA VIE

**Émile Richebourg !!**

Voilà, dans une magnifique édition, l'œuvre admirable du plus grand des romanciers populaires de notre époque.

Les Drames de la vie ! romans *vécus qui passionnent profondément, font vibrer tous les cœurs, remuent l'âme dans ses replis les plus mystérieux !!*

Chacune des œuvres de l'écrivain de grand talent est un succès sans précédent. Citer : la **Fille Maudite**, les **Deux Berceaux**, **Andréa la Charmeuse**, la **Grand'mère**, la **Dame Voilée**, l'**Enfant du Faubourg**, les **Deux Mères**, le **Fils**, etc., etc., etc., c'est rappeler les sensations profondes que seul Émile Richebourg sait donner à ses lecteurs.

*La publication de l'œuvre d'Émile Richebourg, commencée par la Fille Maudite, la Dame Voilée, en élégants fascicules de 24 pages à 10 centimes, deux fois par semaine, formera successivement de beaux volumes de bibliothèque à un prix exceptionnel de bon marché. Tout le monde voudra collectionner l'œuvre du plus populaire des romanciers de notre temps.*

### 10 c. le fascicule de 24 pages sous belle couverture
(DEUX FOIS PAR SEMAINE)

*EN VENTE :*

## LA FILLE MAUDITE
## LA DAME VOILÉE
## LES DEUX BERCEAUX
## ANDRÉA LA CHARMEUSE
## DEUX MÈRES
## LE FILS
## L'ENFANT DU FAUBOURG

*Sous presse, pour paraître après l'Enfant du Faubourg :*
## L'IDIOTE

Jules ROUFF et Cⁱᵉ, Éditeurs, Cloître Saint-Honoré, Paris

Corbeil. — Imprimerie Éd. Crété.

# ŒUVRES d'Émile RICHEBOURG

## LES DRAMES DE LA VIE

**Émile Richebourg !!**

Voilà, dans une magnifique édition, l'œuvre admirable du plus grand des romanciers populaires de notre époque.

Les Drames de la vie ! romans vécus qui passionnent profondément, font vibrer tous les cœurs, remuent l'âme dans ses replis les plus mystérieux !!

Chacune des œuvres de l'écrivain de grand talent est un succès sans précédent. Citer : la Fille Maudite, les Deux Berceaux, Andréa la Charmeuse, la Grand'mère, la Dame Voilée, l'Enfant du Faubourg, les Deux Mères, le Fils, etc., etc., etc., c'est rappeler les sensations profondes que seul Émile Richebourg sait donner à ses lecteurs.

La publication de l'œuvre d'Émile Richebourg, commencée par la Fille Maudite, la Dame Voilée, en élégants fascicules de 24 pages à 10 centimes, deux fois par semaine, formera successivement de beaux volumes de bibliothèque à un prix exceptionnel de bon marché. Tout le monde voudra collectionner l'œuvre du plus populaire des romanciers de notre temps.

**10 c. le fascicule de 24 pages sous belle couverture**

(DEUX FOIS PAR SEMAINE)

### EN VENTE :

**LA FILLE MAUDITE**
**LA DAME VOILÉE**
**LES DEUX BERCEAUX**
**ANDRÉA LA CHARMEUSE**
**DEUX MÈRES**
**LE FILS**
**L'ENFANT DU FAUBOURG**

*Sous presse, pour paraître après l'Enfant du Faubourg :*

**L'IDIOTE**

Jules ROUFF et Cⁱᵉ, Éditeurs, Cloître Saint-Honoré, Paris

CORBEIL. — Imprimerie ÉD. CRÉTÉ.

www.ingramcontent.com/pod-product-compliance
Lightning Source LLC
Chambersburg PA
CBHW070409230426
43665CB00012B/1303